宁波大学中国非公有制经济研究院丛书
| 主编 范柏乃 |

民主党派如何高质量参政议政

范柏乃 ◎ 著

中国财经出版传媒集团
中国财政经济出版社
·北 京·

图书在版编目（CIP）数据

民主党派如何高质量参政议政 / 范柏乃著. --北京：中国财政经济出版社，2024.3

（宁波大学中国非公有制经济研究院丛书 / 范柏乃主编）

ISBN 978-7-5223-2360-2

Ⅰ.①民… Ⅱ.①范… Ⅲ.①民主党派-参政议政-研究-浙江 Ⅳ.①D665

中国国家版本馆 CIP 数据核字（2023）第 134260 号

责任编辑：牛婧丽 董小烨　　责任校对：徐艳丽
封面设计：陈宇琰　　责任印制：张 健

民主党派如何高质量参政议政
MINZHU DANGPAI RUHE GAOZHILIANG CANZHENG YIZHENG

中国财政经济出版社 出版

URL：http：//www.cfeph.cn
E-mail：cfeph@cfeph.cn

社址：北京市海淀区阜成路甲 28 号 邮政编码：100142
营销中心电话：010-88191522
天猫网店：中国财政经济出版社旗舰店
网址：https：//zgczjjcbs.tmall.com
北京鑫海金澳胶印有限公司印刷 各地新华书店经销
成品尺寸：170mm×240mm 16 开 36 印张 553 000 字
2024 年 3 月第 1 版 2024 年 3 月北京第 1 次印刷
定价：120.00 元
ISBN 978-7-5223-2360-2
（图书出现印装问题，本社负责调换，电话：010-88190548）
本社质量投诉电话：010-88190744
打击盗版举报热线：010-88191661 QQ：2242791300

序

党的二十大报告重申，坚持和完善社会主义基本经济制度，毫不动摇巩固和发展公有制经济，毫不动摇鼓励、支持、引导非公有制经济发展，充分发挥市场在资源配置中的决定性作用，更好发挥政府作用。

截至2022年底，全国拥有各类市场主体1.69亿户，其中，企业总量已突破了5000万户。在1.69亿户市场主体当中，90%以上归属于非公有制经济。据测算，目前非公有制经济贡献了50%以上的税收、60%以上的国内生产总值、70%以上的技术创新成果、80%以上的城镇劳动就业、90%以上的企业数量。非公有制经济为我国经济社会发展作出了巨大贡献，在促进经济增长、激发创新、扩大就业和增加税收等方面发挥了重要作用。

在中国经济加快转型发展和进入新常态的背景下，非公有制经济的发展形态正由传统工业化向新型工业化转变，发展动力由以资源消耗为主向以创新驱动为主转变，发展体系由外向型经济向统筹内外、内外结合转变，发展业态由以传统集聚为主向以现代产业集群为主转变，管理体制由以家族式企业管理为主向以现代企业管理为主转变，发展目标由以商品输出为主向以资本输出为主转变。

非公有制经济的转型发展，离不开非公有制经济人士的智力支持。中国非公有制经济人士是适应社会主义初级阶段解放和发展生产力的需要，在改革开放、发展社会主义市场经济过程中出现的一个新的社会群体。经过40多年的发展，非公有制经济人士的构成主体已发生巨大变化：由过去的主要以农民和城镇待业人员为主，发展到包括从党政机关、国有企事业单位、大专院校、科研单位分流出来的行政干部、中高级知识分子以及海外归国人员在内的庞大队伍，并且这支队伍仍处于不断发展壮大和变化之中。非公有制经济人士具有较强的社会责任感，为经济建设和社会发展作出了很大贡献，已成为我国社会主义现代化建设的一支积极力量、统一战线的重要成员。

非公有制经济的蓬勃发展以及非公有制经济人士的健康成长、队伍壮大更加离不开围绕非公有制企业、人士的体制机制和制度环境的建设，尤其是政府职能的转变、行政体制的改革以及法治、市场和资本等环境的优化。2015年5月，习近平总书记在中央统战工作会议上指出，促进非公有制经济健康发展和非公有制经济人士健康成长，要坚持团结、服务、引导、教育的方针，引导非公有制经济人士特别是年轻一代致富思源、富而思进，做到爱国、敬业、创新、守法、诚信、贡献。2016年3月4日，习近平总书记在看望出席全国政协十二届四次会议的民建、工商联界委员并参加联组讨论时进一步强调，非公有制经济要健康发展，前提是非公有制经济人士要健康成长。2023年3月6日，在参加全国政协十四届一次会议的民建、工商联界委员联组会时，习近平总书记指出，党中央始终坚持“两个毫不动摇”“三个没有变”，始终把民营企业和民营企业家当作自己人。要引导民营企业和民营企业家正确理解党中央方针政策，增强信心、轻装上阵、大胆发展，实现民营经济健康发展、高质量发展。

《宁波大学中国非公有制经济研究院丛书》正是基于以上背景，吸收宁波大学、浙江大学等省内高校和科研机构，长江三角洲乃至全国范围内从事非公有制经济方面研究的专家学者以及实际工作部门人员，精心组织并撰写了本套丛书。丛书主要围绕非公有制企业、非公有制经济人士、体制机制改革和政府职能转变等重要问题进行了深入的系统研究，包括非公有制企业的市场拓展、技术创新、企业传承、文化建设、社会责任，非公有制经济人士的成长环境、成长动力、成长瓶颈、成长机制，政府职能转变以及相关的政府服务环境、法治环境、市场环境和资本环境等一系列重要内容。

《宁波大学中国非公有制经济研究院丛书》的出版，可以为非公有制经济企业转型发展提供咨询服务，为党和政府决策提供事实依据，为促进非公有制经济健康发展和非公有制经济人士健康成长提供实际指导。

前 言

2018年3月4日，习近平总书记在民盟、致公党、无党派人士、侨联界委员全国政协联组会上发表重要讲话，强调要坚定不移巩固和发展中国共产党领导的多党合作和政治协商制度；提出中国特色社会主义进入新时代，多党合作要有新气象，思想共识要有新提高，履职尽责要有新作为，参政党要有新面貌；指出各民主党派要做中国共产党的好参谋、好帮手、好同事，要把中国的事情办好。这些重要论述对于民主党派做好新时代履职尽责的各项工作，提高履职尽责能力，推动多党合作事业发展具有重要的指导意义。

2020年12月21日，中共中央发布了《中国共产党统一战线工作条例》，明确规定：民主党派的基本职能是参政议政、民主监督、参加中国共产党领导的政治协商。在新时代，科学参政议政是民主党派履职尽责的重要内容，是做好中国共产党的好参谋、好帮手、好同事的重要载体，也是民主党派展现新作为和新面貌的重要平台。

2023年1月16日，习近平总书记在同党外人士座谈并共迎新春时指出，实现全面建成社会主义现代化强国、以中国式现代化全面推进中华民族伟大复兴的中心任务，需要全国上下团结奋斗。希望各民主党派把多党合作所长与中心大局所需结合起来，在参政议政中聚众智，在民主监督中建诤言，在政党协商中献良策，做中国共产党的好参谋、好帮手、好同事。要聚焦构建新发展格局、落实“两个毫不动摇”、扎实推进共同富裕等重大问题，深入开展调查研究，积极建言献策。

长期以来，各民主党派坚持围绕中心、服务大局，紧扣人民日益增长的美好生活需要，紧扣贯彻落实党和国家重要决策部署需要解决的突出问题，积极参加参政议政的调研活动，努力提升参政议政的能力素质，不断提高参政议政的质量水平。参政议政履职成效明显，在做好中国共产党的好参谋、好帮手、好同事的履职尽责光辉实践中发挥了重要作用。

2000年，笔者加入了九三学社，成为一名光荣的九三社员，充分利用公共管理的学科优势和范式团队的集体智慧，认真履职尽责，科学参政议政，积极建言献策，为九三学社做好中国共产党的好参谋、好帮手、好同事贡献自己的一份力量。20多年来，笔者向各级党委和政府、政协会议、人民代表大会和政策研讨会等报送了180余份政策建议、咨询报告、提案议案和调研报告，为党委和政府决策提供事实依据，引起了党委和政府的重视，在民主党派、政协委员、人民代表大会代表和智库工作者中产生了较大影响。2017年，由中国财政经济出版社出版的《范柏乃参政议政文集》（第1版）收集了笔者80篇参政议政报告，受到读者的广泛好评，并成为资政建言教育培训的重要材料。2019年，中国财政经济出版社出版了《范柏乃参政议政文集》（第2版），这是对第1版的补充、修订和完善，收集了笔者100篇参政议政文章。应广大读者要求，笔者对第2版内容进行了调整更新，新增了近三年来的25篇参政议政文章，总量仍旧保持在100篇，涉及经济建设与高质量发展、营商环境与社会治理、政府改革与体制创新、教育科技与创新驱动、环境安全与生态保护、乡村振兴与共同富裕六个领域。其中五十余篇荣获中央领导、浙江省领导的重要批示。

《民主党派如何高质量参政议政》是范式团队集体智慧和共同劳动的结晶，对激发民主党派参政议政的政治热情、提升参政议政的科学化水平、提高参政议政的履职质量、增强参政议政的履职能力以及对民主党派做好中国共产党的好参谋、好帮手、好同事具有积极的推动作用。该文集适合各民主党派、无党派人士、政协委员、人民代表大会代表、智库工作者和政策研究专家及研究生研读。

由于时间仓促，加之笔者水平有限，该文集存在许多不足，恳请广大读者不吝赐教、批评斧正。

范柏乃

2024年1月8日

目 录

一、经济建设与高质量发展

二、营商环境与社会治理

三、政府改革与体制创新

四、教育科技与创新驱动

五、环境安全与生态保护

六、乡村振兴与共同富裕

一、经济建设与高质量发展

1

全面推进中小企业数字化改造的重大意义与政策建议*

中小企业是国民经济微观基础的最大主体，是稳定经济、扩大就业、改善民生的关键力量。面对新一轮科技革命和产业变革带来的机遇与挑战，以数字化、网络化、智能化赋能中小企业，已成为经济社会发展的战略命题。浙江是数字经济发展先发地，也是中小企业大省，应全面推进中小企业数字化改造，加强以数字经济为核心的现代化经济体系建设，这样才能助力浙江省打造数字变革高地，在全国率先走出中小企业数字化改造以推动经济稳进提质、实现共同富裕的引领示范之路。

2022 年 7 月 8 日，浙江省政府办公厅出台《推进细分行业中小企业数字化改造行动方案》，引起中小企业强烈反响。为更好地推动中小企业数字化改造，九三学社省委会副主委、浙江大学公共政策研究院副院长范柏乃率领课题组，专门赴兰溪市实地考察了 10 家中小企业，对 20 位企业家进行了深度访谈，发放了 150 份调查问卷，在此基础上形成调研报告。

一、推进中小企业数字化改造的重大意义

第一，稳定经济大盘。2022 年上半年，浙江地区生产总值同比增长

* 此文与余钧共同完成，荣获时任浙江省委书记袁家军、浙江省人民政府副省长卢山重要批示（2022 年 8 月），文章刊载于《民主与科学》2023 年第 1 期（2023 年 2 月）。

2.5%，与全国平均水平持平，经济增速明显放缓，下行压力加大，大量的中小企业经营困难。全面推进中小企业数字化改造，有利于稳定经济大盘，激活百万中小企业的韧性与潜力，挖掘和培育出新的经济增长点。

第二，保民生保就业。浙江有200万家企业法人，99%以上是中小企业，贡献了超过80%的就业岗位。数字化改造有助于中小企业在复杂多变的国内外局势中更好地生存与发展，降低企业裁员风险，有利于稳住百万中小企业提供的就业岗位。

第三，推进经济高质量发展。推进中小企业的数字化改造，有助于中小企业提升全要素生产率，推动其向价值链中高端跃升。同时，数字化改造带来的提质增效，也会进一步促进产业结构优化、经济转型升级，产生溢出效应，推动经济高质量发展。

第四，打造数字变革高地。全面推进中小企业数字化改造，提升百万中小企业数字化水平，构建以数字经济为核心的现代化经济体系是产业数字化转型的关键，是浙江在经济领域打造数字变革高地的重要着力点。

二、浙江省中小企业数字化改造面临的问题

第一，中小企业推进数字化改造的意愿不足。访谈发现，大部分企业家虽然认识到数字化改造的重要性，但由于数字化改造成本高、风险大，预期收益也不明朗，存在不愿改、不敢改的问题。

第二，中小企业对数字化改造的认知不足。问卷调查结果表明，多数中小企业不了解数字化改造的政策、路径，即便了解也认识模糊、缺乏经验，在数字化改造普及率及深度方面，相较于大型企业，均表现出明显的滞后。

第三，数字化改造的专业人才不足。专业人才是支持中小企业数字化改造的关键因素。深度访谈中，企业家普遍反映缺乏数字化专业人才，并且缺少培养人才的渠道和方法，存在“找不到、招不来、留不住”的问题。

第四，缺乏推进数字化改造的资金保障。数字化改造需要大量的资金投入，中小企业多采取传统的、粗放型的生产管理模式，产品与服务附加值较低，经营质量和效益较差。访谈中多数企业家提到自身经营困难，

数字化改造所需的资金筹措存在问题。

三、全面推进浙江省中小企业数字化改造的政策建议

第一，加大宣传力度，增强中小企业的自觉意识。借助大数据分析、人工智能等技术，采取有效的传播渠道与方式，进一步加大中小企业数字化改造的宣传力度，特别是宣传中小企业可学习、可借鉴的数字化改造成功案例，促使中小企业准确认清数字化改造的重要意义，强化中小企业推进数字化改造的自觉意识。支持举办企业数字化改造论坛、交流会、研讨会等多种形式的活动，聚焦细分行业的中小企业数字化改造的实际问题，降低参与门槛，向更多地区、不同领域的中小企业管理层开放。组建中小企业数字化改造专家服务团队，科学调研和诊断中小企业数字化改造需求，开展具有针对性的数字化改造宣传，帮助中小企业形成对数字化改造的正确认识。

第二，完善政策体系，强化数字化改造的市场驱动。发挥政策的引导与调节功能，降低中小企业数字化改造的成本，提高其预期收益，强化中小企业数字化改造的市场驱动。健全“1＋N”的中小企业数字化改造政策体系，围绕《推进细分行业中小企业数字化改造行动方案》，从财政投入、金融支持、税收优惠、人才支撑、技术创新、试点示范、公共服务、政府采购、标准体系等方面，出台N个配套政策。加强中小企业数字化改造样本打造与复制推广，针对细分行业的共性问题与应用场景，打造低成本、模块化、易实施、投入回收期短的改造样本，让更多的中小企业能够学着样本逐步实施数字化改造。

第三，加强人才培养，夯实数字化改造的人才基础。在需求调查和科学分类的基础上，对中小企业数字化专业人才培训进行总体规划。结合“金蓝领”职业技能提升行动，实施一批重点行业中小企业技术人才的数字化专项培训。支持数字化专业人才培训线上平台建设与发展，优化课程体系，推出更多面向中小企业的优质、免费课程，让有培训需求的中小企业管理层及员工可以根据自身实际需求自主学习。在各级各类中小企业公共服务平台设立培训模块，精准推送数字化专业人才培训相关项目资讯，让更多的中小企业能够科学评估自身的培训需求，并了解到哪里有所需的

培训、如何参加培训以及培训能为企业带来什么。

第四，构建多元化的资金投入机制，提供资金保障。加大财政对中小企业数字化改造的支持力度，优化分类分档的阶梯式补助和奖励机制，增强便利性与普惠性，提高对中小企业的补助额度，依据数字化改造成效给予奖励并鼓励其投入后续的改造升级。提高中小企业数字化改造的融资便利性，以财政贴息、风险代偿、免担保费等方式，引导金融机构加大对中小企业数字化改造的支持力度，鼓励金融机构开发支持企业数字化改造的信贷产品、贷款模式，给予中小企业切实的优惠。鼓励“链主”企业建设资源和能力共享平台，带动产业链上下游的中小企业推进数字化改造，实现协同化、全链条的数字化转型，有效降低中小企业自身的资金投入。

第五，加快优秀数字化服务商培育，强化服务能力。推动数字化服务商梯队式发展，支持头部数字化服务商做大做强，支持具备条件的数字化服务商上规、上市。采取补贴、奖励等方式，提升数字化服务商的下沉意愿，鼓励为中小企业提供高质量、低成本的数字化改造服务。探索科研院所、行业协会、专家智库、商业机构等为中小企业数字化改造协同服务的有效模式，整合不同渠道的资源，促进交流合作，降低沟通成本，提升服务成效。科学评价数字化服务商的资质和能力，分层次、分行业、分领域遴选优秀的中小企业数字化服务商，制定推荐目录，打造行业标杆，构建服务标准体系，促进整体服务水平提升。

2

浙江省县域数字经济发展的制约因素及对策建议*

党的二十大报告指出，加快发展数字经济，促进数字经济和实体经济深度融合，打造具有国际竞争力的数字产业集群。浙江省委书记易炼红强调，数字经济是时代发展大潮中最具创新性和成长性的新经济业态，是推动高质量跨越式发展的重要引爆点。高质量发展是全面建设社会主义现代化国家的首要任务，数字经济对推动高质量发展具有战略意义。

浙江省从“资源小省”发展成为经济大省，县域经济功不可没。近10年来，浙江省县域经济活力和动力呈现减弱趋势，在经济发展中的地位和作用不断下降。在新时代新征程，如何用数字经济激活县域经济的活动和动力、推动县域经济高质量发展是各级党委和政府需要破解的重大课题。为全面了解和把握浙江省县域数字经济的发展现状、瓶颈及破解路径，2022年11月，九三学社浙江省委员会副主委、浙江大学公共政策研究院副院长范柏乃带队赴台州实地调研县域经济，并对杭州、宁波、金华和衢州的县域数字经济相关部门负责人和数字经济从业人员进行深度访谈。

---

* 此文与李春洋、韩飞、徐仁军共同完成，荣获浙江省人民政府副省长卢山的重要批示（2023年1月），是浙江省第十四届人民代表大会第一次会议上领衔提出的建议案（2023年1月）。

一、浙江省县域数字经济发展面临的五大瓶颈

2017年以来，浙江省大力实施数字经济“一号工程”，为高质量发展激发活力、添加动力。2021年底，全省数字经济增加值达到3.57万亿元，居全国第四位，较“十三五”初期实现翻番；占浙江省地区生产总值比重达到48.6%，居全国省区首位。但目前浙江省数字经济发展仍面临着区域发展不平衡和不充分问题。2021年，杭州市数字经济增加值为16331亿元，占全省比重高达58.8%，处于绝对“高地”位置，而县域尤其是“欠发达”县域数字经济发展明显滞后。实地调研和深度访谈表明，浙江省县域数字经济发展存在着以下五大瓶颈。

第一，县域领导干部对数字经济认识不到位，县域数字经济发展缺乏鲜明的政策导向。习近平总书记强调，各级领导干部要提高数字经济思维能力和专业素质，增强发展数字经济本领。实地调研和深度访谈发现，不少县域领导干部对数字经济发展的认识不到位，缺乏数字经济发展意识。有的领导干部认为，数字经济是新生事物，投入大、周期长、见效慢且成效不明显，县域只要集中精力和财力抓好传统产业发展就行了，县域数字经济发展的时机和条件尚未成熟，没有必要发展数字经济。有的领导干部对“什么是数字经济”“为什么要发展数字经济”“如何发展数字经济”“数字经济对县域经济的重要性”等问题认识非常模糊。总体上看，浙江省县域数字经济发展缺乏鲜明的政策导向。

第二，对传统产业发展的路径依赖，县域数字经济发展动力不足。长期以来，浙江省县域经济以劳动密集的制造业和加工业等传统产业为主体。传统产业依托劳动力成本低的比较优势实现快速发展，并做大做强了县域经济。由于沉淀成本、规模经济和既得利益的共同作用，浙江省县域经济对传统产业发展具有很强的路径依赖。2021年，全省数字经济核心产业增加值占全省地区生产总值比重达到了11.4%，其中，杭州高达27.1%，嘉兴为10.3%。与此同时，浙江省80%以上的县域数字经济核心产业增加值占全省地区生产总值比重不足4%，山区26个县平均比重不足3%。被调研的县域领导干部认为，在理念、技术和制度三个层面，县域对传统产业形成了强大的路径依赖，县域政府和企业普遍缺乏发展数字经济的动力。

第三，数字基础设施建设明显滞后，县域数字经济发展基础薄弱。数字基础设施是数字经济的“底座”，对数字经济发展具有战略性、技术性和先导性的作用。被调研的县域领导干部普遍认为，浙江省县域在5G、云计算、大数据、人工智能和区块链等数字基础设施建设方面明显滞后，城乡分布不均衡，城乡“数字鸿沟”问题突出。一是全省县域“一盘棋”抓推进的工作机制尚未形成；二是全省县域“一张网”全感知的硬软件设施建设布局失衡，2021年县域数字基础设施建设排名后十位和前十位的县域发展水平分别为47%和89%，两者相差高达42个百分点；三是全省县域“一件事”场景化的应用层次明显偏低；四是全省县域“一体化”全链条的数据共享机制不完善。目前，浙江省县域数字基础设施建设明显滞后，难以有效满足县域数字化改革和推动数字经济发展的现实需求。

第四，数字经济人才聚集大城市，县域数字经济发展人才严重匮乏。调查显示，我国数字经济人才缺口突破了1100万人。2019年4月以来，国家人力资源和社会保障部发布的四批共56个新职业中，与数字经济相关的新职业超过20个，数字经济人才短缺已成为制约数字经济持续发展的主要瓶颈。被调研的县域领导干部也普遍认为，由于超大城市（城区常住人口1000万人以上）、特大城市（城区常住人口500万—1000万人）和大城市（城区常住人口100万—500万人）对县域数字经济人才的虹吸效应不断增强，县域数字经济人才短缺问题愈演愈烈，已成为县域数字经济发展难以逾越的鸿沟。

第五，缺乏系统性政策措施的有效支撑，县域数字经济发展积极性和主动性明显不足。《浙江省数字经济促进条例》和《浙江省数字经济发展“十四五”规划》等法规政策文件，为浙江省数字经济发展提供了顶层设计和政策指引，但迄今为止浙江省还缺乏专门针对县域数字经济发展的系统性政策措施。被调研的县域领导干部普遍反映，相较超大城市、特大城市和大城市，县域在数字基础设施建设、数字经济人才供给、数字技术创新和数字经济文化等方面存在着明显的先天劣势，如果没有省级层面的系统性政策支撑和相关配套措施的充分激励，县域数字经济是一项高风险、高投入和低回报的新兴产业。目前，县域政府和企业发展数字经济的积极性和主动性明显不足。

二、浙江省县域数字经济发展困境的破解路径

基于浙江省县域数字经济发展面临的五大瓶颈，结合台州的实地调研以及杭州、宁波、金华和衢州等地县域的深度访谈结果，提出以下五条浙江省县域数字经济发展困境的破解路径。

第一，加强领导干部数字经济教育培训和政绩考核，强化县域数字经济发展意识和自觉行为。一是充分利用浙江大学、宁波大学和浙江师范大学等高校以及各级党校的教育资源，对全省 90 个县（市、区）的党政一把手和相关领导干部进行分期分批的数字经济专题教育培训，采用讨论式、探究式、研究式、体验学习、案例式、情景模拟和翻转课堂等形式多样的教学方式，开展针对性和精准化的教育培训，让县域领导干部懂得“什么是数字经济”“为什么要发展数字经济”和“如何发展数字经济”，强化县域领导干部的数字经济发展意识。二是将数字经济纳入县域领导干部的政绩考核范畴，加大数字经济在综合考评中的权重，充分发挥政绩考核的“指挥棒”作用，将县域领导干部的数字经济发展意识转化为数字经济发展行为。

第二，全面推进中小企业数字化改造提升，突破传统产业发展的路径依赖。中小企业是浙江省县域经济和传统产业发展的主力军，全面推进中小企业数字化改造提升，是突破传统产业发展路径依赖和有效激活县域数字经济发展潜能的战略抓手。一是加快编制浙江省县域中小企业数字化改造提升的行动计划，建立健全市场主导、政府引导、行业参与、企业主体、产学研用协同推进的县域中小企业数字化改造提升机制。二是进一步完善做大做强做优产业大脑的政策体系，迭代完善产业大脑工业分区建设、上线、运营、考评和退出等全生命周期的管理制度，重点研究完善产业大脑工业分区建设方案、建设运营管理办法、企业数据资源共享和安全管理指南等相关制度。三是强化产业大脑建设的市场驱动，探索产业大脑退出机制，制定产业大脑退出指引。四是充分发挥政策的引导与调节功能，降低县域中小企业数字化改造的成本和风险，提高其预期收益，增强中小企业数字化改造的主动性和积极性，制订批量化、规模化推进县域中小企业数字化改造的方法路径和实施方案，推动县域中小企业数字化、智

能化、绿色化发展，培育壮大新产业、新业态、新技术和新模式，着力突破县域传统产业发展的路径依赖。

第三，实施县域数字基础设施建设三年行动计划，夯实县域数字经济发展基础。数字基础设施是数字社会的基石，加快县域数字基础设施建设对推进县域数字化改革和县域数字经济发展具有重大意义。建议在《浙江省数字基础设施发展"十四五"规划》基础上，实施《浙江省县域数字基础设施建设三年行动计划（2023—2025年）》，对全省县域数字基础设施的建设原则、建设目标、主要任务、建设重点、财政投入以及保障措施等关键问题作出明确、具体规划，并制订时间表和施工图。争取用三年时间，将浙江省打造成为全国县域网络基础设施、算力基础设施、新技术基础设施、智能终端设施和融合基础设施等数字基础设施标杆省，全省县域建成高速、泛在、安全、智能、融合的数字基础设施体系，全面提升浙江省县域数字基础设施的能级，着力夯实县域数字经济发展基础。

第四，实施县域数字经济人才提升工程，强化县域数字经济发展人才支撑。要把实施县域数字经济人才提升工程摆在县域经济发展更加突出的位置。一是制订县域数字经济发展人才规划。通过科学调查研究，摸清浙江省县域数字经济人才家底，编制县域数字经济人才目录，绘制紧缺人才图谱，制订《浙江省县域数字经济发展人才规划》。二是设立县域数字经济人才专项资金。省、县按比例共同出资设立县域数字经济人才专项资金，通过"走出去""请进来"相结合方式，把数字经济人才引才触角向县域延伸，多渠道推进用人单位与数字经济人才精准对接。三是实施数字经济人才培养计划。充分利用浙江大学等高校信息技术、计算机技术和经济管理等学科优势，在专业设置、师资建设和招生规模等方面向数字经济人才倾斜，强化高校县域数字经济专业人才培养。四是探索县域数字经济卓越工程师职称制度。实施数字经济专业人才高级职称评审，打通高技能人才成长为数字经济卓越工程师的职业通道。五是加快县域数字经济人才集聚平台建设。加快数字经济人才市场建设，推进人力资源产业园数字化改造，提高人力资源市场化配置效率，打造县域数字经济人才高地。

第五，出台《浙江省促进县域数字经济发展实施意见》，强化县域数字经济发展的政策保障。由省经济和信息化厅牵头，组织专家学者对县域数字经济发展政策需求进行科学调查，根据政策供需匹配原理，出台《浙江省促进县域数字经济发展实施意见》，重点从财政投入、金融支持、税收优惠、人才支撑、技术创新、中小企业数字化改造、市场准入、政府采购、标准体系和评价体系等方面，构建规范、保障和促进浙江省县域数字经济发展的系统化政策体系，强化县域数字经济发展的政策保障。

3

浙江省产业大脑建设面临的五大瓶颈及破解路径*

党的二十大报告指出，高质量发展是全面建设社会主义现代化国家的首要任务，要坚持以推动高质量发展为主题，加快建设现代化经济体系。产业大脑是有效赋能传统产业数字化转型、助推高质量发展和建设现代化经济体系的战略抓手。自《浙江省全球先进制造业基地建设“十四五”规划》提出“产业大脑 + 未来工厂”以来，目前浙江省已建立了53个细分行业的产业大脑。为了全面正确了解和把握浙江省产业大脑的建设、发展瓶颈及破解路径，九三学社省委会副主委、浙江大学公共政策研究院副院长范柏乃带队赴台州进行深度调研，并对杭州、宁波、金华和衢州的产业大脑从业人员、民营企业家和政府职能部门进行了访谈。

一、浙江省产业大脑建设面临的五大瓶颈

对台州的深度调研以及对杭州、宁波、金华和衢州的访谈表明，浙江省产业大脑赋能传统制造业数字化改造和智能化运营，提高全要素生产率，提升产业链、供应链韧性，进而推进经济高质量发展已初显成效，相

* 此文与韩飞、李春洋、徐仁军共同完成，荣获中央政治局委员、时任浙江省委书记袁家军，浙江省人民政府副省长卢山的重要批示（2022年12月）。

关政府职能部门、产业大脑从业人员和民营企业家对产业大脑未来前景普遍看好。但深度调研和访谈也发现，产业大脑作为新概念和新模式，尚无经验可循，浙江省产业大脑发展也面临着五大瓶颈。

第一，产业大脑建设摸着石头过河，三个“全覆盖”目标定位偏高。《以“产业大脑 + 未来工厂”为引领加快推进制造业数字化转型行动方案（征求意见稿）》提出，力争到 2025 年，实现全省规模以上工业企业数字化改造全覆盖、30 个以上重点细分行业中小企业数字化改造全覆盖和百亿元以上产业集群工业互联网平台全覆盖。接受调研和访谈的 80% 以上的政府官员、产业大脑从业人员和民营企业家认为，产业大脑作为新生事物，在“摸着石头过河”中艰难前行，企业数字化改造的经验不足、成功案例不足，中小企业数字化改造的动力不足，因而到 2025 年实现“三个全覆盖”目标定位偏高，有些脱离现实。只有 20% 的被调研对象认为，“三个全覆盖”目标能够如期实现。

第二，产业大脑建设中政府主导力量过强，市场需求驱动和竞争力偏弱。目前，浙江省的 53 家产业大脑都是在政府强推动下建立的，企业参与度不高。接受调研和访谈的 70% 以上的政府官员、产业大脑从业人员和民营企业家认为，政府力量过强、行政色彩过浓，导致产业大脑建设以行政指令为主要导向，以创造政绩为最高目标，市场需求驱动偏弱，缺乏市场意识、成本意识和竞争意识，影响其可持续发展。

第三，产业大脑建设以技术专家为主导，懂市场、会经营的经营性人才紧缺。深度调研和访谈发现，浙江省目前八成以上的产业大脑，都是以从事研究开发、技术创新、软件开发和信息化的技术专家为主导，懂市场、善管理的经营人才紧缺，从业人员缺乏深度的市场调查、分析和判断能力，难以精准了解和把握企业的现实需要。目前，产业大脑为企业提供的数字化改造方案虽然拥有一定的技术先进性，也有算力和算法优势，但多数方案偏离了企业数字化改造的实际需求，企业认可度较低，很多数字化改造方案难以落地见效。

第四，缺乏赋能成功企业的示范效应，多数企业对产业大脑赋能信心不足。接受访谈的企业家普遍反映，企业想通过数字化改造实现业务流程再造、组织形态重组、商业模式重塑，进而降低运营成本、提高盈利能力和竞争力。但在现实中，很难找到与自身企业类似的通过产业大脑数字赋能成功的典型案例。由于缺乏可观、可感的数字赋能成功的示范效应，目前浙江省中小企业对产业大脑数字赋能的实力和信心明显不足，90% 以上的中小企业在犹豫中等待，在怀疑中观望。

第五，缺乏系统性配套政策的有效支撑，产业大脑发展后劲和动力不足。省经济和信息化厅印发的《行业产业大脑建设指南》虽然已经明确了产业大脑建设的原则、内容、步骤等，但目前在省级层面还缺乏系统性配套政策的有效支撑。参与网络访谈的产业大脑普遍反映，目前浙江省产业大脑是一项高投入、高风险和低回报的创新性探索，在既无先行经验可循又缺乏系统性配套政策支撑的背景下，产业大脑普遍面临着发展后劲不足的困境，进而制约了提质增效和迭代升级。

二、浙江省产业大脑建设瓶颈的破解路径

基于浙江省产业大脑发展面临的五大瓶颈，结合台州的深度调研以及杭州、宁波、金华和衢州的访谈结果，我们提出以下破解路径：

第一，加强产业大脑建设的科学规划，分级、分类、分阶段设定发展目标。一是强化建设规划的科学性导向。依托实地调研、专家咨询，明确企业的现实条件、实际需求，依照企业的个体特征和企业所面临的共性问题，科学设置产业大脑的应用场景和功能内容。二是强化建设规划的发展性导向。产业大脑的发展是一个循序渐进的过程，在厘清不同行业、不同领域产业大脑发展阶段的前提下，形成多层级、分层次的产业大脑建设规划，细分不同产业与领域，为产业大脑建设制订相应目标与方案。三是强化建设规划的服务性导向。产业大脑的主要功能是赋能企业的数字化转型。产业大脑在向有共同意愿和需求的企业提供共性问题解决方案的同时，还应针对企业的个性化需求，设计产业大脑服务方案，赋能其迭代升级。而对于部分数字化改革意愿不强或客观条件不足的企业，采取“政府鼓励、自愿参与”的方式，尊重企业的自主选择。

第二，改革和优化产业大脑建设模式，强化市场需求有效驱动。一是提倡“国有控股 + 政府 + 社会资本”的融合模式。吸收地方政府主导模式、“链主”企业主导模式和产业园区主导模式三大产业大脑实践模式的

优势，立足浙江省民营企业众多、产业集群特色鲜明、细分产业高度集聚等实际，创新“国有经济控股、地方政府主导”模式，吸引更多社会力量和市场力量的深度参与。二是合理设计和分配股权，有效激发各方主体活力。在产业大脑开发、建设、发展的不同阶段，采取动态调整的、不同形式的股权分配，充分发挥国有控股的引导作用，同时激发社会资本的活力。三是建立健全产业大脑与企业风险共担、利益共享的机制。通过鼓励企业持股等方式积极引导市场力量参与，形成政府、企业、行业等多元主体的良性互动，激发产业大脑自身的“造血功能”，实现市场需求的有效驱动。

第三，培养一批懂市场的经营人才，提高产业大脑的经营水平。在“人才规划”和“人才培养”上持续发力，提高产业大脑建设团队中经营人才的比重，让产业大脑能有效契合市场的现实需求，更好地服务企业的数字化转型和降本增效。一是加强顶层设计，作好经营人才的发展规划。立足产业大脑的经营战略和经营人才的现状需求，设计相应的人才战略规划，并对规划的执行进行适时的监测和评估。二是开展人才培养，做到“引”“育”结合。一方面，积极实施经营人才的引才工程，着力引进海内外的相关经营管理人才，提升产业大脑人才的整体素质和服务本土的能力。另一方面，在产业大脑端和企业端开展经营人才培养工程，支持产业大脑经营性人才的线上培训平台建设和企业现有经营人才的素质提升培训。

第四，打造可观可感的成功样板，发挥产业大脑标杆示范效应。一是激发不同区域的创新积极性，提振企业、行业的信心。通过建立产业大脑建设示范区等方式，针对细分行业的共性问题与应用场景，在浙江省不同区域探索低成本、模块化、易实施、服务能力强、投入回收期短的产业大脑成功样板。通过实际赋能效果转变企业观念，传达数字化改造的必要性和可行性。二是发挥不同产业大脑之间的互动连通性，促进成功样板的复制和推广。聚焦细分行业产业大脑建设的实际问题，支持举办开放性的产业大脑建设的交流研讨活动，在更大范围内切实提升产业大脑的数字化赋能能力。

第五，建立健全系统性配套支撑政策，增强产业大脑发展后劲动力。

一是形成“2+1+X”的产业大脑发展政策体系。建议浙江省委、省政府提升省经济和信息化厅印发的《行业产业大脑建设指南》和《以“产业大脑+未来工厂”为引领加快推进制造业数字化转型行动方案（征求意见稿)》的政策能级，形成全省适用的规划方案，进而形成“2+1+X”的综合政策体系，并适时启动政策细化工作。二是围绕规划方案出台有针对性的配套政策。在金融支持、税收优惠、人才支撑、试点示范、数据治理等方面，推出X项配套政策，并做好三个方面的工作：一是针对现有政策，逐步提升自身的政策能级；二是根据不同市场和行业，在重点领域推出针对性的配套政策；三是强化政策绩效的考核评估，加强对“2+1+X”产业大脑政策体系的政策考核，注重政策的协调性，通过有计划的政策设计、实施和政策绩效考评，对产业大脑的发展形成系统性政策支持。

4

发展数字经济，要把安全问题摆在突出的位置*

数字经济是指通过对大数据的识别—选择—过滤—存储—使用，引导、实现资源的快速优化配置与再生的经济形态。2020 年我国数字产业化规模达 7.5 万亿元，占国内生产总值的比重为 7.3%；数字经济规模突破 39 万亿元，稳居全球第二大数字经济体。在全球经济增长乏力的背景下，数字经济依然保持高速增长态势。2002—2020 年，我国数字经济占国内生产总值的比重由 10.0% 提升至 38.6%。数字经济已全方位、全过程嵌入我国经济社会发展当中，其发展速度之快、辐射范围之广、影响程度之深前所未有，正成为重组要素资源、重塑经济结构、改变社会格局的关键力量，是推动我国国民经济发展的主要动力。

相较于传统经济形态，数字经济的网络化、融合化、共享化、智能化和全球化特征更为明显，面临着黑客攻击、网络谣言、信息泄露、数据损毁、供应链断供、平台垄断以及核心技术依赖等更多更泛的安全威胁，其风险更泛化，安全问题更突出，安全风险防控需求也更迫切。当前我国数

* 此文与余钧、段忠贤共同完成，荣获全国人大常委会副委员长武维华（2021 年 12 月）、时任浙江省委书记袁家军、时任浙江省人民政府省长郑栅洁、时任常务副省长陈金彪、时任副省长卢山等的重要批示（2021 年 8 月）。

字经济安全风险主要涉及数字基础设施、关键核心技术、数据信息运行、数字经济产业和数字经济市场五个领域。数字经济安全风险一旦引爆，若无法得到有效处置和化解，将会导致数字经济产业链的停摆或瘫痪，甚至影响社会稳定，进而危及国家安全。因此，缺乏科学有效的数字经济安全风险防控机制，很难确保我国数字经济持续高质量发展，也就谈不上保障经济安全和国家安全。但目前我国政府、学界和企业更多地强调数字经济在国民经济发展中的重要地位和重要作用，而对数字经济安全风险问题的关注度和重视程度明显不足。

习近平总书记强调，做好新时代国家安全工作，要坚持总体国家安全观，把国家安全贯穿到党和国家工作各方面全过程。2021 年中央经济工作会议也指出，正确认识和把握防范化解重大风险，就要继续按照稳定大局、统筹协调、分类施策、精准拆弹的方针，抓好风险处置工作。

西方发达国家高度重视数字经济的安全风险问题，将维护数字经济安全提升至国家战略高度。从我国现实情况来看，维护数字经济安全，既是保障数字经济可持续健康发展的需要，也是确保国民经济安全和国家安全的重要举措。因此，发展数字经济，要把安全风险问题摆在更加突出的位置，把安全贯穿于整个数字经济发展的全过程，进一步强化我国数字经济安全风险的防控机制。

第一，建立健全数字经济安全风险的预警研判平台。只有科学预警研判数字经济安全风险，正确把握数字经济安全风险的现状、趋势与特征，才能构建科学有效的防范机制。一是加强对我国数字经济安全风险的科学研究，把握数字经济安全的基本特征、影响因素和形成机制，正确认识数字经济安全的演化过程和演化规律，制定数字经济安全的预警指标、预警方法和预警模型，科学编制数字经济安全的预警指数。二是对现行中央和地方层面上的网络安全监管平台、市场监管平台、经济信息平台和金融监管平台等进行迭代升级，并实现纵向贯通、横向协同和整体智治，建立我国数字经济安全风险的预警研判平台。三是借助云计算、大数据、区块链和人工智能等技术，对数字经济安全风险进行动态预警研判，并设立“蓝色”“绿色”“黄色”“红色”安全信号灯，定期发布安全风险等级，及时发现我国数字经济安全风险防控的短板和漏洞，为各级地方政府和数字企业防范、整改、处置和化解数字经济安全风险提供有效支撑。

第二，构建数字经济安全风险常态化的协同防控体系。目前，我国数字经济安全风险防范面临的重要体制性障碍是纵向层级防控断层、横向部门防控分割。因此，需要着力破解现行体制性防控弊端，着力构建数字经济安全风险常态化的协同防控体系。一是构建科技、经信、大数据、市场、网信、公安、国家安全、保密等多部委协同、央地联动的数字经济安全风险的协同防控组织体系，在相关部委、央地之间设立常态化的工作联系机制，明确职责分工，理顺工作关系，深化多跨协同，形成整体协同效应。二是构建我国数字经济安全风险防控的战略规划体系，适时修订国家网络空间安全战略，完善“数字经济”顶层设计，进一步优化5G、大数据中心、云计算、工业互联网、人工智能等领域的战略规划，重点做好数字基础设施、关键核心技术、数据信息运行、数字经济产业和数字经济市场五大领域的安全风险防控专项规划，构建全局性、系统性、协同性的战略规划体系。三是研究制定《我国数字经济安全风险防控指引》，明确数字经济安全风险防控的总体要求、主要目标、重点任务和保障机制，对数字经济安全风险管理原则、安全风险数据采集、安全风险识别评估、安全风险管理策略制定、安全风险管理解决方案、安全风险管理监督以及安全风险信息发布等作出原则性规定，指引各级地方政府和数字经济企业科学地开展数字经济安全风险管控，科学地应对和处理安全风险危机。四是构建数字经济安全风险的教育体系，强化数字经济政府监管人员和数字企业从业人员的安全风险意识，牢固树立数字经济安全风险理念，提高数字经济安全风险的应对本领。

第三，加快推进数字经济国产自主可控替代计划。科学技术是第一生产力，关键核心技术是国之重器。以美国为代表的少数西方国家对中国进行极限施压，关键核心技术的重要性更加凸显。只有把关键核心技术牢牢地掌握在自己手中，才能在危机中逆势而上、在竞争中占据主动，才能从根本上保障数字经济安全和国家安全。一是深入研究我国数字经济关键核心技术的主要领域、发展水平和优势短板，科学编制国产自主可控替代项目清单，梳理和明确当前要强化投入、大力支持、攻坚突破的国产自主可控替代项目类型，并给出优先等级。二是充分发挥我国社会主义制度优势、新型举国体制优势、超大规模市场优势，加大对拥有自主知识产权的数字经济关键核心技术研发的政策扶持、资金投入、人才供给和要素保障，特别是对芯片、基础软件、操作系统等“卡脖子”技术要强化技术攻关，全面提升原始性创新能力，夯实关键技术领域，补齐能力短板，提高防范水平，稳步推进国产化替代，着力提高国产化比例，形成数字经济关键核心技术的整体安全合力。三是集聚创新要素，加强对数字经济共性技术平台的前瞻性研究，加快数字经济共性技术平台建设，构建风险可防和安全可控的数字经济共性技术平台体系。四是加快信创云平台建设，重点突破关键软件，充分发挥云计算虚拟化、高可靠性、高通用性、高可扩展性及快速、弹性、按需自助服务等优势，提出国产软、硬件整体性解决方案，大力支持国有企业和骨干民营企业应用国产工业软件，推动软件产业做大做强，提升关键软件技术创新和供给能力，全面提升关键软件的替代性、自主性、安全性、可靠性，为打好数字经济关键核心技术攻坚战和实现高水平自立自强打造强大的软件生态系统。

第四，积极探索公众参与的数字经济安全风险公共治理机制。目前，我国数字经济安全风险治理属于典型的自上而下的政府垄断和多部门分段监管的治理模式。表面上看，这种模式似乎存在多重保障机制，实践中却导致了各部门事前竞争预算和治理权力、事后推卸责任的困境。其主要缺陷体现在以下三个方面：一是各个部门之间存在机会主义，相互指望，交叉模糊地带无人负责，形成监管的空档，一旦出现问题，很容易造成各部门之间的相互推诿；二是导致了大量的重复监管，提高了治理成本，降低了治理效率；三是缺少必要的民意沟通，忽视了人民群众的智慧和力量。数字经济安全风险治理是一项复杂的系统工程，既需要“自上而下”的政府监管，又需要“自下而上”的民众围观和舆论压力。因此，很有必要将人民群众引入数字经济安全风险治理的全领域和全过程，构筑公众参与的数字经济安全风险公共治理机制，以提高数字经济安全风险治理的效率。理性选择的公众参与途径和精心设计的公众参与制度，不仅有助于达成公众参与的实质效果，而且可以预防由非制度化公众参与带来的不良后果。可以重点从三个层面构建公众参与的数字经济安全风险公共治理机制：一是让公众有序参与数字经济安全风险法规政策的制定，推进立法和决策的民主化，提高立法和决策质量；二是让公众有序参与数字经济安全风险法规政策的宣传，提高法规政策的普及率和知晓度，促进法规政策的落地见效；三是让公众有序参与数字经济安全风险的法规政策的实施监督，提高法规政策实施效率和数字经济安全治理绩效。

第五，加快数字经济安全风险防控的人才队伍建设。人才是赢得国际竞争主动的战略资源，是维护数字经济安全的战略保障。《数字经济就业影响研究报告》（2020）指出，数字经济打破了时空界限，形成了协同、开放、多边的经济模式，数字经济打开就业新空间，我国数字化人才缺口高达1100万。与此同时，蓬勃发展的数字经济对数字经济安全风险防控的人才需求越来越强烈，人才缺口也越来越庞大。数字经济安全风险防控人才队伍关乎数字经济安全风险防控的全局，也关乎数字经济可持续健康发展，必须把人才队伍建设摆在数字经济安全风险防控更加突出的位置。一是将数字经济安全风险防控及法律法规教育纳入各级党校党政干部教育培训的重要课程，让党政干部有机会系统地学习什么是数字经济安全风险，数字经济安全风险是如何形成的，怎样防控数字经济安全风险。通过教育培训强化党政干部数字经济安全风险意识，掌握数字经济安全风险防范的法律法规，提高数字经济安全风险防范的领导能力。二是充分利用一流大学的教育资源，对各级政府和部门数字经济安全风险的从业人员进行针对性、订单式教育培训，系统学习数字经济安全风险防控的理论、模型、方法与技术，提升数字经济安全风险防控队伍的专业素质和实操能力。三是支持鼓励在数字基础设施安全、关键核心技术安全、数据信息运行安全、数字经济产业安全和数字经济市场安全等领域拥有扎实研究基础和学科基础的一流大学，设立跨学科的“数字经济安全风险”专业硕士点和博士点，加快面向应用的数字经济安全风险专业的研究生培养，为我国数字经济安全风险防控输送一批高层次、复合型的专业技术人才和管理人才。

第六，深度参与数字经济安全风险防控的国际合作。数字经济的网络化、融合化、共享化和全球化特征，决定了数字经济安全风险防控是一个全球性的公共治理问题。我国要有效防控数字经济安全风险，需要深度参与国际合作。一是充分发挥乌镇世界互联网大会、联合国互联网治理论坛、联合国网络安全开放式工作组等重要平台的积极作用，深度参与全球数字经济治理规则和治理标准制定，提出中国方案，发出中国声音，提高中国影响力，扩大中国话语权，着力推动构建全球数字经济安全命运共同体。二是积极推进二十国集团（G20）、上海合作组织、金砖国家、中欧、中非和中国—东盟等框架下的数字经济安全风险防控合作，加强“一带一路”共建国家合作，推进“网上丝绸之路”建设，着力开拓数字经济安全风险的双边、多边国际交流合作机制。三是建立健全与美国等发达国家数字经济安全风险防控的交流合作机制，在监测和评估数字经济安全风险、研发和应用网络安全技术、制定相关协议和标准、协调数字经济安全风险防控策略等领域，开展常态化、高能级的交流合作，共同应对数字经济安全风险的挑战。四是防范和反制发达国家影响我国数字经济安全的行为，对危害我国数字经济安全的活动和行为进行审查和监测，采取有效的应对措施，必要时采取反制手段保障我国数字经济安全。

第七，强化数字经济安全风险防控的法治保障。法律是治国之重器，良法是善治之前提；法治兴则数字经济兴，法治强则数字经济安全保障强。一是要对现行的《中华人民共和国数据安全法》《中华人民共和国个人信息保护法》《中华人民共和国网络安全法》《中华人民共和国密码法》《关键信息基础设施安全保护条例》等数字经济安全相关法律法规进行系统梳理和科学评估，正确把握现行数字经济安全法律制度的供给特征、执行效果、制约因素及供给短板。二是尽快制定出台相关法律法规的实施细则，通过实施细则补充、丰富和完善数字经济安全的法律供给，增强法律供给的针对性、精准性和有效性，确保法律法规能够落地见效，进而提高法律的执行效果。三是加强数字经济安全风险防控的法律需求调查，把握数字经济安全风险防控法律的需求类型、需求强度和需求时序。紧贴数字经济安全防控的法律需求特征，推动科学立法和民主立法，扩大公众有序参与，充分听取数字经济专家学者和从业人员的意见建议，加快数字经济安全风险防范法律法规的“立改废释”进程，及时将地方数字经济安全防控的好做法、好经验、好政策上升至法律高度，提高数字经济安全风险防控的立法质量，进一步强化我国数字经济安全防控的法治保障。

5

优化数字经济发展生态系统，推进浙江省数字经济高质量发展*

数字经济是指以数据资源为重要生产要素，以现代信息网络为主要载体，以信息通信技术融合应用、全要素数字化转型为重要推动力的新经济形态。2018 年，数字经济发展上升为国家发展战略，全国各地数字经济取得了蓬勃发展，已成为驱动我国经济发展的强大新动能。数字经济增加值规模由 2005 年的 2.6 万亿元增加至 2019 年的 35.8 万亿元，数字经济占国内生产总值比重也由 2005 年的 14.2% 提升至 2019 年的 36.2% 。

浙江省是数字经济的先行地，近年来浙江省全面推进数字经济“一号工程”，深入实施“五年倍增计划”，大力推进“三区三中心”建设，聚焦产业数字化、数字产业和政府数字化转型，强化数字赋能，充分利用互联网、大数据、人工智能和 5G 等新技术，研发和推广智能防控、远程办公、智慧医疗和网络教育等新产品，推动跨境电商、移动支付和共享经济等新业态发展，着力争创国家数字经济的示范省。2019 年，浙江省数字经济增加值突破了 2.7 万亿元，占全省地区生产总值比重超过了 43% ，比全国同期高出 7 个百分点。

---

* 此文与范巘杰、张骞、过风祥共同完成，荣获时任浙江省委书记袁家军、时任浙江省人民政府副省长高兴夫的重要批示（2020 年 12 月）。

发达国家和先进地区的发展经验表明，数字经济发展与数字经济生态系统是一对“孪生兄弟”，数字经济高质量发展离不开数字经济生态系统的有力支撑。有什么样的数字经济生态系统，就会有什么样的数字经济发展效率、发展质量和发展成果。所谓“数字经济生态系统”，是指在一定的区域空间内，数字经济形成、演化和发展所需要的外部条件和因素的总和，数字经济与生态系统之间相互影响、相互制约，并在一定时期内处于相对稳定的动态平衡状态。浙江省要驱动数字经济高质量发展，着力擦亮数字经济发展的“金名片”，努力建设具有中国气派和浙江省辨识度的“重要窗口”标志性工程，需要奋力打造与数字经济高质量发展相适应的最佳生态系统，主要包括法治保障系统、政策支撑体系、新型基础设施、数字经济人才队伍以及面向数字经济高质量发展的政绩考核机制等。

一、强化数字经济高质量发展的法治保障系统

法律是治国之重器，良法是善治之前提。社会主义市场经济本质上是法治经济，依法推动浙江省数字经济高质量发展是社会主义市场经济的内在要求。无论是保障数字经济市场机制的良好运行，还是保护数字经济市场主体的合法权益，抑或激发数字经济高质量发展的内生动力，都离不开强有力的法治保障。习近平总书记强调，法治是最好的营商环境。为了推进数字经济高质量发展，浙江将各地数字经济发展的好做法、好经验和好政策，上升至更高层面的法律意志，浙江省十三届人民代表大会常委会第二十二次会议审议了《浙江省数字经济促进条例（草案）》（以下简称《条例》），该《条例》重点从数字基础设施、数字资源的有效利用、产业数字化、数字产业化、治理数字化以及激励和保障措施等方面对促进浙江省数字经济高质量发展作出了明确的法律规范和立法保障。《条例》出台后，浙江省委宣传部要科学部署宣传贯彻工作，强化新闻媒体宣传工作的责任意识和行动自觉，加大宣传力度和广度，增强知晓度和影响力，做到家喻户晓，为《条例》有效实施统一思想、凝聚力量，营造良好的社会氛围；省政府要根据《条例》的框架体系和主体内容，及时制定相应的实施细则、考核办法和保障措施，明确实施的主体责任，制订实施计划，落实实施责任，确保能够全面有效落地；省人民代表大会要强化《条例》实施

的执法检查，系统评估实施效果，发现实施中所存在的主要问题，正确了解和把握影响实施效果的主要因素，找出立法的短板和不足，确保学习贯彻到位、落地实施到位、监督跟踪到位，不折不扣地落实《条例》提出的各项要求，并为以后修订和完善积累扎实的数据资料。浙江省要以实施《条例》为契机，通过科学立法、严格执法、公正司法和全民守法，努力构建更加公平公正、公开透明、互惠共赢的法治化营商环境，强化浙江省数字经济高质量发展的法治保障系统。

二、完善数字经济高质量发展的政策支撑体系

数字经济政策是政府为了实现数字经济发展目标，以推进数据资源的有效利用、数字产业化和产业数字化为路径，做大做强数字经济产业的一系列政策措施的总和，其功能主要是弥补市场缺陷，有效配置资源，推动数字经济持续和高质量发展。近年来，为了有效推进数字经济发展，全国各地相继制定了一系列的政策措施。2017 年 2 月，贵州省发布《贵州省数字经济发展规划（2017—2020 年）》；2018 年 4 月，福建省发布《2018 年数字福建工作要点》；2018 年 9 月，浙江省出台《浙江省数字经济五年倍增行动计划》；2018 年 10 月，安徽省出台《安徽省支持数字经济发展若干政策》；2019 年 7 月，山东省发布《支持数字经济发展的意见》；2019 年 10 月，广东省发布《广东省培育数字经济产业集群行动计划（2019—2025 年）》。建议浙江省委、省人民政府组织相关专家学者，对浙江省已经出台的数字经济发展相关政策进行系统梳理和深入调查研究，全面了解浙江省数字经济政策的供给规模、供给结构和供给特征，科学评估现行政策的实施效果和主要影响因素，正确把握市场主体对数字经济发展的政策需求。以《条例》为基础，根据数字经济发展的政策供给与需求匹配原理，充分吸纳发达国家和兄弟省市数字经济政策的合理内核，从新型基础设施与平台建设、数据资源的有效利用、数字经济创新能力建设、产业数字化、数字产业化和数字经济人才队伍建设等多个维度，科学安排相关的产业发展基金、政府采购、税收优惠、金融支持、土地供给、生产要素配置以及知识产权保护等相互协同和全方位的政策支撑体系，通过政策引导、激励和推进浙江省数字经济的高质量发展。

三、夯实数字经济高质量发展的新型基础设施

2018年12月，中央经济工作会议首次提出“新型基础设施建设”，主要包括5G、人工智能、工业互联网和物联网等。2020年3月，中央政治局常委会提出，要加快5G网络、数据中心等新型基础设施建设速度。新型基础设施是数字经济高质量发展的重要依托，是数字经济生态系统不可或缺的重要组成部分。与传统基础设施相比，新型基础设施是传统基础设施的数字革命，是以数据为中心，深度整合计算、存储、网络和软件资源，以充分挖掘数据价值为目标所设计建设的数据基础设施，具有“融合、协同、智能、安全、开放”等基本特征。不同于铁路、公路、机场和桥梁等传统基础设施聚焦在物理空间，新型基础设施建设注重数据信息的传输，强调数字空间与物理空间的相互融合以及硬件设施和软件系统的协同推进。新型基础设施不仅需要集成电路、传感器、光纤网、5G基站、数据中心和网络终端等硬件基础设施建设，更需要操作系统、数据库系统、大数据系统和云服务系统等对数据进行加工处理的软件系统的强大支撑。浙江省要根据创建国家数字经济示范省的高标准和高定位，科学编制浙江省新型基础设施建设中长期规划和具体行动计划，以数字化基础设施、数智化基础设施、创新性基础设施为重点，加快涵盖接入、存储、计算、管理和数据使能五大领域的新型基础设施建设，提升“采—存—算—管—用”全生命周期的支撑能力，让数据“存得下、流得动、用得好”，构建全方位的数据安全体系和保障系统，为推进浙江省数字经济高质量发展营造良好的生态系统。

四、加强数字经济高质量发展的人才队伍建设

人才是数字经济的核心要素，是数字经济高质量发展的重要支撑。2018年，美国数字经济规模达到12.34万亿美元，居全球首位；中国数字经济规模为4.73万亿美元，位列全球第二。二十国集团（G20）的17个成员国数字经济规模为28.3万亿美元；经济合作与发展组织（OECD）的32个成员国数字经济规模为23.7万亿美元；亚太经济合作组织（APEC）的14个成员国数字经济规模为21.9万亿美元；金砖五国数字经济规模超

过6万亿美元。随着越来越多的国家和地区加快推动数字经济的发展布局，全球对以计算机科学、软件工程、人工智能、计算科学、数据科学和信息工程等学科为背景的数字经济人才需求迅猛增长，数字经济人才供需缺口越来越大。据统计，在全球367所设有人工智能研究方向的高校中，我国高校还不足30所，人工智能人才供需缺口巨大。尤其是在决定数字经济核心竞争力的算法领域，人才缺口更为突出。从浙江省数字经济发展的实际需求来看，云计算、大数据、物联网、网络数据安全、集成电路和人工智能六大数字经济重点发展领域的人才紧缺问题越来越严重，已经成为制约数字经济高质量发展的重要瓶颈。浙江省委、省人民政府应高度重视数字经济发展的人才缺口问题，把数字经济人才队伍建设摆在数字经济工作的核心位置，采取强有力政策措施加强数字经济人才队伍建设。一是加强数字经济人才队伍建设的顶层设计和规划引领。深入开展浙江数字经济发展的人才供给与需求的调查研究，正确了解和把握浙江省数字经济发展的人才需求规模、需求结构和需求特征，科学制定推进浙江数字经济高质量发展的人才发展规划，以规划引领和推动浙江省数字经济人才队伍建设。二是加快高层次创新平台和高能级平台型企业培育，吸引和集聚数字经济优秀人才。全力推进之江实验室、阿里巴巴达摩院等一批高能级创新平台建设；深化与阿里巴巴集团控股有限公司、华为技术有限公司、中国电子科技集团有限公司等的战略合作，推进127个数字化重大建设项目，加快千亿级平台型企业培育；推进“1+N”工业互联网平台体系建设，健全平台接单、按工序分解、多工厂协同的共享制造模式；大力支持具有产业链、供应链带动能力的平台型企业培育和产业数据中心的打造。通过数字经济高层次的创新平台和高能级的平台型企业培育，打造浙江省数字经济产业集群，以产业集群的极化效应与规模效应吸引和集聚数字经济高质量发展的优秀人才。三是大力支持和推进浙江省高校数字经济人才的培养。加大对浙江省高校计算机科学、软件工程、电子工程、信息工程、人工智能、数据科学等数字经济相关学科建设的支持力度，通过强化财政投入、扩大招生规模和加强师资队伍培训等政策措施，引导高教资源向数字经济相关学科倾斜，着力提高浙江省高校数字经济人才培养的规模和质量。

五、健全数字经济高质量发展的政绩考核机制

政绩考核是“指挥棒”，有什么样的政绩考核，就会有什么样的政府行为，就会有什么样的经济发展成果。改革开放四十多年来，我国经济之所以取得以年均9%高速增长的世界奇迹，其中一个关键变量是建立了以国内生产总值为核心的省、市、县和乡镇四级政府的政绩考核机制，强化了各级政府经济发展理念和内在动力。但是现行的政绩考核机制主要是侧重于国内生产总值、进出口、投资规模和财税收入等数量型经济发展的考核指标，一定程度上驱动了一些地方政府单纯依靠投资拉动、规模扩张和资源推动，过度发展了一些低端产业，致使一些地方经济长期处于粗放型发展状态，原材料消耗大、能源利用效率低、产业技术层次低、产业缺乏核心竞争力，这不利于驱动浙江省数字经济高质量发展。要驱动浙江省数字经济高质量发展，需要科学研究浙江省数字经济的演化过程、发展模式和发展形态，正确认识和把握数字经济发展的基本特征、支撑条件和生态系统，紧密结合《浙江省数字经济促进条例》《中共浙江省委关于制定浙江省国民经济和社会发展第十四个五年规划和二〇三五年远景目标的建议》《浙江省数字经济发展五年倍增计划》以及建设国家数字经济示范省的实际需要，研究建立以“数字基础设施建设”“数字资源的有效利用”“产业数字化”“数字产业化”“政府数字化转型”和“数字网络普及”等为关键指标，具有前瞻性、较高信度和效度的政绩考核指标体系以及相应的考核程序、考核办法和奖惩措施，探索构建面向数字经济高质量发展的政绩考核机制，努力做到可量化、可评价、可检查和可操作，使其真正能够落地见效，以此树立各级政府数字经济高质量发展的发展理念，强化数字经济高质量发展的政府行为，实施数字经济高质量发展的实际行动。

6

传统建筑节能材料弊端已经凸显，亟须加快推进薄体建筑节能材料研发与应用*

20世纪80年代起，我国能源供求矛盾日益突出，能源短缺成为国民经济和社会发展中的薄弱环节。2014年我国新建建筑能耗约占全社会一次能源消耗总量的16%。同时，建筑在建造和使用过程中对全国温室气体排放的占有率达44%，建筑采暖所用燃料是造成大气污染的重要因素。在能源短缺与环境污染的双重压力下，1997年颁布的《中华人民共和国节约能源法》明确规定，我国所有新建建筑必须采用建筑节能专项设计。

一、传统建筑节能材料弊端已经凸显

我国建筑节能起步晚，研究基础薄弱，建筑节能基本上停留在用保温材料把“房子包起来”的阶段。传统建筑节能材料以块体材料的形式存在，通常用钢筋混凝土作为承重结构的主要材料，在其外覆盖保温隔热材料作为复合层，即所谓墙体的内外两层保温系统。比较常见的传统建筑节能一体板有外墙保温及饰面系统（EIFS）、建筑保温绝热板系统（SIPS）、隔热水泥模板外墙系统（ICFS）三种。这些材料的共同特点是通过增加材

---

* 此文与王俠共同完成，是九三学社浙江省委员会报送浙江省政协十二届一次会议的团体提案（2018年1月）。

料形体的静态空气泡，以实现隔热保温功能。但这些节能建筑材质疏松，导致其与钢筋混凝土的致密承重部分无法契合，容易造成开裂、渗水，与墙面基底脱壳。这是传统建筑节能材料的先天缺陷。

由此可见，传统建筑节能材料本身的缺陷产生了众多问题，具体表现为以下五个方面：

第一，建筑节能效果不理想。一方面，中国每年新建建筑16亿—18亿平方米，已建房屋400亿平方米以上，真正能耗低的节能建筑不到1%，高耗能建筑总量庞大。另一方面，我国单位建筑面积采暖能耗为发达国家的2—3倍，单北方采暖地区每年就多耗标准煤3000万吨，多排二氧化碳上百万吨，直接经济损失达数百亿元。根据《中国建筑节能年度发展研究报告（2015）》（清华大学建筑节能研究中心著）数据显示，近十年，中国民用建筑运行能耗占全国总能耗的比例一直维持在20%—25%，2013年中国建筑运行总能耗高达7.56亿吨标准煤，占全国总能耗的19.50%。预计到2020年，全国高耗能建筑面积将达到700亿平方米。可见，使用传统的建筑节能材料，建筑能耗依旧很大。

第二，块体节能材料的使用成本高昂。传统块状节能建筑材料以聚苯乙烯泡沫、聚氨酯泡沫等作为主板，外层涂水泥类凝胶材料。聚苯乙烯泡沫改良了钢筋混凝土为墙体的保温效果，但是这类材料在应用过程中增加了材料形体的静态空气泡，材质疏松，使现场施工工序复杂，增加了施工难度，且其价格相对昂贵，提高了建筑成本。在建筑物维护方面，根据目前建筑市场行情，每平方米传统节能建筑物，每年需要250—300元维修费，常年下来，这也是一笔不小的建筑成本。与此同时，随着国家对环保问题的看重，环保标准不断提高，降低粉尘污染的费用也随之增加。

第三，易燃易爆的消防隐患。建筑节能需要符合中国国情。我国人多地少，绝大多数建筑超过10层，单个建筑用户量多。因此建筑行业负责部门必须重视松软类块体材料的应用安全。传统建筑节能材料中聚氨酯泡沫等有机材料属于易燃材料，这大大增加了建筑的消防风险。回看中国近些年来发生的几起重大火灾，例如上海胶州路教师公寓重大火灾导致58人死亡、70人受伤，吉林长春德惠市宝源丰禽业有限公司火灾爆炸事故造成121人死亡、76人受伤等，可燃保温材料都对火势蔓延起到了推波助澜的作用。

第四，高空坠落的安全隐患。传统建筑节能材料大都是富含静态空气泡的块体材料，块体节能材料容易开裂、渗水，从而易与墙面基底脱壳。墙体饰面脱落，尤其是高空墙体脱落，不仅造成了财产损失，而且时常导致人员伤亡，带来极大的安全隐患。2014 年仅通过中国绿色地产网报道的保温外墙开裂脱落事故就有 53 件，涉及全国大部分省市，如此多的安全事故提醒我们必须重视并解决节能建筑材料的安全问题。

第五，大量建筑垃圾难以降解。目前，我国建筑垃圾面临总量大和难处理的问题。一方面，块体节能材料应用设计的生命周期在 20 年左右，按照应用技术规程，20 年以后所有块体材料必须更新，这种更新不仅需要巨额资金投入，而且所有更新下来的材料都成为建筑垃圾，其危害性远远超出节能效益。另一方面，更新下来的建筑垃圾采用的传统节能建筑材料中含有大量聚氨酯泡沫、膨胀珍珠岩、膨胀蛭石、加气混凝土、岩棉、矿渣棉，这些材料大都难以降解。近几年我国每年建筑垃圾的排放总量约为 35.5 亿吨，占城市垃圾的比例约为 40%，产量惊人。以北京为例，其每年产生的建筑垃圾多达 4000 万吨。我国处理建筑垃圾的方式目前主要仍为填埋与露天堆放，处置方式单一。建筑垃圾多、难处理造成环境问题，并占用宝贵的土地资源。

用传统块体建筑节能材料“将建筑包起来”并没有产生理想的建筑节能效果，反而带来一些安全问题和环境问题。同时，我国城镇化的快速发展、人们对生活质量需求的不断提高，要求我们要研发更节能、更安全的新型建筑节能材料。

二、加快推进薄体建筑节能材料研发与应用的对策

建筑节能的有效措施有两个：一是从建筑构造上下功夫，通过建筑构造规避环境不利因素，例如，通过构造形式形成风道，促进建筑表面换热；二是研究热的赋存状态与热平衡特征，研发安全有效的“界面”类薄体节能材料。相对于块体材料而言，薄体建筑材料以微结构为特征，表面功能强大，多指涂覆类、液态固化、膜类材料。这一类材料针对热的赋存状态、热的表现与移动特征，以界面效果阻隔环境热对建筑主体的影响。

薄体材料注重针对应用环境的有效性，而“把房子包起来”对于南方以防止太阳辐射为主的节能需求，不仅不能节能，反而因为不利于夏天散热增加了降温所需能耗。

对于薄体材料的环保性和安全性，要求政府制定相关配套政策，全面推进薄体建筑节能材料研发与应用。

第一，严格控制和逐步淘汰传统建筑节能材料的应用。由相关政府部门牵头，组织行业专家对现行广泛使用的传统建筑节能材料（如岩棉、玻璃棉、聚苯乙烯泡沫塑料、水泥聚苯板、硅酸盐复合绝热砂浆等）的节能效果、使用寿命、消防安全和环保性能等技术指标进行科学评估，对上述技术指标较低的传统建筑节能材料进行严格限制和控制。采用行政措施，提高技术指标参数要求，逐步淘汰传统建筑节能材料的应用。

第二，强化薄体建筑节能材料的媒体宣传力度。薄体建筑节能材料的研发与应用已持续较长时间，但政府管理部门、建筑设计单位、房地产商和建筑施工单位对薄体建筑节能材料缺乏全面深入的认识和了解，严重影响了薄体建筑节能材料的推广应用。为推进薄体建筑节能材料的广泛应用，建议政府有关部门综合运用传统媒体和现代媒体等途径，加大对薄体建筑节能材料的生产机理、技术优势和经济成本等方面的宣传力度和传播范围，做到家喻户晓，提高薄体建筑节能材料的影响力和美誉度，进而促进薄体建筑节能材料的市场应用。

第三，科学制定《加快推进薄体建筑节能材料研发与应用的发展规划》。国家政府部门要把加快推进薄体建筑节能材料研发与应用提上重要议事日程，建议由住房和城乡建设部牵头，组织相关部门领导、负责人和专家学者成立“薄体建筑节能材料”课题组和工作小组，在对我国建筑节能现状、建筑节能材料产业发展进行科学调查的基础上，研究制定《加快推进薄体建筑节能材料研发与应用的发展规划》，明确薄体建筑节能材料产业发展的指导思想、基本原则、目标任务、产业布局和保障措施等。

第四，研究制定《加快推进薄体建筑节能材料研发与应用的政策体系》。为促进薄体建筑节能材料行业有序、快速发展，建议国家有关部门在充分借鉴传统薄体建筑节能材料优势的基础上，根据我国建筑节能行业发展的实际，研究制定出具有可操作性的薄体建筑节能材料行业的配套政策，从财政资金投入、人才引进培养、研究基地建设、税收优惠、产业政策体系引导等方面制定相应的支持、奖励和激励措施。

第五，加速制定薄体建筑节能材料行业标准。为引领我国薄体建筑节能行业产业化、标准化发展，建议由住房和城乡建设部牵头，组织薄体建筑节能行业的相关专家、企业从业人员、群众代表参加座谈会，以薄体建筑节能材料的发展情况为基础，根据我国的建筑节能要求，制定薄体建筑节能行业的应用标准、环保标准、节能标准、安全标准、检测标准和验收标准。

第六，旧房改造过程中优先使用薄体建筑节能材料。为推动薄体建筑节能材料在旧房改造中的应用，政府在新建、改建、扩建安居房和经济适用房的过程中使用薄体建筑节能材料，为普通群众使用薄体建筑节能材料起到示范和引导作用。同时，通过购买补贴、现金奖励等方式鼓励居民在旧房改造过程中优先使用薄体建筑节能材料。

7

打造新时代浙江最佳营商环境，需要深刻把握八大转变趋势*

改革开放以来，我国政府在改善营商环境方面做了大量的工作。通过深入、系统分析可以发现，营商环境建设具有鲜明的时代特征，在不同时期和不同阶段，营商环境建设具有不同的目标任务、建设重点和基本做法。2017 年 12 月召开的中央经济工作会议指出，中国特色社会主义进入了新时代，我国经济发展也进入了新时代，基本特征就是我国经济已由高速增长阶段转向高质量发展阶段。推动高质量发展是当前和今后一个时期确定发展思路、制定经济政策、实施宏观调控的根本要求。习近平总书记在中央财经领导小组会议上强调，要改善投资和市场环境，加快对外开放步伐，降低市场运行成本，营造稳定公平透明、可预期的营商环境，加快建设开放型经济新体制，推动我国经济持续健康发展。2018 年 12 月召开的浙江省委经济工作会议也明确提出，浙江要在营商环境建设上取得实实在在的突破，全面深化市场化改革，将“最多跑一次”改革进行到底，打造最佳营商环境。

发达国家的实践表明，经济发展质量与营商环境紧密关联，相互促

---

* 此文与朱汉清、周水仙、过风祥共同完成，荣获时任浙江省委书记袁家军的重要批示（2019 年 5 月）。

进。有什么样的营商环境就会有什么样的经济发展质量。新时代要驱动浙江省经济高质量发展，需要打造浙江最佳营商环境，持续保持政府有为、市场有效、企业有利、百姓受益的体制机制领先优势；需要了解新时代营商环境的变化特征，深刻把握营商环境的八大转变趋势，先行谋划、早做部署；科学确定新时代浙江营商环境的建设目标和建设重点，科学制定建设规划和建设方案，这样才能使浙江在经济高质量发展方面走在全国前列。

一、从弹性化的政策保护转向持续稳定的立法保障

第一，弹性化的政策保护发挥过历史性作用，但仍难解企业家的财产权焦虑。保护企业家合法权利，是最基本的营商环境。习近平总书记强调："稳定预期，弘扬企业家精神，安全是基本保障。"改革开放以来，在相关法律不健全的情况下，出台政策文件为企业家提供保护，对提高企业家投资信心、激发企业家创新精神、促进企业健康发展发挥了重要作用。但是，政策的弹性化特点让保护效果大打折扣。比如政策时松时紧，缺乏稳定性、透明性和可预期性；政出多门，政策"碎片化"，部门政策"掐架"；政策执行过程中存在随意性和不协调性。由此常常造成企业家或无所适从、或心存疑虑、或来回折腾、或钻政策空子，甚至合法的人身和财产权益受到侵害。

第二，打造新时代营商环境需要更加突出持续稳定的立法保障。面对社会上多次出现的一些否定、怀疑民营经济的言论以及个别部门利用公权力对民营企业家的"合法伤害"，企业家更期待稳定、透明、可预期的法治化营商环境。实现持续稳定的立法保障，强化对企业家合法权益保护的权威性、稳定性和强制性，减少权力的任性空间，更有利于提高企业家的安全感，激发企业家的活力，激励企业家长远规划、放心投资、安心经营、专心创业和潜心创新。

第三，建议加快构建持续稳定的地方法律保障体系。一是开展立法调查研究。深入企业，充分听取企业家对人身和财产安全、企业健康发展方面的诉求，对现有法律、政策中涉企条款的意见建议，了解企业家最担心什么、最害怕什么、最忧虑什么、最期望什么。二是加快制定出台保护企业家和企业的地方性法规。由省人民代表大会牵头，以企业家的期待和需

求为重要导向，把过去引导、支持、鼓励企业发展的好的政策、好的做法、好的经验总结出来，把容易对企业家和企业合法权益造成侵害的环节和漏洞寻找出来，发挥地方立法的高效率优势，率先制定一批地方性法规，趋利避害，让法律成为企业家健康成长、企业健康发展最根本、最稳定、最长久的保障。

二、从特殊投资项目定向优惠转向公平、公正、普惠

第一，特殊投资项目定向优惠促进了地方产业发展，但也造成负面影响。为吸引外资、龙头企业投资，各地政府通常采用一企一策的招商引资方式，对特殊投资项目给予特定优惠和特别照顾，在提高地区经济开放水平、发展新兴产业、培育产业集群方面发挥了积极作用。但是，差异化、选择性的优惠，也带来了负面影响。比如我国连续多年成为全球遭遇反倾销、反补贴调查最多的国家；平等参与市场竞争、平等使用生产要素、平等保护产权的环境受到冲击和破坏，热了少数企业的心，冷了多数企业的心；市场配置资源的机制被扭曲，甚至成为官商勾结、利益输送的渠道。

第二，打造新时代营商环境需要更加突出公平、公正、普惠。《小康》杂志2018年推出的“中国营商环境满意度大调查”显示，公平问题成为营商环境十大难题之一。有42.2%的受访者表示“政府对各类企业不能一视同仁、待遇平等，司法执法公平有待提高”。虽然浙江在调查中位列“公众心目中营商环境最优的十个省份”榜首，但相关问题同样存在。一些企业反映：“某行业市场前景好，企业本身也没什么问题，但却不在政府鼓励发展的产业指导目录中，不仅优惠政策享受不到，还处在搬迁的忧虑之中。”进入新时代，我国参与全球经济治理体系变革，更加注重规则等制度型开放，公平、公正、普惠将成为基本经贸规则。无论外商还是民企，都期望获得更多平等竞争机会。因此，浙江作为民营经济大省和改革开放先行地，需要率先打造竞争中性的营商环境，从特殊投资项目定向优惠转向公平、公正、普惠，适应市场化改革，扩大高水平开放新格局，进一步激发民企、国企、央企、外企活力。

第三，建议加快推动形成公平、公正、普惠的营商环境。一是强化负面清单管理，在市场准入上实现公平、公正。在总结各地负面清单管理典

型经验和主要短板的基础上，借鉴国外经验，以清单方式明确列出禁止和限制企业投资经营的行业、领域、业务等。清单以外则充分开放，实行统一的市场准入制度。同时，加快完善负面清单的配套法律法规，提高负面清单管理的刚性。二是强化待遇平等，在企业政策上实现普惠。破除获取垄断性资源要素和政府采购的身份歧视，有效保障所有企业依法平等使用生产要素、基础设施和市场资源，公平参与市场竞争，同等受到法律保护和承担法律责任。

三、从投资项目环境打造转向人才生态环境打造

第一，投资项目环境打造增强了地方招商引资竞争力，目前已经成为标配。改革开放以来，各地为吸引投资，不断改善投资环境，为产业落地及企业入园创造良好条件。那些率先从“三通一平”升级到“五通一平”“七通一平”的地区，率先从园区生产平台升级到产城融合发展的地区，获得了招商引资的竞争优势，受到了投资者青睐。但是，这些硬环境打造已经基础化、普遍化。要吸引更多市场主体，需要针对创业、创新、创造中的新难点，培育新的竞争优势。

第二，打造新时代营商环境需要更加突出人才生态环境打造。据中山大学 2018 年对 16 个省份营商环境调研统计，企业面临的主要困难从“旧三难”转向“新三难”。办照难、办证难、退出难已经不再是企业面临的痛点和难点，成为“旧三难”。招工难、市场竞争激烈和成本高成为企业当下普遍的难点和痛点，是“新三难”。浙江省衢州市的最近一次调查也表明，人才匮乏成为困扰企业的共性问题。一些企业反映，“人才生态环境不好，人才留不住，频繁招聘，培养员工的费用占很大的成本”。新时代的一个显著特征就是新旧动能加快转换，各个国家和地区从低端生产要素的竞争拓展到高端生产要素的竞争，人才将逐渐超过资本成为最稀缺资源，成为引进高端产业、吸引大公司的总部及核心部门、培育发展新动能的核心引力和关键砝码。因此，打造新时代最佳营商环境，在进一步优化投资环境的同时，必须更加突出人才生态环境。

第二，建议加快打造高水平人才生态环境。一是组织人事部门牵头，以“三服务”活动为抓手，通过直接与各个层次人才面对面交流，调研

《高水平建设人才强省行动纲要》落实情况，查漏补缺。二是采用大样本调查方式，对各类人才在创新、创业、创造、生活、学习、工作等方面的诉求进行梳理归类，对各类企业在人才生态环境等方面的诉求进行梳理归类，为浙江省打造满足多层次多类型人才需求、有更大包容性、有更强竞争力的人才生态环境提供高质量的对策建议。

四、从重视政府诚信转向区域性社会信用体系建设

第一，政府诚信建设在社会信用体系建设中具有表率作用，但总体信用仍然缺失。2002 年，浙江省政府出台了《关于建设“信用浙江”的若干意见》，加大了信用建设特别是“信用政府”建设力度，这对全面改善社会信用状况起到了很大作用。但是，政府不兑现承诺、新官不理旧账、拖欠企业款项、政策朝令夕改等现象，仍然不同程度存在。有企业主反映，“政府部门不履行合同，或以各种理由相互推诿，企业主怕得罪政府不敢投诉，加上行政诉讼的成本和潜在的关系束缚，多数企业只能无奈地等待”。也有企业主抱怨，“政策说变就变，对实体经济影响非常大，尤其是对长远规划投资影响较大”，不仅政府诚信存在问题，企业诚信缺失更加严重。中国财政科学研究院的抽样调查表明，我国诚信水平较高的样本企业只有 49.6%。

第二，打造新时代营商环境需要更加突出区域性社会信用体系建设。相互不信任或相互欺诈的社会，必然会耗费大量的资源用于界定和实施契约，带来交易成本的大幅增加。据统计，我国每年有 2000 多亿元的赖账、2000 多亿元的假冒伪劣产品和 2000 多亿元的“三角债”，每年因信用缺失导致 10000 亿元以上的经济损失。同时，因信用缺失，企业在一些经营活动中需要缴纳保证金、抵押金，需要付出较高的融资成本、诉讼成本等。正因为如此，65% 的市场主体会到国家信用信息系统上查看交易对象的信用信息，越来越多的企业主体把信用当作新时代核心的营商环境。

第三，建议加快打造“信用浙江”。一是以信用政府建设带动“信用浙江”建设。发挥政府在“信用浙江”建设中的示范性、关键性、决定性作用，运用“最多跑一次”改革理念推进信用政府建设，建立“失信黑名单”和信息共享机制，强化信用应用，降低企业维权成本。二是强化“双随机、一公开”工作机制。重拳打击不守合同、制假售假、偷逃贷款、拖欠工资及货款等信用欺诈和信用缺失行为。三是着力构筑公众参与的信用监管公共治理机制。构建信用监管的新闻媒体治理机制、内部监管机制、公众举报与奖励机制、团体诉讼机制等“四大机制”，将公众参与引入信用监管的全过程。

五、从吸引单一投资项目转向吸引平台型企业

第一，吸引单一投资项目增加了地方产出，但在带动多方共赢方面尚有局限。毋庸置疑，每一个投资项目的引进，都为经济增长作出了贡献。如果引进项目是龙头企业，还可能带出一批中小型协作企业，形成一个产业集群。但绝大部分投资项目的引进，都只是新增了一家独立运营的企业，鲜有联结产品（服务）交易或交互的双方或多方的功能，对当地营商环境的贡献微乎其微。

第二，平台型企业是新时代创新、创业、创造的推进器。新时代的商业竞争不再只是单个企业之间的肉搏战，而是更系统、更深层的盈利模式之间的竞争，甚至是跨产业联合体之间的角逐，亦即生态圈之间的竞争。唯有主动构建和优化生态圈，与生态伙伴营造共生、互生、再生的生态系统，才是赢得未来商业的途径。平台型企业是构建生态圈的枢纽，通过对平台场域内资源和社会资源进行聚合、整合与优化配置，改变原有产业内外分工与合作的格局，进而重构服务业内部、制造业内部、产业间新一轮秩序或系统，为大量中小企业创业、创新、创造提供条件。

第三，建议加快吸引平台型企业。将平台型企业作为提升营商环境的重要手段，依据当地产业基础和发展趋势，加大吸引、培育平台型企业力度。发挥平台型企业大规模用户资源、跨市场网络效应、先进创新模式等优势，搭建多边市场成员互动的生态系统，激发网络效应，打造一个可持续的、多主体互利共赢的生态圈，形成新的竞争优势。

六、从注重降生产要素成本转向降制度性交易成本

第一，降生产要素成本为企业发展提供了红利，但遭遇“天花板”。改革开放以来，各地注重降低生产要素成本，打造“成本洼地”，吸引企

业投资。随着浙江经济大省和资源小省的矛盾进一步凸显，生产要素成本失去了降低空间，呈现刚性增长态势。比如宁波市政府2006年制定的工业用地基准价，一、二、三、四级土地价格分别为每平米957元、754元、631元和513元，2016年的价格分别为每平米2193元、1546元、1366元和1027元，10年间工业地价翻了一番。劳动力成本也在不断增长，2014—2017年，浙江省全社会单位就业人员年平均工资的实际增长率分别为6.4%、5.4%、6.9%、6.0%。

第二，打造新时代营商环境需要更加突出降低制度性交易成本。2018年，全国规模以上工业企业每百元主营业务收入中成本为83.88元，每百元主营业务收入中费用为8.7元，主营业务收入利润率为6.49%。近年来，实体经济成本年均增速约为利润增速的两倍，高成本问题被列为中国营商环境十大难题之首。其中，制度性交易成本是导致实体经济成本高的重要因素。在创新驱动高质量发展的新时代，具有决定性作用的高端和创新型生产要素不同于一般生产要素，对制度性交易成本更为敏感，要吸引、集聚、整合和利用，必须从注重降生产要素成本转向降制度性交易成本，打造“制度性交易成本洼地”。

第三，建议加快拓展降制度性交易成本新空间。一是继续深化“最多跑一次”改革，在审批事项、办事流程、办理时限、申办费用等方面再挖掘。二是打造“办事不求人”政务环境，用长期的制度改善替代现有的“百名局长帮企纾困解难”等临时性机制。三是利用“信用+技术”，以诚信体系逐渐替代保证金制度，应用大数据加快资金拨付、退税退保速度等，拓展降低制度性交易成本新空间。

七、从打造关键性政府部门转向打造“整体性政府”

打造关键性政府部门有效改善了营商环境，但难以解决政务服务事项综合性与政府服务功能碎片化的矛盾。过去各地将涉企政府部门作为关键性部门，通过提供便利化服务、提高行政效率、强化监督考核，推动改善营商环境。但仅打造关键性政府部门，部门之间缺乏协同，企业的“一件事情”被分割成若干环节，分散在各个部门，极易造成政务服务流程相互纠缠、重复、卡壳或者部门推诿，使提升营商环境遭遇“天花板”。比如一些企业反映“同样的检测，不同的部门来测评都要重复做，所需的设备、材料、工具等都是重复的”；一些企业反映“投诉时部门推诿扯皮”。

第一，打造新时代营商环境需要更加突出“整体性政府”建设。营商环境问题不是一个孤立的问题，而是一个综合性、复杂性问题。新时代，随着经济社会的发展，政务服务事项的综合性、复杂性程度会越来越高。浙江省“最多跑一次”改革的成功实践以及世界上一些国家“整体性治理”的实践表明，以部门协同集成服务为特征的“整体性政府”建设，是缓解政务服务事项的综合性与政府职能的碎片化矛盾的核心机制。

第二，建议加快打造“整体性政府”。一是将“最多跑一次”改革进行到底。以互联网和大数据技术为支撑，体现用户思维，完善“众多机构，一个政府”的综合集成管理模式，为企业和群众提供非碎片化、非分离的服务。二是推进政府数字化转型。将政务服务的“最多跑一次”改革、“标准地”制度、“亩均论英雄”改革、“双随机、一公开”监管制度等通过数据有机联结，形成审批、服务、监管、生产要素配置的整体化操作流程，打造“政府管理共同体”，实现跨部门高效协同推进工作。

八、从注重打造责权利统一体转向打造命运共同体

第一，打造责权利统一体激发了政府和企业活力，但容易产生无形的藩篱。责权利相辅相成、相互制约，形成一个统一体，既清晰界定了政府和企业的行为边界，又激发了各类主体的活力。但不同主体的责权利行为边界，容易产生无形的藩篱。政府和企业更多地考虑自己的责权利，缺少相互关怀，时常出现政府对政策影响考虑不周、企业不能充分考虑到社会责任的现象。比如，有企业反映，“一些部门在应急联动执法过程中存在不尊重企业家，执法方式方法粗暴、生硬等现象，特别是涉及联合执法时，兴师动众，影响企业正常生产秩序，给企业和企业家的声誉带来极大影响”。同时，也存在一些企业不守信用，逃避监管，不规范、不合规合法经营的现象。

第二，打造新时代营商环境需要更加突出打造命运共同体。进入新时代，大国之间的竞争日趋激烈，外部经济环境总体趋紧，国内经济存在下行压力，防范化解重大风险形势严峻。虽然政府与企业是监管与被监管、

服务与被服务的关系，有时甚至是矛盾的双方，但根本利益是一致的，政府有为才能市场有效，企业强则国家强。为了应对各种挑战，需要打造命运共同体，发挥各自优势，弥补对方失灵，互动增能，同心协力推动实现中国梦。

第三，建议加快打造亲清型政商命运共同体。一是构建常态化的政商互动制度。搭建党委政府与企业沟通协商制度化平台，建立涉企政策的企业参与机制，确立解决问题、促进企业更好发展的监管导向，打造有利于企业家成长的优越政商环境。二是培育企业的责任担当。抓好企业家，尤其是年轻一代企业家的教育培训工作，提高其合规合法经营的自觉性，让企业家在把事业做大的同时，主动承担应尽的社会责任。

8

打造企业家成长的优越生态环境，建设高质量的企业家队伍*

企业家是经济活动的重要主体，是能够把经济资源从生产率较低、规模较小的领域，转到生产率较高、规模更大的领域的经营者；是能够准确把握经济生活中的发展机会，并及时抓住发展机会为社会创造财富，进而促进社会进步的组织者。中共中央、国务院发布了《关于营造企业家健康成长环境弘扬优秀企业家精神更好发挥企业家作用的意见》，最高人民法院发布了《关于充分发挥审判职能作用为企业家创新创业营造良好法治环境的通知》，习近平总书记系列重要讲话中多次提到“企业家精神”“企业家作用”“企业家才能”等关键词，体现了以习近平同志为核心的党中央在治国理政过程中高度重视企业家的重要作用和重要地位。习近平总书记指出：“我们全面深化改革，就要激发市场蕴藏的活力。市场活力来自于人，特别是来自于企业家，来自于企业家精神。”改革开放以来，一大批优秀企业家在市场竞争中迅速成长，一大批具有核心竞争力的企业纷纷涌现，为积累社会财富、创造就业岗位、加快科技创新、推动经济发展、促进社会进步、增强综合国力作出了不可磨灭的重要贡献。

---

* 此文是九三学社浙江省委员会的调研报告，荣获时任中共浙江省委书记车俊和时任浙江省委常委、统战部部长熊建平的重要批示（2018 年 11 月）。

党的十九大报告指出，经过长期努力，中国特色社会主义进入了新时代，这是中国发展新的历史方位。中国经济已由高速增长阶段转向高质量发展阶段，正处在转变发展方式、优化经济结构、转换增长动力的攻关期，建设现代化经济体系是跨越关口的迫切要求和中国发展的战略目标。熊彼特说，企业家是经济增长的国王。西方发达国家工业化的实践表明，经济高质量发展离不开高素质企业家。在建设现代化经济体系、推动中国经济高质量发展的新时代，需要更加重视实体经济的发展，更加重视企业家的重要作用，更加重视高素质企业家队伍的建设。因此，打造企业家健康成长的优越生态环境，大力弘扬企业家精神，建设高素质的企业家队伍，对深化供给侧结构性改革、促进科技创新、建设现代化经济体系和实现中国经济高质量发展具有特别重要意义。

企业家是劳动时间最长、职业经历最苦、精神压力最大和创造财富最多的一个特殊群体。创造就业、创造税收、创造财富和创造竞争力的企业家是新时代最可爱的人。全社会应该把最热烈的掌声、最美丽的鲜花、最崇高的荣誉和最温暖的祝福献给新时代最可爱的人。

一、尊崇企业家，学习企业家，打造企业家成长的优越社会环境

企业家是市场经济的重要组成部分，是市场不均衡的发现者和创造者，是经济增长的发动机。一大批企业家在改革开放的浪潮中敢为天下先，艰苦创业、锐意创新、不断进取，谱写了中国经济持续高速增长的辉煌篇章。当前，中国经济从高速增长进入了高质量发展的新时代，落实新发展理念、推动产业迈向中高端水平、建设现代化经济体系、实现经济高质量发展要依靠企业家的辛勤劳动和创造性劳动来实现。企业家在建设现代化经济体系和促进经济高质量发展中发挥着无可替代的重要作用。

为了调动科技工作者的积极性和创造性，加速科技事业的发展，国务院制定了《国家科学技术奖励条例》，并设立了国家最高科学技术奖、国家自然科学奖、国家技术发明奖、国家科学技术进步奖、国际科学技术合作奖五大奖项，国家最高科学技术奖报请国家主席签署并颁发证书和奖金。为激励企业家的创业创新热情，加快建设现代化经济体系和实现中国经济高质量发展，在国家层面有必要出台《国家经济高质量发展奖励条

例》，并设立国家最高经济贡献奖以及创造就业、创造税收、创造财富和创造竞争力等国家特别贡献奖。在人民大会堂，每年都要隆重举行国家科学技术奖励大会、教师节暨全国教育系统先进集体和先进个人表彰大会（全国教育大会），党和国家领导人都会出席大会并为获奖代表颁奖。借鉴科技界和教育界的成功经验，建议国家在人民大会堂每年隆重举行全国企业家大会，并由党和国家领导人给获奖的企业家代表颁奖，凝聚、传递崇尚创业创新和推动经济高质量发展的正能量。动员广大文艺工作者深入基层、企业、车间和研发中心，多创作反映企业家诚信经营、爱国敬业、遵纪守法、坚韧不拔、实业报国和追求卓越的新时代文艺作品，放声讴歌新时代的企业家和企业家精神。新闻媒体要坚持实事求是、客观公正的原则，把握好正确的舆论导向，加强对企业家先进事迹和突出贡献的宣传报道，展示新时代企业家的新面貌、新作为、新形象和新精神。宣传教育系统要尽早让企业家和企业家精神的学习教育进中学、进党校、进党委、进政府，强化对全社会尤其是公务员和党政干部企业家精神的学习教育，在全社会形成理解企业家、尊崇企业家、学习企业家、爱护企业家、服务企业家和争做企业家的良好社会氛围，打造有利于企业家健康成长的优越社会环境。

二、尽快出台企业家保护法，打造企业家成长的良好法治环境

在中国现行的公民合法权益保障法律体系中，有教师法、律师法、注册会计师法、警察法、医师法、护士法、退伍军人保障法（即将出台）、劳动者权益保护法和公务员法等法律法规，但还缺少一部很重要的企业家保护法。中国经济从高速增长进入高质量发展的新时代，经济发展尤其是实体经济发展面临滚石上山、爬坡过坎的巨大压力，这就需要加大正向激励，保护企业家的合法权益，弘扬企业家精神，发挥企业家的重要作用，充分调动企业家创业创新的积极性、主动性、创造性。依法平等保护企业家合法权益，为企业家创新创业营造良好的法治环境，能够增强企业家人身及财产财富安全感，稳定社会预期，使企业家安心经营、放心投资、专心创业和潜心创新，充分发挥企业家在建设现代化经济体系、促进经济高质量发展过程中的巨大作用。各级党委和政府要深刻认识到依法平等保护企业家合法权益的重大意义。

在全面深入调查研究的基础上，加快制定出台企业家保护法，将各级政府制定的企业家合法权益保护的好做法、好经验和好政策上升到国家意志，强化对企业家合法权益保护的权威性、稳定性和强制性。加大对企业家的人身自由、财产权利、合法收益以及自主经营权的法律保护力度。坚决防止利用刑事手段干预经济纠纷。强化罪刑法定原则，对企业家的生产、经营、融资和创新创业行为，只要不违反刑事法律的规定，不得以犯罪论处。明确非法经营罪、合同诈骗罪的构成要件，防止随意扩大化。对于在合同签订、履行过程中产生的民事纠纷，如无确实充分的证据证明符合犯罪构成的，不得作为刑事案件处理。严格区分企业家违法所得和合法财产，没有充分证据证明为违法所得的，不得判决追缴或者责令退赔。严格区分企业家个人财产和企业法人财产，在处理企业犯罪时不得牵连企业家个人合法财产和家庭成员财产。严格依法采取财产保全、行为保全等强制措施，防止当事人恶意利用保全手段，侵害企业正常生产经营。建立因政府规划调整、政策变化造成企业合法权益受损的法律补偿救济长效机制。

三、全面推行负面清单管理，打造企业家成长的优越市场环境

从党的十二大到党的十九大，中共历次党代会都对公有制和非公有制经济发展作出了重要阐述和重要肯定。党的十九大报告强调，毫不动摇巩固和发展公有制经济，毫不动摇鼓励、支持、引导非公有制经济发展。支持民营企业发展，激发各类市场主体活力。激发和保护企业家精神，鼓励更多社会主体投身创新创业。但在现实经济生活中，对非公有制经济的制度歧视长期普遍存在，民营企业在市场准入方面存在着众多的“弹簧门”和“玻璃门”。这种制度歧视长时间得不到消弭，势必会严重伤害企业家和企业家精神。要激发企业家的创业创新精神，必须营造更为公平的市场环境，出台更为宽松的政策，给公有制和非公有制经济主体以平等的市场地位。培养企业家和促进企业家健康成长，最重要的是要确保规则公平、稳定预期。

2015 年 10 月，《国务院关于实行市场准入负面清单制度的意见》的发

布，推进了中国部分地区市场准入负面清单制度的发展，并取得了良好效果。各地实践经验表明，推行负面清单管理是管住政府和激活企业，消弭制度歧视和确保规则公平的重要制度安排。近年来，负面清单管理因其前瞻性、高透明度以及可复制和推广等优势，正逐渐受到越来越多国家的青睐。目前，全球已有超过70个国家和地区实施了负面清单管理。在总结各地负面清单管理的典型经验和主要缺陷基础上，借鉴国外的先进经验，加快完善负面清单的配套法律法规，加速负面清单管理的推广，加大建设权力清单与责任清单，科学编制负面清单的管理内容，全面推行负面清单管理。政府以清单方式明确列出禁止和限制企业投资经营的行业、领域、业务等，清单以外则充分开放，实行统一的市场准入制度，各类市场主体依法平等进入清单之外领域，打造企业家健康成长的平等、公平的优越市场环境。

四、探索构建创业保险体系，打造企业家成长的优越创业环境

创业是高投入和高风险的商业行为，包括识别市场机会、制订商业计划、筹措运作资本、开发新产品、产品市场销售和管理新创企业等基本过程。即使在美国这样拥有完善的法律制度、信用体系、金融系统和市场机制的发达国家，创业成功率也仅有10%。在我国创业的成功率通常是5%左右，首次创业的成功率则更低。企业家是创业的投资者、组织者和领导者，承担着巨大的创业风险，包括技术风险、融资风险、财务风险、管理风险、市场风险和政策风险等潜在风险。如果风险控制不当，任何一项风险都会导致创业失败，给创业者沉重的经济打击，并造成巨大的心理压力。创业的高风险性和低成功率影响企业家的健康成长，削弱社会的创业信心，进而制约经济增长。

对创业实施保险，对创业者和企业家来说，其在创业过程中发生保险责任范围内的经济损失，可从保险公司获得经济保障和补偿，可以增强创业的主动性和积极性；对保险公司来说，由于开发了创业保险的新险种，拓展了保险市场的新业务，形成了新的利润增长点；对社会来说，通过构建创业保险体系，分散创业的风险，提高创业的预期收入，可以提振社会的创业信心。如何构建有效的创业保险体系、打造优越的创业环境是政府

和学界必须认真思考和正确回答的重要课题。第一，加强对创业过程和创业风险的研究，根据创业风险的不同类型，研究开发与技术风险、融资风险、财务风险、管理风险、市场风险和政策风险等相对应的创业保险产品；第二，加大对创业者本人和核心研发团队的保险保障，提供诸如生产意外事故、疾病和养老等保险产品，尽可能地为创业者依法保全财产，提供生存和生活保障；第三，为创业者提供一揽子的保险产品，服务创业企业的资金融通、内外贸易、技改创新和员工福利等领域；第四，可以选择浙江、广东和江苏的某些地区进行先行先试，充分利用保费结余，引导保险资金加大对创业投资的支持力度，建立区域性的创业风险保障基金，分散和降低创业风险，提高创业的预期回报，激活创业市场。

五、强化知识产权保护，打造企业家成长的优越创新环境

推动产业迈向中高端，建设现代化经济体系，实现经济高质量发展，需要激发企业家创新活力和创造潜能，需要企业家持续推进创新，并将创新作为企业终身追求的目标。提高创新能力、建设创新型企业是国家产业发展战略的核心，是推动产业迈向中高端的关键。创新能力是企业综合竞争力的核心力量，是建设现代化经济体系和实现经济高质量发展的核心动力。创新是企业一项高投入、高风险和高回报的经济活动，也是一项复杂的系统工程，影响企业创新的因素众多，但知识产权保护是决定因素。

经过近半个世纪的实践探索，中国初步构建了较为完整的知识产权保护体系。但总体上看，知识产权保护强度还明显不足，侵犯知识产权的行为频频发生，极大地制约了企业创新创造的积极性，严重地影响了产业转型升级和经济高质量发展。根据党的十九大精神和实现经济高质量发展的现实需求，需要及时对知识产权法律（如《中华人民共和国著作权法》《中华人民共和国专利法》《中华人民共和国商标法》）、知识产权行政法规、知识产权地方性法规、知识产权行政规章以及知识产权司法解释等进行系统的修订和完善，进一步加大知识产权保护力度。完善符合知识产权案件特点的诉讼证据规则，着力破解知识产权权利人“举证难”问题。推进知识产权民事、刑事、行政案件审判三合一，增强知识产权司法保护的整体效能。建立以知识产权市场价值为指引，补偿为主、惩罚为辅的侵权

损害司法认定机制，提高知识产权侵权赔偿标准。探索知识产权惩罚性赔偿制度，着力解决实践中存在的侵权成本低、企业家维权成本高的问题。坚持依法维护劳动者合法权益与促进企业发展并重的原则，依法保护企业的商业秘密等合法权益。

六、着力降低制度性交易成本，打造企业家成长的优越成本环境

近年来，我国规模以上工业企业每百元主营业务收入中的成本一直维持在 85 元左右。2018 年 1—8 月，规模以上工业企业每百元主营业务收入中成本为 84.39 元，每百元主营业务收入中费用为 8.23 元，主营业务收入利润率为 6.43%。实体经济成本年均增速约为利润增速的两倍，企业成本负担感沉重。其中，制度性交易成本是导致实体经济成本高昂的重要因素。制度性交易成本是指企业遵循政府制定的各种法律、法规、规章、制度和政策等需要付出的成本，是由于体制机制问题而造成的经济、时间和机会等各种成本。当前，中国政府职能转变严重滞后，政府仍然通过大量的项目审批和市场准入等手段干预企业生产经营活动，政府部门还存在着很多行政审批中介服务事项，中介服务时间约占项目全部审批服务时间的 60%—70%，中介机构的“二政府”现象较为普遍。实体经济对行政审批事项过多、环节过繁和时间过长的感受尚未根本改变。

新形势下，着力降低制度性交易成本，既是深化供给侧结构性改革的重要内容，又是推进经济高质量发展的内在要求。实践表明，“放管服”改革是降低制度性交易成本的“先手棋”和“当头炮”。当前，“放管服”改革进入深水区，必须通过打好“攻坚战”和“持久战”，着力减少微观管理事务和具体审批事项，最大限度地取消政府对市场资源的直接配置，最大限度地限制政府对市场活动的直接干预，提高资源配置效率、激发各类市场主体活力。要加快清理规范各类行政许可、资质资格和中介服务等管理事项，加快要素价格市场化改革，放宽服务业准入限制，优化政务服务，完善办事流程，规范行政裁量权。要加快清理中介机构的“二政府”现象，实现中介与政府彻底脱钩，深化涉企审批中介市场化改革，打通政府职能转变“最后一公里”，减少实体企业不必要的时间成本和财物消耗。要推动大数据建设，加强部门之间的信息共享，让企业少跑腿、好办事、

不添堵。要借助“互联网+”和云技术，强化电子政务方式创新，实现审批运行过程的重塑与再造。通过降低制度性交易成本，着力降低实体经济的成本负担，努力打造企业家成长的优越成本环境。

七、加快民间资本市场培育，打造企业家成长的优越融资环境

“融资难、融资贵”是一个老大难问题，也是制约企业发展和企业家成长的重要因素。我国60%以上的中小微企业无法获得银行贷款，即使得到了银行贷款，银行通常会对中小微企业实行基准利率上浮30%—50%的政策，加上存款回报、搭购理财产品、支付财务中介费用等，实际的贷款成本接近银行基准利率的两倍多。在现行的金融制度框架下，正规的金融机构把资金投向国有企业、发展成熟的民营企业，管理成本低、风险小、收益率高，缺乏向中小微企业贷款的动力。目前，中国中小微企业总量突破了7000万家，如果以每家企业融资量40万元计算，每年融资需求总量超过28万亿元。现行的地方商业银行、小额贷款公司、村镇银行、农村信用社、农村资金互助社等非银行性的金融机构根本无法满足中小微企业巨大的融资需求。因此，依靠正规的金融机构根本无法解决中小微企业的“融资难”问题。游走于正规金融机构之外的民间资本，是从根本上解决我国中小微企业“融资难”问题不可回避的重要力量。

截至2018年7月，中国人民币住户存款余额突破68万亿元。银行一年期的存款利率仅为2.5%，扣除通胀后，居民存款收益率是负的。一方面是大批中小微企业“融资难、融资贵”；另一方面是巨大的民间资本闲置或低效率运转，这种资本配置错位的矛盾刺激了大批打着互联网金融旗号的类金融、泛金融机构在地下“野蛮生长”，不仅提高企业的融资成本，而且扰乱了金融市场，加剧了金融风险。目前，民间资本进入金融业，在政策和法律层面已没有任何障碍。2005年国务院发布的《关于鼓励支持和引导个体私营等非公有制经济发展的若干意见》（又被称为“非公经济36条”）规定，允许非公有资本进入金融服务业。2010年国务院出台的《关于鼓励和引导民间投资健康发展的若干意见》（又被称为“非公经济新36条”）强调，允许民间资本兴办金融机构。2012年5月，中国银行业监督管理委员会发布的《关于鼓励和引导民间资本进入银行业的实施意见》再

次强调，要为民间资本进入银行业创造良好环境。因此，政府要加快民间资本交易市场培育，为暗流汹涌的民间资本构建与实体经济有效对接的机制，让充满风险的“地下”融资成为充满活力的实体投资，使巨大的民间资本在阳光下成为中小微企业短期的债权资本以及成长型骨干民营企业长期的股权资本。这是有效拓宽民间资本投资渠道，真正提高民间资本收益率的战略选择，也是推动企业发展和促进企业家成长不可忽视的潜在动力。

八、构筑信用监管公共治理机制，打造企业家成长的优越信用环境

信用环境是市场经济主体信任关系和信任程度的总称。科斯指出，相互不信任或相互欺诈的社会，必然会耗费大量的资源用于界定和实施契约。优越的信用环境减少交易成本的发生，提高交易效率和市场效率。中国从 1987 年资信评级行业产生开始，信用建设已经走过了 30 个年头。但总体上看，中国信用建设成效不明显，信用缺失和信用欺诈问题仍然非常严重。中国每年有 2000 多亿元的赖账、2000 多亿元的假冒伪劣产品和 2000 多亿元的“三角债”，每年因信用缺失导致 1 万亿元以上的经济损失，不仅影响了企业家的健康成长，也严重制约了经济转型升级和经济的高质量发展。

目前，我国信用监管过度强调政府作用，忽视了民众的智慧和力量，这是导致信用监管效果不明显的重要原因。信用监管，既需要“自上而下”的政府监管，更需要“自下而上”的民众围观和舆论压力。因此，迫切需要将公众参与引入信用监管的全过程，构筑公众参与的信用监管的公共治理机制。第一，着力构建信用监管的新闻媒体治理机制。各级政府在信用监管工作中，要更多地考虑动员新闻媒体力量，组织新闻记者参加到信用监管中，充分发挥媒体力量。第二，探索信用监管的内部特工机制。信用欺诈具有很强的隐蔽性、地下性和欺骗性，通常是很难被发现的。要尽早发现信用欺诈和信用缺失的隐患，并对违法行为形成强大的威慑力，有必要在食品药品安全、工商质检、公共卫生、安全生产、文化旅游、资源环境、农林水利、交通运输、城乡建设、海洋渔业等领域加快设立和培育信用监管的内部特工。第三，强化信用监管的公众举报与奖励机制。大

多数信用欺诈和信用违法行为都是由公众举报推动行政执法和司法处理的。为有效发动公众参与信用监管，鼓励举报者同违法行为作斗争，建立对举报者的特别法律保护和奖励制度十分必要。第四，探索信用欺诈和信用缺失的团体诉讼机制。团体诉讼是构筑公众参与信用监管机制的有力监督手段和法律救济方式，完善的团体诉讼机制有利于提高公众维权的积极性，有利于强化公众参与信用监管的动力。我国社会信用正处于风险高发期和矛盾凸显期。通过一套有序的制度安排，构筑公众参与的信用监管的公共治理机制，能够有效地规避和降低信用安全风险，打造有利于企业家成长的优越信用环境。

九、健全企业家教育培训体系，打造企业家成长的优越教育环境

推动产业迈向中高端水平，建设现代化经济体系，实现经济高质量发展，需要建设一支“胸怀祖国、放眼世界”的高素质企业家队伍。企业家尤其是年轻一代企业家的综合素质关乎我国经济高质量发展，关乎国家未来和民族希望。加快建立健全以“强化忠诚意识、拓展世界眼光、提高战略思维、增强创新精神、锻造优秀品行”为重点的企业家教育培训体系，打造有利于企业家尤其是年轻一代企业家成长的优越教育环境，是各级党委、政府面临的紧迫任务。

各级党委、政府都要将企业家教育培训纳入党委、政府工作的重要议程，研究制定企业家教育培训的五年发展规划和年度计划，像重视党政干部教育培训一样，着力抓好企业家尤其是年轻一代企业家的教育培训工作。加大高等学校对企业家的教育培训力度，加快企业家教育培训方法的改革创新，探索和完善讨论式、探究式、研究式、体验学习、案例式、情景模拟式和翻转课堂等新型教学方式和教学手段，开展精准化的理论培训、政策培训、科技培训、管理培训、法规培训，全面增强企业家发现机会、整合资源、创造价值、回馈社会的能力。加快整合各级各类行业协会、商会资源，促进创客学院发展，有计划地开展创业辅导行动，根据“缺什么补什么”的原则，采取调研、观摩、沙龙、交流考察等多种途径，根据企业家的归类定位，对企业家进行科学、系统和有针对性的教育培训，着力提高企业家的组织领导能力、科学决策能力、市场开拓能力和解

决自身问题能力。搭建各类企业家学习交流平台，聘请优秀企业家为创业导师，根据“以大带小、以老带新”的基本原则，通过“传、帮、带”等多种途径加强对小微企业家的培训，促进优势互补、共同提高。以党校、行政学院和社会主义学院等政治学院为主阵地，加强对企业家尤其是年轻一代企业家的政治教育，通过科学有效的政治教育，强化企业家的政治意识、政治觉悟、政治责任和政治担当。

十、构建亲清新型政商关系，打造企业家成长的优越政商环境

政商关系是在党政部门与企业互动中形成的一种既普遍又特殊的社会关系，是一种将政治权力和行政资源与经济利益和市场行为紧密地结合在一起的复杂社会关系。政商关系不仅直接影响政治生活和政治生态，而且会影响企业文化和市场秩序，影响企业家的健康成长。随着改革开放向纵深化推进，传统政商关系的消极影响日益显现，亟须构建新型政商关系。2016 年 3 月 4 日，习近平总书记提出要构建亲清新型政商关系，并强调构建亲清政商关系才是阳关大道。

加快推动制度设计和制度创新朝着科学化和合理化方向发展，促进政治制度和经济制度更加公正和科学，形成良好的政商制度生态。以科学、合理的制度消除权力设租和寻租空间，打破政商之间结成的不正当的利益共同体。加快构建亲清新型政商关系的评价机制及预警机制，全面、正确地了解和把握政商关系的变动趋势及主要问题，并予以及时修正。要有效地监督、约束和规范政府权力和企业家权力，构建政府官员和企业家互动监督机制。要通过强化党务公开、政务公开和企业信息公开，使权力始终在阳光下运行。要通过加强法治宣传教育，使政府和企业牢固树立法治理念，增强法治意识，培育法治文化，形成学法、尊法、守法、护法的习惯。通过持续努力，着力构建亲清新型政商关系，使政企联系更加密切，政府服务更加贴近，政企关系更加亲清，双方行为更加明确，打造有利于企业家成长的优越政商环境。

9

加强大众创业风险管理，全面推进大众创业发展*

自 2014 年 9 月时任国务院总理李克强提出“大众创业、万众创新”战略以来，全国掀起了一股强大的创业创新热潮。近几年来，全国每天平均有 4 万个以上市场主体注册登记，相当于每年新增 1000 多万个就业岗位。“双创”覆盖了第一、第二、第三产业、大中小企业，呈现出很强的生命力。近年来，宁波市精心谋划、主动作为，从创业担保贷款及贴息、社会保险补贴及减免等方面为创业企业减负、全力推动大众创业。据统计，截至 2016 年底，宁波共有创业实体 74.5 万家，其中仅 2016 年就新增 12.7 万家，带动就业 79.1 万人。特别是大学生创业人数逐年提高，年增长幅度达 30%，成效显著。但事实上，创业是高风险的商业行为，创业人员承担着较大的创业风险。随着越来越多的人加入创业大军，创业风险不可忽视。因此，作为全国创业创新先行区，如何加强大众创业的风险管理，进一步提升大众创业的质量和效益，为建设全国创业示范城市提供宁波样本，已成为摆在党委和政府面前十分重要而紧迫的全新课题。

为推动率先建成全国大众创业示范区，进一步释放大众创业的潜能，

---

* 此文与张骞共同完成，是九三学社浙江省委员会报送浙江省政协十二届一次会议的团体提案（2018 年 1 月）。

现就加强创业风险管理提出以下对策：

第一，建立大众创业的技术服务体系，有效降低大众创业的技术风险。一是在准确把握大众创业技术需求的基础上，逐步整合区域企业技术服务资源，搭建高水平的技术服务平台，从而降低大众创业的技术风险和技术研发成本。二是建立以技术检索和技术交易为核心的技术服务体系，避免技术侵权，降低技术交易成本，更好地促进技术资源市场化配置。三是积极培育各类大众创业技术服务中介机构，让专业化技术服务机构参与解决创业企业的技术风险。

第二，优化大众创业的公共政策体系，有效降低大众创业的政策风险。一个社会、一个区域的创业门槛并不是越低越好，创业人员并不是越多越好，而是要控制在合理区间。作为中国大众创业富有活力的先行区，宁波已经到了需要倡导理性创业、科学创业和优质创业的新阶段。因此，要从创业人员的创业能力基础、创业自有资金、创业失败风险承担能力评估等角度全面梳理和科学评估全市现行大众创业优惠政策，建立创业项目风险评级制度，研究发布宁波市创业企业风险指数，优化大众创业公共政策体系。比如，前些年各地网贷平台发展过快，到现在一系列风险问题加速暴露而频繁跑路的现象，一个重要原因则是相关公共政策风险管理作用发挥不够。

第三，完善大众创业的金融支撑体系，有效降低大众创业的融资风险。近年来，宁波市人力资源和社会保障部门的创业担保贷款规模每年发放量在 5 亿元以上，但与旺盛的资金需求相比，缺口较大。要实现创业企业的持续健康发展，必须完善金融支撑体系。一是大力发展普惠金融，激励现有金融机构向创业群体延伸业务，更好满足创业企业的融资需求。二是积极培育区域性民间借贷金融市场，通过切实可行的办法让巨额的民间资本能够合法地、通畅地进入金融服务领域，增加对创业企业资本需求的有效供给。三是针对政府财政贴息贷款的额度限制和相当一部分创业企业“贷款难、贷款贵”的实际情况，可开设大型保险机构保险资金直放模式的“助创贷”业务试点，推进涉创保险与涉创信贷的综合金融模式创业。

第四，建立健全大众创业的保险体系，有效降低大众创业的市场风险。保险是现代经济活动中风险管理的有效工具，作为首个国家保险创新综合试验区，宁波在很多环节可先行先试，推动建立有利于降低大众创业市场风险的保险体系。一是根据创业企业的经济社会贡献、经营周期、前期投入等因素，研究开发专门的商业保险产品，为创业企业和创业失败群体提供风险保障，更好地体现对创业群体的宽容和关爱。二是充分利用保费结余，滚动推进，研究建立区域性大众创业风险保障基金，努力为一部分经营出现困难但有潜力的创业企业提供必要的保障。

第五，强化大众创业的管理培训体系，有效降低大众创业的管理风险。创业项目的成功不仅需要有效经营，还离不开有效管理。针对创业人员管理知识匮乏、管理能力不足等管理风险，组织开展大众创业管理风险专项轮训。一是按照创业企业的行业和所在阶段等具体情况，采取理论辅导和案例研讨相结合的方式对创业企业管理人员进行战略、财务、品牌、团队等内容为核心的管理能力提升培训，帮助创业企业增强风险意识和管理能力；二是面向有管理培训需求的创业企业开展“点对点”创业咨询服务，帮助创业企业建立科学有效的组织架构和企业治理结构，促进企业高效运转。

第六，构建创业失败的心理干预体系，提升大众创业的风险承受能力。创业者是值得社会各界倍加呵护的特殊群体。对多数创业者而言，他们本人和家庭只给自己一次创业机会，尽管二次创业、三次创业的成功率更高。他们从满腔热情投身创业，到失落地被淘汰出局，巨大的心理落差无疑会造成心理阴影，创业创新的劲头锐减。但事实上，创业失败群体在经历一次失败经历后，有了宝贵的经验教训，心智也更加成熟，今后无论创业与否，都大有裨益。因此，我们政府职能部门很有必要专门对创业失败群体进行心理干预，组织优秀的创业导师正确引导其投入二次创业或积极就业。

10

关于有效降低实体经济运行成本的建议*

实体经济是构建国民经济体系的基石，是承载民生福祉的骨架。党的十八大以来，习近平总书记多次强调发展实体经济的重要意义，并指出：我们这样一个大国要强大必须依靠实体经济。中国已经进入经济发展新常态，促进实体经济健康运行已经受到各方的高度重视。中国经济长期赖以发展的低成本生产要素已发生了根本性变化，高成本成为传统实体经济发展之桎梏，减负降本已成为重振实体经济雄风之关键。

一、实体经济运行成本高企的“四大原因”

国家统计局发布的数据显示，规模以上工业企业每百元主营业务收入中的成本，2012 年以来一直维持在 86 元左右的高位，2016 年 1—10 月为 85.85 元，同期企业利润率仅为 5.71%。实体经济企业成本年均增速约为利润增速的两倍，成本负担感受较强。

第一，政府职能转变缓慢，制度性交易成本仍需减少。最难降和最该降的成本是制度性交易成本。降低制度性交易成本是确保“降成本不反弹”的关键实招，是供给侧结构性改革的核心思想。当前，我国政府职能

* 此文与叶良峰共同完成，是浙江省政协十一届五次会议重点提案（2017 年 1 月）。刊载于《公共政策内参》第 17476 期，荣获时任浙江省委书记夏宝龙同志的重要批示。

转变缓慢，政府部门仍然通过大量的项目审批和市场准入等手段干涉企业的生产经营活动。世界银行《2016 年营商环境报告》表明，在 189 个经济体中，中国营商环境仅排在第 84 位。近年来，国务院部门共取消和下放行政审批事项 618 项，占原有审批事项的 36%，投资核准事项中央层面减少 76%，前置审批事项 85% 改为后置审批。实体企业仍然感觉行政审批事项过多、环节过繁、时间过长、制度性交易成本过大。目前还存在大量的国务院部门行政审批中介服务事项，中介服务时间约占项日全部审批服务时间的 60%—70%，中介机构的“二政府”现象使中介审批服务收费高、耗时长。

第二，部分企业“五险一金”缴存比例高，用工成本上升过快。用工成本是实体经济企业的最大负担。过去十年，中国实体企业员工工资年均增长率约为 12%。目前中国法定的社保缴费之和占企业工资总额的 40% 左右，有些地区达到 50%，加上各地 10%—24% 的住房公积金缴费，“五险一金”名义费率达到 60% 左右，在 181 个国家中排名第一，约为七国集团（G7）国家的 2.8 倍、北欧五国的 3 倍、东亚邻国和地区的 4.6 倍。我国“五险一金”费率长期居高不下，再加上尚待完善的缴费基数确定和增长机制，成为带动企业用工成本持续上涨的主要因素，使中国实体企业竞争优势大打折扣。

第三，减税降费政策落地不够，税费负担下降难。税费成本是实体经济企业最希望降低的成本。目前我国企业税负达 37% 以上，高于发达国家的平均水平 30%—35%，但是我国在公共服务领域的企业福利却远逊于彼。实体经济企业一方面反映综合税负过高，另一方面反映虽然政府部门出台了许多优惠政策，但部分政策由于缺乏操作性的配套细则，地方政府又无权出台相应办法，一定程度上影响了改革成效。惠企政策宣传上各自为政，没有形成统一通道，影响了企业知晓率。部分地方惠企资金拨付程序复杂，申领手续烦琐，企业要多次跑、多部门跑，增添了企业负担。另外一些单位及其工作人员服务意识不强，办事效率不高，政策兑现迟缓。中国实体工业企业还需缴纳名目繁多的行政事业费和政府性基金，目前全国性的政府性基金还有 23 项，涉企行政事业性收费还有 71 项。虽然行政事业性收费经过连年清理后，收费项目已明确，但仍有部分部门在政策法规边缘打擦边球，变相强制收费。

第四，资本市场有待完善，融资负担过重。融资费用是压垮众多小微企业的最后一根稻草。2015 年以来央行的 6 次降准、5 次降息，在一定程度上降低了企业的融资成本，但资本市场中资金传导渠道不通畅以及银行风险防范的强化，并没有解决当前企业“融资难、融资贵”的问题。中国资本市场还是一个远非成熟的新兴市场，金融资源的实际供给与实体经济的有效需求存在结构性矛盾，绝大多数小微企业只得到很少的正规金融资源，使超过 50% 的传统实体经济企业存在融资缺口。银行通常会对小微企业实行基准利率上浮 30%—50% 的政策，加上占融资成本 20% 左右抵押物等级评估费用和年费率为 3% 左右的担保费用，小微企业融资成本居高不下。另外，绝大多数银行在放款时，以预留利息名义扣除部分贷款本金，企业实际得到的贷款只有本金的 80%，加重了企业负担。

二、有效降低实体经济运行成本的政策建议

实体经济综合成本偏高，一方面使实体经济企业盈利能力偏弱，资本在利益驱动下逐渐撤离实体经济进入虚拟经济，经济发展产生虚实偏离，实体经济企业融资更加困难，企业研发能力减弱，实体经济综合实力下降。另一方面使中国制造业已出现“未强先高”问题，成本优势逐渐丧失，企业外迁问题日益凸显，中国一些劳动密集型企业将产能转移到东南亚、拉美和非洲等国家和地区，甚至一些企业准备或已经在美国投资建厂。我国实体经济的发展举步维艰、如履薄冰，“实业强国”战略无法完成。降低实体经济运行成本涉及面广，政策性强，需要坚持问题导向，多举措并举。

关于有效降低实体经济运行成本，主要建议如下：

第一，加快转变政府职能，降低制度性交易成本。持续推进简政放权、放管结合、优化服务，实现从管控型政府向服务型政府的转变，让市场在资源配置中起决定性作用，解决造成实体经济企业成本过高的体制机制问题。尽快建立政府权力清单和各个领域的负面清单，营造法治化的营商环境。权力清单和负面清单管理模式可以有效限制和规范公权，尤其是规范审批权，降低制度性交易成本。清理规范中介服务机构“二政府”现

象，加快中介与政府脱钩，推进涉企审批中介市场化改革，打通政府职能转变“最后一公里”，减少实体企业不必要的时间成本和财物消耗。

第二，精简“五险一金”，降低用工成本。对“五险一金”内容进行全面分析，重新界定各险（金）种的内容，按照同类归并的原则进行合理的精简归并，如将生育保险并入基金结存金额富余的医疗保险。在精简归并险（金）种的基础上，对各险（金）种的缴交费率进行重新测算，在满足使用的前提下，适当降低缴交比例，切实减轻企业用工成本。政府认定符合产业转型升级发展方向的企业和困难企业允许缓缴医疗、失业、工伤、生育和养老保险缴费，缓缴的社会保险费免收滞纳金，缓缴期满后，企业再足额缴纳各项社会保险费。适度降低失业、工伤、生育和养老保险缴费比例，例如对企业职工基本养老保险单位缴费比例超过20%的省份，将单位缴费比例降至20%。政府对缴纳社会保险费、转岗培训和技能提升培训三个方面进行补贴，如对认定的裁员率低于4%的困难企业，按照上年应缴失业保险费总额50%的比例予以补贴。

第三，落实减税降费政策，减轻税费负担。推出对成长型和科技型小微企业等享受税收优惠企业的认定管理方法和操作细则，深入推进惠企政策落实。简化优惠办理手续，对符合规定条件的企业享受优惠政策，除法律法规另有规定外，只需备案，无须税务机关审核批准。开发惠企政策信息推送平台，在各政务网站开设惠企政策专栏和惠企咨询服务平台，通过电视台、报纸、短信、网站等多渠道进行惠企政策宣传，扩大惠企政策知晓率。选取天津、山东、浙江和广东为试点省份，在其省级政务服务中心建立“惠企事项统一收件窗口”，窗口可将企业申办的惠企事项统一收件再转交相关职能单位，让企业“少跑路、快发展”，政府职能部门“多办事、办好事”。继续规范涉企政府性基金和行政事业性收费，对涉企行政事业性收费和政府性基金的名称、设置依据、收费标准进行设置，实施涉企收费目录清单化管理。国家和省人民政府明确停止征收的涉企收费项目，任何地方、部门不得以其他名目变相继续收取。

第四，促进民间资本交易市场发展，降低融资成本。促进民间资本交易市场发展，是从根本上破解中小微企业“融资难、融资贵”问题的战略选择，是有效降低实体经济融资成本的战略选择。颁发《关于推进各级民间资本交易市场建设的若干政策》，有层次地推进民间资本交易市场的发展。建立民间资本服务平台，拓宽融资渠道，让数以万计的小微企业找到资本。出台《各级民间资本交易市场管理条例》，规范民间资本交易市场的举办、经营和管理活动，维护市场交易秩序，保障各方的合法权益，促进民间资本交易市场的健康有序发展。另外，加快民间资本交易市场的信用管理体系建设，营造良好的信用氛围，使守信者处处受益，失信者寸步难行。

第五，编制实体经济运行成本指数，建立动态监测机制。建议由国家发展和改革委员会牵头，组织专家研究编制中国实体经济运行成本指数，对实体经济运行成本实施动态监测，正确了解和把握实体经济运行成本的变动规律，探寻引发实体经济运行成本变动的主要原因。对实体经济运行成本进行合理界定，根据各类成本特点确定对其变化的测量方法，运用隶属度分析、相关分析和辨别力分析等实证方法，对理论指标体系进行多重的实证筛选，构建具有较强前瞻性和可操作性的实体经济运行成本的动态监测指标体系，最后形成动态指数，为减负降本政策的制定提供科学的依据。

11

着力提升生产要素供给质量，全面推进浙江供给侧结构性改革*

供给侧有劳动力、土地、资本、技术和制度五大要素。五大要素在充分配置条件下所实现的增长率即中长期潜在经济增长率。供给侧结构性改革就是从生产要素供给出发，通过加快市场化改革，改善生产要素供给质量，优化生产要素配置效率，提高生产要素供给对市场需求变化的适应性和灵活性，扩大有效供给，更好地满足广大人民群众的需求，促进经济持续增长。

全面推进浙江省的供给侧结构性改革，有效提升浙江经济增长的质量和数量，可以从着力提升劳动力、土地、资本、技术和制度五大生产要素的供给质量进行突破。

一、加快高技能人才培养，着力提升劳动者的技能水平

浙江省正处于优化产业结构、提升产业竞争力的关键期，高技能人才是不可替代的生产力。全面推进浙江省供给侧结构性改革，必须加快高技能人才培养，着力提升劳动者技能水平，实现人才结构转型。

第一，健全面向全体劳动者的终身职业培训制度。化解过剩产能、处置“僵尸企业”必将使下岗压力显性化。建立健全面向全体劳动者的终身

---

* 此文与金洁共同完成，是报送给浙江省政协十一届五次会议的个体提案（2017 年 1 月）。

职业培训制度，从实际需求出发，强化在职职工、农民工、在校生为主体的职业技能培训，加强紧缺高技能人才培训，推广职业培训和终身教育，实现劳动力“转型升级”。

第二，创新技能人才教育培养模式，成就大国工匠。同质化教育“桎梏”人才。建议立足服务区域、特色办学，深化技工（职业）院校办学机制改革；加强校企合作，开展订单培养、委托培养，推进新型学徒制试点工作；倡导“工匠精神”，激发技能人才追求极致、奋斗创新的动力，成就大国工匠。

第三，建立技能人才服务平台，打造最优人才生态。围绕人才资源集聚、人才作用发挥、人才平台提升、人才政策创新和人才创业服务，强化公共服务平台建设，完善政策体系和制度环境，构建多元化高技能人才培养投入机制、评价体系和激励机制，建立多元主体有序分工、良性互动的技能人才治理新格局。

二、加快土地使用制度创新，着力提升土地的使用效率

如何让有限的土地资源发挥最大的效益，是浙江发展面临的一项重要难题。全面推进浙江省供给侧结构性改革，必须加快土地使用制度创新，盘活土地存量，切实提升土地要素资源集约利用水平。

第一，创新农村土地使用制度，破解农村发展瓶颈。健全农村土地承包经营权流转机制，培育承包经营权流转市场，发展中介服务体系；创新农村宅基地管理制度，对农村宅基地流转“放开”政策，建立农村宅基地置换流转交易平台；深化农村集体建设用地制度改革，建立农村集体建设用地流转收益分配机制。

第二，深化“空间换地”进程，大力推进用地集约化。深入推进“空间换地”，推进土地集约利用，提高单位土地要素产出；加强主体功能区规划、土地总体利用规划和城镇体系规划之间衔接，以集中、集聚效应提高土地集约利用水平；建立低效用地数据库，督促与推进低效用地再开发，着力缓解用地紧张矛盾。

第三，探索土地多元供给，发挥市场配置基础性作用。在符合土地利用总体规划和用途管制的前提下，探索分类分档的土地多元供给体系，实现土地要素市场配置机制；建立健全土地流转机制，培育发达的土地承包

经营权流转市场；建立统一的土地交易平台和城乡统一的建设用地市场。

三、加快资本市场培育，着力提升浙江经济发展新动能

打开资本与中小微企业、新兴产业对接通道迫在眉睫。必须加快民间资本市场培育，推动风险投资发展，激活资本市场，助力供给侧结构性改革，提升浙江经济发展新动能。

第一，培育民间资本市场，打开资本对接创新创业通道。整合民间金融资源，构建民间资本与小微企业、新兴产业有效对接机制，培育民间资本市场；合理设置准入门槛，破除民间资本投资壁垒，创造公平竞争的市场环境；健全民间资本市场制度保障，推进政策体系建设，出台《浙江省民间资本市场管理条例》。

第二，发展风险投资行业，助力"大众创业、万众创新"。风险投资是美国硅谷的成功秘诀之一。建议大力发展风险投资行业，提高风险投资运作能力，使处于孕育期、初创期的新技术、新企业获得更多金融资源；鼓励民间资本进入风险投资领域，建立吸纳民间资本的风险投资基金，鼓励天使投资，拓展投资渠道。

第三，构建资本市场信用体系，防范社会资本投资风险。研究制定严密的准入制度、信用记录、查询、发布制度及失信者惩戒制度等市场信用管理制度和监督机制；加强经营者征信信息采集工作，增强征信系统信息的覆盖面；建立信用信息征集和更新的长效机制；培育社会征信服务机构，规范信用评级制度。

四、加快开放式创新体系建设，着力提升企业创新能力

借鉴发达国家经验，建立面向全球的开放式创新体系，集聚创新资源，让全球创新资源"为我所用"，控制创新风险、降低创新成本、提高创新效率是提振浙江省科技创新能力的重要选择。

第一，谋划面向全球的开放式创新公共平台的顶层设计。组织科技创新专家对发达国家开放式创新现状和前沿进行系统调研，科学制定《浙江省面向全球的开放式创新体系建设的十年规划》，包括指导思想、建设目标、顶层设计、结构框架、运行机制、领导机构、经费投入、政策措施、

主要抓手和保障措施等。

第二，实现面向全球的开放式创新公共平台的网络众包。由省科技厅和省经济和信息化委员会牵头，对省级科技信息平台和四十多个产业集群内信息发布平台进行技术改造和网络升级，增加适应网络众包的交互功能，建立与世界著名的开放式创新众包网站的合作关系，为建立面向全球的开放式创新体系奠定物理层面的技术基础。

第三，构建面向全球的开放式创新公共平台的支撑系统。通过强有力的政府推动，全面构建面向全球的开放式创新公共平台的舆论支撑系统、人才支撑系统、政策支撑系统、信用支撑系统和中介服务系统五大支撑体系，保障开放式创新公共平台的有序运行，推进产业转型升级。

五、加快转变政府职能，着力提升市场的资源配置能力

深化供给侧结构性改革，必须处理好政府与市场的关系，加快政府职能转变，进一步以“四单一网”为突破口，以政府权力的“减法”换取市场活力的“加法”，发挥市场在资源配置中的主体作用。

第一，深化“四单一网”改革举措，发挥市场配置优势。加强系统谋划、顶层设计，坚持需求导向，大力推进“四单一网”向基层延伸，增强改革的整体性、系统性。以“权力清单”厘清政府权力，以“责任清单”强化政府职责，以“企业投资负面清单”释放市场活力，以“财政专项资金管理清单”优化资金使用，以“浙江政务服务网”补服务短板，切实发挥市场配置优势。

第二，建立“四单一网”长效机制，持续释放市场活力。完善清理调整机制，注重制度的前瞻性和系统性，为未来改革发展预留空间；建立动态优化机制，保障清单相对稳定的同时，确保科学有效、与时俱进；构建责任追究机制和社会监督机制，维护改革的严肃性、规范性和权威性，确保“四单一网”长效推进。

第三，健全地方政府绩效评估机制，加快政府职能转变。结合“四单一网”建设，调整地方政府绩效评估内容，重点依据权力清单和责任清单考核地方政府及其工作部门的履职情况；注重政府绩效评估的结果运用，除了公开评估结果，更重要的是要把评估结果与领导干部选拔任用、公务员评奖评优、经济奖励相结合，并根据评估结果制定相应整改措施。

12

推进浙江省县域经济转型升级的政策建议*

发达的县域经济一直是驱动浙江省经济发展的强大动力，为浙江省经济领跑全国和走在前列发挥了重要作用。但近年来由于产业转型和经济结构调整的滞后，浙江县域经济凸显了发展动力和后劲严重不足问题，进而制约了浙江经济的可持续发展。一方面，现行产业结构不合理，“高耗能、低技术、低附加值”的传统制造业仍占据主体地位，战略性新兴产业提升动力不足、高端服务业集聚效率低下，产业层次陷入“低端陷阱”；另一方面，县域企业自主创新能力薄弱，研究与试验发展（R&D）投入强度不足1%，缺乏技术优势导致企业难以对冲劳动力成本的持续攀升。浙江省低层次、高耗能、粗放式的县域经济亟须转型升级。

近10年来，浙江省有关方面研究出台了一系列推进经济转型升级的公共政策，但总体上来看，现行的公共政策对经济转型升级引导和驱动效果并不明显。政策症结主要体现在：第一，过于依赖“补贴+财政返还”的政策手段，政策投入成本过高，县域财力难以为继；第二，现行的公共政策对高消耗低产出和低消耗高产出的企业一视同仁，没有实现差异化待遇，致使企业的技术改造和技术创新动力不足，制约了县域经济转型升

* 此文与傅衍共同完成，是九三学社浙江省委员会报送浙江省政协十一届三次会议的团体提案和大会发言提案（2015年1月）。

级；第三，迄今为止，浙江省尚未建立企业生态环保的评价体系、监测网络和惩戒机制，缺乏倒逼企业快速淘汰落后产能的有效政策手段；第四，现行的政府采购政策着力点是刺激内需和激活经济，对县域经济转型升级缺乏引导和激励功能；第五，推进县域经济转型升级，迫切需要数以百万计的技能型人才尤其是高技能型人才，但浙江省缺乏培育、使用、引进和集聚技能型人才的有效政策工具。

基于现行的公共政策对经济转型升级驱动乏力的现实困境，尽快修定、创新和优化公共政策体系，事关浙江省县域经济转型升级的成败。先进县域经济转型升级的实践表明，在市场化导向与公共政策引导的合力下，引导要素资源向优质高效企业流动，扶持先进企业、淘汰落后产能，是全面推进浙江省县域经济转型升级的战略选择。

第一，凸显区域特色，打造“一超多强”产业体系。目前各县域政府制定的产业战略基本雷同，经济开发区、高新园区建设思路老套。参照县域产业布局发展规划，各县域依托区位优势、历史条件和产业特色，定点精准发力，重点培育一两个战略性新兴产业作为“一号产业”，打造新兴产业发展的县域特色，实现不同县域不同主导产业蓬勃发展的差异化格局。以引导县域主导特色产业聚焦化、集群化、品牌化为出发点，制定公共政策。

第二，部门升格、领导挂帅，主抓县域“一号产业”。为实现产业转型，政府需要一场“自我革命”，以机构改革作为政府转型的突破口。建议各县围绕“一号新产业”建立新局，并成立专门领导小组，由分管的书记挂帅任组长，亲自主抓“一号产业”。可选择部分县市作为试点，将相关负责部门由“局”升格成“委”，从机构设置上保障“一号产业”顺利推动。

第三，建立差别化要素配置机制，扶强扶优、倒逼转型。为鼓励企业高效益、高质量发展，促进要素向优质企业聚集，建议建立以“综合评价、分类施策、要素交易”为中心的要素市场化配置机制。首先，建立亩产效益综合评价排序制度。结合县域的产业导向，以亩产税收、亩产增加值、劳动生产率、单位能耗、单位排放、社会就业等指标设置综合评价体系，并据此在每个年度对企业打分排序，按一定比重将企业定类（A 类鼓励发展，B类自我提升，C类帮扶改造，D类落后淘汰），向社会公开。其次，建立差别化要素价格机制，对定类的企业分类施策。在城镇土地使用税、电价、污水处理费、用能权和排污权方面实行差别定价、差别收费、差别用权。以差别化政策培养企业“不进则退”的竞争意识，调动转型升级的积极性。最后，搭建要素交易平台，规范土地、排污权、用能权的交易市场，形成“信息发布与咨询服务、挂牌交易、监督机制保障”三位一体的制度体系，以公开公平的交易机制促进要素自由流动。

第四，加快制定《风险投资管理办法》，全面激活风投市场。风险投资的创新效率是传统研发投资的3.8倍，对孵化创新型中小企业、推动高新技术产业发展发挥着巨大作用。目前中国只有《中华人民共和国公司法》《中华人民共和国证券法》《中华人民共和国合伙企业法》《创业投资企业管理暂行办法》等法律文件对风险投资机构的建立、运作有零散的规定，远未起到激活风险投资市场、繁荣高科技产业的作用。各地参照办法规定，建立的创投引导基金良莠不齐，操作混乱。建议浙江省抓紧研究出台《风险投资管理办法》等专门的风险投资性地方法规，明确规定风险投资机构的性质、投资方式、投资方向、税收优惠、政府担保、引导基金的规范运作等。《风险投资管理办法》尤其要在“官投官营”单一风投主体的问题上有所突破，让银行、保险、养老金适度参与风投领域，“民投国营”风投公司两条措施双管齐下，以立法的权威性全面激活风投市场。

第五，抢占市场空白，打造长江三角洲技能人才中心。相关研究表明，到2020年，中国高技能人才的供应缺口将达2400万人，并带来2500亿美元左右的损失（约占国内生产总值的2.3%）。浙江省要抢占高技能人才市场空白的先机，建立大规模高技能人才培训基地，向全省各县、长江三角洲地区乃至全国输送高技能人才。建议政府划拨专项资金用于高技能人才培训基地建设，同时构建分门别类的专业人才数据库，建立人才需求预测与定期发布机制。扩大本地人才网站与全国各地人才市场的链接，及时对接各区域人才需求，打响高技能人才培训基地品牌。

第六，废水淘金，挖掘失效专利中的新机遇。自1985年实施专利法至2012年，我国失效专利占57.3%。在全球5000万余件的专利总量中，只有不到100万件的专利在中国有效，其余均不受中国法律保护，企业对失效专利的利用存在极大可能性。利用大数据技术深入挖掘，在“垃圾”中寻找“黄金”，一旦挖掘成功、利用得当，产出效益不可限量。建议由政府牵头或者组织第三方建立失效专利服务平台，对现有的失效专利去重去杂；建立数据库，并提供“失效专利报告、失效专利预警”等服务，为企业提供从失效专利中挖掘机遇的平台。

第七，政府采购倾斜，实现以市场换产业。政府采购政策实质上属于保护性的扶持政策。适当的政府采购倾斜有利于保护企业发展。建议由采购监管部门牵头，在对公共服务需求充分调研的基础上，制定政府采购目录，向战略性新兴产业、新兴服务业倾斜。一方面，根据财政部《政府购买服务管理办法（暂行）》的通知，制定《浙江省县级政府购买服务管理办法》，尤其将科技中介服务作为政府采购服务的重点内容，以采购运行管理、资金监督管理和绩效管理机制保障采购规范化；另一方面，采购电脑、公车以及办公用品产品时，以“节能绿色采购”为导向，激励企业在自主创新和节能环保降耗上加大投入，促进资源循环利用。

第八，简化审批，重点监督质量安全。“一窗、模拟审批、承诺审批、中介办理”的创新高效审批模式以及“核准目录外企业投资项目政府不再审批”的试点改革大大提高了审批效率，建议在全省范围全面开展行政审批改革，以简化审批为突破口激发市场活力。同时，为防“一放就乱”，政府管理的重心应转向对市场无序和不规范行为的监管。建议建立质量失信“黑名单”制度，构建联合惩戒机制。将存在主观故意、严重违反产品质量相关法律法规的生产企业纳入“黑名单”管理，并向社会通报。企业一旦列入黑名单，将会遭遇不等程度的行业准入限制，在企业的金融融资授信、政府招标采购、土地税务方面也将受限。同时建议将质量安全追溯体系与“黑名单”制度相结合，方便追究主体责任，据以进行相应的行政处罚和追究民事责任，让企业“一次失信，处处受限”。

13

技能型人才开发服务业：蓄势待发的新兴第三产业*

把握技能型人才开发的市场先机，率先发展技能型人才开发服务业，打造集教育培训、鉴定、估价、担保和交易于一体的技能型人才产业链，将成为驱动经济发展，尤其是高端服务业发展的重要引擎，对加快转方式、调结构、促升级具有十分重要的战略意义。

一、对技能型人才的旺盛需求及其开发服务业的发展前景

对于全国高校毕业生来说，继 2013 年这个“史上最难就业年”后，2014 年成为“史上更难就业年”。然而，技能型人才供给总量却严重不足，仅占就业人员的 19%，高技能人才尚不足 5%。近年来，技能型人才越来越受到社会肯定和企业青睐，不少技术岗位供需比例攀升到 1:100，众多用人单位同时争抢一个技术工人已成为新常态，人才供求总量和结构性矛盾十分突出。据预测，2015 年和 2020 年技能人才需求将分别比 2009 年增加 1900 万人和 3290 万人（不含存量缺口 930 万人）。国际顶级咨询公司麦

---

* 此文与金洁、张骞和瞿雨秋共同完成，刊载于《公共政策内参》第 14304 期，荣获时任宁波市委书记刘奇同志的重要批示（2014 年 11 月 20 日）和时任宁波市副市长万亚伟同志的重要批示（2014 年 12 月 8 日）。

肯锡估计，若不能有效地弥补该缺口，中国经济损失将达到 2500 亿美元（约占国内生产总值的 2.3%），比中国香港的经济总量还大。

面对如此旺盛的需求，我国技能型人才开发服务业具有巨大的发展潜力。以技能型人才教育市场为例，预计到 2015 年，我国中等职业教育、专科职业教育、继续教育市场规模将分别高达 1800 亿元、2360 亿元、14500 亿元，技能型人才教育市场规模总量将近 1.9 万亿元，2020 年将近 2.2 万亿元。同时，职业教育在校生的巨大消费潜力将拉动当地的经济发展和相应服务业的发展。按平均消费水平粗略估计，2020 年职业教育在校生将拉动消费 1.16 万亿元，全国技能型人才开发服务业规模将达到 3.35 万亿元。

目前，宁波市具有一定规模的块状经济有 150 多个，年产值占工业总产值的 60% 以上，需要数以万计的具有专业技能和实操技术的从业人员和创业人员，形成巨大的技能型人才需求和培养技能型人才的基础条件。若以占有市场份额 10% 计算，2020 年宁波市技能型人才开发服务业将产生 3350 亿元的地区生产总值。根据产业发展的乘数效应，其引发的增加值甚至可能达到其市场规模的数倍。若按三产投资乘数 2.5 估计，到 2020 年宁波市技能型人才开发服务业将带动 8375 亿元的地区生产总值。

二、宁波发展技能型人才开发服务业的实践探索

近年来，宁波市通过政府买单提供培训，绩能并重、多渠道的人才评价体系，完善的激励机制，创造了“以企业为主体、院校为基础、社会培训为补充”的高技能人才开发模式。宁波市 45 所职业院校已与 1500 多家企业建立了长期合作关系，一些企业还将实验室和生产线搬进了校园。“人才共育、就业共担、资源共享”的校企合作人才培养模式引起了全国职教界的关注，被称为“宁波模式”。

围绕宁波产业结构转型升级的需要，宁波市人力资源和社会保障局着力打造“三大服务平台”，深入实施“三大培训计划”，加快对高技能人才的培养，促进了劳动者的技能提升和就业扩容，形成了公共实训基地管理的优势。截至 2013 年 12 月底，宁波高技能人才总量达 22.14 万人，高技能人才在技能人才中的比重从 2009 年的 19% 上升到 2013 年的 23.8%，年培养规模、总量、比重居浙江省前列。

2012 年正式开园的宁波人力资源服务产业园，作为浙江省首个省级人力资源服务产业园区，形成了涵盖网络招聘、国际猎头、外包、高端培训、高端咨询、人才测评等环节的人力资源产业链，为技能型人才开发服务的市场化和产业化奠定了良好基础。但宁波在职业培训市场快速发展过程中也存在着一些问题和矛盾，如培训机构总体实力不强、培训课程设置不够科学、培训内容与企业需求不相匹配、培训政出多门合力不强以及监管体系不够完善等。因此，亟须从产业化发展的视角，对宁波技能型人才开发服务业进行统一规划和顶层设计，使技能型人才开发服务业成为解决人才供给结构性矛盾的重要抓手，成为驱动宁波产业转型升级、从“制造”走向“智造”的重要引擎。

三、加快发展宁波市技能型人才开发服务业的若干建议

第一，把技能型人才开发服务业作为推动宁波未来经济发展的战略重点。建议由分管副市长牵头，组织相关部门的领导和专家学者成立“技能型人才开发”领导小组，在对技能型人才现状、发展技能型人才开发产业的重点和突破口进行科学研究的基础上，制定《宁波市技能型人才开发服务业发展战略规划》，明确技能型人才开发服务业发展的指导思想、目标任务、建设重点、建设内容、推进阶段、优惠政策、保障机制和主要抓手等，着力抢占技能型人才开发服务业的制高点，使宁波市在这一方面走在全国前列。

第二，加快技能型人才开发服务业的地方立法。促使技能型人才开发投入机制法治化、常态化，使技能型人才的教育、培训、鉴定、估价、担保和交易等有法可依。建议尽早出台《宁波市职业技能教育培训管理条例》，将职业教育、培训与技能鉴定纳入法治化轨道，加大企业、政府和社会对技能型人才队伍建设的投入力度，全面提升宁波技能人才教育培训能力。尽早出台《宁波市技能型人才开发服务业管理条例》，用法律手段推动技能型人才开发服务业的大发展。

第三，全面提升宁波职业教育培训机构和实训基地的技能型人才开发能力。要使全国技能型人才的教育、培养、鉴定、估价、担保和交易等服务在宁波形成产业集聚，需要拥有特色鲜明的教育、培训、开发和服务等

资源。建议对宁波现有的职业教育培训机构进行全面改造提升，培育100家具有鲜明专业特色的职业教育培训机构，100个以实操训练为主导的专业化实训基地，从国内外引进1000名技能型人才培训大师，引导民资大规模地进入技能型人才开发领域，积极探索政府购买、政府和社会资本合作（PPP）等形式的技能型人才开发模式，全面提升这些培训机构、实训基地的技能型人才开发培训能力。

第四，筹建服务全国的特大型技能型人才交易市场。要将宁波建设成为立足长江三角洲、服务全国、面向世界的技能型人才开发、培训和教育的基地，打造“技教之城”的城市品牌。建议在宁波率先筹建服务全国的特大型技能型人才交易市场，在财政、税收、人才和土地供给等方面给予政策倾斜，吸引全国的技能型人才开发服务资源在宁波安家落户。力争到2025年，引进1000家技能型人才开发服务机构（包括教育机构、培训机构、实训基地、技能型人才鉴定机构、人力资源外包公司、人力资源担保公司等），为“宁波智造”提供人力资源保障，也向全国、全世界输送技能型人才。

第五，建立健全促进技能型人才开发服务业发展的政策体系。建议在充分借鉴国内外经验的基础上，研究制定具有前瞻性和可操作性的发展技能型人才开发服务业的法规政策，从财政资金投入、土地供给、机构落户、人才引进培养、户籍制度、基础设施建设、物业管理收费和税收优惠等方面制定相应的激励政策。同时，鼓励民资进入技能型人才开发服务领域，形成良好的孵化、培育、发展和竞争的市场环境。

14

“银发经济”和“银色产业”——助推浙江经济可持续增长的新动力*

浙江是全国老龄化程度最高的两大省区之一，仅次于上海。近6年来，浙江老年人口平均每年以30.5万人的增幅“跑步前进”，预计到2015年，浙江老年人口将突破1000万人；2040年前后，浙江老年人口将达峰值1460万人，约占总人口的32%，届时，将呈现一片“银发”景象。同时，“跑步前进”的人口老龄化将形成巨大、未经开发的“银发市场”，带来经济发展的战略机遇，引发浙江产业结构的新一轮革命。

一、“银发经济”市场中商机无限的十大“银色产业”

以新型社会养老市场、特色扶老医疗服务、“银发旅游”市场、临终关怀服务为主的“老年服务市场”，以网络商城老年专区、老年电子产品为主的老年信息技术（IT）市场；以老年服饰、老年玩具、老年食品、老年美容用品为主导的老年用品市场，将是“银发经济”市场中商机无限的十大“银色产业”，并构成“三位一体”的产业格局和发展重点。抢占这十大市场先机，必将为浙江经济带来爆发式的增长点。

---

* 此文与金洁共同完成，刊载于《公共政策内参》第14290期，荣获时任浙江省省长李强同志的重要批示（2014年9月16日）。

第一，新型养老服务产业。随着“只生一个”的一代进入老年期和劳动人口的大流动，大量“空巢家庭”出现，加上医疗保健与社会保障事业的迅速发展使老人高龄化，养老服务需求进一步加大，日间照料中心、养老地产等养老服务市场前景看好。《中国老龄事业发展报告（2013）》显示，“空巢老人”占老年人口比例接近50%，生活不能自理的“失能老人”的数量迅速攀升，估计到2015年将接近4000万人。按照国际通行的老年人养老机构入住率标准5%保守估计，当前机构养老床位需求约为1010万张（2.02亿张×5%），而养老机构总床位数约为416万张，缺口达594万张。按平均每家养老机构床位数量500张计算，全国养老机构缺口在1万家以上。

第二，特色老年医疗服务产业。中国60岁以上老年人近半数患有各种慢性病，对医疗卫生和保健服务形成较大压力。北京市老年病治疗研究中心调查结果显示，有超过1/4需要住院的老年人因无床位或住院费太贵无法住院，66.3%的老年人因看病手续烦琐而选择自行买药治疗，重在护理的老年医院建设迫在眉睫。按每个地市1个大型老年医院、每个县区1个中小型老年医院计算，全国至少需建设333个大型老年医院、2852个中小型老年医院。同时，中国临终关怀服务产业尚处起步阶段，相比美国2009年的5000家还有很大差距，拥有极大的发展空间，据全国肿瘤登记中心发布的数据，中国每年新发肿瘤约为312万例，因癌症死亡达270万例，临终关怀服务凸显巨大的必要性和迫切性。实现老年医疗服务专业化、社会化、产业化，减轻其子女亲属的陪护负担，还有助于提高全社会的劳动生产率。

第三，“银发旅游”市场。世界旅游和旅行理事会的调查结果显示，老年旅游占世界旅游市场的50%—60%，而我国还不到20%，“银发旅游”的广阔市场尚未有效开发。时任国务院副总理汪洋出席世界旅游旅行大会时提出，“未来五年，中国旅游市场规模将超过2.5万亿美元”，若按50%计算，“银发旅游”市场规模将达到1.25万亿美元。

第四，老年教育市场。号称“老人王国”的瑞典，老年教育与正规教育融为一体，所有的大学都对老年人开放。在大学生中老年人所占比重在10%以上。瑞典的广播和电视都设有老年教育节目，图书馆为老年人送书上门，多方面为老年读者服务。按10%的老年教育需求比例计算，60岁以上老年人的教育需求规模达到2000万人，甚至超过了每年高考全国本专科招生总规模2倍多，而且没有学习期限。发展以老年大学为主、社区老年学校为辅，结合老年远程教育、老年兴趣班等多种形式的老年教育市场十分必要，也蕴含了巨大的商机。

第五，老年网络购物市场。老年人网络购物市场不仅是针对老年用户需求和偏好、网络操作特点量身定制的网络购物平台，还包括集日常照料、家政服务、文化旅游等服务订购于一体的电商平台。法国网上购物者1/3是50岁以上的老年人，日本60岁以上老人在食品等4个领域网购比率高居首位，全年网购消费总额超过23万亿日元，在平均水平之上。《中国消费风向标报告2012》指出，自2010年以来，中老年网购消费人数和老年用品的成交金额，每年都以超过200%的幅度高速增长，潜力巨大。随着老年人对网购的了解和网购的便利化，增幅还会进一步提高。

第六，老年电子产品市场。尽管老年电子产品具有更替周期长、质量要求高等特点，致使其利润率相对较低，但目前老年电子产品市场尚处空白，巨大的市场潜力无法忽视。据调查，中国的手机和笔记本电脑用户中，45岁以上的用户占全部用户不到1%，然而日本60—80岁年龄段的人群手机普及率却高达40%。只要开发出适合老年人的产品，以手机普及率40%计算，中国老年手机市场规模将达到8000万台，其他电子产品市场前景同样看好。

第七，老年服饰市场。相比国内老年服装市场的薄弱，国外老年服装市场的运作相对完善，有许多专门针对老年人设计的服装品牌。在实际生活中，老年人对于服饰的消费需求相当可观。业内人士预计，今后几年内中国老年人服饰需求量将在每年10亿套以上，每年至少有2000亿元的消费潜力。

第八，老年玩具市场。国内普遍认为玩具专属儿童，老年玩具市场几乎空白。老人在60岁后，将至少有18年以上的“闲暇期”，寂寞是许多老人的最大苦恼，玩具无疑就是老人最好的玩伴。以中国庞大的老龄人口基数来看，以人均每年购买一件玩具计算，中国老年玩具需求量将在每年2亿件以上。玩具厂商应适当开拓老年玩具市场，填补市场空白，让老年人享受健康幸福的晚年生活。

第九，老年食品市场。在日本，兼具重口味和营养价值的老年人专属食品，近年来以10%的速度增长，在2009年已形成约1000亿日元的规模。据有关方面估算，我国老年群体每年的消费潜力达到3000亿元以上，其中老年食品应占老年消费的1/3，达到1000亿元以上。适合老年人饮食特点和养生保健需求的老年食品亟待开发。

第十，老年美容用品市场。老年女性养育下一代的任务基本告一段落，从而迎来了生活方式的转换期，业余生活变得丰富多彩，美容意识再次高涨，护肤品成为基本需求。日本公司佳丽宝早在2000年就面向老年女性推出护肤品牌EVITA，其在2007年成为年销售额超过100亿日元的大品牌。在巨大的老年人口基数下，预计中国老年群体每年的美容消费潜力达到200亿元以上（见图1）。

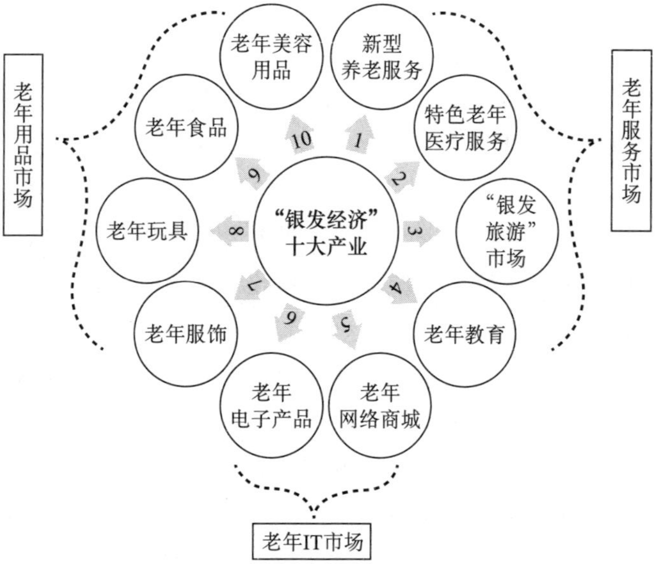

图1 "银发经济"市场中商机无限的十大"银色产业"

二、开发"银发经济"和培育"银色产业"的政策建议

"银发产业"不仅能为老年人带来福利，还具有产业链长、涉及领域广等特点，对上下游产业具有带动效应，浙江省在这些领域具有传统优

势，开发“银发经济”是推进浙江经济增长的新动力，有利于浙江省传统优势产业的优化和经济转型升级。

第一，加强对“银发经济”和“银色产业”的科学研究和顶层设计。全省各级党委、政府要把“银发经济”发展提上重要议事日程，建议由分管的副省长牵头，组织政府相关部门的领导、负责人、专家和学者成立“银发经济”研究课题小组和工作领导小组，及时研究解决工作中遇到的重大问题，对相关产业发展现状、重点和突破口进行研究，从发展定位、战略、规划和产业重点、方向等问题出发进行顶层设计。

第二，科学制定《浙江“银发经济”和“银色产业”发展战略规划》。为加快推进“银发经济”发展，着力抢占“银发产业”发展的制高点，使浙江省在“银发经济”发展方面走在全国前列，制定具有科学性、前瞻性和可操作的发展战略规划显得特别重要。建议在对老龄化现状、老年经济相关产业发展进行科学调查的基础上，研究制定《浙江“银发经济”和“银色产业”发展战略规划》，明确“银发经济”产业发展的指导思想、目标任务、建设重点、建设内容、推进阶段、优惠政策、保障机制和主要抓手等。

第三，尽早出台浙江“银发经济”和“银色产业”发展的政策体系。为促进浙江省“银发产业”的有序、快速发展，建议省委、省人民政府在充分借鉴国内外“银发经济”服务产业发展的扶持政策基础上，根据浙江省实际，研究制定具有可操作性的浙江“银发经济”和“银色产业”发展的政策体系，从财政资金投入、土地供给、机构落户、人才引进培养、基础设施建设、物业管理收费和税收优惠等方面制定相应的支持、奖励和激励政策。同时，鼓励民资进入“银发产业”，形成良好的孵化、培育、发展和竞争环境。

第四，系统开展面向“银发经济”和“银色产业”的宣传教育培训。建议由浙江大学继续教育学院负责，对全省各级政府相关部门（省发展和改革委员会、省经济和信息化委员会、省人口和计划生育委员会、省城乡社区建设领导小组办公室、市监察局、市人力资源和社会保障局、市民政局、市财政局、市审计局、市教育局、市卫生局、市文化广电新闻出版局、市体育局、市住房保障和房产管理局、市环境保护局等）分管领导，各地市分管领导开展系统的业务培训，让相关部门负责人正确地了解发展“银发经济”和“银色产业”的重要意义，系统地学习“银发经济”和“银色产业”的专业知识，为全面推进“银发经济”和“银色产业”发展，抢占市场先机，提供良好的理论与方法。

第五，构建推进“银发经济”和“银色产业”发展的“银色产品”研发设计公共平台。在“儿童经济”“妇女经济”和“成年经济”时代，浙江向全国和世界输出的是“浙江制造”。在“银发经济”时代，浙江要向全国和世界输出“浙江创造”和“浙江设计”，因此，浙江在起步研究阶段就要掌握“银发经济”和“银色产业”链的最前端，即研发、设计。建议按照“政府引导、市场化运作、企业化管理、专业化服务”方针，建立“银色产品”研发设计公共平台，参考杭州公共自行车系统的开发与应用，将“浙江创造”和“浙江设计”的“银发经济”和“银发产业”产品、品牌、服务系统和体系输出到全国乃至全世界。

15

着力克服制度缺陷，推进股市健康发展*

自1990年12月和1991年7月沪、深证券交易所相继挂牌营业以来，股市经历了整整20年。股市是我国企业融资的重要场所，改善了国有企业的运营模式，促进了民营企业的发展壮大，有力地推动了国民经济的高速增长。在房产投资受阻和投资渠道狭窄的条件下，股市是公民投资理财的重要选择。但广大股民始终难以从股票投资中得到财产性收入，难以分享国家经济高速增长带来的收益。2001—2011年上海股市10年涨幅为零，2011年上证综指和深圳成指分别下跌了21%和28%，领跌全球股市，5000万股民中的87%人均亏损4万元，机构投资亏损超过4000亿元。股市正面临着危机，其资源配置、投资筹资和经济发展晴雨表等功能在逐渐丧失。股市危机激发了民怨，政府亟须采取有效措施，以防股市危机恶化为民生问题、经济危机或社会灾难。新任中国证券监督管理委员会主席建议将2万亿元社保资金结余、2.1万亿元住房公积金和财政盈余结余委托给机构管理，投资于股市。这也许能暂时缓解危机，但难以解决根本问题。

反思股市20年发展经验，股市设计上的制度性缺陷才是造成中国股市

---

* 此文与冯培恩教授共同完成，是全国政协十一届五次会议的大会口头发言提案（2012年3月）。

暴涨暴跌、牛短熊长、危机四伏的根源。只有克服这些制度性缺陷，才能真正推进股市的健康发展，为此提出下列建议。

一、强制实行现金分红，吸引股民长期投资

持续的现金分红既是吸引股民持续投资的动力，也是上市公司义不容辞的责任和稳健发展的需要。A 股市场数据显示，1990 年末到 2010 年末，A 股累计完成现金分红总额约为 1.8 万亿元。但一位资深券商分析师估算，普通投资者在上市公司的持股比例不超过 30%，其所分享的红利最高不过 0.54 万亿元。也就是说，花费 4.3 万亿元真金白银参与上市公司融资活动的普通股东所获得的分红额不超过 0.54 万亿元。这意味着，近 21 年来，A 股市场给予普通投资者的现金分红总额占融资总额的比率不足 13%。而如果按照现在 3.5% 的一年期存款利率，以复利计算，21 年下来的储蓄回报高达 105.9%。股民只能靠股票在二级市场的价格波动来获利。让股民承担如此大的投资风险也太不公平。建议及时修改《中华人民共和国公司法》《中华人民共和国证券法》等相关法律法规，明确要求上市公司在招股说明书中细化回报规划、现金分红计划，增强分红政策的透明度，把上市公司的融资（再融资）规模、资产重组计划、经营者薪酬及相关的优惠政策等与现金分红政策紧密地结合起来，强制上市公司履行向股民分红的义务，消除“高红低分”的现象。

二、实施严厉的退市制度，优化股市资源配置

退市制度是对上市公司的优胜劣汰机制，也是发挥股市优化资源配置功能、防范化解股市风险、抑制过度投机、保护股民利益的重要措施。例如，1996—1999 年纳斯达克上市公司年均退市 393 家，使上市公司数量减少 13.08%，同时却培育了很多世界级企业。中国股市设立 21 年来，因监管而退市的公司仅 42 家，仅占目前上市公司总数的 1.82%。一些劣质上市公司因为具有重组预期和拥有“壳价值”而成为被不正常高估的“抢手货”，而“借壳上市”恰恰扭曲和破坏了股市的优胜劣汰原则和优化资源配置功能。建议政府及监管部门借鉴发达国家股市的经验，及时修订完善公司法、证券法，研究制定科学有效的退市标准，对上市公司实行严厉的

退市制度。对于那些已经不可能凭借自身能力扭亏的上市公司，坚决令其退市，杜绝借壳上市行为。

三、从严约束高管辞职，阻止上市套现行为

近几年来，一批上市公司高管通过辞职套现在一夜间蜕变为千万乃至亿万富翁。仅2011年A股市场辞职和离职的高管人数已达1264位，较2010年同期增长68%。2012年1月高管离职的速率还在进一步加快。多年来大批高管主动辞职套现严重阻碍了股市的稳步发展，损害了股民利益，激起了股民的强烈愤慨。

建议一，在《中华人民共和国公司法》第一百四十二条中规定："公司董事、监事、高级管理人员在任职期间每年转让的股票不得超过其所持有本公司股票总数的10%"，以及"公司高管在职期间，在抛售股票之前的两个月时间内履行相应的信息披露义务"。建议二，在《上市公司董事、监事和高级管理人员所持本公司股份及其变动管理规则》中规定：董事、监事和高级管理人员离职后一年内，所持本公司股份不得转让。在公司法中规定：禁止公司董事、监事、总裁和董事长等高管在辞职套现后五年内到上市公司就职，三年内到非上市公司就职。建议三，在公司法和证券法中明确规定申请首次公开募股（IPO）时高管必须作出任职期承诺，并对上市公司高管抛股套现开征高额的资本利得税。

四、强化证券民事赔偿，保护股民根本利益

保护投资者的合法权益是证券法的立法宗旨，也是证券监管的首要目标。但自从中国股市开业以来，欺诈上市、内幕交易、股价操纵、虚假陈述、虚假重组、虚构利润、股市"黑嘴"等欺诈行为持续不断。2002年最高人民法院发布的《关于受理证券市场因虚假陈述引发的民事侵权纠纷案件有关问题的通知》存在诸多缺陷，导致股民的民事赔偿权利仍未得到实质性司法保障。建议结合中国近年司法实践，借鉴发达国家经验，在证券法中专门辟章规定证券民事赔偿问题，对因欺诈上市、内幕交易、股价操纵、虚假陈述、虚假重组、虚构利润、股市"黑嘴"等欺诈行为给股民造成经济损失的作出具体法律规定，同时制定《证券民事赔偿的法律实施细

则》以指导证券民事赔偿的司法实践。

五、改革股市审批制度，遏制股市腐败行为

中国股市腐败主要表现为私募股权投资（PE）腐败，它使股市成为权贵寻租的理想场所。例如，国信证券李绍武、中信证券谢风华、华泰联合证券安雪梅等均涉入了私募股权投资腐败案。一些号称但并非真正私募股权投资的投资人士，通过各种人际关系，甚至贿赂手段，提前从内部（证监会官员和审核专家）获取上市公司的时间表和投资额度，然后把额度加价卖给其他投资者。上市公司再给基金经理、财经媒体和股评专家丰厚回报，让他们对其大肆吹嘘，把实际价值仅几元钱的股票炒到十多元甚至上百元。私募股权投资腐败的根源是在审批或核准过程中存在着严重的权钱交易漏洞。建议借鉴美国、中国香港的成功经验，将审批或核准制度改为注册制，对劣质或欺诈上市公司实行严厉的退市制度和民事赔偿制度。同时，加快证监会职能转变，从目前实际上的“管制”职能转化为真正的“监管”职能，进一步加大对内幕交易、股价操纵、虚假陈述、虚假重组、虚构利润、股市“黑嘴”等腐败行为的查处和惩戒力度。

六、发展有限合伙企业，提升上市公司质量

上市公司可以通过融资圈走几亿元甚至几十亿元的钱财，对社会承担的却是有限责任，对股民不承担任何责任。这样的制度导致企业不分贫富都有无穷的动力千方百计地争取上市，在社会信用高度缺失、证券监管机制虚设和监管能力不足的当下，不少劣质公司能够突破层层审批环节而欺诈上市也就不足为奇了。

建议大力推行有限合伙制度，加快有限合伙企业的发展。“有限合伙”是指由有限合伙人和普通合伙人组成的企业合伙形式。有限合伙人以其认缴的出资额为限对企业债务承担有限责任，普通合伙人对企业债务承担无限连带责任。在有限合伙的上市公司架构中，股民作为有限合伙人不直接参与管理，一般投入出资总额的99%，得到80%的投资收益，并在出资范围内承担有限责任。公司经营者作为普通合伙人直接负责公司运行，通常仅出资1%，但享受20%的投资收益，并承担无限连带责任。有限合伙企

业不需要证券公司保荐，不需要层层审批，只要通过监管层备案就可以直接上市。在允许上市融资的同时，要求有限合伙公司经营者对债务承担无限连带责任，因此只有发展潜力强的优质公司才有胆量上市。

增加老百姓财产性收入是中央的决策，也是人民的期待。只要中央人民政府下大决心，花大力气，深化改革，雷厉风行，中国的股市就一定能走上健康发展的轨道，成为经济与民生良性互动的助推器。我国经济持续发展和民生持续改善的目标一定会同时实现。

16

加快民间借贷的制度创新突破，着力推进浙江民间金融市场的健康有序发展*

民间借贷作为民间资本的一种投资渠道，在满足小微企业融资和农村多样化的资金需求，促进居民消费和激活城乡市场，推动小微企业、个体经济、农村经济发展等方面发挥了积极作用。由于中国民间借贷的法律制度缺失、监管部门缺位以及金融市场体系不完善等原因，近年来民间借贷也出现了龙蛇混杂、乱象丛生的严重问题。中国银行业监督管理委员会主席刘明康在2011年第三季度形势分析会上指出：由于民间借贷市场需求异常旺盛，目前沿海地区约有3万亿元的银行贷款并未实际流向用款企业，而是流入利率更高的民间借贷领域。一些地区参与民间放贷的不仅有普通公民和家庭，也有大量的公务员，还有众多的银行职员和银行主管。

当民间借贷花样不断翻新、陷入人数越来越多、金字塔式的网络传销把高利贷推到历史高位后，资金链瞬间断裂，众多放贷者的暴富梦想突然破灭。从河北徐水“孙大午案”（2003年7月）、浙江东阳“吴英案”（2007年3月）、内蒙古包头“金利斌自焚案”（2011年4月）、福建厦门

* 此文与段忠贤、谢耀霆和叶伟巍共同完成，刊载于《公共政策内参》第11085期，荣获时任浙江省委书记夏宝龙的重要批示（2011年10月20日），相关提案是九三学社浙江省委员会报送浙江省政协十一届一次会议的团体提案（2013年1月）。

“融典融资担保案”（2011 年 5 月）、江苏泗洪“宝马乡案”（2011 年 5 月）、河南洛阳“盛归来投资担保公司倒闭案”（2011 年 7 月）到浙江温州“高利贷老板集体潜逃案（温州有 40 多万家企业，官方数据显示有 90 多个老板负债出走）”……据浙江省检察院统计，2011 年 1—7 月，全省 65 件、93 人因涉嫌非法吸收公众存款罪被批捕，103 件、143 人因此被起诉。近年来，因民间借贷引发的民事纠纷、社会治安、刑事犯罪等案件频频浮现，不仅严重扰乱了正常的金融秩序，危及金融安全，而且也激起了一波波社会震荡，引发了众多群体性事件，影响到社会的和谐稳定。

对民间借贷引发的负面影响，特别是由此引发的金融危机和对社会稳定的冲击与挑战，建议省委、省人民政府采取有前瞻性的防范措施，以趋利避害，引导民间金融市场健康有序发展。民间借贷的存在和发展具有极强的合理性和必要性，绝非通过严惩打击所能解决。高利贷不仅是货币政策紧缩带来的现象，它还与法律制度缺失、监管部门缺位和金融市场不完善等有着紧密的联系。仅仅依靠严惩打击，容易使法律对民间借贷的债权保护更加脆弱，民间借贷的法律风险由此会放大，必然会进一步加剧民间借贷的高利贷化倾向。因此，治理高利贷应从高利贷产生的根源开始，既要严惩违法违规行为，更要重视民间借贷的制度建设，科学构建民间借贷的动态监测体系，更好地保护民间借贷的债权债务关系，着力推进民间金融市场的健康有序发展，主要建议如下。

一、建立健全民间借贷的登记备案制度

高利贷很大程度上源于民间借贷的高风险。居民投资理财通常追求的是流动性、安全性和收益性。在流动性方面，民间借贷和银行贷款不存在显著性差异，因此安全性越高的投资收益越低。民间借贷往往是无抵押贷款，其风险明显高于银行的抵押贷款。同时，一旦借款人破产，银行凭借自身的优势地位，债权能得到优先受偿，并容易得到法院的强制执行。而民间借贷由于存在着极大的非规范性，而且对债权人还缺乏必要的法律保护手段，一旦出现借款人破产的情况，债权人通常会血本无归。正是法律和司法程序上对民间借贷的债权保护不足，导致了民间借贷的风险远远高于银行贷款，其利率水平也会远高于银行同期贷款。要规范民间借贷，规

避高利贷可能带来的隐患，在当下民间借贷的法律制度建设严重滞后的背景下，迫切需要加快建立健全民间借贷的登记备案制度。

建立健全民间借贷的登记备案制度，不仅可以增加民间借贷的透明度，有助于地方政府及时地掌握民间借贷的规模与动向，为科学制定民间借贷的监管措施提供依据；也可以为民间借贷双方日后纠纷的司法举证提供帮助，有助于控制民间借贷的违约风险、道德风险和市场风险，遏制高利贷化的倾向，促进民间金融市场的健康有序发展；还可以有效地减少和控制非法集资活动，增加民间借贷的可控度。建议政府明确规定民间借贷的备案登记部门，建立健全民间借贷交易行为的登记备案制度，对每一笔民间借贷业务的借贷金额、借贷利率、借贷期限、资金投向、违约责任等事项都要详细登记，明确规定登记备案的民间借贷享有更高的法律保障，如优先清偿权等。对融资规模较大的企业要实行强制性登记备案，未经登记的可视同非法集资活动予以严惩。

二、加快制定《浙江省民间借贷管理办法》

目前，中国有关民间借贷的法律条文仅见于最高人民法院《关于人民法院审理借贷案件的若干意见》和《关于如何确认公民与企业之间借贷行为效力问题的批复》等司法解释。它们虽然在某种程度上承认民间借贷行为的合法性，但已完全不能满足民间借贷快速发展的实际需要。目前尚缺乏一部专门的单行法律法规对民间借贷行为进行明确、具体的规范，使民间借贷长期游离于合法与非法之间的“灰色金融”地带。由于法律制度建设的严重滞后，民间借贷无法可依，运作不规范，再加上监管缺位，很容易引发民事纠纷和群体性事件，进一步危及金融安全和社会稳定。

民间借贷作为正规金融的重要补充，对推动县域经济社会发展发挥了积极作用，应该为民间借贷创设足够的法律生存空间。建议省委、省人民政府在注重引进外资的同时，给予民间资本与外来资本同等待遇，使其能合法、公开、通畅地进入各类投资领域，为推动经济社会发展作出更大贡献。浙江省凭借敢为天下先的精神，应在全国率先制定出台一部适用于民间借贷行为的单行地方性法规，如《浙江省民间借贷管理办法》。

在民间借贷主体双方的权利义务、交易方式、契约要件、利率上限、税款征收、违约责任和权益保障等方面，可学习借鉴中国香港《放债人条例》的相关规定，作出明确的法律规定，并规范民间借贷合同的形式和内容。严格界定合法民间借贷行为与非法吸收公众存款间的法律界限，同样可以学习借鉴《放债人条例》规定，任何人士（不论放债人与否）贷款或提供贷款，其贷款实际利率如超过年息60%，即属违法。如超过48%，则单凭该事实即可推定该宗交易属敲诈性。尽早使民间借贷合法化、规范化和阳光化，不仅可以从法律层面上给民间借贷合法地位，有助于其更好地满足小微企业、个体工商户及“三农”经济以短期、小额为特征的融资需求，促进民间金融市场的发展；也有助于引导、规范民间借贷行为，防范和化解民间借贷的潜在风险。

三、保障民间资本合法地进入金融服务业

民间借贷的利息不断推高，高利贷化的趋势越来越严重，其中一个重要原因是在货币政策紧缩背景下，小微企业对资本需求旺盛，而能够直接为小微企业提供服务的民间资本供给明显不足，两者间存在着巨大的供需缺口。据中华全国工商业联合会的调查，规模以下的小企业90%没有与金融机构发生任何借贷关系，微小企业95%没有与金融机构发生任何借贷关系，这些真正需要资本的企业缺少抵押物，找不到担保人，也就不符合银行贷款条件，它们的融资只能通过民间借贷。吴伟萍、张衍骏、吴杰对台州市255家中小企业的调查结果表明：曾经有民间借贷行为发生的有182家，占71.37%；当前有民间借贷行为发生的有116家，占45.49%。在被调查的423户家庭中，曾经有民间借贷行为发生的有367户，占86.76%；当前有民间借贷行为发生的有271户，占64.07%。

因此，要降低民间借贷利率，从根本上消除高利贷的隐患，切实可行的办法是让民间资本能够合法地、通畅地进入金融服务领域，增加对小微企业资本需求的有效供给。《国务院关于鼓励和引导民间投资健康发展的若干意见》（国发〔2010〕13号，即“非公经济新36条”）鼓励金融业对民间资本开放的态度是十分明确的。但其仅仅是一个框架性、指导性的文件，由于缺乏具有实际可操作性的实施细则和相关配套法律措施，目前民间资本进入金融服务业仍是非常艰难的。

发达国家（或地区）非常重视中小银行（如社区银行、科技银行等）的培育和发展。目前，美国大约有3亿人口，10亿美金以下的社区银行就超过了8000家，并在全国设立了近4万家分支机构，为规模庞大的中小企业提供强大的资金支撑。中国台湾有当地银行37家、信用合作社27家，中小银行占了银行总数的90%。

在学习借鉴国外的先进经验基础上，建议尽快出台《浙江省民间资本参与或发起设立小型金融机构的管理办法》（或制定民间资本进入金融服务业的可操作的实施细则），对小型金融机构的市场准入条件、组织机构、存款人的保护、贷款业务、财务会计、监督管理、接管和终止、法律责任等事项作出明确的制度规定，通过地方立法来保障和促进民间资本参与或发起设立社区银行、科技银行、村镇银行、小额贷款公司、农村资金互助社等区域性、行业性的小型金融机构，并将其纳入正规的金融监管体系，这是促进浙江省民间金融市场健康有序发展、满足规模庞大的小微企业资本需求、解决高利率问题、防范和应对金融风险的正确选择。

四、科学构建民间借贷的动态监测系统

由于民间借贷主体风险防范意识不强，放贷行为通常具有较大的盲目性、随意性和非规范性。为了有效防范和应对金融风险和社会风险，着力构建民间借贷的动态监测系统尤为重要和迫切。

一是构建民间借贷动态监测的指标体系。由中国银行业监督管理委员会牵头组织专家学者，在科学调查和系统分析的基础上，学习借鉴发达国家金融业的动态监测经验，提出民间借贷的动态监测理论指标体系（包括资金投向、利率水平、借贷期限、借款形式、抵押或担保形式、借款偿还等），运用隶属度分析、相关分析和辨别力分析等实证方法，对理论指标体系进行多重的实证筛选，构建具有较强前瞻性和可操作性的民间借贷的动态监测指标体系，为实施民间借贷动态监测提供有效工具。

二是研发民间借贷动态监测的风险指数。民间借贷一旦崩盘，会引发区域性、行业性的金融危机和社会危机。要防范和应对民间借贷的风险，需要研发能够正确地反映民间借贷风险的风险指数。建议由中国银行业监督管理委员会牵头组织专家学者，以民间借贷动态监测的指标体系为基础，研发具有较强前瞻性和可操作性的民间借贷动态监测的风险指数（包括区域风险指数和行业风险指数等）。

三是建立民间借贷动态监测的信息采集网络。依托各级政府设立的民间借贷备案登记部门，建立区域性的民间借贷动态监测信息采集网络。区（县、市）一级负责采集辖内民间借贷的信息，定期汇总上报省民间借贷动态监测的主管单位，建立民间借贷动态监测的共享数据库，供社会公众和机构免费查询。

四是建立民间借贷动态监测的信息披露系统。由民间借贷动态监测部门对上报的信息数据进行及时的统计分析与科学处理，定期撰写民间借贷的动态监测报告，及时向社会发布民间借贷的动态监测信息和风险指数，及时对公众提示民间借贷的区域风险和行业风险，为投资者决策和政府制定政策提供依据。

17

有限合伙制：国有企业改革的重要选择*

一、国有企业的主要弊端是激励、约束机制不健全

从经济学角度来看，国有企业的运作效率主要取决于以下两个方面：一是激励机制问题；二是代理人风险控制（即约束机制）问题。因此，判断国有企业改革是否取得实质性突破，关键是看它能否很好地解决这两个关键性问题。

首先，从激励机制看，企业经营者收入的高低直接决定其工作的努力程度。在国有企业中，经营者的经营管理才能与贡献，未能在收入上充分体现出来，经营者个人收入与企业利益没有充分挂钩，没有内化为经营者效用函数的内生变量。尽管可以通过提高经营者的薪酬奖金来激励其努力工作，但如果不与企业的经营成效直接挂钩，所产生的激励作用是有限的，且难以持续。

其次，从约束机制看。虽然国有企业的资产属全民所有是非常明确的，但全体人民无论从法律上还是经营运作上都难以全面有效地行使所有者的权利，致使国有企业的所有者“虚置”。作为国有企业所有权的自然

---

* 此文刊载于《公共政策内参》第11074期，荣获时任浙江省委书记赵洪祝同志的重要批示（2011年7月3日）。

人代理人远不如私营企业主那样，以最认真、最负责的态度精细地选择企业经营者，并寻求最科学、最有效的方式对企业经营者进行严密的监督和约束，最大限度地控制代理人风险。在现行的国有企业制度架构下，最具有信息优势、最难以监督的企业经营者所承担的责任与其经营成败几乎是完全分离的，大多数的企业经营者也同样不会以最认真、最负责、最勤勉的态度经营好国有企业。

二、有限合伙制能够有效地强化国有企业的激励机制、约束机制

为了从根本上解决国有企业经营者的激励和约束不足问题，推行有限合伙制可能是国有企业制度创新的重要选择。

有限合伙是指由对合伙债务承担有限责任的有限合伙人和对合伙债务承担无限责任的普通合伙人共同组成的企业合伙形式。其中，有限合伙人以其认缴的出资额为限对合伙企业的债务承担有限责任，普通合伙人承担无限连带责任。

在有限合伙的架构下，国有企业的投资者（国家）作为有限合伙人不直接参与管理，一般投入出资总额的99%，得到80%的投资收益，并在出资范围内承担有限责任；企业经营者作为普通合伙人，则直接负责国有企业的运作与经营，并承担无限连带责任，他们通常仅出资1%，但可以享受到20%的投资收益。通常情况下，企业经营者的日常管理费用按出资总额的固定比例（如2.5%）实行总承包，如果日常管理费用超过了该比例，投资者也不负有另行支付的义务。这样，投资者采用费用“承包”的方式将经营者的日常管理费用事先固定下来（见图1）。

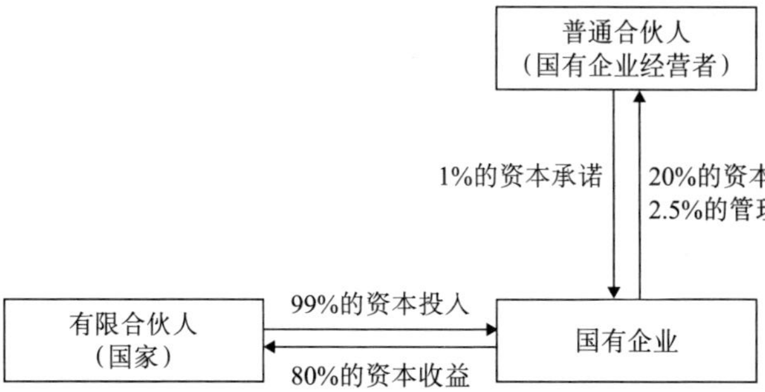

图1　有限合伙架构下国有企业的运作机制

（一）有限合伙架构下国有企业的激励问题

推行有限合伙是国有企业治理制度的重大创新，它是在国家与企业经营者信息高度不对称条件下建构的特殊委托代理制度，其独特之处在于把约束机制与激励机制和谐地统一在有限合伙框架当中。

第一，国有企业经营者通常以出资额的一定比例注入个人资本。在有限合伙的框架下，作为有限合伙人的国家投入的资金构成了国有企业的主要资金来源，而作为普通合伙人的企业经营者投入的主要是管理经验、市场专长、技术知识、社会网络关系与行业信誉等，但企业经营者通常要以融资额的一定比例（如 1%）注入个人资本。如果作为有限合伙的国有企业出资总额为 2 亿元，企业经营者通常要注入 200 万元的个人资本。这种做法把企业经营者的利益与他们的责任紧密结合起来，这样能够有效地限制企业经营者轻率的冒险行为，控制代理人风险，调动经营者的积极性。

第二，国有企业经营者的利益与其经营业绩紧密挂钩。国有企业的经营决策权和控制权主要掌握在企业经营者手中，如果企业经营者不拥有较大份额的剩余索取权，那么他们就不可能潜心地投入国有企业中。在有限合伙的框架下，企业经营者的管理费用收入较小，而最终投资利润分成收益却往往占有很大的份额。国有企业的这种分配架构使普通合伙人的利润分成收益远远高于其管理费用收入，从而把企业经营者的利益与国有企业的经营业绩紧紧地捆绑在一起。实行有限合伙制的国有企业能够有效地解决激励机制问题，关键在于将国有企业的经营业绩变成企业经营者收入函数中一个重要变量，从而作为一种长期的激励机制，使企业经营者为实现国有企业价值的最大化而勤勉工作。

（二）有限合伙架构下国有企业的约束问题

有限合伙架构下国有企业的约束机制主要体现在有限合伙人仅以出资额为限承担有限责任，而普通合伙人对合伙的债务负无限连带责任，其重要功能是控制国有企业的代理风险。

首先，有限合伙人仅以出资的资金为限对国有企业的亏损与债务承担有限责任，这就在制度设计上为国家承担的最大风险设置了上限。

其次，企业经营者要对国有企业的亏损与债务承担无限连带责任，他们的个人财产也处于高度的风险之中，把企业经营者的个人责任与整个国有企业的成败紧密地结合在一起，在制度设计上迫使国有企业经营者破釜沉舟，并与国有企业共存亡，从而把代理人风险尽可能地降至最低程度。

三、国有企业推行有限合伙制改革的可行性分析

国外实行有限合伙制的主要做法为我国国有企业推行有限合伙制的改革提供了有益的经验。美国90%以上的创业投资企业均实行有限合伙制。通过设立有限合伙，普通合伙人从事合伙的生产经营管理，同时又获得了有限合伙人的资金，解决了企业资金短缺的问题。而出资人作为有限合伙人，虽然不参与合伙的经营，但其却分享了利润，即使经营失败，有限合伙人也仅以损失出资额为代价。有限权利承担有限风险、无限权利承担无限风险的原则，在有限合伙中得以充分体现。

修订后的《中华人民共和国合伙企业法》为国有企业推行有限合伙制的改革提供了法律基础。第一章对有限合伙企业作出了明确的法律定义，第三章对有限合伙企业的设立条件、出资方式、责权利分担机制、企业解散、清算等一系列问题作出了法律规定。

有限合伙制的核心和精髓是有限责任人（投资人）与无限责任人（普通合伙人）并存。有限合伙人与企业之间的结合是资本的结合，这决定了有限合伙人的替换、过世、退伙或丧失行为能力等因素并不必然导致有限合伙的解散。因此，有限合伙企业比普通合伙企业更能保持资本的稳定、营业的持续。而普通合伙人不但要有市场、技术、经营和管理经验，又要有足够的时间和精力投入企业，还要具备对亏损与负债承担连带责任的能力。但是在现实的经济生活当中，有许多有投资欲望和投资能力的投资人（如国家）并不具备普通合伙人（企业经营者）的素质与条件。有限合伙制度很好地解决了不具备普通合伙人的素质和条件而又有很强投资欲望与能力的投资人的投资问题，有利于企业聚集社会闲散资金和扩大企业生产规模，有利于企业持续、稳定地发展。

因此，国有企业推行有限合伙制的改革是现实可行的。在国有企业推行有限合伙制过程中，为了降低国有股权的比重，实现股权结构多元化，

增强国有企业的活力，可以引入私营企业、境外企业甚至是外资企业等机构，由多个有限合伙人共同完成对国有企业 99% 的资本投入，并根据各自出资的比重分享投资收益，承担相应的有限责任。同样，企业经营者作为普通合伙人负责企业的经营管理，投入 1% 的资本，分享 20% 的收益，但对国有企业债务承担无限连带责任（见图 2）。

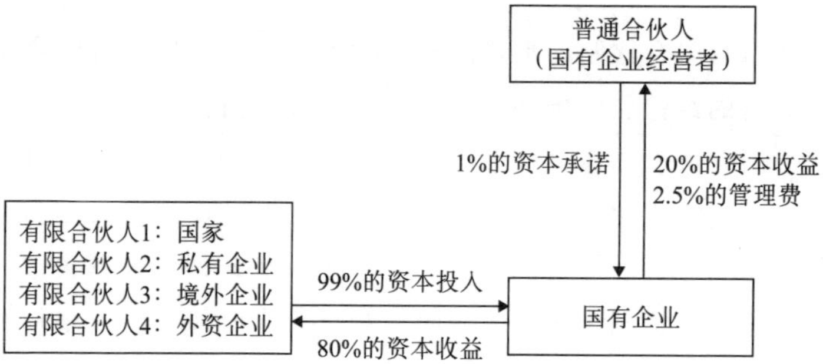

图 2　有限合伙架构下多个有限合伙人的国有企业运作机制

为了减少改革的风险，规避改革的阵痛，浙江省可以选择竞争性领域的中小型国有企业（尤其是长期亏损的国有企业）或者新建的国有企业实施有限合伙制的试点工作，积累一定经验后再进行推广。在国有企业推行有限合伙制的制度改革与创新方面，浙江省可以走在全国前列。

18

浙江省产业空心化问题凸显，亟须采取有效的应对措施*

近年来，浙江省作为沿海经济发展的排头兵，在新型产业培育、民营资本积累和产业转型升级过程中取得了显著成绩，走出了一条具有浙江特色的发展之路。然而，受到国际金融危机的影响，在传统比较优势渐失以及产业演进规律共同作用下，浙江省部分地区企业外迁现象日益凸显，民营资本外流趋势加剧，产业转移过程中形成的空心化问题成为制约浙江经济社会持续发展的"短板"。

一、浙江省产业空心化问题日益凸显

民营企业作为浙江经济的主力军，由于制度变迁释放出巨大的能量，获得了蓬勃的发展，但是，低端制造业转型却面临着更大的压力与风险。据不完全统计：浙江省地区生产总值增速连续10年下滑，区域经济存在资本、产业空心化的苗头，以温州、义乌、绍兴地区为主要代表。近年来更是出现了产业链的断层现象，制造业发展的滞后制约了其他产业的良性发展。另外，部分企业总部由于空间资源限制、土地成本的增加以及投资环

* 此文与龙海波共同完成，是九三学社浙江省委员会报送浙江省政协十届四次会议的大会发言（团体提案），荣获九三学社浙江省委员会参政议政调研成果三等奖。

境不佳等因素，逐渐迁至省外，出现了高新技术企业流失严重的现象。中国人民银行温州市中心支行起草的《金融支持工业经济运行分析》报告指出：银行对工业信贷增长明显，但并不见工业增长大幅提升。而一些本土大企业在外地的投资额、产出规模也已大于本地。近10年来，浙江投资率增速一直低于8.6%的全国平均水平，2009年全国为65%，而浙江仅为47%，浙江省面临被挤出中国经济增长第一方阵的危险。资源约束瓶颈持续、核心要素流失加剧、传统路径越走越窄，传统的“浙江模式”已经不能适应产业转型升级的要求。投资不足、配套产业的落后以及高新企业的外迁直接诱发了产业空心化问题。

倘若一个地区在工业化进程中盲目跨越式发展，使本地的基础产业落后，而新的产业又无法及时引进，它不仅无法促进产业的转型升级，相反，它带来的是区域资本外流；与此同时，技术创新、产业升级都可能因为缺乏工业生产的支撑而停滞不前，最终就会导致地区产业链脱节，经济发展失衡。因此，我们需要对某些地区产业转移过程中空心化的发生提高警惕，它是经济结构调整的关键，事关基础产业的发展大局，高端产业的引领优势对于浙江省“十二五”时期宏观经济调控具有十分重要的作用。

二、浙江省产业空心化产生的原因分析

在经济转型升级的推进过程中，浙江省制造业的传统优势逐渐退却，没有真正实现向重工业化、高度化、高附加值方向的转变，进而引发了产业的空心化。可以说，浙江省产业空心化的产生既有社会大环境的影响，也有着自身的内在原因，呈现出普遍性与特殊性相结合的特点。

具体而言，产业空心化产生的原因包括以下三个方面：

第一，市场选择的必然是产业空心化产生的外在原因。企业外迁是区域经济发展的常态，也是一种无法回避的趋势，浙江省一直是中国最大的内资输出地，浙商是全国各地政府招商引资的首选对象。随着浙江省部分地市的土地、人工等成本的提升以及电力、能源和原材料供应紧张，制造业企业的迁移尤为明显。一方面，低附加值的劳动密集型加工制造业因追求低成本优势往外转移；另一方面，传统优势产业在发展过程中的对外扩张，需要到新的地方建立生产基地，而外资出口加工企业也是在运营成

本、资源优势等因素中寻求最佳性价比区域。很多县市竞相打出“承接产业转移示范区”的招牌，进而形成了一种“内挤外拉”的格局。当低端产业在浙江省投资扩张中逐渐丧失优势时，外来的资本就会抽走资金，而与之配套的产业相对缺乏，造成了产业转型的紊乱，进而出现了部分地区经济的衰退。

第二，制造产业的无序是产业空心化产生的历史原因。浙江省是国家重要的工业制成品出口基地，制造业是浙江省的支柱产业，然而，以低成本、低价格、低收益为特征的数量扩张发展模式成为制造业发展的瓶颈，甚至出现了锁定低端产业的态势。例如，纺织业、电器机械及器材制造业、通用设备制造业、交通运输制造业等领域存在着内部的无序化竞争，也充分反映了浙江省工业发展的重工业倾向和劳动密集化倾向。低端产业的无序性破坏了制造业内部的平衡，容易形成恶性竞争与重复发展，加之地方政府的监管不力和投资引导的盲目性，一定程度上阻碍了低端产业的转型升级，逐渐成为产业发展的“盲区”。

第三，产业结构的断层是产业空心化产生的根本原因。在金融危机洗礼后，以民营中小企业为主的浙江着力推动大企业战略，促进块状经济向现代产业集群转型升级，高新技术的发展空间逐步得以扩张，许多国有企业、外资企业凭借着市场资本化运作，以技术、知识、资本等要素构建了产业链发展的高端环节，成为区域创新的先导。然而，以“轻、小、民、加”为主要特征的低端产业结构模式仍然存在，由于单纯依靠仿造、简单作业、人口红利的产业发展方式，许多企业始终处在产业价值链的中低端。传统技术与高新技术的融合度正在逐渐拉大，低端制造业难以完全适应现代社会化大生产和市场需求的新变化，产业集聚区的功能示范效应也未能真正凸显，产业结构的断层已经成为制约浙江省产业转型升级的一个重要因素。

三、浙江省产业空心化突围的应对措施

产业空心化是工业化进程中不可忽视的重大问题。总体来看，浙江省离真正的制造业中心还有较大的差距，多数企业缺乏核心竞争力以及产业链结构功能的不完善一直成为“浙江制造”的软肋。从国际经验看，要有

效防范产业空心化，就必须有效推进企业自主创新能力，努力提高高新技术在制造业中的比重，合理、有序地实现低端产业向高端产业的推进。因此，浙江要在“十二五”时期实现经济成功转型，就必须花大力气解决产业空心化问题，建议省委、省人民政府应该着力做好以下四个方面的工作。

第一，大力营造良好的投资环境。“十二五”时期，各级地方政府应结合自身区域特点出台一系列涉及土地开发、人才引进、税收减免等方面的优惠政策，突出抓好传统产业中具有行业领先性和示范带动性的重大综合技改项目，实现传统产业集群裂变、整合和升级。要进一步简化行政审批手续，加快电子政务建设，努力提高政府的窗口服务意识，用真心、真情去留住高新技术企业。要努力加大招商引资力度，研究制定《浙江省区域产业招商指引——中端产业篇》，特别要针对产业链中端环节中的大中型企业以及处于劳动密集型的大型企业开展引资活动。

第二，合理规范企业的迁移行为。企业迁移行为虽然是遵循比较优势原则的客观规律，是市场选择的必然趋势，但是企业迁移过程中也存在着盲目投资、缺乏合理引导的问题。“十二五”时期，要开展对中小企业投资意向的全面调查，摸清民间资本的家底，在此基础上，合理盘活土地资源，提高土地利用率；综合运用财政、税收杠杆合理调控企业生产；正确引导民间资本的投资流向，拓宽民间投资的领域和空间，防止新一轮资金大量外流或热钱化，确保中小企业迁移沿着良性的轨道发展。

第三，积极优化产业结构布局。要紧密结合国家“十二五”规划和浙江省“十二五”规划的总体部署，扎实推进大平台、大产业、大项目、大企业建设，积极发展临港重工、新兴产业等先进制造业和现代服务业，逐步完善与之配套的相关产业，谋划和构筑一批产业集聚区，使产业结构布局合理兼顾产业价值链中高端与低端的协调、配合。在《浙江省产业集聚区发展总体规划（2011—2020 年）》的基础上，要进一步出台《浙江省工业产业结构调整的意见》，明确浙江省劳动密集型产业，尤其是低附加值产业的转移趋势和在产业功能区的定位。

第四，加大对企业风险的预警监测。要高度重视全球金融危机后经济复苏的周期性，警惕全球泡沫经济对于企业进出口的冲击，大力发展风险投资事业。相关政府主管部门要加强对民营中小企业的危机预警与资本安全预警，建立专门的专家咨询机构与制度保障体系，特别是要从宏观层面科学监测泡沫经济对于制造产业进出口的影响程度，有效化解市场资本的风险。

19

加快浙江省知识产业发展，推进“知识浙江”建设*

随着知识经济的形成和发展，知识产业已成为经济增长的新热点和优化第三产业的重要增长极。它作为知识经济时代的战略性、主导性产业，在中国“十二五”时期经济社会发展中占有重要地位，承担着推动工农业乃至国民经济产业转型升级的重要使命。可以说，知识产业的发展水平和应用程度决定着国家、产业和企业的核心竞争力。

一、加快浙江省知识产业发展的重要性和紧迫性

目前，以知识产业为主的产业结构已成为各国产业结构调整的方向，先发国家或地区的发展实践表明，科技创新与知识创新是推动经济长期增长的核心动力。用知识化促进工业化，引导工业往高增值、高竞争力、高知识含量的方向发展；同时，用工业化支持知识化，为知识产业的发展提供物质、能源、资金、人才及市场，这将是“十二五”时期浙江省经济实现结构性转型的重大战略。近年来，浙江省文化创意、高新技术、研发设计、专利与商标等新兴行业如雨后春笋般迅速成长，成为一支不可或缺的

* 此文与龙海波共同完成，是九三学社浙江省委员会报送浙江省政协十届四次会议的大会发言（团体提案），荣获九三学社浙江省委员参政议政调研成果三等奖（2011 年）。

中坚力量，加快知识产业的快速发展，努力培育新的经济增长点，已经成为推进浙江省经济转型升级的重要支撑。

知识产业的兴起意味着知识产业化的同时，越来越多的传统产业向知识化方向发展。按照一般经济发展阶段客观规律，浙江经济增长方式应该从目前的以高投入支撑的投资驱动型向以人力资本积累和知识技术积累为主要内容的创新驱动型推进，从低要素成本向低制度成本、从比较优势向竞争优势转变，积极培育经济增长新支撑，努力构筑新的发展模式，进一步增强区域经济整体素质和综合竞争力。浙江处于长江三角洲的核心地带，在实施创新型国家战略进程中，知识产业发展要实现引领作用，就必须寻找知识经济与产业品牌的契合点，加快浙江省知识产业发展已经刻不容缓。

二、浙江省知识产业发展的瓶颈

在产业转型升级的推进过程中，浙江根据主体功能区优化的原则构筑了 21 个产业集聚区，充分发挥了关联产业的带动辐射作用。然而，以高新技术和文化创意为代表的知识产业却没有形成规模效应，缺乏总体竞争优势，制约了浙江省综合软实力的发展。

第一，对发展知识产业的重要性、紧迫性缺乏足够的认识。知识产业是在广泛利用已有的科技成果的基础上，通过研发投入使各科学、技术、知识领域里所产生的先进科学技术成果迅速转化成生产力而形成的产业，是更新快、变动大的高创新型产业。浙江省的教育产业、信息产业、研究开发产业、工业设计产业、专利设计产业、商标设计产业、创意产业、策划产业等作为知识产业的主要组成部分，成为浙江经济转型升级的新亮点。但是，目前浙江省各级政府对发展知识产业的重要性和紧迫性还缺乏足够的认识，对知识产业的定位不清，许多新兴产业的发展模式仍然遵循传统的产业规划布局结构，使研发设计的科技成果转化相对滞后，加之对专利与商标的重视程度不够，从而造成了新兴产业发展的角色困境与政策洼地，极大地制约了浙江省知识产业的进一步发展和壮大。

第二，知识产业的研发投入不足。高新技术产业是知识产业的基础，信息和通信技术在知识经济的发展过程中始终处于中心地位，加大研发投入是加快知识产业发展的物质保障。总体来看，2009 年浙江省研发投入占地区生产总值比重为 1.7%，在长江三角洲经济圈中处于靠后位次，低于上海市、江苏省，许多民营企业获得政府研发投入直接资助的途径、规模、结构上都不尽合理。特别是对于文化创意、高新技术、研发设计、专利与商标等产业而言，政府的财政投入力度以及资金的结构性分配直接关系到知识产业未来的走向，因此，知识产业研发投入的不足阻碍了研发设计的进度、科技成果的转化，影响了专利商标的市场价值。这是制约浙江省知识产业发展的资金障碍。

第三，人才队伍的结构矛盾突出。专业人才队伍建设关系到知识产业发展的兴衰，知识产业是以技术密集型为特点，以专业技术人才为支撑的特色朝阳产业。目前，浙江省缺乏大量的专业技术人才，没有形成一支知识结构合理、行业分布均衡的队伍，特别是一些文化创意、研发设计、商标品牌方面的专业人才存量不足、分布失衡。许多高校的专业课程设置与市场的需求分离，后续职业教育没有形成一套完善的培训体系，创业创新的高层次人才服务平台建设相对滞后，导致了专业人才与知识产业研发、转化的脱节，从而影响了知识产业的突破。这是制约浙江省知识产业发展的人才障碍。

第四，配套产业的整合力度不够。知识产业虽然是一种新兴产业，但也是整个产业链运转中不可或缺的一环，承载着产业结构调整与转型升级的重要使命。目前，浙江省的许多高科技产业园区的配套产业较为分散，如文化创意企业，围绕其展开创意设计、创意咨询、形象打造的企业之间缺乏合作、协调性不够，知识配套产业之间存在较大的区域差异性，产业园区的建设与功能布局不够完善，产业内部的分散化、同质化，使产业整合之路举步维艰。尤其值得关注的是，知识资源内部的重叠、知识传递之间的耗散以及知识交互之间的递减导致了相关配套产业的落后，这是制约浙江省知识产业发展的功能障碍。

三、推进知识产业发展和“知识浙江”建设的几点思考

在知识经济时代下，知识产业已经逐渐显现出规模化、集群化趋势，这也是浙江省产业转型升级的重要突破点。要加快浙江省知识产业的发

展，推动经济社会又好又快发展，就必须从战略高度全面推进“知识浙江”建设。“知识浙江”指的是在知识经济背景下，以知识资源为基础、知识要素为依托、知识产业为纽带，通过增强浙江省经济社会发展软实力，着力打造以高新技术产业、研发与设计产业、先进装备制造业、专利与商标产业为主的知识产业集群，实现资本要素跨越式发展的经济发展新方式。

因此，建议省委、省人民政府着力做好以下五个方面的工作：

第一，落实知识产业的政策引导。必须充分摸清浙江省知识产业发展的基本历程与实施进展，对已有的配套政策进行科学评估与调查，政策上鼓励、支持、引导企业增强自主创新能力，提高企业创新意识。要专门成立“知识浙江”发展建设领导小组，强化对知识产业的总体把握与政策规划，按照知识产业在整个产业价值链中的定位、知识产业内部的行业结构划分以及知识产业的关键要素进行政策制定，出台相应符合浙江省实际的规划方案，如《“十二五”时期浙江省知识产业发展总体纲要》《浙江省知识产业转型升级实施方案》《“十二五”时期浙江省支持与鼓励知识产业指南》等政策文件。

第二，加大公共财政的投入力度。要积极引导、鼓励作为知识产业主体的各类高新技术产业、研发与设计产业、先进装备制造业、专利与商标产业，加大研发投入，给予开展知识产业创新的企业在财政、税收上的减免优惠。要努力调整财政支出结构，提高地方财政在研发投入中的比重，进一步扩大财政资金在支持高新技术产业、研发与设计产业、先进装备制造业、专利与商标产业方面的覆盖范围。要积极运用财政政策工具，通过财政贴息、小额抵押贷款、民间资本引入等多种方式，吸引社会资本对知识产业的投入，充分发挥“四两拨千斤”的财政杠杆作用。

第三，建立知识产业投融资平台。要充分发挥金融市场的巨大潜力，尽快建立有利于知识产业发展的投融资体制，引导资本流向高新技术、研发与设计、先进装备制造、专利与商标等浙江省知识产业的重点领域。通过大力发展风险投资基金，支持技术创新；进一步完善金融机构的投融资管理体制，使银行贷款向有助于技术创新、知识产业升级的项目和领域倾斜；充分发挥证券市场直接融资的功能，引导浙江省产业由投资驱动型向知识聚集型升级。

第四，加强专业人才的培养扶持。知识产业是创造性产业，创新是知识产业的生命，拥有高素质的专业人才是知识产业生存发展的基础，专业人才应该充当知识的生产者、传播者和使用者。要从高校学科建设入手，瞄准未来知识产业的发展趋势，加大学科专业与人才培养模式改革。要建立高新技术、研发与设计、先进装备制造、专利与商标等领域的创新实践基地，为高素质专业人才提供广阔的空间。要合理储备专业人才，注重对专业人才的职业生涯规划，特别是在知识创新中给予宽裕的政策空间。要加大对高素质专业人才的引进力度，按照国际化的一流标准和“知识浙江”建设的总体要求，推荐、选拔浙江省知识产业发展领军人物，确保“人才强省”战略的顺利推进。

第五，优化知识产业的区域布局。良好的产业布局对于促进区域经济协调发展具有重要作用，知识产业的区域差异化过大容易导致产业结构的失调，使知识产业大都集中于经济活跃、教育发达、专业人才聚集的地区，例如，现有知识产业大都聚集在杭州、宁波等发达地区，而其他地区的知识产业发展步伐相对缓慢。必须按照主体功能区总体布局与知识发展的递延规律，充分结合各个地区的产业特色研究制定《“十二五”时期浙江省知识产业区域发展布局》，在重点培养区域主导产业的基础上对知识产业进行优化、提升，努力形成以杭州为中心、辐射全省乃至长江三角洲地区的知识产业创新示范区。

20

加强浙江省民营企业危机管理，推动浙江经济实现科学发展和可持续发展*

改革开放以来，浙江省是全国经济增长最快、发展态势最好的省份之一。浙江省地区生产总值从1978年的123.72亿元增长到2008年的21486.9亿元，翻了173倍，从1978年的全国第12位跃居第4位。浙江发展取得巨大成就，民营企业立下了汗马功劳。统计资料表明，到2008年上半年，浙江销售收入在500万元以上的民营企业约为5.14万家，500万元以下的小企业约为78.25万家，民营企业占全省企业数量的99.5%。目前，量大面广的民营企业已成为浙江经济发展的一大特色和优势，在全省经济社会发展中发挥了举足轻重的作用。从产出贡献看，民营企业工业总产值占81.1%，工业增加值占83.3%，出口占81.6%；从财政贡献看，民营企业占82.9%；从就业贡献看，民营企业占90.1%。因此，民营企业的发展，不仅是浙江经济社会发展的主导动力，也是浙江未来发展的希望所在。

民营企业作为浙江经济的主力军，由于制度变迁释放出巨大的能量，获得了蓬勃的发展。但是近年来，浙江诸多民营企业在重大危机中相继衰

---

* 此文与褚立波共同完成，相关提案是浙江省政协十届二次会议的重点提案（2009年），荣获九三学社浙江省委员会参政议政一等奖（2009）。

落和死亡，使浙江经济发展受到了巨大的冲击。不完全统计表明，浙江民营企业的平均寿命为10.4岁，其中小企业的平均寿命仅为8.8岁。社会上有人把浙江民营企业发展概括为“生得快、长得快、死得快”。浙江诸多民营企业的衰落和死亡，与美国次贷危机引发的国际金融危机和经济危机的大环境紧密相关，但民营企业本身缺乏危机意识和危机管理能力无疑是其中一个重要因素。

危机是指能够给企业的声誉或信用造成潜在负面影响的事件或活动，其可以分为两种情况：失去控制和即将失去控制。危机不仅关系到企业自身的发展和存亡，而且还涉及浙江民营企业的整体形象，会对浙江经济的发展、社会稳定等产生重要影响。危机管理是指企业在经营过程中，针对企业可能面临的或正在面临的危机，而就危机预防、危机处理和危机恢复等行为所进行的一系列管理活动的总称。加强危机管理，已经成为推动浙江经济实现科学发展和可持续发展必须认真对待的重大课题。对民营企业来讲，企业应提高对危机管理重要性的认识，增强社会责任感，高度重视和加强企业的危机管理工作，把危机管理作为企业管理的重要组成部分，不断提高危机防范和危机化解的能力和水平。但由于受到人才、技术、资金和信息的制约，仅仅依靠民营企业自身的力量难以从根本上提高危机管理的能力。因此，政府应该在这方面有所作为。

对于省委、省人民政府来讲，建议着力做好以下五个方面工作：

第一，建立浙江民营企业危机管理专家小组。民营企业危机管理是一项十分重要的工作，关系到浙江中小企业持续、健康、稳定发展。为了指导浙江民营企业开展危机管理工作，进一步提高民营企业危机管理水平，增强民营企业竞争力，促进浙江经济实现科学发展和可持续发展，建议省委、省人民政府组织省商务厅（新）、省经济和信息化委员会（新）、省发展和改革委员会、省科学技术厅、省工商行政管理局、中国人民银行浙江省分行和浙江大学等单位，成立浙江省民营企业危机管理专家小组，专家小组常设专家小组办公室，办公室可以设在浙江大学。专家小组承担全省民营企业危机调研、危机预警系统构建、危机指引制定、危机管理指导、危机管理研讨工作并负责撰写一年一度的《浙江省民营企业危机管理报告》（年度报告）。

第二，研究制定《浙江省民营企业危机管理指引》。随着经济全球化的发展，企业在市场竞争中将面对各种各样的风险，如何辨识、评估、监测、控制危机，已成为企业家共同关心的热点问题。在一些发达国家，危机管理的理念、技术、方法和手段已经应用于企业战略制定、投融资决策、财务报告管理、内部审计体系建设等，涵盖了从公司法人治理结构安排到各项业务运作流程和操作等各个层面，形成了系统化、制度化、规范化的危机管理体系。而在中国，危机管理是企业管理中一个相对薄弱的环节。危机意识不强、危机管理工作薄弱是民营企业发生重大危机事件的重要原因。建议省委、省人民政府组织有关专家，在认真学习发达国家危机管理先进经验的基础上，借鉴《中央企业全面风险管理指引》和《关于指导民营企业加强危机管理工作的若干意见》，紧密结合浙江省民营企业发展实际情况，研究制定《浙江省民营企业危机管理指引》，对危机管理原则、危机管理信息采集、危机识别与评估、危机管理策略的制定、危机管理解决方案、危机管理的监督与改进以及危机管理信息发布等作出原则性的规定，指引浙江民营企业科学地开展危机管理、科学地应对和处理企业危机问题。

第三，研究建立《浙江省民营企业危机预警系统》。民营企业的生命就像人的生命一样，在日趋激烈的市场竞争中显得很脆弱，随时都有可能在危机中衰落和死亡。研究表明，民营企业危机总体上涉及八大类型：企业家盛名之下的政治危机、媒体突然发难下的企业品牌危机、成功企业的成功危机、因缺乏沟通所造成的企业文化危机、企业快速成长的危机、企业现金枯竭后的财务危机、企业的制度危机、企业 CEO 的性格与素质所造成的管理危机。企业危机具有突发性、严重危害性、难以预测性、舆论关注性等特点，因此，建立浙江民营企业危机预警系统具有特别重要的意义。建议省委、省人民政府组织浙江省的专家学者成立浙江省民营企业危机研究课题组，对浙江省在危机中衰落和死亡的民营企业进行系统的实证调查和案例研究，构建科学的浙江省民营企业危机预警系统和民营企业重大危机的判别分析模型，为民营企业识别危机、预报危机、防范危机和应对危机提供科学的手段。

第四，加强对浙江省民营企业家危机管理的培训。危机管理源于西方管理学中的“救灾式”管理，是针对那些事先无法预想何时发生，而一旦发生就会对企业经营造成极端危害的各种事件的管理。企业家是企业的领军人物，是接受危机和应对危机的主体，只有提高企业家的危机意识和危机应对能力，才能从根本上提高企业的危机管理能力，才能推动浙江经济实现科学发展和可持续发展。建议省委、省人民政府通过政府出资和企业出资相结合的方式，对全省民营企业家开展企业危机管理的系统培训，通过培训强化民营企业家的危机意识，学习和掌握应对不同类型危机的技术与策略，包括确定风险偏好、风险承受度、风险管理有效性标准，选择风险承担、风险规避、风险转移、风险转换、风险对冲、风险补偿、风险控制等应对企业危机的技术与策略。

第五，建立浙江省民营企业危机管理网络信息系统。诱发和导致民营企业危机的主要风险因素既有一定的普遍性，又与企业的规模大小、企业的发展阶段、企业所处的行业、企业所在的区域等方面密切相关。因而，建立信息共享的浙江民营企业危机管理网络信息系统，对提高浙江省民营企业危机识别和应对能力具有十分重要的作用。浙江民营企业危机管理网络信息系统的构建，主要包括企业信息采集、危机评估、危机预报和危机发布等方面的内容。

二、营商环境与社会治理

1

让民营企业在共同富裕的伟大征程中发挥更大作用*

共同富裕是社会主义的本质要求，是中国式现代化的重要特征。习近平总书记在党的二十大报告中指出，中国式现代化是全体人民共同富裕的现代化。民营企业是在中国特色社会主义市场经济的土地上成长起来的，是市场经济的重要组成部分。民营企业经过40多年的发展，形成了中国民营经济“56789”的重要特征，成为推动国民经济发展和实现共同富裕的重要力量。促进共同富裕，民营企业不仅不能缺位，而且要走向更加广阔的舞台，这是全体人民实现共同富裕的必由之路，是党赋予民营企业的光荣使命，也是企业家承担社会责任的内在要求。

一、促进共同富裕，离不开民营企业的积极参与

“富裕”体现效率，要求做大“蛋糕”，创造更多财富增量；“共同”体现公平，要求分好“蛋糕”，实现更加公平的财富分配。共同富裕是做大“蛋糕”和分好“蛋糕”的辩证统一。无论是做大“蛋糕”还是分好

* 此文与王建康共同完成，是全国政协十三届五次会议大会发言提案，荣获全国人民代表大会常务委员会副委员长、九三中央主席武维华的重要批示，刊载于《民主与科学》2022年第6期（2022年12月）。

“蛋糕”，民营企业作为发展经济、创造财富、扩大就业的重要主体，发挥着不可替代的重要作用。充分发挥民营企业在促进共同富裕伟大征程中的重要作用，不仅是做大“蛋糕”的重要力量，也是分好“蛋糕”的重要保障。

第一，民营企业着力推动技术创新和高质量发展，是实现共同富裕、做大“蛋糕”的重要力量。中国绝大多数民营企业都视技术创新为推动企业高质量发展的重要手段，高度重视并不断强化技术创新投入。从研发投入来看，2021 年，我国研发投入前 1000 家民营企业的研发费用总额为 1.45 万亿元，占全国研发经费总量的 38.58%。其中，华为研发投入 1427 亿元，投入强度高达 22.41%；阿里巴巴研发投入为 578 亿元，投入强度为 6.91%；腾讯研发投入 519 亿元，投入强度为 9.26%。研发投入强度超过 3% 的企业有 80 家，超过 10% 的企业有 6 家。从研发人员来看，中国民营企业 500 强中，研发人员占员工总数超过 3% 的企业有 288 家，超过 10% 的企业有 158 家。华为、阿里巴巴、吉利、百度、腾讯、小米、美的、格力、海康威视等一大批民营企业在多领域多层面富有“创新泛在”，为我国技术创新水平的整体提升创造了正外部性，贡献了“创新红利”。据统计，我国 65% 的专利、75% 以上的技术创新、80% 以上的新产品开发都来自民营企业。

近年来，越来越多的民营企业主动顺应数字经济的发展趋势，积极涉足新业态、新模式、新技术以及大数据、云计算、区块链、人工智能、工业互联网等高端产业和前沿领域，不断调整优化产业结构，企业管理水平和国际竞争力逐步提升。未来，新一轮科技革命加速推进、新兴产业不断兴起必将进一步带动更多民营企业参与技术创新，民营企业将是实现高质量发展的主要动力源。目前，我国民营企业贡献了 60% 以上的国内生产总值，已经成为实现共同富裕、做大“蛋糕”的重要力量。

第二，民营企业创造了 80% 的城镇就业岗位，拥有强大创富能力，是实现共同富裕、做好初次分配的重要保障。民营企业家是创业成功人士、社会公众人物，具有很强的创业示范效应。随着企业规模扩大、质量改善、效益提高和社会声誉提升，会吸引越来越多的人才参与企业经营管理，进而为社会培养出更多的创新创业人才。一部分经营管理人才从原有企业中“裂变”“分离”出来，创办新企业、拓展新市场和开拓新事业，为社会提供更多的就业岗位。民营企业提供了80%以上的城镇就业岗位，创造了90%以上的新增就业，是解决就业的“大户”，是实现共同富裕、做好初次分配的重要保障。凡是民营企业发展好的地区，就业就比较充分，市场发育程度就比较成熟，经济就充满生机活力，人民生活就比较富裕。

初次分配是根据市场效率原则进行的分配。民营企业坚持以市场为导向，破除体制机制障碍，形成一个同市场对接、充满活力的运营机制，克服了“吃大锅饭”的弊端，激发了企业创富动力，夯实了共同富裕初次分配的经济基础。2012—2021年，全国规模以上工业企业数量从34.4万家增加到40.9万家，年均增长率为1.9%；规模以上工业企业主营业务收入从92.9万亿元增加到127.9万亿元，年均增长率为3.6%，其中民营工业企业主营业务收入从28.6万亿元增加到50.9万亿元，年均增长6.6%，远远超过全国工业企业平均增长水平。

第三，民营企业创造了50%以上的财政税收，是实现共同富裕、做好二次分配的重要财源。二次分配由政府主导，是通过税收、社保、转移支付等措施进行的分配。市场经济发展和营商环境改善激发了民营企业创造财富和税收的活力，形成了一个“企业家组织生产—实现财富增值—再投入生产—创造更多财富—再扩大生产”的财富增长机制。在这个财富增长机制框架下，企业家致富、人民群众受惠、国家财力增长。2012—2021年，我国民营企业数量从1085.7万户增长到4457.5万户，10年间翻了两番，民营企业占企业总量比例由79.4%提高到92.1%。民营企业发展，不仅创造了财富，促进国民经济发展，解决了大量就业，而且还对国家的税收增长作出了重要贡献。

民营经济是浙江的最大特色、最大优势和最大资源，民营企业为浙江创造了73%的税收。台州是我国民营企业的重要发源地，目前台州拥有市场主体76.61万家，其中民营企业占比99.57%，为台州创造了87%的税收。2021年，我国民营企业500强纳税总额达1.37万亿元，占全国税收总额的7.9%。万科、华为和碧桂园纳税额超过500亿元，吉利和腾讯纳税额超过300亿元。目前，我国民营企业为国家创造了50%以上的税收，是实现共同富裕、做好二次分配的重要财源。

第四，民营企业积极投身社会公益慈善事业，是实现共同富裕、做好三次分配的重要基础。三次分配是由社会道德驱动的分配。作为先富群体，民营企业家在消费能力和生活水平等方面超出普通民众。帮助和带动弱势群体奔向美好生活，是越来越多先富起来企业家的精神自觉，更是民营企业的时代价值和精神荣耀。我国民营企业家始终抱有致富思源、反哺社会的情怀，自觉承担起社会责任，积极参与光彩事业、公益慈善事业、精准扶贫、乡村振兴和抗疫救灾；积极响应党和政府“先富带后富”的伟大号召，自觉投身于共同富裕的伟大实践。

1994 年，率先富裕起来的 10 位民营企业家发起光彩事业，号召全国民营企业积极参与“国家‘八七’扶贫攻坚计划”。2015 年起，光彩事业转入以“万企帮万村”为主的脱贫攻坚主场，用先富带动后富的生动实践，丰富了中国特色扶贫开发理论。光彩事业形成了“义利兼顾、以义为先，自强不息、止于至善”的光彩精神。据统计，2015—2020 年底，全国累计 12.7 万家民营企业参与“万企帮万村”行动，精准帮扶 13.91 万个村，产业投入 1105.9 亿元，公益投入 168.64 亿元，安置就业 90.04 万人，技能培训 130.55 万人，共带动和惠及 1803.85 万人口。目前，越来越多的民营企业接续开展“万企兴万村”行动，在促进乡村振兴和共同富裕伟大征程中彰显责任担当。

二、共同富裕背景下民营企业的困扰和焦虑

党的二十大报告充分肯定了民营经济的重要地位，并宣示坚持和完善社会主义基本经济制度，毫不动摇巩固和发展公有制经济，毫不动摇鼓励、支持、引导非公有制经济发展。习近平总书记多次强调，民营企业和民营企业家是我们自己人。我国经济发展能够创造中国奇迹，民营经济功不可没。但由于历史、文化、经济和社会等多种因素，部分人对民营企业促进共同富裕仍然存在着认知偏差，给民营企业家造成了一定的困扰和焦虑。

第一，民营企业的困扰。在共同富裕语境下，有的人认为民营企业家拉大了社会分配差距，造成了财富分配不公和阶层固化，甚至提出了“民

营经济离场论”；有的人认为共同富裕就是搞“平均主义”，会“抑富济贫”“劫富济贫”。在市场竞争中，民营企业也面临着与国有企业种种不平等竞争的困惑。如在银行贷款、土地供给、市场准入、生产要素配置和政府采购等方面，民营企业始终存在着“玻璃门”“弹簧门”“反转门”等隐形障碍。因此，不少民营企业家感觉受歧视，参与促进共同富裕的政治意识和责任担当尚未完全被激发。一些民营企业虽然愿意参与，但还存在着缺乏政治自觉和主动性、积极性不强和不稳定现象。

第二，民营企业的焦虑。通过深度访谈和问卷调研发现，共同富裕背景下，企业家最关心的是财产保障权，即民营企业家辛辛苦苦挣的钱，会不会无缘无故被冻结、被平均、被没收。他们最担心的是“抑富济贫”“劫富济贫”，甚至是“原罪清算”“杀富济贫”。另外，在规范监管民营企业发展过程中，一些地区尚存在矫枉过正问题。纠偏显然是必要的，但纠偏不能否定民营企业的重大贡献和重要作用，不能以偏概全，要把握好尺度。还有一部分焦虑来自民营企业家担心“树大了招风，猪肥了被宰”。因此，一些民营企业不如实上报企业利润，一是怕补税，二是怕招致更多社会摊派，甚至担心被第二次“改造”。

三、如何让民营企业在共同富裕的伟大征程中发挥更大作用

实现共同富裕不仅是经济问题，而且是关系党执政的重大政治问题。没有民营经济的发展，就不可能有中国今天的伟大成就和国际地位；没有民营企业的做大做强，就不可能全面建成社会主义现代化强国，也就谈不上实现共同富裕。让民营企业在共同富裕的伟大征程中发挥更大作用是一项系统工程，需要进行顶层设计和总体部署，这样才能形成合力，实现预期目标。

第一，强化教育培训机制，增强民营企业参与促进共同富裕的政治意识和政治担当。参与行为必须以参与意识为前提，没有强烈的参与意识和政治担当，就不可能产生参与促进共同富裕的自觉行为。系统的教育培训能够有效激发民营企业参与促进共同富裕的政治意识和政治担当。建立健全以“强化忠诚意识、拓展世界眼光、提高战略思维、增强政治意识、勇担社会责任”为重点的民营企业家教育培训机制。要像重视党政干部教育

培训一样，各级党委政府要将民营企业教育培训纳入党委、政府工作的重要议程，研究制订民营企业教育培训的五年发展规划和年度计划，不断完善民营企业家尤其是新生代企业家的教育培训机制，并将政治教育纳入整个教育培训过程，加快教育培训方法的改革创新，探索和完善讨论式、探究式、研究式、体验学习、案例式、情景模拟式和翻转课堂等新型教学方式和教学手段，开展精准化的理论、政策和法规教育，强化民营企业参与促进共同富裕的政治意识、政治责任和政治担当。

第二，完善政策激励体系，激发民营企业参与促进共同富裕的主动性。政策是为解决某种特定的经济社会问题，规范和指导个人、群众和组织的行动所制定的行为准则。科学的政策安排及有效实施，将引导和激励民营企业积极参与促进共同富裕；政策偏差或执行不力，将会影响甚至阻碍民营企业参与促进共同富裕。一是对现行民营企业参与共同富裕的相关政策措施进行系统梳理，正确把握民营企业参与促进共同富裕政策的供给特征（包括供给主体、供给体系、供给内容和供给结构）；二是开发具有较高信度和效度的测评量表，对现行民营企业参与促进共同富裕政策进行科学评估，正确把握政策实施绩效，发现政策长板、揭示政策短板、堵住政策漏洞；三是在大样本实证调查基础上，正确把握民营企业参与促进共同富裕政策的需求特征（包括需求类型、需求内容、需求强度和需求时序）；四是基于政策需求，根据政策供需匹配原则，重点从银行贷款、税收优惠、政府采购、土地供给和生产要素配置等方面，研究制定民营企业参与促进共同富裕的政策激励体系。

第三，加快制定《民营企业和民营企业家保护法》，营造民营企业参与促进共同富裕的稳定法治环境。境外媒体和国内互联网自媒体上经常发出一些杂音，对“共同富裕”有一些误解和误判，引起民营企业家思想波动，使民营企业家对企业产权和私有财产权的安全产生担忧。鉴于当前国内外复杂形势，既要对“共同富裕”的错误理解和观念及时加以澄清，又要采取有效行动强化对民营企业产权和私有财产权的保护。在进行全面深入的调查研究基础上，加快制定出台《民营企业和民营企业家保护法》，将各级政府对民营企业和民营企业家合法权益保护的好做法、好经验和好政策上升到国家意志，采用法律形式固化下来，强化对企业合法权益保护的权威性、稳定性和强制性；强化对企业家的人身自由和财产权利、合法收益以及自主经营权的法律保护。坚决防止利用刑事手段干预经济纠纷。强化罪刑法定原则，对企业家的生产、经营、融资和创新创业行为，只要不违反刑事法律的规定，不得以犯罪论处。严格区分企业家个人财产和企业法人财产，在处理企业犯罪时不得牵连企业家个人合法财产和家庭成员财产。建立因政府规划调整、政策变化造成企业合法权益受损的法律补偿救济机制。

第四，尊崇企业家、学习企业家和爱护企业家，打造民营企业参与促进共同富裕的良好社会氛围。为了调动科技工作者的积极性和创造性，加速科技事业发展，国务院制定了《国家科学技术奖励条例》，并设立了国家最高科学技术奖、国家自然科学奖、国家技术发明奖、国家科学技术进步奖、国际科学技术合作奖五大奖项，国家最高科学技术奖报请国家主席签署并颁发证书和奖金。为激励企业家创业创新，充分发挥企业家在推动高质量发展和共同富裕中的重要作用，建议在国家层面出台《推进高质量发展和共同富裕奖励条例》，并设立国家最高经济贡献奖以及创造就业、创造税收、创造财富和创造竞争力等国家特别贡献奖。在人民大会堂，每年都要隆重举行国家科学技术奖励大会、教师节暨全国教育系统先进集体和先进个人表彰大会（全国教育大会），党和国家领导人都会出席大会并为获奖代表颁奖。借鉴科技界和教育界的做法，建议国家在人民大会堂每年隆重举行全国企业家表彰大会，并由党和国家领导人颁奖，凝聚、传递崇尚企业家的正能量。广大文艺工作者，要深入基层、企业、车间和研发中心，多创作反映企业家诚信经营、爱国敬业、遵纪守法、推动高质量发展和促进共同富裕的文艺作品，放声讴歌新时代企业家。新闻媒体要坚持实事求是、客观公正的原则，把握好正确的舆论导向，加强对企业家推动高质量发展和促进共同富裕的宣传报道，展示新时代企业家的新面貌、新作为、新形象和新精神。在全社会形成理解企业家、尊崇企业家、学习企业家、爱护企业家的社会氛围，支持和激励民营企业积极参与促进共同富裕的伟大实践。

第五，加强经验总结和理论创新，强化民营企业参与促进共同富裕的理论指导。实践是理论的先导，科学理论对实践具有指导作用。民营企业参与促进共同富裕的伟大实践离不开科学理论的正确指导。民营企业参与促进共同富裕的实践由来已久，但其实践经验远未成熟，有许多现象尚需持续观察、跟进和深入研究，新的现象又在不断涌现、更新和迭代升级，其内在的诸多机制和复杂规律尚未充分呈现出来，因此亟须加强对各种实践案例的跟踪调查、经验总结、比较分析和理论探索，构建理论并用来指导实践。可以学习借鉴发达国家企业社会责任理论，根据共同富裕的思想内涵、演化逻辑、战略部署和阶段目标，聚焦“浙江高质量发展、建设共同富裕示范区”的伟大实践，采用政策文本分析、跨案例研究、扎根理论分析和大样本调查等科学研究方法，重点围绕民营企业参与促进共同富裕的责任担当、动力机制、制约因素、实现路径以及评价体系、工作机制、政策支撑、法律保障等关键问题开展创新性研究，着力构建具有中国特色的民营企业参与促进共同富裕的理论体系，强化对民营企业参与促进共同富裕伟大实践的理论指导。

2

“一肩挑”“三改五”换届后村社治理的新问题与优化路径*
——基于小样本深度访谈及大样本问卷调查的结果

如何在“一肩挑”“三改五”换届后最大限度地把党的领导的制度优势转化为治理效能，是落实中央要求更加重要的“后半篇文章”。围绕“一肩挑”“三改五”换届对村社治理带来的主要影响、村社治理面临的主要挑战、如何有效监督小微权力、如何激发村社主职干部工作积极性以及如何进一步完善相关配套制度等关键问题，课题组对浙江村社换届后的杭州、嘉兴、绍兴、金华和衢州等地60余位村社干部、乡镇（街道）干部及部门负责人和群众进行深度访谈，并采用网络问卷方式进行大样本的问卷调查。回收有效问卷972份，调查样本构成如表1所示。

---

* 此文与张鸣、过凤祥共同完成，荣获时任浙江省委书记袁家军同志，时任浙江省委常委、省纪委书记许罗德同志，时任浙江省委常委、组织部部长黄建发同志的重要批示（2021年4月）。

表1　　被调查者的身份构成

身份	比例
县级及以上层级公务员	26.13%
乡镇（街道）公务员	16.98%
村社主职干部	7.61%
村社“两委”干部（非主职干部）	7.51%
村（居）监委会成员	1.75%
村民、居民	40.02%

一、“一肩挑”“三改五”换届后村社治理面临的新问题

第一，如何避免主职干部“一言堂”，有效保障民主决策。

针对“一肩挑”“三改五”换届对村社治理带来的影响和村社治理面临的主要挑战等问题，被调研地区干部群众普遍认为“一肩挑”成为现实后，原有的村社书记、主任互相监督、互相制衡的平衡局面被打破。有部分村民认为，原来的村主任工作能力不错，在村里威信也蛮高，但乡镇还是把他“拉”下来了。书记家原来权势就大，现在更加是他们家说了算了。一些乡镇（街道）干部同样认为，“一肩挑”打破以往权力平衡局面，可能会让一派“坐大”，甚至可能会进一步激化派系矛盾，导致不稳定因素。问卷调查结果也显示，22.68%的被调查者认为换届后其所在村（社区）存在主职干部“一言堂”现象（见表2）。此外，一些乡镇（街道）干部与群众告诉调研组，尽管村级重大事项决策有“五议两公开”村级小微权力清单等制度规范，但实际实施起来较为困难，尤其是召开村民代表大会。一些干部和群众表示，村民代表大会很难开起来，一年能开一次就很好了。召开村民代表大会要给村民代表50元的补贴，开一次会光是补贴费用开支就要3000元左右。这对于集体条件较差的村是一个不小的负担。而且，开会还需要村干部进行组织动员召集，凑大家的时间，经常是有些人有空了，另外几个人又没时间了。在这种情况下，日常涉及村内的事情基本上由村“两委”说了算，代表基层党组织的村支部更是关键，特别是村支书，是关键中的关键。

分析调研情况可见，“一肩挑”“三改五”换届后“能人治村”“头雁

领航”的趋势愈发明显，“一肩挑”干部集政治领导权、人事权、财权、事权和村民（居民）自治权于一身，具有不容置疑的“话语权”，在“能谋善断”中容易形成个人专断，而与家族势力结合之后更易滋长家长式作风、裙带作风。另外，随着任期的延长，一些被调研干部和群众担忧拥有更多信任和更大权力的“一肩挑”干部容易出现骄傲自大情绪，在敢于担当、讲求效率、事急从权等名义下，在基层民主制度执行成本过高的理由下，随意精简规范的决策程序，使“一言堂”作风更具有“合理性”，并导致其他“两委”干部变成纯粹的执行者，事事“问书记”，缺乏主动性和创造性。这种担忧在问卷调查中同样有所体现，11.96%的被调查者认为主职干部任期由三年延长为五年对基层民主制度总体而言弊大于利（见表2）。

表2　被调查者对“一言堂”现象、任期“三改五”的看法

换届后，您所在村（社区）是否存在主职干部“一言堂”现象	比例	村（社区）主职干部任期由三年延长为五年，您认为这对基层民主制度带来的影响	比例
存在	22.68%	利大于弊	70.93%
不存在	50.72%	弊大于利	11.96%
不清楚	22.60%	不清楚	17.11%

第二，权力监督制衡弱化，权力寻租空间扩大。

大部分干部群众表示，当前村社书记、主任“一肩挑”，事实上村经济组织也是“一肩挑”干部说了算，对“一把手”的监督尤为关键。但在当前村社权力结构下，对“一肩挑”干部权力行使的监督制衡有所弱化。一些乡镇干部认为，村务监督委员会主任必须要由村支委担任。利是村监委会还掌握在村支部手里，接受党组织的领导；弊是村监委会某种程度上其实就是党组织的另外一种形式的附属组织，监督的独立性无疑会受到影响，监督的有效性势必也受到影响。一些村民告诉调研组：人都讲人情，本村人顾面子，就算知道“一肩挑”干部贪污也不会举报。低头不见抬头见，并且也怕报复暗算。从问卷调查情况来看，有20.72%的被调查者表示换届后其所在村（社区）的村（居）监委会无法有效监督主职干部，而这一比例在从事监督工作的村（居）监委会成员中更高，达到35.29%

（见表3）。针对如何监督，有的村民直言，监委会要有足够的独立性，其成员除了不能由村委会成员担任，也不能由村支委成员担任。

表3　被调查者对村（居）监委会能否有效监督主职干部的看法

选项	在全体被调查者中的比例	在村（居）监委会成员中的比例
能够有效监督	58.76%	58.82%
不能有效监督	20.72%	35.29%
不清楚	20.52%	5.88%

从调研情况来看，换届后村（居）监委会开展监督的独立性、权威性存在弱化倾向，在原有内部监督机制运行不畅而新型监督机制尚未健全的情况下，“一肩挑”干部的权力寻租空间显著扩大。尤其在富裕地区，同时兼任合作社董事长的“一肩挑”干部掌握着数额很大且日益增值的村级资源的分配权和管理权。以杭州市为例，2020年杭州全市村级集体经济总收入为55.5亿元、经营性收入为34.1亿元，村均分别为289万元、177万元，土地资源价值更高。其中，余杭区2020年村级集体经济总收入为18.59亿元、经营性收入为12.68亿元，村均分别为483.97万元、330.21万元，有35个村（社区）仅经营性收入就超过1000万元，6个村（社区）超过2000万元，经营性收入最高的文一社区达到5358.12万元。调研中，多名县级纪委监委干部认为，这给上级监督以及村集体内部监督都带来极大挑战，并表达了类似的观点：“一肩挑”干部违法乱纪，上级党组织可直接免去其书记职务，但无法免去其主任职务。多数群众碍于情面不愿投票伤人，导致罢免执行难度很大。一旦出现“一肩挑”干部犯错又不主动辞职的，上级党组织需做大量群众工作，如果罢免不成功，还将严重影响党的威信。

第三，主职干部责任加重，工作激励措施缺位。

换届后，村社主职干部逐步实现向全职化、专业化转型，承担更多更重的工作任务，面临更大压力。接受访谈的村社主职干部均表示，“一肩挑”之后最突出的变化是心理压力大了很多，因为肩上责任不一样了，村社各项工作的处理和落实都压在我们“一肩挑”干部一个人身上，所有大事小事都需要统筹协调和安排落实，特别是像我们这样外来人口、社区事务、矛盾纠纷较多的地方，很多工作都必须自己亲力亲为。这种状况也反映在问卷调查中，有32.58%的被调查者认为换届后其所在村（社区）主职干部的工作压力过大，而接受问卷调查的村社主职干部认为自身工作压力过大的比例竟高达62.16%（见图1）。

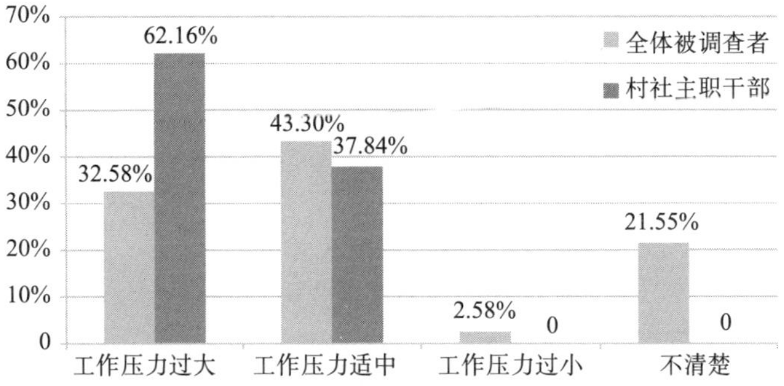

图1　村社主职干部工作压力情况

然而，作为村社“一把手”和家中“顶梁柱”的“一肩挑”干部收入水平普遍不高。通过调研发现，在浙江省经济欠发达地区村主职干部的职务年收入仅3万元左右，经济较好地区为6万元左右，经济发达地区为10万元左右，与所在地区乡镇（街道）普通在编工作人员的收入水平存在较大差距，甚至难以满足家庭正常开支需要。接受问卷调查的村社主职干部中，高达78.37%的人税后年收入在10万元以下（见图2）。一些村主职干部向调研组倒苦水：收入不如外出务工的村民，加上村里红白喜事开销多，经济负担很重，满足家庭正常开支都不容易。同时，换届后“一肩挑”干部待遇保障措施尚未及时跟进，缺乏统一的关心关爱政策。这种状况极易影响新当选的“一肩挑”干部全心全意为群众服务、带领群众致富的积极性。调研发现，这次换届中就有不少乡贤能人因主职干部工作压力大、待遇低而不愿回村参选。此外，调研也发现一些新当选“一肩挑”干部本人履职的真实意愿不强、人岗匹配度不高，是上级党委反复做思想工作的结果，当选后也并未常住所在村社。问卷调查发现，11.86%的被调查者表示主职干部没有常住本村社。很多干部和群众表示担心，主职干部离村化问题很可能给村社未来发展及治理埋下隐患。

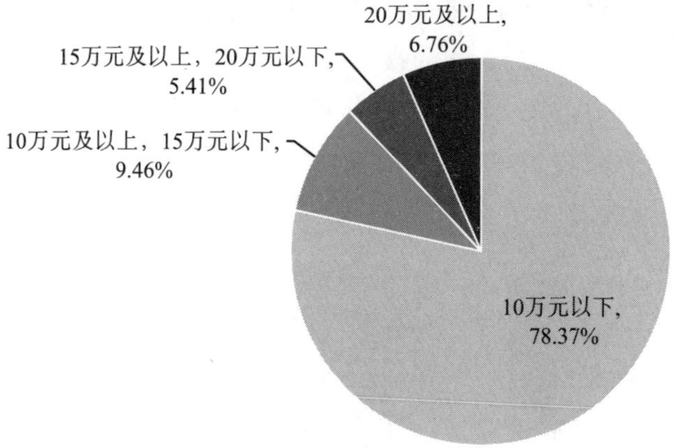

图 2　村社主职干部税后年收入

第四，主职干部能力存短板、精力较分散，易出现治理疏漏。

调研发现，大部分地区和部门将主要精力放在换届选举“高参与率、高当选率”上，很多干部持有类似观点：工作重点是让“一肩挑”人选高票当选，只要人选对了什么都解决了。在这种思路下，对村社主职干部工作能力提升、工作精力保障缺乏系统的谋划考虑。同时，疫情防控常态化的工作要求和健全“四治”（自治、法治、德治、智治）融合城乡基层治理体系的目标对主职干部治理能力，特别是数字治理能力提出了迭代升级的新要求，但一些被调研地区新当选的村社主职干部年龄结构仍以 50 岁以上为主。问卷调查中，也分别有 27.04%、3.3% 的被调查者表示换届后其所在村（社区）主职干部年龄处于 50—59 岁、60 岁及以上，合计达到 30.34%（见图 3）。这部分主职干部数字治理能力往往较为薄弱，访谈中有年龄较大的主职干部就坦言对一些基层治理应用程序、互联网的掌握和应用不熟练。不少村党支部成员也向调研组反映，上级派到村里的各项任务经常因为村党支部缺乏懂电脑、懂技术的人而被拖延。问卷调查结果显示，认为所在村（社区）主职干部工作能力无法满足当前治理需求的被调查者占比有 17.94%，另有 18.45% 的被调查者不清楚所在村（社区）主职干部工作能力能否满足当前治理需求。

另外，部分村社特别是城市社区行政化现象较为严重，造成主职干部较多精力用于完成上级下派的行政性任务。例如，目前一些城市社区承担

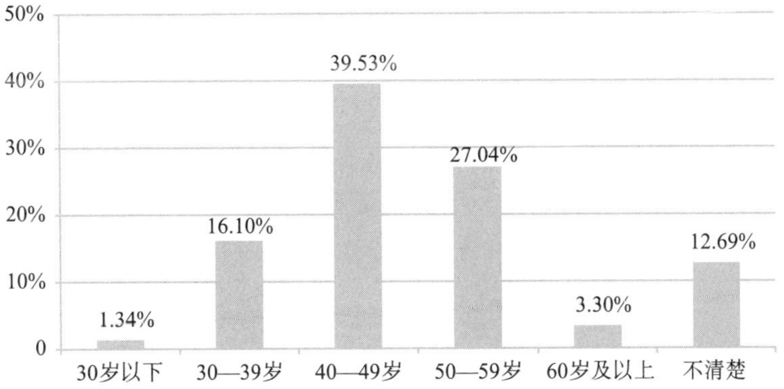

图 3　被调查者所在村（社区）主职干部年龄

了大量维稳、执法协助、检查评比等工作，而且部分街道长期借用社区干部，甚至一“借”就是两三年，致使社区在岗人员工作精力更加分散。而上级一些形式主义、不切实际的考核检查要求进一步加剧了出现治理疏漏的风险。不少主职干部坦言，自己只有约三分之一精力放在对社区居民自我管理、自我教育、自我服务等本职工作上，其他时间都用于开会、报表填写、补疫情期间相关工作档案、整理撰写考核材料等各种“杂事”。接受问卷调查的村社主职干部中，有 55.41% 的干部表示通常每周有 2—3 天要参加上级党委政府召开的会议，甚至有 2.7% 的干部 3 天及以上用于参会（见图 4）。

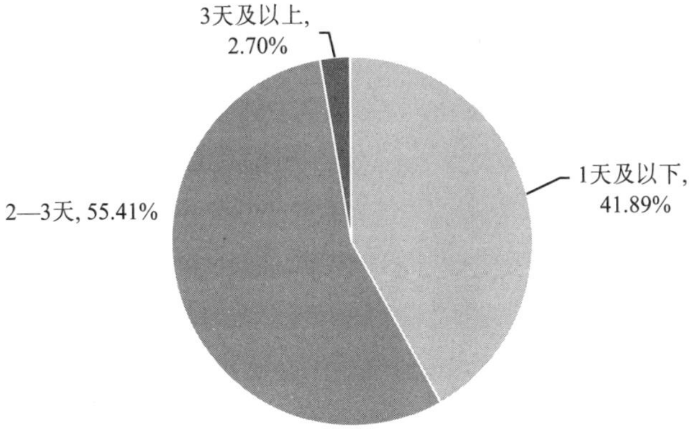

图 4　村社主职干部通常每周用于参会的时间

第五，官僚主义倾向有所显现，片面对上负责侵蚀村民合法权益。

随着村社干部职业化转型和治理任务层层压实压严，村社干部机关化倾向已经有所显现。换届后，全职型村社主职干部对上级党委政府负责的情况比以前更加明确，主职干部正面临着更多、更频繁的开会、汇报、检查、陪同等“对上”的事务。在问卷调查中，24.59%的被调查者认为所在村（社区）主职干部主要忙于落实上级党委政府各项任务（见表4）。

表4　　被调查者对主职干部工作精力分配情况的看法

选项	比例
主要忙于落实上级党委政府各项任务	24.59%
主要忙于处理村社各种公共事务	9.16%
平衡兼顾上级党委政府各项任务落实和村社各种公共事务处理	45.88%
不清楚	20.37%

在这种情况下，如果主职干部自身不能妥善正确处理“对上负责”与“对下负责”的关系，极易不自觉地变为基层“机关派驻人员”，衍生形式主义，从而对群众诉求的关注度、反应灵敏度下降，最终侵蚀村民合法权益。问卷调查结果显示，合计有超过四分之一（27.77%）的被调查者表示所在村（社区）主职干部只会“偶尔”甚至“很少”走村入户（见图5）。在调研中，一些村社干部也反映：事情越来越多，有时开会、迎接检查，忙都忙不过来。一些群众也担忧：以前书记、主任总有一个隔三差五碰见，现在的书记越来越不好找了，我们今后遇事该找谁？

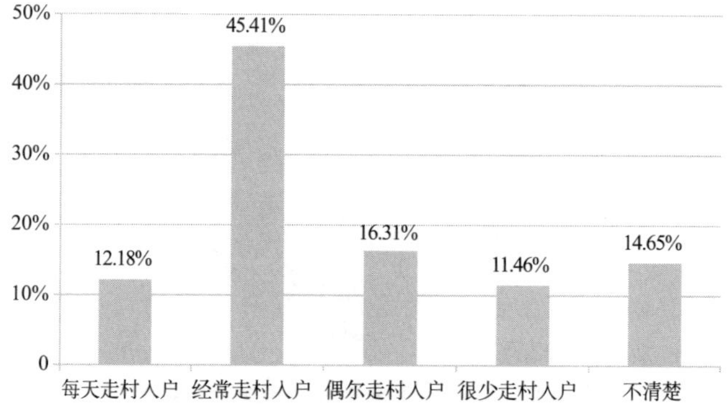

图5　村社主职干部走村入户情况

二、“一肩挑”“三改五”换届后村社治理的优化路径

第一，加强村社干部订单式培训，着力提升村社干部履职能力。首先，提高对村社干部教育培训的重视程度。尽早把村社干部教育培训纳入党的基层组织建设、现代乡村治理和全面推进乡村振兴的战略规划，建立县（市、区）委定期研究村社干部队伍建设和村社干部教育培训规划的制度，乡镇（街道）定期制订村社干部梯队培养方案和教育培训方案。其次，建立健全针对村社干部的订单式培训。以需求为导向，依托县级党校，分层分类开展现代农业、农村电商、乡村旅游、社会治理和数字乡村等针对性培训，加强案例教学，切实增强村社干部带领群众致富、应对复杂治理问题的实际能力和履职水平。

第二，强化工作激励与保障机制，激发村社干部履职尽责内生动力。一是建立村社干部待遇增长机制。使村社干部待遇与所在村社的年人均收入、集体经济收益挂钩，尤其要保障考核称职的“一肩挑”干部经济待遇不低于所在乡镇（街道）普通干部薪资标准，优秀的要达到中层干部薪资水平。二是探索村社干部择优纳编机制。按一定比例统筹配置事业编制，专门用于对“一肩挑”干部择优纳编。三是拓宽村社干部晋升发展通道。更多地从优秀的“一肩挑”干部中选拔乡镇（街道）副科级干部，推选“两代表一委员”。

第三，构建全方位数字化监督体系，着力规范村社小微权力的运行机制。一是整合构建简约严密的村社权力监督制度体系。将各类监督制度梳理集成，形成内容更加简明扼要、执行机制更加简便高效的村社权力监督制度体系。同时，总结基层治理创新典型经验，及时修订《中华人民共和国村民委员会组织法》。二是完善村社权力监督执行机制。注重村监委会主任人选把关，加强乡镇（街道）纪（工）委对村监委会履职的规范、指导。严格执行重大决策“五议两公开”，完善村民代表大会、“三务”公开、“双述双评”等制度。每半年由乡镇（街道）召开“一肩挑”干部述职述廉会议，县（市、区）有关部门领导、村（居）民代表参会，共同对“一肩挑”干部履职绩效、党风廉政情况等进行科学评议打分。三是开发村社权力运行与监督的数字化平台，小微权力线上运行，全过程接受监

督，风险实时预警。加快村社资金结算非现金化，实现股份分红、财政补贴发放等一键兑付。

第四，推进县乡治理资源向村社下沉，夯实村社组织的治理基础。首先，推进村（居）委会“去行政化”。厘清县、乡、村之间的职责边界、事项清单和责任清单，严禁上级政府将其职责范围内的行政事务交由村社承担。确需委托交办的，要严格审核并听取村社意见。在此基础上，要推进县乡治理资源向村社下沉。一方面，完善“组团联村”服务机制，将“组团联村”与信访包案等工作机制相结合，定期赴挂联村社开展服务。另一方面，编制村社治理场景化“一件事”清单及工作规范，使村社遇到自身无法处理的“一件事”时便可“点兵点将”，推动上级政府和部门“跑步进村”。此外，在县级层面建立基层治理联席会议制度。探索建立由组织、政法、民政、公安、住房和城乡建设、综合执法、财政等部门参加的基层治理联席会议制度，定期研究村社治理热点、难点问题，加强统筹衔接、信息沟通，形成“全县域、全政府”基层治理整体合力。

第五，全面提高村社党组织建设质量，强化村社治理的党建引领力。首先，完善组织体系，强化村社党建的组织保障。在总结先行地区经验的基础上推广建立乡镇（街道）党建办，构建党建办干部联系村社的服务管理体系，实行对村社党建的目标管理。其次，创新工作形式，强化村社党建的机制保障。压实“一肩挑”干部的党建工作责任，通过交叉任职、定期召开联席会议等方式推动党支部和村委会的工作融合。同时，统筹加强村社、企业、机关、学校、社会组织等基层党组织建设，破除城乡分割、系统管辖、区域界限等壁垒，健全村社与辖区单位“契约化”共建机制，通过资源共享、经验互鉴等方式全面提高村社党建质量。

3

县域组织部门科学管理的滨江经验*

习近平总书记指出：党的力量来自组织；党的全面领导、党的全部工作要靠党的坚强组织体系去实现；组织建设是党的建设的重要基础。

组织部门承担党的组织工作任务，担负着领导班子建设、干部队伍建设、人才队伍建设、党的基层组织建设和党员队伍建设的重要职责，在加强党的执政能力建设、先进性和纯洁性建设，全面推进党的建设新的伟大工程中发挥着重要作用。进入新时代、开启新征程，全面推进党的建设和加强党的全面领导对组织部门和组织工作提出了新任务和新要求。根据新时代的新任务和新要求，组织部门如何通过科学管理来提高组织工作的科学化水平和工作绩效，已成为各级组织部门的重要课题。在现实研判和专家论证基础上，滨江区委组织部紧紧围绕“组织工作精准化—组织工作执行力—组工干部成长—干部队伍专业化—组织工作运行效率—组织工作现代化”六个组织工作的关键问题，经过近五年的实践探索，初步形成了“关键绩效指标—日清管理—月度烧烤会—知识技能看板—授权管理—数智党建”六位一体的组织工作科学管理的滨江经验。多年的实践表明，滨江经验具有扎实的管理基础、深刻的理论内涵和丰富的实践价值，具有较

* 此文与林哲杨、盛中华、过风祥共同完成，是九三学社浙江省委员会报送浙江省委、省人民政府的调研报告（2021年1月）。

强的实践性、操作性和可复制性，值得各地组织部门学习和推广。

一、关键绩效指标的定量化实现了组织工作的精准化

精准化管理是科学管理的基础。精准化管理就是要精准地落实管理责任，将管理责任明确化和具体化，做到可量化、可测度和可考核，要求工作目标和管理责任落实落细，每个管理者都要到岗、到位和尽责。关键绩效指标（KPI）是实施精准化管理的重要手段，是指将组织战略目标经过组织、部门和人员的层层分解而产生的具有系统性和整体性、可控性和管理性、价值引领性和导向性，可以精确衡量组织战略实施效果的关键性要素，代表了组织工作的发展方向和重点内容。

滨江区委组织部以“多（数量）”“快（时间）”“好（质量）”“省（成本）”为导向，根据SMART（即具体性、量化性、可达性、相关性和时限性）原则，精心提炼关键绩效指标，科学构建了滨江组织工作的关键绩效指标体系。首先，运用头脑风暴法和鱼骨分析法，从主要业务工作目标、重点质量管理目标、组工队伍建设目标、核心能力创新和信息技术五个维度，提炼了部级层面的关键绩效指标；其次，根据各条线的工作任务，分析各线条工作任务的驱动因素（包括技术、组织、人），将部级层面的关键绩效指标分解为干部、组织、人才、综合管理、海创基地和人才安居六条组织工作线，提炼各条线的关键绩效指标；最后，各条线的主管领导和组工干部共同再将各条线的关键绩效指标进一步细化，从年轻干部培养选拔工作、谈心谈话、组织体系完善、干部档案工作、老干部工作、互联网企业党建、上市（拟上市）企业“双强”发展工作、党建引领业委会和物业服务企业建设、“先锋滨”小区楼廊提升改造、党建引领过渡房区块管理服务、党群服务中心建设、社区“一滨办”推进机制完善、全市组织系统考核以及信息化工作等14个维度，确定相应责任单位和责任人的单项重点工作计划及关键绩效指标。

滨江区委组织部通过提炼定量化的关键绩效指标，构建层层分解、层层关联、层层支持和可测度、可考核、导向性的组织工作关键绩效指标体系，实现了组织工作的精准化和科学化，推动了组织工作由粗放式管理向集约化管理、由传统经验管理向科学化管理的转变。

二、日清管理的持续过程管控增强了组织工作的执行力

执行力，即贯彻组织战略意图，完成预定工作目标的实际操作能力，包括完成工作任务的意愿、能力和程度。对个人而言，执行力就是办事能力；对团队而言，执行力就是战斗力；对组织而言，执行力就是实现组织目标和达成组织愿景的综合实力。执行力既体现个体的工作能力，也反映组织的整体素质。执行力不但要强调工作结果，还要重视工作时间、工作态度和工作效果。

执行力是把组织工作的战略、规划和计划转化为成果、成效和结果的重要保证，是组织工作的生命线。组工干部不仅要制定策略和下达命令，更重要的是必须具有强大的执行力。为了增强组工干部的执行力，滨江区委组织部研究制定了《日清管理办法》。日清管理是指组工干部对当日工作计划完成情况以及次日工作计划安排，每日都要做“工作日记”的一种管理工具。部办公室是工作日记的归口管理部门，负责制定工作日记的格式规范、编写内容和报送要求等。该办法明确规定，工作日记记录者统一按“日清表”格式规范编写工作日记，主要内容包括：今天主要工作及完成情况、今天临时工作及完成情况、今天发现问题及解决情况，明日工作计划，需要上级协调解决事项，工作和生活感悟。办法规定，组工干部每日零点前完成工作日记，并报送“滨江组工绩效日清交流群”。如遇特殊情况，需要次日上午8:45前完成报送。逾期未报送者扣当月绩效总分0.5分/次。每日上午9:00前，由部办公室专人统计工作日记的报送情况并及时公布。月底烧烤会前完成对当月工作日记报送情况的汇总分析，报送情况与月绩效考核挂钩。组织部各级分管领导要认真审阅下属（至少下抓两级）的工作日记，对于下属工作的改进提出指导性意见建议，关注下属工作、思想的变化。对于工作日记中反映的问题和各类需要支持协调的工作内容应及时响应并反馈。不主动响应、反馈的，扣1分/次。部办公室将工作日记中典型的工作经验和感悟心得进行归类、整理和分析，并组织相关人员进行经验分享或通过编发微信帖进行宣传表扬。

《日清管理办法》的有效实施，明确了组工干部工作日记的格式规范、编写内容和报送方式，每天将工作任务完成情况记录于工作日记中，充分

发挥了工作日记的过程管控和倒逼功效，促进组工干部学思用贯通、知信行合一，增强责任意识、树立实干作风、提高办事效率和改进工作方法，驱动组工干部养成工作不推诿、办事不拖延和按时保质保量完成工作的好习惯，营造今日事今日毕、明日事早计划的良好工作氛围，不断夯实组织工作的事前事中事后闭环系统，极大地增强了组织工作的执行力和战斗力。

三、月度烧烤会的绩效沟通促进了组工干部的持续成长

绩效沟通是组织工作绩效管理的核心，是指对一定阶段内的组织工作绩效进行回顾、评价、分析和研究，肯定成绩、锻造长板，发现问题、找出短板，归纳提炼组织工作的主要特征，探寻组织工作的基本规律，总结经验教训，用于指导下一个阶段的组织工作，尽可能地少走弯路、少犯错误，改进和提高组织工作绩效。

“人越烤越成熟，团队越烤越团结，工作越烤越优秀”。月度烧烤会，即每月组织工作的绩效沟通会，每月底对本月关键绩效指标完成结果和绩效计划执行情况进行回顾总结，并提出下个月的绩效计划。为了增强团队凝聚力，培养优秀的组工干部队伍，滨江区委组织部专门制定出台了《滨江区委组织部烧烤会管理办法》。该办法明确规定，部烧烤会通常每月最后一日召开，由组织部部长主持，部机关和编办全体人员以及西兴街道、长河街道、浦沿街道组织委员等参会。条线烧烤会早于部烧烤会，由分管部领导主持，部长选择参加某一条线的烧烤会。该办法还对烧烤会前的资料准备、烧烤会中的本月工作汇报、下月工作计划以及烧烤会后本月工作考核表、下月考核表和策略计划表汇总分析等问题作出具体规定。在烧烤会中，办公室主任、干部科科长、组织科科长、人才工作科科长、编办综合科科长、西兴街道组织委员、长河街道组织委员、浦沿街道组织委员等组工干部围绕本月关键绩效指标预估完成结果、工作目标设定预估完成结果、月计划完成结果，本月工作的难点、堵点、痛点，下月关键绩效指标目标、策略计划、工作目标设定工作以及工作上需要部领导和其他部门协助支持的请求等进行详细汇报。在此基础上，组织部部长和分管部长进行提问和质询，及时总结本月工作经验，进一步完善下月的工作计划方案。

滨江区委组织部的月度烧烤会是一面镜子，通过烧烤会的绩效沟通，全面地对组工干部本月工作的成绩与不足、长处与短板、困难与机遇等进行全面分析和客观评判，将组织工作中零碎的、肤浅的和表面的感性认识上升至系统的、整体的、本质的理性认识，总结组织工作的主要特征，探寻组织工作的基本规律，为下个月的工作理清思路，明确目标，确定计划，制定措施，修订完善行动方案，增强了组工干部发现问题、分析问题和解决问题的能力，有效地促进了组工干部的能力提升和持续成长。同时，通过月度烧烤会的绩效沟通，加强了领导与部属之间的相互理解和信任，将组织部门的战略目标、条线的工作任务和组工干部的绩效目标有机地融为一体，推动了组织目标的实现和组织愿景的达成。

四、知识技能看板管理推进了组工干部队伍的专业化

知识技能看板管理是发现问题和解决问题直观有效的重要手段，也是提高组织工作绩效的重要工具。岗位知识技能看板管理是指将岗位应掌握的知识和技能制作成清单，再用特定符号或颜色标识某个岗位人员掌握知识技能的实际状态的一种管理技术。随着管理理论与技术方法的不断发展，知识技能看板管理也不断完善，在管理实践中发挥着越来越重要的作用。

组织工作岗位知识是指本岗位应该知道的知识（包括基础知识、流程知识和专业知识）；岗位技能是指本岗位应该掌握的技能（包括通用技能和专业技能等）。2018 年以来，滨江区委组织部运用看板管理的理论与方法，围绕“高素质专业化”的组工队伍建设目标，根据法律法规和“三定”方案，将组织部门的岗位知识技能分解成部级和条线级两大类别，研究开发了包括“组织部通识知识与技能”“干部条线知识与技能”“组织条线知识与技能”“人才条线知识与技能”“综合管理知识与技能”“人才安居知识与技能”“海创基地服务中心知识与技能”七大模块的“滨江区委组织部组织工作知识技能看板系统”，并制定出台了《滨江区委组织部岗位知识技能看板管理办法》《滨江区委组织部组织工作知识技能五阶段管理办法》，通过全体组工干部的集体研讨和民主评定，科学设置了各年度组工干部晋阶的必保目标和挑战目标。

各个岗位人员知识技能掌握状态由其直接上级和间接上级共同评定，评定方式根据知识和技能的不同，采用书面测试、抽问回答、实际操作和仿真模拟等多种形式，知识技能掌握状态实行“绿、红、黄”三色管理。滨江区委组织部通过知识技能看板管理，激发了全体组工干部知识技能学习的主动性、积极性和创造性，掀起了“每周一学”“条线导师带徒”“组工内训”“个人自学”“不脱岗培训”“每月晋阶”等岗位知识技能学习热潮和比武景观，有效提升了组工干部的专业技能和专业素质，推进了滨江区委组织部高素质、专业化的组工队伍建设。

五、风险可控的授权管理提高了组织工作的运行效率

授权管理是组织工作的管理艺术，是指以人为对象，将完成某项组织工作所必需的权力（如用人、用钱、做事和协调决策的权力）授予某个部属，并让部属承担起完成该项组织工作的相应责任。正确的授权能使管理者不必亲力亲为，从而把更多时间和精力投入组织工作整体发展、重要事务的谋划以及引领部属更好地开展工作。

授权的目的是让被授权者拥有足够的职权能顺利地完成所托付的任务。正确的授权，不是放任自流、撒手不管，不是放弃其职能，授权时必须确保权力得到恰当使用。为了规范、明确组织部门的基本运作流程与授权，在风险可控的情况下提高组织工作的效率与质量，滨江区委组织部根据授权管理的理论、方法与技术，研究制定了《滨江区委组织部授权管理办法》。该办法规定，办公室主任为授权管理的归口管理人，负责组织制定授权管理手册并监督执行，负责授权手册与临时授权的发布，组织部部长负责授权手册的审批。结合滨江区委组织部组织工作的目标任务，该办法从整体上将授权划分为常规授权（组织授权）和临时授权（个人授权）。常规授权是指根据流程运作及职责分解而固定授予的权力，临时授权是指根据下属能力变化而临时授予完成某项任务的权力；从性质上将权力划分为财务权、人事权及事务权；从操作上将权力划分为提议权、会签权、审核权、审批权、备案权和知情权。办法还对常规授权和临时授权两类授权的原则、程序和方式以及授权的管理与控制问题作出了明确规定。在该办法基础上，滨江区委组织部还专门制定了授权管理表和授权手册。

两年多的实践表明，在风险可控的条件下，组织工作的授权管理能够增加组织部门的管理幅度、减少管理层级，增进管理沟通；能够激发部属的工作积极性、释放部属的个体潜能，为他们提供个人成长发展的机会；能够增强部属参与解决问题的动机、强化完成工作目标的责任，增强部属独立工作能力；能够增加部属对团队的归属感、提高团队的决策水平，进而提高组织工作的运行效率。

六、数智党建驱动了组织工作的智能化和现代化

习近平总书记深刻指出，将信息技术应用到党建工作中，既是信息化时代发展的客观要求，也是党建工作改革创新的必然要求。

党建工作信息化是指运用现代信息技术管理党建事务，提高党建工作现代化水平的过程。高水平推进党建工作信息化，全面提升组织工作的现代化水平，是新时代继续推进党的建设新的伟大工程的内在要求。

滨江区委组织部结合党建工作和经济社会发展的实际需要，研究制定了“行为数据化、数据场景化、场景智慧化”的开发思路，从系统功能、信息架构和系统体系三个维度，对数智党建信息系统进行科学规划，构建数智党建体系结构的总体架构，制定出台了《滨江区委组织部机关加强智慧党建工作方案》并统筹落实，相继开发并完成了以下建设。第一，组织工作业务平台。包括干部数据中台，集成干部信息，实现干部画像组群应用、数据支撑识人、异常预警；档案效能平台，实现档案查缺全流程高效管理；基层党建数智平台，实现了党群资源一键调度。第二，组织工作流程再造系统。包括“美好 e 达”系统，针对人才、干部、党员、党代表、社区书记、社工和居民等七类群体，分类设置专属应用场景，以数字赋能基层治理，真正实现美好生活“e”触即达；升级线上“一滨办”，实现流程再造优化；105 项常见业务辅导上线，实现部分业务“线上办跑零次”“零申请送上门”“承诺后数据办”；打通了公安、教育、人社、国土、住建等八大类别 22 个人才数据接口，人才申请安居房无须提供纸质件即可申报。第三，组织工作数据驾驶舱。实现了组织工作关键绩效指标全程跟踪、实时管控；打通市场监管、出入境等部分脱敏数据，实现干部兼职等异常实时预警；根据驾驶舱提示的问题和具体预警事件需要，实现在线操

作解决问题、在线调度和组织力量化解社会风险和事件冲突。

经过五年的实践探索，目前滨江区委组织部打造了集领导班子建设、干部队伍建设、人才队伍建设、党的基层组织建设、党员队伍建设以及党务管理和组织工作的日常业务的数智党建平台，该平台具有良好的可靠性、兼容性、扩展性、灵活性和协调性，实现了“行为数据化、数据场景化、场景智慧化”“组织工作生成数据、现实数据驱动科学管理”的数智党建目标，有力地驱动了滨江组织工作的智能化和现代化，极大地提升了组织工作的运行绩效和工作质量。

4

打造社会治理共同体的嘉善经验值得借鉴*

党的十九届五中全会要求完善共建共治共享的社会治理制度，扎实推动共同富裕，不断增强人民群众获得感、幸福感、安全感。2020 年 3 月，习近平总书记在视察浙江省安吉县社会矛盾纠纷调处化解中心（以下简称“矛调中心”）时强调，矛盾处理是一个国家、社会长治久安的一个基础性工作。

浙江省嘉善县是全国唯一的县域科学发展示范点，也是长三角生态绿色一体化发展示范区的组成部分。该县立足成为“重要窗口的重要窗口”战略定位，忠实践行“八八战略”，聚焦县域社会治理现代化，高水平推进社会治理共同体建设。自矛调中心运行以来，累计办理各类诉求 1.19 万件，日均办理 62.8 件，按时办结率和群众满意率分别高达 99.1% 和 99.2%，呈现稳步上升的良好态势。目前，嘉善县以“善治链”为依托，推进整体智治，实施多项创新，正率先从矛调中心建设走向社会治理共同体，努力做到治理主体多元互动、治理边界溯源对等、治理过程联动协同、治理手段精密智控、治理成果人人享有。

---

* 此文与盛中华、过凤祥共同完成，荣获时任浙江省委常委、省委政法委书记王昌荣的重要批示（2021 年 1 月）。

一、强化多元参与，构建党委、政府、社会和群众“人人有责、人人尽责”的社会治理责任机制

发挥基层党组织战斗堡垒作用，调动政府部门、社会组织、人民群众主动性与创造力，激发多元治理主体活力，构建“一核多元”的社会治理责任共同体。

第一，发挥党组织政治引领作用。坚持党建统领社会治理，实施“村社党组织+网格党支部+党员先锋站+党员中心户”基层网格党建，筑牢县—镇街—村社—党员“四级联动”的10分钟党群服务网络体系。完善县镇（街道）机关、国有企事业单位党员干部联村（社区）入网制度，统筹“两地报到”的在职党员干部、基层自治组织干部等调解服务资源。全县1800多个基层党组织、2.7万多名党员利用“微嘉园”移动服务平台，构建“每个网格一个党组织一个服务团队”的组团服务模式，以基层党建全覆盖保障基层服务全覆盖。

第二，促进政府部门跨界合作。全域推进“访、调、仲、诉、导、育”全链式服务，坚持“调解优先、诉讼断后”，加强人民调解、行政调解、司法调解有机衔接和检调对接。目前共有20个部门联合入驻矛调中心，入驻人数达55人，开设19个接待窗口、15间接待功能室和8间公共接待室，提供接访、诉讼、调解、劳动监察仲裁、行政复议和公共法律等服务，实现了部门工作从“物理集成”提升到“化学反应”，矛盾调处“最多跑一地”。

第三，激发社会组织活力。大力实施社会组织“双孵化、双提升”工程，创新社会组织培育网络，集中行业性、专业性人民调解委员会工作地点，充分发挥乡贤参事会、“老娘舅”和“金牌调解室”等的作用。目前，县级中心已入驻行业性专业性调委会、社会组织等多家机构，覆盖医疗、物业、道路交通、消费维权、劳动争议及心理服务、公证、保险等领域，方便社会组织参与和沟通协作。

第四，调动人民群众自治热情。发动群众参与群防群治，促进自治、法治、德治相结合，强化基层民众内生动力。依托在线议事“微嘉园”平台，开展“红云志愿服务”“九星文明户评创”“蒲公英志愿服务联盟”

“孝亲文化节”等活动。创新“微嘉园”积分规则，合理设置积分分值，引导公民参与热情。每月在线上组织召开“百姓议事会”，收集、讨论、解决城乡居民最关心的问题，实现“人人都是网格员”。目前，群众报事达到140139条，办结139090件，好评率达99.97%。

二、强化源头管控，构建网约接单、视频接访、预警预测和应急联治的社会风险研判平台

防范化解社会治理风险，统揽溯源治理与风险研判，及时将矛盾纠纷化解在初始阶段、萌芽状态。

第一，打造“预警预测”平台。借助阿里巴巴人工智能（AI）化预警平台，通过对人、物、事等海量数据的分析、比对，对一人三次以上、十人以上集体来访等风险信息进行“红、橙、黄”三色分级响应管理，以雷达图形式动态呈现解纷生态。截至2020年6月，共发布每周要情32期、预警类信息123期。

第二，打造“网约接单”平台。借鉴网约车平台做法，统筹各类调解资源，通过“12345”电话端、“浙里办”网络端等自助预约平台，无差别融合受理群众各类诉求，创新实施“中心派单+群众点单+专家抢单+反馈评单”的“四单”办理模式。2020年上半年，共调解各类矛盾纠纷3708件，调解成功率达50.1%，民商事案件在2019年下降12.48%的基础上再降31.91%。

第三，打造“应急联治”平台。针对重大疑难纠纷和群体性纠纷，建立以法官、首席调解员、援助律师和职能部门工作人员为主体的“3+X”会商研判机制。开发“应急联治”模块，结合“浙政钉”在线功能，线上指挥调度、线下专班接处。截至2020年6月，已快速调处群体访93批1300余人，群众赴省、进京访分别同比下降52.9%和50%。

第四，打造“视频接访”平台。创新“视频接访+领导手机接访”模式，形成县镇村三级定点视频约访接访和流动视频接访双线并行，打造全域实时流动的“信访超市”。大云镇以“云访室”“云网格”“云管家”三朵云提升社会治理效能，1—6月共办理红色待办事项43件、初信初访22件、视频约访5件，办结率均为100%。

三、强化协同联动，构建网格—村社—镇街—矛调中心“四级联动”的社会矛盾纠纷调处化解体系

创新基层社会治理“善治链”模式，注重以县级矛调中心为枢纽，“点线面”结合，一体化联动、全方位延伸，从碎片化管理走向整体性治理。

第一，发挥全科网格托底作用。推动优质社会治理资源下沉，建设全科网格3.0版，加强网格队伍建设，发挥网格员在社会治理中的基础作用。全县共划分网格464个，其中专属网格为56个、一类网格为90个、二类网格为73个、三类网格为245个，并配备全科网格队伍2112人，网格长、网格指导员、专职网格员和兼职网格员配备率均达100%。

第二，发挥基层治理四平台支撑作用。推进综治工作、市场监管、综合执法、便民服务四平台建设，构建统筹协调机制、流转交办机制和联合执法机制。每月至少召开1次联席会议，构建信息报送交办和事件处理结果的双向互动反馈体系。邀请辖区内3966名“三官三师”专业人才（警官、法官、检察官、律师、教师、医师）参与平台治理，建立医疗、金融、房地产等领域的纠纷调处专家库。创新长江三角洲区域一体化联合调解机制，构建33人的三地专家库，开展联合排查6次。

第三，发挥矛调中心的辐射牵引作用。积极推进调解组织和网络向下延伸，压实镇、村两级以及事权单位的公共服务、矛盾化解、社会治理等职能，努力实现“小事不出村、大事不出镇、矛盾不上交”。截至2020年6月，全县已建成镇级中心9个，村级示范型中心40个、达标型中心114个，2020年上半年共成功调处矛盾纠纷2150起，解决各类事件9860余起。与阿里巴巴合作研发矛盾受办“一体化”信息系统，全面推行一窗受理、一单到底、一键考核、一图统筹“四个一”模式，形成县镇村三级中心信息交互网络。

四、强化精密智控，构建党建服务、民生保障和基层智安“三网融合”的社会事件处置机制

完善“微网格”，健全“微嘉园”，深化“微治理”，将矛调中心的感应单元密布到每一张网络、细化到每一根“毛细血管”，实现社会治理事件处置的精准化、动态化、智慧化。

第一，深化党建服务网。充分发挥“网格连心、组团服务”优势，在网格化管理的基础上探索创新“微网格”治理单元，每个网格配备网格长、专职网格员、网格协管员、网格评议员，提升基层社会治理的精度和深度。全县已建立“微网格”10094个，有18万户群众登记入驻，其中15989名机关党员主动亮明身份，实施点穴式管控和靶向式治理。

第二，兜起民生保障网。依托“基层治理四平台”，构建“秒接快办”机制和“处置微闭环”，即时响应矛盾纠纷，无缝对接民生诉求。通过网格员直接办、矛调中心协调办、乡镇部门联合办等方式，对民生小事实行动态、实时、精准管理。如针对群众普遍反映的油烟扰民问题，对全县714家餐饮店开展大排查、大整治，建立智慧监管平台，确保问题长效治理。

第三，密织基层智安网。在“智安小区”全覆盖基础上，搭建基于大数据生态架构的“善警大脑”平台，“雪亮工程”覆盖全域，对治安要素实施关联管控。全县210个“智安小区”刑事警情同比下降50%以上，其中72个小区实现“零发案”。疫情防控中研发“智安小区”疫情防控系统，推动“一图一码一指数”落细落实，被称为“精密智控的社区版”。

五、强化心理服务，构建心理咨询、心理测试、心理援助和认知校正的社会心理服务系统

立足社会治理，建构社会心理服务体系，形成共同体认同纽带，培育“积极乐观、亲诚惠容、理性平和”的社会心态，真正将矛盾调处内化于心、外显于行。

第一，构筑全生命周期社会心理健康服务链。建立完善县级心理服务指导中心、镇（街道）心理服务站、村（社区）心理服务咨询室的三级联动平台。建设《嘉善县社会心理服务体系建设推广工程实施方案》《嘉善县社会心理服务体系三级平台建设工作规范》等社会心理服务规范体系。构建矛盾化解、法律援助、帮扶救助与心理疏导干预有机结合的“3+1”服务机制和心理服务信息互通机制，及时反映和协调群众利益诉求，消除和减少负面情绪。

第二，利用“嘉心在线”心理服务公益平台。依托全国首个社会心理服务平台“嘉心在线”，设置微咨询、微调研、微讨论、微资讯、微科普五大主要功能模块，为市民提供免费在线心理咨询、心理测试和调研、“心理地图”快速查询等服务。充分发挥人员、平台、机制三要素的关键中枢作用，有效整合政法、卫生健康、教育、中华全国妇女联合会、民政等政府系统以及社会各界的社会心理服务资源，组建由心理学、医学、教育学等领域60余位知名学者构成的健心专家团队，为嘉善市民提供24小时在线的心理困惑解答、心理疏导、情绪排解等服务。

第三，建立特色心理服务品牌“善美心灵驿站”。建立“善美心灵驿站”等心理咨询室，内设心理咨询、宣泄减压、沙盘音乐治疗等多个功能室，构建社会支持系统，回应民众的心理健康服务需求。每个居民根据需要选择合适的心理顾问，开展在线咨询、心理测试、话题谈论、心理援助等，改善心理状况和认识偏差，实现息事无讼、事心双解。专门成立县心理卫生协会，整合嘉善县心理工作者、医学工作者、教育工作者、社会工作者以及其他有关心理卫生工作者等多元力量，及时将矛盾纠纷化解于公民内心。

六、强化成果共享，构建经济发展、社会和谐和共同富裕“人人享有”的平安幸福家园

积极推进高质量发展和共同富裕，将“特富美安”的嘉善经验转化为社会治理效能，更好造福人民群众，共享各领域发展成果，共建安民治县、利民兴县、富民强县的平安幸福家园。

第一，共享经济发展成果。社会治理共同体为降低经济运行成本、促进经济发展提供优质营商环境，让民众和企业享受到更多制度红利。在长江三角洲区域一体化背景下，嘉善已经连续18年跻身全省利用外资十强县，并被评为“2020中国最具发展潜力百佳县市”前十名。2019年全年提供就业岗位为4.81万个，年末城镇登记失业率仅为1.83%，较上年下降0.82个百分点，城镇失业保险覆盖率为98%。2020年尽管有疫情影响，但前三季度地区生产总值增长4.8%，外贸出口增长44.2%，数字经济增

长 73.5%，高新技术产业增长 29.4%，均位列全市第一、全省前列。

第二，共促社会和谐稳定。围绕县域善治，依托“地嘉人善”的地方人文精神源泉，共同建设“善文化”理论体系，弘扬积极向善的人生价值观，增进个体与共同体的情感纽带，共促身份认同和“平安嘉善”建设。在全省平安考核排名实现三年“三级跳”，2019 年居全省第三位，连续 15 年创省级平安县，成功摘得全省首批“一星平安金鼎”，实现社会和谐稳定，人民安居乐业。

第三，共筑共同富裕根基。推动县域共同富裕，积极化解城乡矛盾、贫富矛盾、阶层矛盾。全方位打破城乡二元结构，推进城乡融合发展战略，打造城乡一体化社会治理新格局。2019 年全县城乡居民的人均可支配收入为 63287 元和 38057 元，收入差距由 10 年前的 2:1 缩小为 1.66:1，优于全省平均水平。城乡居民家庭恩格尔系数分别为 26.3% 和 29.4%，城乡居民低保标准统一达到 810 元，位居经济发达县市前列，为社会治理共同体建设提供有力支撑。

5

“大众创业、万众创新”政策的主要缺陷及优化路径*

“大众创业、万众创新”战略实施以来，中央和地方政府出台了2000多条相关政策。虽然政策利好消息频频释放，但纷繁复杂的政策让群众陷入了迷茫、纠结和困惑，群众的政策获得感和满意度较低，一些政策很难有效落地，政策中的“玻璃门”和“弹簧门”问题尚未得到根本解决。

一、“大众创业、万众创新”政策的主要缺陷

第一，政策出台过于密集，缺乏深度调查研究。近年来，中央和各级政府推动创业创新的政策出台过多过快过于密集，不少政策出台过于急躁，缺乏深度调查研究，导致一些政策无的放矢和针对性不强，政策供给质量较低，有些政策则出台就遭遇抱怨。创业创新政策的频繁出台让创业创新主体很难有足够的时间学习、消化和利用好现行政策，尤其是对小微企业来说，他们不得不停下脚步研究新政策，唯恐错过政策优惠窗口期或

---

* 此文与张茜蓉、金洁、刘四方共同完成，提炼的提案“如何推动‘大众创业、万众创新’制度优化及有效落地的建议”是浙江省社会科学界别报送浙江省政协十一届四次会议的大会口头发言提案。2016年1月27日在浙江省政协十一届四次会议第三次全体会议上作了大会口头发言，引起了社会较大反响。

者在创业过程中遇到政策阻碍，在一定程度上干扰了企业的正常经营活动。

第二，政策条块分割和碎片化，缺乏顶层设计和系统性。创业创新政策涉及人、财、物、产、供、销、时间、信息和空间等多个方面，中央和地方的教育、科学技术、文化和旅游、卫生计生、财政、税务、工商行政管理、民政、人力资源和社会保障和中国共产主义青年团等众多部门都不甘落后，纷纷出台了创业创新扶持和激励政策。由于事前缺乏系统的顶层设计和规划协调，政策条块分割和碎片化问题比较严重，很多政策不仅难以形成强大合力，甚至出现了政策相互冲突和功效相互抵消的困境。

第三，政策原则性和方向性规定较多，缺乏政策“干货”和含金量。各级政府出台的大部分创业创新政策，方向性、原则性、指导性、宏观性和战略性规定较多，缺乏具体的实施细则、推进措施和实操方案，政策干货少和含金量不高，而且操作流程比较复杂，提交材料较多，耗费时间较长，门槛要求过高，人民群众对政策的认同度偏低，政策的吸引力和感召力不足。

第四，政策宣传普及力度不够，缺乏足够的群众知晓度。中央和各级政府都高度重视政策制定出台，但普遍忽视政策宣传、推广和普及，政策在群众中的知晓度和美誉度较低，政策供给方和需求方信息严重不对称，很多政策难以真正发挥作用，降低了政策整体的实施绩效。

第五，政策落实措施不力，缺乏政策落实的考核问责机制。在目前已发布的各种类型创业创新政策中，大量政策特别是作为顶层设计的《国务院关于大力推进大众创业万众创新若干政策措施的意见》中都没有涉及政策落实的考核、监督和问责问题。因缺乏强有力的考核监督问责机制，不少地方政府在落实政策过程中出现了不作为或乱作为问题，进而导致了很多创业创新政策很难有效落地。

二、“大众创业、万众创新”政策的优化路径

第一，加强政策的深度调查，提升政策的针对性和精准性。建议国家相关职能部门组织专家学者成立研究小组，对当前我国创业创新的发展现状、突出问题和瓶颈因素进行深度调查，深入揭示创业创新的发展规律和

演进趋势，正确把握人民群众对创业创新政策的需求内容、需求重点、需求强度和需求方式。根据人民群众对创业创新政策的需求特征，制定、调整和优化推动创业创新政策，提升政策的针对性、精准性和实用性。

第二，加强政策的顶层设计和统筹协调，提升政策的合成力和含金量。由相关部门领导和专家学者组成创业创新政策的统筹协调小组，对国家各部门出台的创业创新政策进行系统梳理和深入研究，正确把握不同部门推动创业创新的政策目标、政策内容和政策重点，深入揭示不同部门出台政策的聚焦点和冲突点，加强对创业创新政策的顶层设计，构建政策协调机制，消除政策冲突、放大政策公倍数，减少政策数量、提升政策质量，减少原则性、增加政策干货，进而全面提升创业创新政策的合成力和含金量。

第三，加强政策的宣传传播推广，提升人民群众对政策的知晓度和认同度。采取“统一组织、部门联动、搭建平台、纵深覆盖”的模式，像着力打造“中国好声音”和“星光大道”等娱乐电视节目一样，借助电视、电台和报刊等传统媒体以及互联网、微信和微博等新媒体，倾心打造创业创新政策的宣传解读平台，加强创业创新政策的宣传、传播和推广力度，让人民群众能够更直接、更方便、更全面和更准确地了解创业创新政策，提升人民群众对政策的知晓度和认同度，为用好、用足和用活创业创新政策奠定基础。

第四，加强政策的动态调整，提升政策的适应力和应变力。采取第三方评估方式对创业创新政策的落实情况和实施效果进行科学评估，了解政策实施效果，提炼政策实施经验，发现政策实施瓶颈。根据第三方动态评估结果，强化激励政策、废除阻碍政策、补齐短板政策。通过优化第三方的评估指标、评估主体、评估流程和评估方法，提高第三方评估的科学性，构建创业创新政策的动态调整机制，增强创业创新政策的适应力和吸引力，提升创业创新政策的供给质量和供给绩效。

第五，加强政策有效落地的考核监督问责，提升人民群众政策的获得感和满意度。探索构建创业创新政策有效落地的权责清单制度，清晰界定各个部门推动创业创新政策有效落地的权力，正确厘清各个部门落实创业创新政策的具体责任，具体明确各项政策落实的牵头部门和协办部门。根据“法定职责必须为”的原则，详细规定政策有效落地的问责主体、客体、范围、程序和方式，对落实政策不力的责任人“对号入座”和追究责任，主管领导连带问责，以此倒逼推动创业创新政策的有效落地，提升人民群众对创业创新政策的获得感和满意度。

6

大力推进互联网医院发展，助力推进健康中国战略*

“没有全民健康，就没有全面小康。”习近平总书记在党的十九大报告中指出：人民健康是民族昌盛和国家富强的重要标志。要完善国民健康政策，为人民群众提供全方位全周期健康服务。这为实施健康中国战略指明了方向。医疗卫生服务直接关系到人民身体健康。长期以来，“看病难、看病贵”一直是我国民生建设的一大痛点。医疗卫生资源总量不足、质量不高、结构和布局不合理、服务体系碎片化等问题导致了我国医疗卫生资源的严重浪费，增加了人们的就医成本。随着我国经济社会的转型、城镇化率的不断提高以及人民生活方式的快速转变，人们对医疗卫生服务的需求进一步释放，对更高水平的医疗卫生服务的需要和医疗卫生资源供给不平衡、不充分之间的矛盾更加突显。破解这一矛盾，是我国推进“健康中国”战略的重要任务。

近年来，云计算、物联网、移动互联网、大数据等信息化技术快速发展，为优化医疗卫生业务流程、提高服务效率提供了条件，推动了我国医疗卫生服务模式和管理模式的深刻转变。2015 年，国务院颁布《关于积极推进“互联网＋”行动的指导意见》，提出推广在线医疗卫生新模式，为

---

* 此文与张茜蓉共同完成，是报送全国政协十三届一次会议的团体提案（2018 年 1 月）。

互联网医疗的发展提供了政策支持。2016 年，《“健康中国 2030”规划纲要》更是明确了对“互联网 + 医疗”的态度。乘着“互联网 + ”的东风，互联网医院的建设在全国范围内如火如荼地展开。截至 2016 年 11 月，全国大约有 36 家互联网医院，其中 25 家已落地运行。互联网医院通过发展和完善远程诊疗、移动医疗、移动护理系统等方式拉近了医护人员与患者的距离，简化了就医流程，减少了等候时间，有效改善了患者的就医体验；通过医疗联合体的建设，优化医疗服务流程，提高了医护人员的在线协作效率和医院的运营管理绩效。更为重要的是，互联网医院的建立打破了传统医院的空间地理限制，促进了优质医疗资源的下沉，推动了医疗卫生资源的优化和整合，扩大了基本卫生医疗服务的惠及面。作为“中国式医改”的重要表现，互联网医院不仅为推进“健康中国”建设增添了强劲动力，也为解决世界医疗改革的难题提供了中国智慧。

一、互联网医院发展的现实困境

互联网医院的出现是我国医疗改革进程中的一个巨大进步。但是目前我国医院互联网化率仍低于 10%，医院互联网化还处于启动期，互联网医院在发展过程中存在着许多亟待解决的问题。

第一，互联网医疗法律制度不健全。互联网医疗的发展使卫生行政部门的管理行为、医疗行业的运营行为、医务人员的执业行为、患者的就医行为都发生了重大改变，但法律制度严重落后于互联网医疗的发展，尤其是互联网医疗纠纷方面缺乏政策设计和法规细则，现行的《医疗机构管理条例》《互联网医疗保健信息服务管理办法》《处方管理办法》等法规条例均未涉及互联网医疗行业。互联网医疗是一个完整诊疗过程，涉及患者、医生、医院、电子药商等多个主体，法律制度的缺失使各主体责任难认定，容易造成用户维权困难，引发医患矛盾。

第二，互联网医疗行业标准模糊。医疗质量是互联网医疗的核心，需要通过规范行业标准来确保互联网医疗的安全和优质。目前多点执业的医生审核标准、硬件设施标准、确保资料数据传输保存可信赖的技术标准、电子处方格式、开具机构的资质都未明确，导致互联网医疗行业鱼龙混杂，甚至成为非法违规行医的潜伏和藏匿之所，对消费者权益构成危害，也直接影响了患者对互联网医院的信任。

第三，跨区域协同程度不高，医疗健康大数据未能普惠共享。整合数据是互联网医疗的最大优势。通过数据共享和跨区域合作，互联网医疗实现了资源的整合和优化配置。然而，目前医院的互联网化多数是靠医院自身推进，由于数据编码格式和数据质量存在差异等因素，各医疗机构、健康管理服务机构提供的数据信息较为封闭，数据孤岛难以消除，对基于同一区域的医院业务协作和基于患者需求的核心病种会诊都造成了一定的阻碍。

第四，全周期诊疗服务尚未形成。医院的互联网升级集中在诊前和诊中环节，诊后服务还需深化。我国大部分知名医院都已进行了互联网升级，但多数医院的互联网实践集中在预约挂号、候诊提醒、检查报告推送、疾病筛选等诊前和诊中环节，患者最为看重的诊后随访、康复指导和前期的医患沟通没有被重视，难以为人民群众提供全方位、全周期的健康服务。

第五，互联网医院开放度低，业务链闭环尚未打通。医疗不仅仅是患者与医院、患者与医生之间发生的诊疗活动关系，完整的医疗活动还包括药品、保险支付等环节。传统医院的互联网革新还在稳步推进中，但医院往往“独善其身”，对同一健康服务生态内的医药厂商、器械厂商、保险厂商等关注度不高，联系不紧密。例如在保险支付上，异地就医产生的医疗费用，医保往往无法异地支付，以至于不少患者对互联网医院望而却步。

第六，运营管理人才匮乏。医疗行业相对其他行业保护壁垒比较强，因此，互联网医院所需要的人才是既熟悉医疗系统又具备互联网思维的复合型人才。目前互联网医院的管理者大部分都是由医生或实体医院院长担任，运营概念相对比较淡薄。虽然少数互联网医院拥有专业管理人才，但是在人才招聘的过程中，也频频遭遇跨界融合人才难招的困境。随着互联网医院覆盖面积不断加大，人才缺口会越发明显，人才问题是互联网医院亟须突破的一个瓶颈。

二、加快推进互联网医院发展的政策建议

互联网医院是医疗改革的新引擎，它对解决我国医疗资源不平衡、不

充分和人们日益增长的健康医疗需求之间的矛盾，实现“小病在基层，大病到医院，康复回社区”的就医新格局具有重要意义，也是推进“健康中国”战略的重要助力。加快推进互联网医院的发展，要依托传统医院的医疗资源，加快推进医院的互联网步伐，打造一个有法律保障，有标准化制度，基于患者的“全周期诊疗、线上线下协同服务”的“线上到线下”（online to offline，O2O）互联网服务体系，为老百姓提供高效、公平的医疗服务，真正解决“看病难”问题。

第一，加快出台互联网医院发展有关的法律法规。法律保障是促进互联网技术与健康事业衔接的重要前提。要联合卫生和计划生育、发展和改革、财政、人力资源和社会保障等部门，加快出台《互联网医院管理办法》及相关配套制度，探索制定市场准入和运营标准、质量评价与监管体系、医疗数据安全、药物配送、医疗费用支付等方面的法律法规，明确政府、医院、企业和社会组织在互联网医疗发展中的责任和义务，明确上下级医院之间的责任划分，将互联网医院发展纳入法治轨道。

第二，加快推进互联网医院医疗服务的标准化建设。标准化建设是保证互联网医院医疗服务质量以及促进信息共享的基础。建议借鉴国外互联网医疗的服务标准和制度，研究制定《互联网医院医疗服务标准体系》，建立包括结构标准（硬件设施标准、业务术语标准、数据标准）、过程标准（服务规范、诊疗流程等）、结果标准（诊疗结果评估标准等）在内的完整的标准体系，确保患者互联网诊疗过程的质量与安全。同时建立可管理、可维护的标准库，为实现医疗信息共享建立基础。

第三，加快责任明确的区域间医疗业务协同机制建设。一是要在全国范围内构建医疗业务协同应用平台，建立区域影像、区域检验检查、区域心电、区域病理诊断中心，促进跨地区、跨机构医疗信息共享和业务协同；二是要完善等质化的网络分级诊疗机制，明确医疗风险责任界定，采用上下级医院医生合作的模式，由上级专家对基层诊断资料进行同等质量控制和诊断指导，实现网络医疗服务的同质同责；三是要建立专家网上咨询机制，实现与其他地区优质医疗资源的对接，对疑难杂症等问题进行及时解答和指导。

第四，探索构建线上线下联动的云医院体系。互联网医院运营的关键在于打通线上线下，推动全周期诊疗服务，形成服务链、业务链和价值链的闭环。探索构建以三甲医院为依托，以专职医生为保障，以基层医疗及家庭医生为触角，以第三方机构（药店、保险机构、高校等）为补充的云医院体系，保持向相关业务合作伙伴的数据对接、端口开放，保持相应的数据同步、服务对接，通过线上线下联动，为患者提供从门诊到检验检测、远程会诊、健康管理、康复诊疗、诊后随访等涵盖诊前、诊中、诊后的全方位医疗服务，实现医院窗口云化、医生诊室云化、检查检验云化、医联体云化、区域居民健康档案云化、医保支付结算云化；推进医院和各类医药器械等厂商、高校的医学新课题研究，放大优质医疗资源的高效供给，努力构建“健康服务生态圈”。

第五，加快医疗健康大数据的开发应用。基于卫生和计划生育各业务系统及区域人口健康数据库，开发医疗健康大数据分析系统，开展特定专题分析，辅助卫生政务。建立疾病分类、居民健康服务利用、就诊行为、医院管理、卫生和计划生育决策等主题数据库，拓展数据库深度应用与研究。探索建立临床症状流行病监测系统，逐步实现与各级疾控机构、医疗机构实验室互联互通，提高传染病疫情处理的及时性、敏感性。

第六，探索构建以“互联网＋健康医疗”为导向的人才培养模式。互联网医院管理人才的培养需要汇聚政、行、企、校等多方力量。建议鼓励各级地方政府通过购买服务的方式加强医疗行业从业人员的互联网技能和管理技能培训；依托高校、科研机构和企业的智力资源和研究平台，建立“互联网＋健康医疗”联合实训基地，为互联网医院提供更多的人才储备；充分利用全球互联网人才资源，通过产业合作、学术交流、设立海外研发中心等方式引进和培养“互联网＋医疗健康”领域的高端人才。

7

全面推进浙江省社区文化建设的对策建议*

社区文化建设是构建现代公共文化服务体系、建设文化浙江的重要内容。加强社区文化建设，合民意、得民心、顺民意，是实现和保障广大人民群众基本文化权益的民生工程。社区文化包括文化设施、文化活动、历史传统、风俗习惯、行为规范和价值观念等，其中价值观是社区文化的核心和灵魂。

推进社区文化建设是一项复杂系统工程，可以重点从六个方面展开：

第一，加强社区基础设施的文化设计，强化社区环境的文化知觉。文化知觉是直接作用于感觉器官的社区文化环境在人脑中的整体反映，是社区成员对社区环境信息的组织和解释的过程。它是社区文化建设的重要基石，亟须给予高度重视。加强对建筑、草坪、花木、体育、文化、娱乐、商店和学校等社区基础设施的科学规划和文化设计。通过加强社区基础设施的文化设计，强化社区环境的文化知觉，形成社区文化建设的共识，明确社区管理主体的权、责、利。促使社区建设从无序到有序，并逐步依法、依规提高对社区成员的文化建设意识和责任，形成共识。根据社区文化的特色合理划分社区，有针对性地在社区环境中注入深厚的文化概念、

* 此文与韩飞共同完成，刊载于《公共政策内参》（第 17582 期）（2017 年 10 月），荣获时任浙江省委常委、省委宣传部部长葛慧君的重要批示。

文化标识、文化元素和文化内涵，并定期以艺术节、表演、课堂、工作坊、口述历史以及其他形式的活动强化社区成员对社会环境的文化觉知。以此促使社区成员相互尊重、互相欣赏、各美其美、美人之美、美美与共，形成良好的社区文化治理生态系统。

第二，加强社区文化志愿者队伍建设，丰富社区成员的文化生活。文化志愿者是社区文化的建设者和推动者。根据社区的发展规模和成员结构，要因地制宜、因时制宜，从体育、文化、绿化、保洁、环保、平安、关爱老人、动物保护、参政议政等方面，加强社区文化志愿者队伍建设，积极开展社区文化活动，丰富社区成员的文化生活。坚持以居民需求为出发点，依托志愿者队伍，积极创建环境优美、生活便利、文化丰富、治安良好、管理有序、文明和谐的社区，拓展社区的各项功能，如家政服务队、舞蹈队、书画社、老年人协会和各类便民服务队。建立社工引领义工服务机制与联动机制，组织居民根据地缘、志缘、趣缘、情缘组成志愿服务团队，形成“社工引领义工、义工协助社工”的社区公益服务局面。以社区文化为精神纽带，培育社区文化志愿者服务品牌。多层次、多维度地满足社区成员的文化需求。建立并落实社区志愿服务站保障机制，搭建社区志愿者与各类社会组织、慈善机构和非营利性社会团体的交流合作平台。

第三，提升社区成员的民主管理能力，强化社区的民主管理文化。社区是社会的基本单元，是社会文化建设的重要基础，是实现人民当家作主、建设民主国家的基点。有关单位应切实以落实社区成员知情权、参与权、决策权和监督权为出发点，从治安、消防、绿化、文化、宣传、物业、选举等维度，拓宽社区成员的民主参与路径，激发社区成员的民主参与兴趣，提升社区成员的民主管理能力，切实提高社区成员的获得感和满意度，强化社区的民主管理文化，有三种路径可供参考。一是通过网上协商议事平台，促进居民自治制度化、规范化和程序化。积极开展民情恳谈、社区对话等活动，鼓励社区居民和驻区单位广泛参与。二是统筹利用社区公共文化资源，促进共建共享，循序渐进地提升社区成员的参与意识，形成参与共识。三是建立健全以社区党组织领导为核心、居民自治为基础、居民广泛参与、各类社区组织互动合作的民主治理机制，强化民主管理文化。不断更新、完善社区民主选举、民主决策、民主管理和民主监督制度。

第四，加强社会主义核心价值观教育，强化社区文化的价值引领。价值观是文化的灵魂，价值观培育是社区文化建设的核心。社区基层党组织要持之以恒地加大社会主义核心价值观的宣传频度和宣传力度，将社会主义核心价值观深深地根植于社区环境之中，用社会主义核心价值观统领社区文化建设，强化社区文化的价值引领，确保社区文化建设的先进方向。以下四类对策可多管齐下。一是要围绕新时期党和国家的重大改革措施及惠民政策，加大社会主义核心价值观的宣传频度和宣传力度，采取政策解读、专题报告、百姓论坛、网络视频等多种方式，开展既有广度又有深度的社区宣传教育，使社区成员更好地理解、自觉支持党委和政府工作，形成共识并热心维护文化建设的工作成果。二是将社会主义核心价值观深深地根植于社区环境之中，利用社区环境，潜移默化地促使社会主义核心价值观统领社区文化建设，推进文明社区创建和评比，利用宣传栏、展示墙、文化课堂、道德讲堂以及网络中的各种时尚、亲民的文化标识，主导宣传。三是强化社区文化的价值引领。深入社区文化模范展览展示，通过模范和先进的带头作用，循序渐进地影响并改变社区成员的生活方式，引领社区的良好社会风尚。四是确保社区文化建设的先进方向，将社会主义核心价值观嵌入社区的艺术普及、全民阅读、法治文化教育、科学普及、竞技运动、广播电台、电视电影、微博、微信中。用更时尚、更便民、更亲民的方式植入社会主义核心价值观，以此提升社区成员的文化素质与文化自觉。当前浙江省的社区文化建设有潜在的功利性、理性化、世俗化、开放性等特征，我们急需让社会主义核心价值观引领先进、优秀、健康、多彩的社区文化，并使之深深扎根于法治社区、平安社区、富强社区、和谐社区、美丽社区、智慧社区的文化建设。

第五，制定社区文化建设的指导意见，强化社区文化的制度保障。全省各地社区文化建设轰轰烈烈、丰富多彩，既有很多典型的优秀案例，也有不少失败的教训。在系统总结浙江省社区文化建设的实践基础上，认真借鉴发达国家的先进经验，以《国务院办公厅关于推进基层综合性文化服务中心建设的指导意见》为基础，加快制定出台《浙江省社区文化建设的指导意见》，从指导思想、工作原则、功能定位、目标任务、建设内容、绩效考核和保障措施等方面，对浙江省社区文化建设作出明确的制度规定，强化社区文化建设的保障功能和指引功能。对浙江省社区干部和社区专职工作者的工作原则、工作任务、报酬、福利和发放标准等方面作出明确的制度规定，强化社区文化建设工作的保障和引导功能，确保社区文化建设的发展规划和设计费得到稳定的制度保障，并逐步更新、完善、升级。规范居委会工作经费，多渠道、规范化开展社区服务，更重要的是，通过科学合理的保障机制持续、稳定、有效地确保社区文化品牌培育和社区文化参与度的提升。

第六，建立社区文化的政绩考核体系，强化社区文化的发展动力。政绩考核是政府工作的“指挥棒”，有什么样的政绩考核，就会有什么样的政绩观；有什么样的政绩观，就会有什么样的政府行为。改革开放以来，驱动中国经济持续高速增长的核心动力是以国内生产总值为主体的政绩考核。要持续驱动社区文化建设向纵深化发展，最根本是依据《浙江省社区文化建设的指导意见》，建立健全对社区党组织的政绩考核体系，并做到可量化、可评价和可检查。通过科学的政绩考核，引领社区文化建设的正确方向，强化社区文化建设的持续动力。没有科学、可靠的政绩考核体系，就没有让人信服的绩效考核结果，从而就没有科学合理地提高经费投入和人力资源投入的依据。所以要建立健全社区党组织的政绩考核体系，确保其可量化、可评价和可检查，进而做好绩效沟通与绩效反馈，使绩效考核的结果与薪酬挂钩，以此倒逼布局合理、设施完善、功能齐备、服务方便的社区公共文化服务体系的演化与发展。

8

构建以信用为核心的协同治理机制，促进浙江省网约消费健康发展*

网约消费是通过线上共同约定，在线下实施消费的新型消费模式。随着“互联网＋”和“大众创业、万众创新”的不断推进，网约消费从网约车逐渐拓展到餐饮、休闲娱乐、教育、医疗等多个领域，对服务群众、刺激消费、促进就业和推动创业等都起到了巨大的推动作用。

然而，由于相关政策法规滞后于网约消费发展，针对这一新兴消费模式的监管体系尚不完备，在网约消费过程中，产品虚假或夸大宣传、产品和服务质量没有保证、售后服务无法保障等问题层出不穷。据消费者网在线投诉平台统计，2016 年平台接到有关电商投诉 2184 件，占到投诉总量的 57.22%。网约消费暴露出的问题，本质上是市场监管效能未能匹配新经济发展要求的问题。

在网约消费过程中，商品交易和服务行为具有明显的虚拟性和跨时空性。经营者和消费者之间的交易行为很大程度上依赖于交易双方的互信。然而，由于中国在网络交易市场信用建设方面既缺乏征信、信用评价、信用服务等领域的法律规范，也没有统一规范的信用中介和评级机制，信用

---

* 此文与张茜蓉共同完成，刊载于《公共政策内参》第 17542 期，是报送给浙江省政协十二届一次会议的个人提案（2018 年 1 月）。

信息分散，这给引导经营主体规范经营、维护正常交易秩序带来了很大的困难。另外，网约消费以互联网为运营空间，市场的参与度、开放度和自由度相较于传统消费都有了巨大的提高，网约消费中的违法行为和手段也不断翻新，对传统的市场巡查、“一对一”监督检查模式提出了挑战。

网约消费关联线上和线下两个层面，涉及政府、企业、服务平台、中介机构、供给者和消费者等众多参与主体。在这种情况下，迫切需要构建以信用为核心的协同治理机制，促进浙江省网约消费持续健康发展。

第一，加快构建网约消费的信用激励惩戒系统。从信用的采集、记录、加工、输送、查询和使用等环节，全面构建网约消费各方参与主体的信用激励与惩戒系统，并将其纳入信用浙江建设的重要内容。首先要建立完善的网络信用评价体系，对网约消费经营者、第三方平台、消费者的网上行为进行信用评估，记录信用等级，同时完善信用信息公示制度，加强市场主体信用信息归集、存储和运用。建立健全跨地区、跨部门、跨领域的信用体系建设合作机制，加强信用信息共享和信用评价结果互认。在此基础上，推进诚信典型红名单和严重失信主体黑名单制度建设，对诚信典型主体提供行政审批“绿色通道”和优先提供公共服务等便利服务措施，对黑名单主体采取网约消费行为限制、行业禁入等措施，做到“一处违法，处处受限”，提高失信成本。

第二，加快出台网约消费的地方性法规政策。由省人民政府分管领导牵头，组织法律、经济、管理、工商领域的专家学者等对网约消费的各个环节进行深度调查。系统把握网约消费的运行特点、演化过程和演化规律，以规范网约消费各方参与者的责任权利为重点，逐步规范网约经营主体准入与退出机制，完善消费者合法权益保护机制。尽早出台《网约消费信用信息公开和失信惩戒办法》等规范性文件，尽快出台关于平台交易规则、跨境网约消费、网约消费案件移送等方面的规章制度，为网约消费监管执法提供制度保障。

第三，加快构建网约消费的纠纷处理机制。构建以维护消费者合法权益为落脚点，由网约消费供给者、消费者和政府共同参与的网约消费纠纷处理机制。构建与全国各省市联通的消费纠纷登记平台，打破“12315”登记平台的地域性限制，通过开通网络投诉、短信投诉等功能，降低消费者投诉难度；建立第三方平台数据与“12315”数据共享机制，实现平台交易数据与工商行政管理部门的共享，便于工商行政管理部门及时掌握网络消费数据；建立网络消费纠纷快速处理机制，登记平台可直接将属于平台或平台所属商家责任的纠纷分流到平台售后部门处理，由平台负责举证和处理，证据确凿的，由平台进行先行赔付；建立工商行政管理监督与限时介入机制，及时将处理流程及负责人反馈给消费者，若平台拖延处理则由工商行政管理部门介入，对于网约消费平台有过失的，追究平台责任，不断推进平台售后服务机制的建设和完善。

第四，加快推进网约消费服务的标准化建设。标准化对保障网约消费信息共享、业务协同、互联互通、安全保密都起着积极作用。网约消费牵涉各行各业，相应的准入标准和服务标准也不尽相同。网约消费的标准化建设可由行业主管部门牵头，联合消费者、行业协会共同制定“网约消费服务标准体系”。围绕网约消费服务，采用国家相关标准、行业标准，建立服务通用基础标准、服务提供标准、服务保障标准。同时，鼓励有关社会组织、产业技术联盟制定团体标准，支持各地结合发展规模、城市管理等差异化需求，制定运营、维护等地方标准。鼓励企业制定更高水平的产品质量、运营管理、售后服务等企业标准，推进企业产品和服务标准自我声明公开，形成较为完善的服务标准体系，并运用生产许可、认证认可、监督抽查等手段建立标准化监督检查制度，保障标准的有效实施。

第五，加快提升网约消费的政府监管能力。信息的互联互通和共享能够实现对不良商家负面信息的锁定，一方面方便了消费者维权取证，另一方面监管部门可以按图索骥，让监管有的放矢。建议以大数据为载体，信息系统为手段，构建负面信息线索库。同时通过科学的统计抽样方法，对提供网约消费服务的第三方机构和经营者进行不定期抽查，增强网约消费的监管机制的威慑力，提高政府对网约平台、企业和中介服务机构等的精准监管能力。

第六，加快构建网约消费的公共治理平台。网约消费系统是非常复杂的大系统，涉及企业、服务平台、中介机构、供给者和消费者等众多参与主体，光靠政府力量是无法实施有效监管的，必须充分发挥公众力量，充分激发社会公众的主动性、积极性和创造性，构建集民意反馈、监督举报、信息披露为一体的网约消费的公共治理平台。一方面要充分发挥行业协会、产业联盟等各方作用，支持制定发布行业公约，贯彻实施相关标准，强化服务质量监管、第三方评价等，加强行业服务和自律管理，让行业在自律和共治中发挥对网约消费的牵动性作用；另一方面要强化消费者在网约消费立法、决策和执法层面的参与，为消费者参与网约消费监管提供有效的渠道。

9

构建中国公共治理机制，为解决世界粮食浪费问题提供中国方案*

民以食为天，食以粮为先。作为人类社会赖以生存和发展的基本生活资料，粮食是关系经济发展、社会稳定和国家安全的物质基础和根本保障。近年来，中国粮食产量不断增长，但产量递增的同时，需求增加更甚。随着工业化和城市化快速推进，耕地资源和水资源不断减少，14 亿人口对粮食质量需求逐步升级，粮食缺口将继续扩大，但粮食浪费现象却比比皆是。联合国粮农组织和中国国家粮食局的调查数据显示，中国每年生产的粮食有 35% 被浪费，其中餐饮食物浪费量为每年 1700 万—1800 万吨，相当于 3000 万—5000 万人一年的口粮。形成鲜明对比的是，我国目前仍有 5000 万贫困人口面临温饱问题。

粮食浪费不仅是中国问题，也是世界性问题。据联合国粮食及农业组织统计，全球每年约有 13 亿吨食物被浪费，这些食物足以养活 36 亿人口，但世界上仍有将近 8 亿人食不果腹。不断膨胀的全球人口以及日益恶化的自然环境时刻威胁着粮食供应链。在对粮食刚性需求不断增长的情况下，粮食浪费对实现粮食供需平衡无异于雪上加霜。与此同时，粮食浪费造成了大量的经济损失和社会资源的浪费，给生态环境也带来了很大压力。联

* 此文与张茜蓉共同完成，是报送浙江省政协十一届五次会议的个体提案（2017 年 1 月）。

合国粮食及农业组织调查数据显示，食物浪费每年在全球造成的经济损失高达7500亿美元，生产但未食用的粮食消耗的水资源相当于伏尔加河年流量的3倍，同时还导致每年新增33亿吨温室气体。解决粮食浪费问题，无论是对于抗击贫困、实现全球粮食安全还是节约社会资源、改善生态环境都具有重大战略意义。

中国对粮食问题一直高度重视，开展了不少爱粮、节粮活动，但粮食浪费问题依然严峻。这一方面是因为在“粮食安全”的话语体系下，政府主要关心粮食产量，对“粮食浪费”重视不够；另一方面是因为缺乏对粮食浪费行为的有效约束手段，导致粮食浪费成为一个纯粹的“道德问题”，而全社会又没有形成节约粮食的风气。反对粮食浪费作为建设资源节约型和环境友好型社会的重要内容，是一项系统工程，不仅需要政府、社会等多方力量的支持，还需要消费者、餐饮企业的参与和联动；不仅需要法律、制度层面的支持，还需要节俭型文化和道德方面的建设。

习近平总书记在党的十九大报告中明确指出，经过长期努力，中国特色社会主义进入了新时代，这是我国发展新的历史方位。这个新时代，是中国日益走近世界舞台中央、不断为人类作出更大贡献的时代。中国是世界粮食消费和进口大国，中国的粮食安全与世界粮食可持续发展休戚相关。解决粮食浪费问题，不仅是中国实现粮食安全的迫切需要，也是中国广泛参与全球治理、构建人类命运共同体的国际责任与担当的内在要求。因此，在以习近平同志为核心的党中央坚强领导下，中国要加快构建有效的公共治理机制，为解决世界粮食浪费问题提供中国智慧和中国方案。

第一，加快反对粮食浪费的法律体系建设，为治理粮食浪费提供法律保障。目前中国对粮食浪费治理还停留在“倡导”“鼓励”的口号阶段，立法严重滞后且法律空白较多，难以对整治粮食浪费起到实质性作用。要构建有效的粮食浪费公共治理机制，法律应先行。一是将“节约粮食，反对浪费”纳入粮食法，强化反对粮食浪费在粮食法中的地位，明确粮食浪费的表现形式，明确消费者、企业、政府、媒体和社会组织在浪费粮食治理中应承担的责任和义务，使珍惜粮食成为每个公民应当遵守的行为规范。二是以粮食法为核心，推进反对粮食浪费的配套法律法规构建，完善反对粮食浪费的宣传机制、监督机制和奖惩机制，逐步推行分餐制，强制大型超市和餐饮企业捐出未售出但安全的食物给慈善机构，以法律形式对粮食浪费进行约束和处罚，对节约粮食进行有效鼓励和奖励，为治理粮食浪费提供系统化的法律保障。

第二，构建反对粮食浪费的公民教育机制，动员全民向粮食浪费宣战。节俭型餐饮意识的培育和科学的消费观念的树立是一个潜移默化的过程，需要长期持续的宣传教育。构建反对粮食浪费的公民教育机制，首先要以学校教育为切入点，将粮食浪费教育纳入公民教育课程体系，将传统道德教育贯穿幼儿园到大学教育全过程，鼓励学校通过课堂教育和社会实践相结合的方式培养下一代节粮爱粮意识。同时充分发挥家庭、社区、企业、媒体和社会组织在推进反对粮食浪费的公民教育中的作用。通过节粮爱粮公益广告、知识讲座、公民培训、媒体宣传等形式，提高公民对粮食浪费问题的理性认识，提升节约粮食的自觉性，促进全民投入反对粮食浪费的运动中来，养成按需取食、打包食物的消费和生活习惯，尤其要杜绝大操大办婚丧喜庆事宜，鼓励消费者将多余食物转赠给慈善机构或喂食动物。在学校、家庭、政府和社会联动的反粮食浪费公民教育体系下，将“浪费可耻”观念渗透到每个公民的意识中，动员全民向粮食浪费宣战。

第三，把节约粮食作为全面从严治党的重要内容，充分发挥基层党组织的战斗堡垒作用和党员的先锋模范作用。党风连着政风，影响着社会风气。让反浪费成为社会风尚，党员要率先垂范，充分发挥带头作用。各级基层党组织特别是乡镇、村级党组织要切实把反对浪费之风和增强党性结合起来，将节约粮食作为全面从严治党的重要内容。严格执行公务接待制度，严格落实各项节约措施，加强监督检查，对机关事业单位食堂和党员干部个人的浪费粮食行为做到令行禁止，坚决杜绝公款浪费现象。抓紧制订党员节约粮食的行动计划，将节约粮食纳入党员先进性的考核指标，并采纳一票否决制，着力推动党员从节粮意识走向节粮行为。党员领导干部要发挥表率作用，带头保持健康、文明、科学的生活方式，以节约为荣，以浪费为耻。

第四，将浪费粮食纳入领导政绩考核，强化粮食浪费的政府治理能力。中国当前的农业政策是聚焦于粮食生产数量的粮食补贴政策。这种重视粮食产量的政策导向使地方官员把心思主要花在如何提高粮食产量上，以累积晋升资本。要提高政府对粮食浪费问题的重视，强化政府对粮食浪费问题的治理，亟须将粮食浪费纳入领导干部的政绩考核范畴，将考核结果作为奖惩、晋升的重要依据。同时建立粮食浪费的行政问责机制，以此倒逼领导干部更加主动自觉地加大对农贸市场、超市、公共食堂和餐饮企业，对仓储、运输和销售等环节的粮食浪费的监管投入和监管强度，全面遏止粮食浪费的蔓延趋势。

第五，加强对粮食浪费的新闻公开披露，强化对粮食浪费的媒体监督。媒体的新闻舆论监督是市场监管体系中至关重要的一个环节。媒体要充分利用电视、报纸、微信、微博等媒介，构建一个涵盖粮食生产、储存、运输、销售、消费全过程的监督网络，及时、准确、公正地对粮食浪费新闻进行全方位报道和披露，尤其是要注重对党政机关粮食浪费的披露，同时配合政府和社会组织加大反对粮食浪费活动的宣传，提升活动的社会效应。此外，加强对新闻媒体记者对粮食浪费问题的监督素质培训，完善对新闻媒体记者监督权力的法律保护，营造一个自由公正的监督环境。

第六，建立粮食浪费的举报和奖励机制，强化对粮食浪费的公众监督。围绕举报范围（粮食生产者、粮食运输者、粮食经营者、粮食消费者）、举报机构设置（采用专设或兼理的形式设置举报受理部门，避免各监管部门相互推诿责任、失职渎职等情况的发生）、举报权利实现机制（实现实体信息与虚拟信息相结合的粮食浪费举报）、举报制约机制（举报者的责任与权力界定）、举报查处与反馈机制、举报保障机制（举报者人身与财产安全保护）、举报奖励机制等，着力构建对粮食浪费的公众举报与奖励机制，简化举报程序，强化对粮食浪费的公众监督。

第七，积极培育反对粮食浪费的社会组织，强化粮食浪费的社会治理。从国外实践经验来看，各类社会组织在整合粮食资源、提供专业服务、促进消费者行为转变等方面都发挥了重要作用。大力培育和发展反对粮食浪费的社会组织，是应对粮食浪费的现实需要。建议适当降低反粮食浪费组织准入门槛，设立支持和奖励基金，为反对粮食浪费的社会组织提供资金支持。同时加强政府与社会组织的合作，建立粮食浪费巡查队伍，对婚丧喜庆事宜操办、日常餐饮消费等活动中的粮食浪费现象进行巡查，实现对粮食从餐桌到垃圾的全过程监督；充分发挥餐饮协会等行业组织作用，通过协会督促等方式引导餐饮企业提供合理分量的饭菜。此外，建立健全政府社会组织购买服务的监督机制，促进政府向反对粮食浪费组织购买服务的常态化、制度化、规范化。

第八，加快推动《中国居民膳食指南》的推广和有效落地，倡导科学消费和减少浪费的新食尚。《中国居民膳食指南（2016）》中对如何在生活中减少食物浪费作出了具体指导，并特别编撰了科普读本便于公众理解。然而，在养生书籍大行其道的今天，从 1989 年就开始发布的《中国居民膳食指南》却“藏在深闺无人知”。中国居民平衡膳食宝塔的知晓率仅为 30% 左右。居民大多关注膳食营养搭配的建议而忽视杜绝浪费方面的建议。要提高公众对《中国居民膳食指南》知晓度，需要加大对其宣传力度。在线上，通过广播、电视、微信、微博等平台进行报道和推广。在线下，通过加大公益广告在公交车站等公共场合的投放度，增加《中国居民膳食指南》曝光率。组织社区成立节粮指导小组，深入每个家庭，开展食物储存、小分量备餐、剩饭剩菜处理等方面的指导和监督，定期评选节粮标兵家庭，促进《中国居民膳食指南》中“杜绝浪费，兴新食尚”的有效落地，提升广大居民爱粮、节粮意识和粮食减损增效的知识水平，逐渐形成科学消费和减少浪费新食尚。

10

浙江打造“平安中国”先行样本经验值得推广*

平安为本，本固邦宁。习近平总书记强调，要把人民群众对“平安中国”建设的要求作为努力方向，坚持源头治理、系统治理、综合治理、依法治理，努力解决深层次问题，着力建设“平安中国”，确保人民安居乐业、社会安定有序、国家长治久安。十多年来，平安建设在各地蓬勃展开，各地积极探索、努力实践、完善机制、创新模式，积累了有益经验。“平安浙江”建设已持续了12年，效果十分明显，经验比较典型，在全国有推广价值。

2004年5月，在习近平同志倡导下，浙江省委通过了《关于建设“平安浙江”促进社会和谐的决定》，对“平安浙江”建设作了全面部署，提出了“五个更加”的总体目标，即经济更加发展、政治更加稳定、文化更加繁荣、社会更加和谐、人民生活更加安康。12年来，浙江走出了一条以平安建设促进经济社会协调发展、维护社会和谐稳定、保障人民群众安居乐业的“平安路”。浙江刑事发案、信访总量、生产安全事故总量连续实现“零增长”，群众安全感满意率逐年提升，被公认为全国最安全省份之

* 此文与张佳芸、刘四方、张茜蓉和金洁共同完成，刊载于《浙江大学决策参考》2016年第14期（2016年7月19日）。

一。浙江城乡居民人均收入始终位于全国各省区前列，城乡居民收入差距不断缩小，浙江社会发展总水平居各省区第一位，就业、教育、医疗、社会保障等民生领域的城乡居民同等待遇将变为现实。

笔者主持承担了教育部哲学社会科学重大项目（14JZD005），课题组用了一年时间，对“平安浙江”建设的具体实践、推进过程、主要做法和实施成效进行了系统调研，总结提炼了“平安浙江”建设的七条典型经验，这些经验具有较强的代表性、前瞻性、操作性和推广性。

一、坚持动态优化考评体系，强化平安建设的主体责任

2005年7月，浙江省委、省人民政府制定出台了《浙江省平安市、县（市、区）考核办法》。根据“大平安”理念，设定考评框架，考评指标涵盖了社会安全、经济安全、政治安全、文化安全和生态环境安全等各个方面。以人民群众的平安需求为导向，根据中央政府和省委、省人民政府对深化平安建设的总体部署，每年对“平安浙江”考评体系进行动态优化。2015年，浙江省平安建设办公室委托浙江大学专门开展《“平安浙江”考评体系的优化方案设计》课题研究，建立了由结果性指标、过程性指标、群众满意度指标三大模块组成的“平安浙江”考评指标体系，创立了由自我评估、认同度评估、社会公众评估和第三方评估组成的“四位一体”的考评办法，增强了“平安浙江”考评的针对性、有效性和可操作性。

浙江省委、省人民政府根据动态优化的考评体系，每年对全省市、县（市、区）的平安建设实施成效进行考评，并把考评结果与党政领导干部实绩考核紧密挂钩。平安市、县（市、区）由省委、省人民政府予以通报表彰，平安市由省人民政府给予奖励，平安县（市、区）由各市人民政府给予奖励。考评不合格的平安市、县（市、区）予以通报批评，并按照有关规定追究领导责任。连续三年被评为平安市、县（市、区）的，才能授予“平安鼎”，连续六年的授予“平安铜鼎”，连续九年的授予“平安银鼎”，连续十二年的最终授予“平安金鼎”。

坚持动态优化的“平安浙江”考评，强化了平安建设的主体责任，催生了“一把手抓、抓一把手”的平安建设的工作机制，确保了平安建设的

各项政策措施的有效落地。

二、坚持走群众路线，强化平安建设的矛盾纠纷人民调解

早在20世纪60年代，浙江枫桥镇的干部群众就创造了“枫桥经验”，“枫桥经验”主要是发动和依靠群众，坚持矛盾不上交，就地解决，实现了捕人少、治安好。浙江坚持走群众路线，不断完善和发展“枫桥经验”，构建多元化、全方位的矛盾纠纷人民调解组织网络，强化平安建设的矛盾纠纷人民调解。

2008年7月，中国首个人民调解组织“和事佬”协会在杭州萧山衙前镇成立。“和事佬”协会是民间自治的人民调解组织，由社区工作经验丰富和纠纷调解能力强的居民担任会员，授予“和事佬”称号。主要职责是走访居民家庭，调解群众纠纷。2010年，杭州市司法局与电视台共同推出全国首批“和事佬”“老娘舅”等栏目，为矛盾纠纷调解开辟了新途径，同时也传播了“和为贵”的理念。目前，杭州所有社区（村）全部建立了“和事佬”协会。“和事佬”是政府公权力的有效补充，显示的是草根的智慧和力量。

2013年4月，“中国小商品城”义乌市在全国首创涉外纠纷人民调解委员会，特聘外籍调解员11人。2014年3月，浙江省人民调解协会成立，其职能包括协助司法机关选拔、培训人民调解员，提高人民调解员的法治意识、政策水平和业务能力。目前，全省建有村居、乡镇街道调解委员会33541个、新型区域性调解委员会1065个、企事业单位调解委员会6944个、行业性专业调解委员会1181个，共有人民调解员170704人，已建立了多元化、全方位的矛盾纠纷人民调解组织网络。

哪里有矛盾纠纷，哪里就有人民调解组织。浙江充分发挥人民调解组织“第一道防线”作用，自2008年以来，全省各类人民调解组织共调解矛盾纠纷350余万件，年均调解成功率为98%，有力地保障和推进了“平安浙江”建设。

三、坚持社会管理创新，强化平安建设的公共治理

浙江始终坚持推进社会管理创新。1999年，温岭在全国率先推出“民

主恳谈”，就镇、村发展的重大事项或群众普遍关注的问题，与群众平等对话、公开讨论、听取意见和商讨对策。2001 年，社会公共服务平台“81890”在宁波成立，采取政府搭台、市场运作、社会参与的方式，为市民、企业和社会提供无偿公共服务。2007 年，平湖在全国率先设立了新居民事务局，用“新居民”替代“农民工”，用“居住证”替代“暂住证”，推动了以治安管理为主的外来人口管理模式向以社会服务为主的新居民管理模式的转变。2012 年，衢州推出了“三民工程”，建立了“村情、户情、事情”民情档案“三张清单”，“一日一值班、一周一集中、一月一沟通”的民情沟通方式以及“一条服务热线、一个服务网络、一个便民服务中心”的为民服务平台。浙江社会管理创新提高了社会管理的科学化水平，提升了政府的服务能力，满足了人民群众的平安需求和发展需求。

浙江加快社会组织培育，建立了与平安建设相适应、门类齐全、功能互补、覆盖广泛的社会组织体系。近年来，全省社会组织以年均 10% 的速度快速增长，2015 年全省三级民政部门登记的社会组织达到了 4.4 万家。各类社会组织在提供公共服务、反映利益诉求、规范社会行为、促进社会公平、扩大公众参与和化解社会矛盾中发挥了重要的作用。此外，浙江重点加强专兼职巡防队、平安志愿者、专兼职网格员、专职保安力量等队伍建设。目前，浙江已建立了由 230 多万人参与的 35037 支平安志愿者队伍。

浙江充分发挥党政主导作用，整体推进社会管理创新，加快培育社会组织，形成了党委领导、政府负责、平安综治协调、各部门齐抓共管、社会组织参与、全省上下众志成城保平安的公共治理格局。

四、坚持固本强基，强化平安建设的网格化服务管理

浙江坚持固本强基，秉承“让每一个地方都有人管理，每一户人家都有人服务”的基本理念，强化平安建设的网格化服务管理，不断巩固“平安浙江”的根基，以社区（村）的基层平安促进大局平安，以局部平安推进全省平安。

网格化服务管理是指以家庭为基本单位，在现有的社区（村）区划不变的前提下，以“尊重传统、便于管理、促进发展”为原则，根据社区（村）所辖范围、分布特点、人口数量等情况，合理设置网格。按照对等

方式整合公共服务资源，组织服务团队，为网格内的居民提供多元化、精细化和个性化服务。在普陀区桃花镇先行试点基础上，2008 年 8 月，舟山推行网格化服务管理，全市 43 个乡镇（街道）分成 2464 个网格，共对接 37 万户、97 万名普通群众。每个网格配备一支服务团队，团队里有乡镇干部、社工、民警、教师、医生等。他们进村入户，了解民情，倾听民声，解决问题。2009 年 8 月，浙江全面推广网格化服务管理。全省 1502 个乡镇（街道）、32469 个村（社区）全部实施了网格化服务管理，建立了纵向到底、横向到边、全面覆盖的 8 万多个服务管理网格。

经过八年的实践探索，浙江的网格化服务管理取得了明显效果：一是实现了政府工作重心下移、人员下沉和服务扎根；二是提高了社会管理的科学化和精细化水平；三是构建了感情沟通之网，密切了党群干群关系；四是使政策在基层得到落实、纠纷在基层得到化解、困难在基层得到解决。网格化服务管理对于做强基层、夯实基础、维护基层社会和谐稳定发挥了重要作用。

五、坚持社会稳定风险评估，强化平安建设的源头治理

单靠刚性的强力的手段来维稳，成本很高，收效甚微，甚至造成越维稳，社会越不稳的困境。浙江坚持政府重大决策的社会稳定风险评估，强化平安建设的源头治理，从源头上预防和减少社会矛盾，把矛盾纠纷解决在萌芽状态。

政府重大决策不仅关系经济发展，更关系到民生与人民群众的切身利益。社会稳定风险评估是强化源头治理、预防社会矛盾的重要环节。2006 年，龙游在全国率先推出政府重大决策的社会稳定风险评估，并运用于国家重点建设项目——龙游县杭长客运专线建设工程。该工程完工后，未发生一起群体性事件和集体上访事件，未发生一起重大矛盾纠纷。随后，浙江一直致力于完善社会稳定风险评估机制。嘉兴出台了重大决策社会稳定风险评估操作指南；宁波出台了第三方评估管理制度和稳定评估责任追究制度；浙江省住房和城乡建设厅出台了《浙江省住房城乡建设系统重大事项社会稳定风险评估实施办法》；浙江省发展和改革委员会出台了《省发改委审批、核准重大固定资产投资项目社会稳定风险评估暂行办法》；中

共浙江省委政法委员会出台了《浙江省县级重大事项社会稳定风险评估办法（试行）》。到2010年9月底，浙江省11个市和90个县（市、区）全部建立了政府重大决策的社会稳定风险评估机制，全省共评估重大事项1017项，其中暂缓实施和不予实施的102项，约占10%，从源头上预防和减少了社会不稳定因素，有效地促进了平安建设。

六、坚持整合公共救援平台，强化平安建设的应急能力

随着城市化、工业化和全球化进程的加快，各种矛盾和风险逐渐凸显，社会冲突和安全事故随时可能引爆。应急联动救援系统是应对社会风险、减少灾害和维护社会稳定的重要保障。浙江坚持整合现有的公共救援平台，强化平安建设的应急救援能力。

2007年，金华依托110指挥中心，将“110、119、120”三个平台整合为一个平台，而且还进一步联合了卫生、工商行政管理、城建、供电、供水等68家具有应急处置和紧急救援职能的部门，建立了集中、统一、权威、高效的市政府应急联动指挥中心，形成了“一拨110，67家联动单位一呼百应”的强大应急救援能力。大到公共突发事件，小到百姓日常求助，只要拨打110，都能快速求助，妥善解决。

目前，浙江全省11个地市都已建立了“集约化接处警、智能化指挥调度、一体化应急联动”的应急联动救援系统。一些地市已经把应急联动救援的“触角”延伸到乡镇（街道）、村（居），将基层派出所、国土资源管理、工商行政管理、环境保护、卫生和计划生育服务等站所纳入联动范围。当人民群众遇到急、难、险、重情形时，应急联动救援系统凭借其专业、快速的优势，都能为人民群众提供高效、优质的服务，真正做到早发现、早解决，有力地促进了社会和谐稳定和人民安居乐业。

七、坚持以法治思维解决问题，强化平安建设的法治基础

没有法治基础的平安是“易碎品”，没有平安基础的法治是“奢侈品”。浙江建立健全地方性法规，坚持以法治思维解决问题，强化平安建设的法治基础，用法治手段保障和推进平安建设。

2006年4月，在习近平同志倡议下，浙江省委召开全会，作出了建设

“法治浙江”的重大决策部署，率先开启了“法治中国”在省域层面的实践。十年来，省人民代表大会常务委员会共制定（修订）地方性法规 110 件，修改和废止 73 件。浙江省委秉承“一张蓝图绘到底、一任接着一任干”的信念，大力推进依法执政，健全党内民主，完善依法决策机制，把党的领导贯彻到法治浙江建设的全过程。浙江政府心怀“干在实处永无止境，走在前列要谋新篇”的决心，用法治保障腾笼换鸟、机器换人、空间换地、电商换市和培育名企、名品、名家，用法治推进“四边三化”“三改一拆”“五水共治”和“四单一网”，用法治促改革、促转型、促发展、保稳定。办事依法、遇事找法、解决问题用法、化解矛盾靠法已逐渐成为浙江干部群众的自觉行为。2016 年，浙江公民法治素养指数为 72.2，公民法治素养总体水平较高，分别拥有 109 个和 107 个国家级、省级“民主法治村（社区）”。

法治思维解决了浙江经济社会发展的一系列深层次问题，法治力量推动了“平安浙江”建设，维护了社会安定有序，保障了人民安居乐业。

11

建立健全“平安浙江”公共治理机制，全面提升“平安浙江”建设水平*

2004年5月，时任浙江省委书记的习近平同志作出了建设“平安浙江”、促进社会和谐的决策部署。近年来，浙江各级党委、政府通过层层签订、分解落实综合治理、安全生产、信访工作责任，宽领域、大范围、多层次地推进平安建设。在探索与实践的过程中，逐步发展出了具有浙江特色的平安治理经验，实现了五个坚持。

第一，坚持“大平安”理念，把平安建设放到经济、政治、文化、社会以及生态文明建设“五位一体”的总体布局中来推进。第二，坚持标本兼治、综合治理，注重把社会矛盾的末端处理与源头治理结合起来。第三，坚持立足基层、强化基础，推进基层社会服务管理平台建设，全面推广落实“网格化管理、组团式服务”。第四，坚持“重结果、动态性”考核，建立了包括政治安全、经济安全、治安安全、生产安全、公共安全以及人民群众安居乐业在内的“大平安”考核指标体系。第五，建立民意调查和群众评价机制，不断提升人民群众安全感满意率，把群众意愿作为建设“平安浙江”的决策依据。

十一年间，浙江走出了一条以平安建设促进经济社会发展、维护社会

---

* 此文与张佳芸共同完成，是报送给浙江省政协十一届四次会议的个人提案（2016年1月）。

和谐稳定、保障人民群众安居乐业的“平安路”。“平安浙江”建设对于打造一个和谐稳定的社会、提升群众的安全感起到了显著的推动作用。

一、现行“平安浙江”建设公共治理机制的主要缺陷

党的十八届三中全会以来，习近平总书记围绕推进国家治理体系和治理能力现代化提出了一系列新思想、新观点、新论断。推动治理体系和治理能力现代化的重大课题要求我们必须持之以恒地深化“平安浙江”建设，扎实推进具有浙江特色的社会治理体系现代化。

当前“平安浙江”建设公共治理机制存在的主要问题表现在以下六个方面：

第一，社会利益表达机制不足，各类矛盾纠纷比较突出。三十多年来，不断推进的各种改革造就了浙江繁荣发展的局面。每一次改革都是社会利益格局的调整，使部分人得益的同时也会使部分群体利益受损。在当今利益主体多元化和利益分层加剧的情况下，民众直接的利益诉求表达通道缺失。尤其是当弱势群体合法权益受损而又不能得到公正解决时，缺少合适的利益表达渠道，导致各类矛盾纠纷比较突出。

第二，社会力量参与平安建设机制滞后。各地普遍感到当前平安创建最大的困难在于难以贯彻“共建共享”方针，不能充分调动广大人民群众参与的积极性与工作热情。此外，随着市场经济的发展，大量的自治组织、社会组织涌现，引导社会团体、行业组织、中介机构、志愿者团体等社会各界力量参与平安建设的机制滞后。

第三，应急预警机制不足。应急预警机制是指政府能够敏锐、准确地昭示风险前兆，及时防止或控制突发事件爆发和扩散的一套预警运行内在的有机构成。科学、合理的应急预警机制可以对社会运行的状况进行全方位、全天候的监测，以引起社会管理者和社会公众注意，及时采取对策，降低甚至消除社会风险。当前，基层政府预警机制的构建存在着薄弱环节，表现在：一是对民意不够重视；二是忽视对民怨的监测；三是对民意视而不见或者敌视对待。

第四，关于“平安浙江”建设的理论研究、宣传推广尚未充分开展。“平安浙江”建设工作已经连续开展了十一年，在积累了一定经验的前提

下，关于“平安浙江”建设的白皮书（蓝皮书）尚未发布，在理论层面对“平安浙江”建设经验进行总结、梳理、推广的机制有待建立。尚未充分有效地开展对平安创建的内容和任务大众化、实用化、常态化的宣传，部分地区民众关于平安建设的知晓率、参与率仍然较低，“平安浙江”建设工作尚未转化为公众的自觉行动，“平安浙江”的舆论氛围和社会氛围有待进一步营造。

第五，信息化建设程度较低。在当前的平安创建工作中，尚未建立起有效的信息传递和信息处理机制。政府部门、社会公众与绩效评估者之间还存在着严重的信息不对称、信息沟通与反馈渠道不通畅的问题。大数据、云计算、物联网、地理信息、卫星定位等现代信息技术的基础设施建设比较落后；统筹公安机关专业信息、社会管理信息、互联网信息，开展平安建设的情报线索搜集、汇总、分析、处置体系尚未建立；平安建设信息在部门内部、部门之间、地区之间、政府与民众之间的合并与共享机制缺失。

第六，平安创建考核体系科学性有待加强。“平安浙江”考核体系在实际操作过程中存在着以下问题。在考评指标设置上，存在着指标臃肿、重点不突出、部分指标科学性不强的问题。在评估主体选择上，主要是以66个省级部门评估为主，权力机关、社会公众、第三方机构等外部评估主体参与评估的途径很少。在考评程序上，存在着人情干扰等导致考评结果失真失实的问题。在结果运用上，考评结果的激励奖惩机制有待进一步完善。

二、建立健全“平安浙江”公共治理机制的政策建议

深化“平安浙江”建设是创新社会治理、推进社会治理体系和治理能力现代化走在前列的必然要求，是保障浙江全面深化改革顺利推进的必然要求。

深化“平安浙江”建设的具体建议如下：

第一，完善党委政府主导下的社会治理结构。多元主体参与是社会治理的鲜明特征，而实现治理主体的多元化要从中国国情出发，充分发挥党委、政府的主导作用，最大限度地整合各方资源、调动各方力量，凝聚社

会共治的强大合力。要重点加强三个方面工作：一是坚持党委的政治领导，更加重视社会行为规则的制定与执行，领导政府、社会单位、各类组织以及公民参与平安建设；二是完善以综治中心为平台的共治模式，明晰基层政府与基层群众自治组织的权责边界，规范引导群众自治组织和社会组织以多种形式参与平安建设；三是拓宽群体利益诉求表达渠道，通过建立和完善听证、咨询、民意调查等制度，鼓励公众参与各项公共决策，从源头上减少社会矛盾。

第二，积极鼓励和引导社会组织参与平安建设。社会组织是社会治理的重要主体，具有“非官方、自治性”的特点，能够有效弥补政府部门开展平安工作的不足，是构建“大平安”公共服务体系的重要组成部分。首先，积极推进社会力量参与平安工作在人、财、物方面的整合。对各支平安志愿者、群防群治队伍、企业单位等各方力量，重新登记造册、整编入队、统一管理。其次，健全社会组织参与平安建设的动员机制。扩大治安防控有偿服务的范围，设立社会力量参与治安防控专项资金，运用经济杠杆吸引更多社会力量参与平安创建。走进综合治理组织网络的薄弱地带，通过开展活动、招募会员的形式积极培养基层平安建设的社会新生力量。最后，探索适应新形势、新要求的体制机制和方法手段，积极拓展平安建设的新领域，向各类新经济组织、社会组织延伸。进一步推动社会组织孵化器建设，培育、发展行业协会、科技类、公益慈善类和社区服务类等社会组织，引导其参与平安创建工作，提升平安建设的专业化水平。

第三，培育采集社会平安情报的特工。培育能够采集平安工作情报的专职人员，构建特工化的监督机制。在现有的平安创建和考评过程中，存在着大量信息不对称导致的欺上瞒下问题。由于缺乏独立的外部监督，官员的各种行为，例如隐瞒安全事故、统计数据造假等在实际工作中很难被有效地发现。通过在每个市县的普通公务员队伍和社会公众中放置若干名可以采集特定方面信息的特工，将地方部门上报的结果与特工的调查结果对比，可以对地方部门形成强有力的警示和威慑力。特工监督方式多样、成本低廉，与暗访等其他监督形式互相配合、互相促进，就能够有效解决瞒报、漏报、错报等问题，成为掌握平安建设情况的重要信息渠道。

第四，系统开展对“平安浙江”治理工作的经验总结和宣传教育。为了加快推进“平安浙江”建设的发展，着力抢占平安建设发展的制高点，使浙江省在平安建设方面走在全国前列，编制具有系统性、科学性和前瞻性的“平安浙江”建设蓝皮书显得特别重要。在对平安建设组织领导体系、工作体系、考核体系进行系统梳理的基础上，研究制定《××年浙江省平安建设蓝皮书》，明确“平安浙江”建设发展的指导思想、目标任务、建设重点、建设内容、推进阶段、保障机制和成功经验等。加大平安建设的宣传力度，强化宣传部门和媒体记者的舆论引导。定期召开全国性的研讨会，通过专家学者的力量，为“平安中国”的建设在实践中提供浙江的经验、浙江的样本和“浙江模式”的同时，把浙江的经验在全国进行推广、复制和使用。争取在理论上有所突破，为党的十九大“平安中国”建设方面提供理论的贡献。

第五，推进与传统有效做法紧密结合的治理手段信息化。在现代信息技术迅猛发展的背景下，推进社会治理现代化，必然要求充分利用现代信息手段来应对新的挑战。建议从三个方面推进平安治理信息化建设。一是大力推进立体化、现代化治安防控体系建设。加快建设全天候视频图像采集系统，逐步实现视频图像采集系统对主要公共区域、场所、治安保卫重点单位及其周边区域、治安复杂区域等部位和公共交通工具全覆盖。二是建立健全综合治理信息系统，建立以群众举报为基础的信息收集机制。全面加强对人口、房屋、证件、车辆、场所、网络、组织等各类基础信息的实时采集、动态录入。打破各部门之间的信息壁垒，加强信息资源整合，努力实现网络互联互通、信息共享共用。三是建立预警机制，着力强化信息技术的深度应用。充分运用大数据技术，对社会治理涉及的海量信息数据进行分析比对，及时发现问题，实现对社会治安的动态管控、对重大案（事）件的预警防范。充分运用新一代互联网、物联网、视联网、云计算和智能传感、遥感、卫星定位、地理信息等技术，打造一批社会治理与智慧城市建设有机融合的示范工程，提升社会治理智能化水平。

第六，创新以认同度评估法为主要内容的新型评估方法。优化考核方法，从导向上深化“平安浙江”建设。针对当前平安考评方法不尽科学、考评信息不对称的难题，构建认同度评估法。认同度评估是自评与他评的有机结合，它是指评估对象（项目单位）首先根据绩效评估指标对自身工作进行核查，对评估内容进行自评，评估主体（第三方评估机构）对评估对象的自评分进行认同度打分，自评分与认同度的积和即评估对象的最终绩效评分。认同度评估法能推动自评结果客观性、完整性的提高，促进自评与他评的相互联系和制约，从而解决“平安浙江”考评过程中信息不对称的难题，提高评估结果质量，以发挥考核的导向作用。

12

关于进一步提高浙江省对弱势群体救助能力的政策建议*

弱势群体是指在生活物质条件、权力和权利、社会声望、竞争能力以及发展机会等方面处于相对弱势地位的群体。当前浙江省的弱势群体主要包括：失地农民、农民工、城镇失业人员、残疾人、留守儿童、空巢老人以及其他困难人员。据统计，2014 年末浙江省低保对象仍有 60.5 万人，其生活质量亟待改善。弱势群体的存在使社会公正原则受到挑战，与构建和谐社会的目标相背离，成为影响浙江省社会稳定的主要因素。“十三五”时期是浙江省增强人民群众获得感的关键期，在共享发展理念的指引下，进一步提高对弱势群体的救助能力，补齐民生领域短板，成为推动经济社会协调可持续发展、实现 2020 年高水平全面建成小康社会目标的关键。

一、浙江省当前弱势群体救助的现状

党的十八大提出 2020 年全面建成小康社会的目标以来，浙江省先后出台了低保、医疗、教育、住房、司法、临时救助等一系列政策用于救助弱势群体，并且发布了针对残疾人、农民工、失地农民、留守儿童等弱势群体的专项救助实施意见。通过加大投入、健全机制、鼓励参与、落实责

* 此文与汤爱学共同完成，是报送浙江省政协十一届四次会议的个人提案（2016 年 1 月）。

任，基本实现了弱势群体社会救助的全覆盖。然而，当前浙江省的弱势群体救助体制还远不完善。

第一，救助信息沟通不畅，部门联动能力较弱。浙江省弱势群体救助体系主要是以最低生活保障为核心，医疗、教育、住房等专项救助为辅，临时救助托底的多位一体模式，但各救助制度以及部门之间未建立起完善的救助信息共享平台，缺乏有效的衔接，由此易造成各有关部门职责交叉、推诿扯皮现象，致使弱势群体的遗漏救助和重复救助时有发生，降低了救助工作的效率。

第二，救助工作单一化和碎片化。浙江省当前对弱势群体救助的方式比较单一，多采用发放救助金或者实物的方式，缺乏有效的服务救助或者精神帮扶，难以满足不同群体的救助需求。同时，弱势群体救助工作碎片化和表象化，没有深层次地发掘特定群体处于弱势地位的原因并有针对性地进行救助，导致弱势群体救助工作无的放矢。

第三，基层救助队伍业务能力偏弱。近年来浙江省弱势群体救助范围不断扩大，专项救助项目越来越多，极大地增加了救助服务工作量，同时对救助工作人员的业务能力要求也越来越高。但实际情况是，从事弱势群体救助工作的人员不仅人数少，而且岗位调动频繁，导致基层救助人员业务能力不强、经验不足，“专职不专业”现象已经严重影响了浙江省弱势群体救助的工作效率和救助质量。

第四，“能进能出”的动态化救助机制尚未健全。当前浙江省存在低保退出机制尚不健全的问题。政府对于弱势群体救助对象的复核力度较弱，相关职能部门未根据弱势群体的人员变动、收入变化等因素适时调整救助对象，实行动态管理，导致弱势群体救助存在“养懒汉”的现象，致使救助资源利用效率较低，不利于救助对象个人及家庭的长久发展。

二、进一步提升浙江省弱势群体救助能力的对策建议

第一，实现弱势群体动态精准识别、精准施救。以“互联网＋民生档案”的形式，重点抓好与弱势群体切身利益密切相关的社会保障、卫生医疗、教育、就业、居民健康等领域的民生档案信息化管理。通过对民生档案的实时监测，及时了解弱势群体的规模分布、弱势状况、致弱原因和救

助需求，从而实现对弱势群体的精准识别、精准施救，真正建立起弱势群体救助的动态管理机制。

第二，进一步发挥政府救助弱势群体的主导性作用。建立健全一体化、信息化平台，以进一步促进弱势群体救助工作的信息交互，提高部门联动能力。充分发挥“一门受理、协同办理”机制的优势，实现弱势群体救助工作的“一站式”申请办理。政府应在弱势群体救助工作中继续发挥主导性作用，进一步加大对弱势群体救助资金的投入力度，不断完善救助服务方式，对专职工作人员开展定期业务培训，使其更好地服务于广大弱势群体。

第三，建立健全多元立体化弱势群体社会救助机制。政府应更加重视整合各方资源，实现对浙江省弱势群体的多元立体化救助。一是以适当的税收减免政策鼓励企业救助弱势群体，积极履行社会责任；二是联合省慈善总会、省红十字会等民间组织共同对弱势群体提供救助服务；三是推动社工志愿者介入，帮助其与弱势群体家庭实现对接，实现精准化、专业化救助；四是积极联络国际慈善组织、华侨组织，引入国际力量救助浙江省弱势群体。

第四，提升弱势群体自身“造血”能力。建议政府在传统物资救济的基础上加大力度培养救助对象自主能力，帮助弱势群体认清自身问题，挖掘潜能，增强自身追求发展的意愿；并通过职业技能培训、就业信息指导等配套援助政策，增强其生存技能和自信，有效提升弱势群体自身的“造血”能力，逐渐减少对政府及社会救助的依赖，实现其自身的可持续发展。

13

食品安全：从政府监管走向公共治理*

“民以食为天，食以安为先。”食品安全关乎国计民生，是广大人民群众最直接、最现实的利益需求。“瘦肉精”“苏丹红”“毒奶粉”“地沟油”和“氢化油”等事件的频频引爆，暴露了我国现行食品安全政府监管模式的缺陷，呼唤构筑公众参与的食品安全公共治理新模式。

一、现行食品安全政府监管模式的主要缺陷

目前，我国食品安全治理属于典型的自上而下的政府垄断和多部门分段管理的治理模式。这种模式表面上看，似乎存在多重保障机制，然而实际中导致了各部门事前竞争预算和治理权力，事后推卸责任的问题。其主要缺陷是：各个部门之间存在机会主义，相互指望，交叉模糊地带无人负责，形成管理的空档，一旦出现问题，很容易造成各部门之间的相互推诿；导致了大量的重复检测和重复收费，提高了治理成本，降低了治理效率；缺少必要的民意沟通，忽视了公众及消费者在食品安全中的地位，忽视了民众的智慧和力量。政府在食品安全监管方面尽管作出不懈努力，但各种各样的食品安全问题依然存在。

---

* 此文与金洁、闫伟共同完成，是报送给浙江省政协十一届一次会议的个人提案，荣获时任浙江省人民政府副省长郑继伟的重要批示（2013 年 2 月 27 日），全文刊载于《光明日报》（2015 年 11 月 23 日）。

食品安全治理，需要“自上而下”的政府监管，更需要“自下而上”的民众围观和舆论压力。因此，将公众参与引入食品安全治理的全过程，构筑公众参与的食品安全公共治理模式，以提高食品安全治理的效率是十分重要的。

二、公众参与的食品安全公共治理模式的重要意义

公众参与是一种制度化的民主制度，是政府与公众互动决策和公共治理的过程。公众参与食品安全的公共治理是指公众以提供信息、表达意见、发表评论、阐述利益诉求等方式参与食品安全的决策和行为过程。构筑公众参与的食品安全公共治理模式具有重要意义。

第一，公众参与食品安全公共治理是对政府失灵的重要补充。我国食品生产者、经营者众多，数量巨大，业态复杂，而且以分散经营为主要形式，加之政府人力、物力、财力有限，因而仅仅依靠政府治理的力量是远远不够的。如果忽视公众在食品安全治理中的重要作用，不仅不会带来食品安全，还会导致更大的食品危机。社会公众尤其是消费者，是最直接、最有动力的食品安全治理力量。发动食品安全社会各方的力量，构筑公众参与的食品安全公共治理模式，是解决中国目前食品安全政府监管模式缺失和治理能力不足的重要途径。

第二，公众参与食品安全公共治理是对消费者弱势地位的公平矫正。信息不对称性使消费者相对于食品生产经营者处于弱势地位。消费者的知情权受到极大的限制，丧失了自我保护的能力，无法分辨市场中的食品是否安全，价格低廉的食品是否会更有风险，其安全食品的选择权也难以得到有效保障。公众参与食品安全治理，既有助于消弭信息不对称性，也能让消费者获得充分的有关食品质量、安全、标准等信息，引导其购买安全的食品，实现消费者的平等地位。

第三，公众参与食品安全公共治理是多元治理模式的客观要求。在食品安全多元治理模式架构下，政府、企业和社会公众联合起来共同完成对食品安全的治理。三者是相互补充、相互支持、相互监督的关系。它们依据不同的原则在食品安全的治理中发挥着不同的功能。政府是以国家利益和行政区域内的公共利益为取向，对食品安全的治理进行制度安排。企业

依据相应的制度安排进行食品的生产经营。由于社会公众的参与，食品行业形成了有第三方介入的食品安全治理模式，更能有效发挥治理模式的作用。社会公众独立于政府体系之外，形成特有的多样性和灵活性，形成平等的参与式的组织结构，可创造出比政府更低的成本和更高的效率。

三、公众参与的食品安全公共治理模式的路径选择

中国食品安全正处于风险高发期和矛盾凸显期。通过一套有序的制度安排，构筑公众参与的食品安全公共治理模式，能够有效地提高食品安全的治理能力，能够有效地规避和降低食品安全风险。

第一，加强公众参与食品安全公共治理模式的制度设计。理性选择公众参与途径，精心设计公众参与制度，不仅有助于达成公众参与的实质效果，而且可以预防由非制度化公众参与带来的不良后果。公众参与食品安全公共治理可分为三个层面：一是食品立法和决策层面的公众参与，主要是指公众对食品立法和公共决策的重要影响；二是食品安全执法层面的公众参与，主要是食品安全治理；三是食品安全执法层面的公众参与，主要是发动食品安全诉讼和损害赔偿。很有必要从上述三个层面对公众参与食品安全公共治理模式进行制度设计，以便让公众依法、有序、高效地参与食品安全治理。

第二，着力构建食品安全的新闻媒体治理模式。新闻媒体监督机制是指新闻记者通过新闻媒体，采取不同方式发现并披露食品生产、运输、销售等过程中的不当行为和违法行为，并且督促该食品安全问题得到有效解决的公众参与模式。各级政府在食品安全治理工作中要更多地考虑动员新闻媒体力量，组织新闻记者参加到食品安全治理中来，充分发挥媒体力量。围绕食品安全新闻媒体监督环境营造、监督网络构建、媒体记者食品安全监督素质培育、监督权利的法律保护、监督结果的披露以及对被披露单位惩戒等问题，构建食品安全的新闻媒体监督治理模式。

第三，探索食品安全的内部特工培育及发现机制。食品安全问题具有很强的隐蔽性、地下性和欺骗性，食品生产、运输、经营和销售等各个环节的不良行为和违法行为通常是很难被发现的。要尽早发现食品安全隐患，并对违法行为形成强大的威慑力，很有必要在大型的农产品生产基

地、加工基地、运输企业、超市、批发市场和餐馆等设立食品安全的内部特工。针对食品安全内部特工的遴选方法、素质培训、潜伏机制设置、权力责任规制、考核奖惩办法以及安全保障措施等，着力构建中国食品安全的内部特工发现机制。

第四，强化食品安全的公众举报与奖励机制。从中国食品安全执法实践看，绝大多数食品安全违法行为都是由公众举报才引起行政执法和司法处理。为有效发动公众参与食品安全治理，鼓励举报者同违法行为作斗争，建立对举报者的特别法律保护和奖励制度十分必要。针对我国对举报者、证人的法律保护严重不足问题，国家应及时出台有效保护举报人的专门法律，采取有效措施，切实保护好举报者，并根据举报查处的实际情况，给予较高的物质奖励。围绕举报范围、举报机构设置、举报权利实现机制、举报制约机制、举报查处与反馈机制、举报保障机制以及举报奖励机制等，着力构建我国食品安全的公众举报与奖励机制。

第五，探索食品安全的团体诉讼机制。团体诉讼是指在法律上允许一人或数人代表其他具有共同利害关系的人提起诉讼，诉讼的判决对所有共同利害人有效。团体诉讼的判决具有扩张力，效力及于遭受侵害的所有受害人。因此，在我国尽早建立食品安全团体诉讼制度，赋予消费者保护组织或其他公益组织提起公益性团体诉讼的权利，代表消费者打官司，将会对经营者形成有效的实质性制约。团体诉讼是实施公众参与食品安全决策制度的有力监督手段和法律救济方式，完善的团体诉讼机制有利于提高公众维权积极性，有利于激发公众参与食品安全治理的动力。

14

关于遏制统计数据造假的若干建议*

自1985年国家和地方层面分别核算地区生产总值（GDP）数据以来，全国各省（区、市）加总地区生产总值一直高于全国地区生产总值总量，不仅呈现出“1+1>2”的尴尬局面，而且出现了逐年递增的态势。2009年全国各省加总地区生产总值比国家统计局公布的34.09万亿元高出2.68万亿元；2010年高出3.2万亿元；2011年高出4.6万亿元；2012年高出5.75万亿元，相当于多出一个广东省的经济总量。差距如此之大，显然不是统计口径差异和重复计算引起的，主要是地方政府对统计数据的造假（“灌水”）所致。

在浙江省也同样存在统计数据的假造现象，即11个地市的地区生产总值加总明显高于全省的地区生产总值，县市区的地区生产总值加总明显高于地市的地区生产总值。对浙江省地方政府统计数据造假现象的调查表明，60%的受访者认为“存在严重造假”，30%认为“存在造假”，仅有10%认为“不存在造假”。国家统计局于2012年2月18日启动企业“一套表”联网直报制度，以期提高统计数据的真实性，但并未有效遏制地方政府统计数据的造假行为。

---

* 此文是报送给浙江省政协第十一届二次会议的个人提案（2014年1月）。

一、地方政府统计数据造假的成因分析

在统计数据的调查获取过程中，统计口径差异和重复计算等引起的数据失真难以避免，在一定程度上可以容忍，最恶劣、最不能容忍的当属统计数据造假。调查结果表明，受访者中40%的人将统计数据造假归因于不正确政绩观，25%的人归因于造假成本过低，15%的人归因于统计监督乏力，10%的人归因于统计制度漏洞，10%的人归因于统计法知识缺失。

第一，扭曲政绩观的驱动。近30年来，我国唯地区生产总值的政绩考核体系扭曲了地方官员的政绩观，进而驱动了疯狂的统计数据造假行为。为了“创造政绩”，一些地方政府不仅对企业直报数据采取行政干预，甚至出现了“先定数据，后有统计”等怪象。

第二，统计法制软化的引发。尽管有两次较大修订，现行《中华人民共和国统计法》仍对统计违法行为的法律规定过于笼统、缺乏可操作性、处罚力度太轻，而被戏称为“豆腐法”。加之统计执法机制不完善、执法力量薄弱，大量统计违法行为仍逍遥法外。

第三，统计监督检查乏力的催生。中国现行“自己监督自己，自己检查自己”的统计体制内监督检查模式，使统计监督检查流于形式。体制内的监督检查乏力、体制外的监督检查缺失催生统计数据造假。

第四，造假成本过低的促动。目前对查获的统计造假行为的处罚很少触及单位负责人的切身利益，更少危及地方行政长官的政治前途。正是由于统计数据造假的低成本、低风险和高收益，各级地方政府才会不断上演统计数据造假的丑剧，呈现“不怕罚，罚不怕”的新动态。

二、地方政府统计数据造假的治理对策

统计数据是政府、企业和公民据以分析、判断社会经济活动运行状况并进行决策的重要依据，是国家实行科学决策和宏观管理的重要基石。数据造假行为致使统计数据难以客观地反映经济社会活动的运行现状，降低了统计工作的权威性，损害了政府的社会公信力，影响了政府、企业和公民的决策行为。统计数据造假是最大的腐败，必须采取强有力的措施予以遏制。

为此，我们提出如下五个方面建议：

第一，加快构建科学的政绩考核指标体系。扭曲的政绩观是驱动地方政府统计数据造假的重要动因。因此，要从根本上治理地方统计数据造假行为，迫切需要构建科学的政绩考核指标体系，引导地方政府官员树立正确的政绩观。以科学发展观为指导，紧密结合地方实际情况，根据浙江省的区域发展战略定位，在对地方政府的政绩考核指标体系中，着力淡化地区生产总值的作用，强化民生发展指标、创新驱动发展指标、生态环境保护性指标等在绩效考核体系中的作用，不断完善浙江省各级地方政府的绩效考核指标体系。

第二，强化浙江省统计执法机制。现行的统计法制软化是引发地方政府统计数据造假的重要因素，因此，要治理地方统计数据造假，必须尽快完善浙江省的统计执法机制，着力加大统计执法力度。首要任务是以《中华人民共和国统计法》为基础，出台统计执法的地方性法规，建立健全相互衔接、相互配合的统计执法体系，消除统计执法的制度漏洞；加大统计法律制度的宣传力度，提高社会公众对统计法律制度的知晓度，激发社会公众对统计违法行为的举报积极性；加大统计法律制度的培训力度，提高统计参与主体对法律的敬畏度，规避统计领域因不懂法而犯法的悲剧；加大统计执法力度，提高统计法制的威慑力，消除统计领域有法不依的现实困境，着力把“豆腐法”打造为“钢铁法”。

第三，加快构建公众参与的社会化统计监督机制。从近几年频频发生的地方政府统计数据造假恶性案件看，在种类繁多、浩如烟海的统计领域，单靠少数统计部门和专业人员的监督是远远不够的。目前，我国统计监督属于典型的体制内监督，缺少必要的民意沟通，忽视了社会公众在统计监督中的地位，忽视了民众的智慧、创造性和力量。因此，在浙江省必须尽快建立统计部门与社会公众之间的合作伙伴关系，构建公众参与的社会化监督机制，使公众更积极有效地参与统计监督的全过程，以提高统计监管的效率。为了充分激发社会公众参与统计监督的积极性和创造性，浙江省应该重点围绕举报范围、举报机构设置、举报权利实现机制、举报制约机制、举报查处与反馈机制、举报保障机制以及举报奖励机制等关键性问题，加快构建公众参与的社会化统计监督机制。

第四，加大对统计数据造假的惩戒力度。近年来，我国地方政府统计数据造假等统计违法行为屡禁不止，原因在于利益博弈。如果违法成本过低，政府和企业就倾向于选择违法和选择通过违法获利。相反，如果违法者要为违法行为付出高昂的代价，足以让违法者心惊肉跳，就能有效遏制违法行为。在西方发达国家，违法行为要面临天价罚单，违法成本远高于守法成本。例如，2009 年，美国司法部对药品制造商辉瑞公司开出 23 亿美元的罚单，原因是辉瑞在药品营销过程中故意夸大适用症范围，并在药品销售中行贿医生。鉴于当下统计违法行为屡禁不止，在一定意义上，只有大幅度地提高统计违法成本，加大对统计违法行为的惩戒力度，才能从根本上遏制统计数据造假行为。在浙江省要尽快研究制定不同类型统计违法行为的社会危害评估方法，明确统计违法行为的惩戒方式、惩戒强度、惩戒程序和惩戒实施主体等，建立健全浙江省统计违法行为的惩戒机制。

第五，完善统计数据造假的行政问责制度。行政问责制是建立和完善责任政府，实现依法治理的重要选择。在统计执法实践中，查处地方领导弄虚作假的统计违法违纪案件，取证难度很大，办案阻力大，结果往往是一线的统计人员做了替罪羊，弄虚作假的始作俑者和受益者则能全身而退、逍遥法外。实施统计数据质量的行政问责制，领导人员不仅要对影响统计数据质量的“乱作为”负责，而且要对在数据质量管理中“不作为、无作为、作为不力”等导致数据严重失实、造成不良后果的行为负责，是否直接实施弄虚作假的具体行为不再是追究领导责任的必要条件。行政问责制会影响统计数据质量的每一个环节，将从调查对象到统计调查的直接组织实施者，再到对统计工作负有领导责任的领导人员都置于责任约束之下。因此，为了有效地遏制统计违法行为，提高统计数据的质量，要根据《统计违法违纪行为处分规定》，在浙江省建立包括公开道歉、书面检查、通报批评、公开谴责、诫勉、引咎辞职、责令辞职、免职、撤职、行政处分、司法处理等行政问责方式的具有前瞻性和可操作性的行政问责体系。

15

强化高校干部到地方任职，加快推进人才强省战略实施

一、强化高校干部地方任职的重大意义

当前，创新已成为国家或地区之间竞争发展的关键，谁拥有强大的创新能力，谁就能把握先机、赢得主动。全面实施创新驱动发展战略、加快建设创新型省份，是浙江省立足全局、面向未来的重大战略抉择。科技创新的主体是企业，而企业创新的重要支撑力源于高校。高校干部是推动高校改革发展的重要依靠力量，同时也是全省干部人才的重要组成部分。从全局和战略高度出发，必须充分认识到加强高校管理干部及高层人才培养和任用的重要性和紧迫性，推进高校干部地方任职，使其全面服务创新驱动发展战略，发挥其在加快产学研转化、创新平台和队伍建设等方面的桥梁和引擎作用，为实现治理体系和治理能力的现代化注入新的动力和活力。

进入 21 世纪以来，浙江省把科教人才工作纳入“八八战略”重要部分，先后作出建设科技强省、教育强省和人才强省，建设创新型省份、科教人才强省等决策部署。近年来，省委高度重视高校领导干部队伍建设，高校领导班子的结构明显优化，但高校干部地方任职和挂职的数量相对较少，力度不够大。近五年来，浙江省高校省管干部交流到地方任职的仅 10

人，无法发挥高校干部在加快产学研转化、创新平台和队伍建设等方面的桥梁和引擎作用。

加强高校干部地方任职具有以下四个方面的重大意义：

第一，高校干部地方任职可以加速高校科技成果转化，服务社会经济发展。当前政府、企业、社会、高校之间紧密的互动机制尚未形成，无法形成供求对接，高校科技成果难以实现有效转化。高校干部携科技成果到地方任职，能够建立起地方与高校的合作桥梁，形成校地双方优势互补、合作共赢的纽带，实现产学研的全面、快速对接，促成高校科技成果的快速转化、高校成果产业化，推进地方社会经济发展和产业转型升级。

第二，高校干部地方任职可以实现校地全面合作，促进地方经济发展。经济社会发展的知识含量越来越高，人才已经成为社会发展进步的第一资源。高校人才密集、知识密集，技术优势突出，创新能力较强，可以为地方经济社会发展提供强有力的人才和智力支持。选派高校干部到地方任职，不仅能够为地方带来高校科技成果，也能够为地方提供科技、管理、创新各方面的人才和智力支持，形成高校人才和资源大量输入的直通车，不断为地方社会经济发展输送新鲜血液和动力，推动地方经济建设与社会和谐发展。

第三，高校干部地方任职可以推动高校建立面向社会需求的人才培养策略和研究重点选择。目前高校人才培养与市场需求严重错位，无法适应经济社会发展的层次性、产业结构的多元化，大学生就业结构性矛盾凸显。选派高校干部进行地方和基层任职，密切接触地方经济建设和社会发展实践，能够使其掌握社会人才需求动态，推动高校建立面向社会需求的人才培养模式。同时，由于高校与生产企业对科技成果供需信息交流不畅，高校科技成果难以满足企业实际需求。选派高校干部到地方任职，直接服务社会生产，能够使其更好地理解社会和市场对科研项目的需求，有效指导高校和研究院所从地方社会经济发展的实际需求出发，进行科研项目的选择，更好地服务地方发展。

第四，高校干部地方任职可以推进治理体系和治理能力的现代化。高校干部善于学习思考、专业知识丰富、视野开阔、民主意识较强，是浙江省经济社会建设的重要力量。党的十八届三中全会提出“推进国家治理体系和治理能力现代化”，要想抓住和用好这个重要战略机遇期，必须打造创新型、专家型的党政领导人才队伍。选拔高校优秀干部到地方任职，有利于优化地方党政领导班子结构，进一步提升经济社会管理的科学性和专业化水平，促进经济发展和社会管理的转型升级。

二、强化浙江省高校干部地方任职的若干建议

高校干部地方任职是推进浙江省科教人才强省战略的重要途径，能够实现高校队伍自身建设，实现高校与地方的合作共赢，加速产学研转化，推进科技创新和科技人才队伍建设，不断为“全面实施创新驱动发展战略、加快建设创新型省份”、推进“治理体系和治理能力的现代化”注入新的活力和动力。

为此，我们提出以下若干建议：

第一，党政机关应高度认识高校干部地方任职的意义。高校干部地方任职工作是实现校地共赢发展、加快建设创新型省份、推进治理体系和治理能力现代化的重要途径，但目前党政机关对“高校干部地方任职”的认识不尽相同。要在浙江省大力推进高校干部地方任职工作，必须得到党政机关、高校和社会各界的广泛支持。建议将高校干部纳入浙江省领导干部建设总体规划，通过新闻媒体、政府网络等工具加强对高校干部地方任职的宣传，使党政机关高度认识到其对高校和地方发展的重要性和意义，统一思想，为高校干部地方任职工作顺利开展奠定基础。

第二，将高校干部地方任职作为政府促进地方发展的重要抓手。高校干部地方任职能够实现面向社会需求的人才培养和科研方式，加速科技成果转化，提升地方创新能力、驱动社会经济发展，其中高校干部的桥梁和引擎作用不容忽视。建议省委、省人民政府将高校干部地方任职作为推动地方发展的重要抓手，选派更多年富力强的高校优秀干部到地方党政机关、企事业单位交流任职，推动高校人才和科技优势向现实生产力转化，更好地服务地方经济发展和社会建设；同时积极探索校地之间更广范围、更大力度、更多形式的合作，有针对性地提供人才、智力和项目支持，帮助地方培养人才，提供先进技术，使之成为地方经济发展的重要引擎。

第三，研究制定《浙江省高校干部地方任职工作实施办法》。为切实

加强对高校地方交流任职干部的管理，浙江省需要建立一套科学合理、完整全面、切合实际、易于操作的实施细则和规章制度，促使高校干部到地方交流任职工作有序展开，在制度化、规范化、长效化的轨道上稳步推进，有章可循。建议加快制定《浙江省高校干部地方任职工作实施办法》，对高校干部地方任职的岗位设置、干部选派、管理机制、保障机制、考核与任免等事项作出明确的规定，为高校干部到地方任职提供的法规政策保障。

第四，组织开展对高校赴地方任职干部的任前培训。高校干部（尤其是年轻干部）往往长期处于高校环境中，书生意气重，缺乏基层锻炼，实践能力相对薄弱，直接到地方任职可能会遇到情况不熟悉、实际工作经验不足等问题。为使高校挂职干部尽快适应地方需求，建议由专业培训机构负责，对赴地方任职的高校干部进行任前培训。从组织协调、交流沟通、策划创新、驾驭全局的综合能力和素质方面开展系统培训，使其能够顺利深入基层，对中国基层的社情民意进行更全面、更通透的了解和掌握。

第五，建立高校地方任职干部的绩效考核机制。为保障高校干部地方任职工作的顺利进行，确保其对高校建设和地方发展发挥重要作用，建议制定科学、合理的任职干部考核机制，对挂职干部进行中期、期满的绩效跟踪考核。根据高校挂职干部的工作特点，制定具有针对性的绩效考核指标体系。除德、勤、廉方面的共性指标外，重点设置任职干部对所属高校、任职地方及双方合作相关的考核指标，明确考核目标；遵循公平、公正、公开的原则，通过干部自评、同事评价、座谈会、实地走访、成果反馈展示等方式进行绩效考核，及时将考核信息反馈给任职干部，以便其今后更好地开展产学研合作。

第六，鼓励高校干部赴基层任职、留任与长期合作。基层是年轻干部成长的历练场，高校年轻干部多为“三门干部”，鲜有基层经验，应鼓励高校年轻干部下基层任职，真正摸清基层实际需求，想人民之所想、急人民之所急，为城镇化建设输送新的活力和智力支撑。同时，地方和高校应为任职干部创造良好的发展环境和条件，对表现优异的青年挂职干部要大胆使用，为高校和地方干部队伍增添新的活力，鼓励其挂职期满后继续留任与开展长期稳定合作。

16

努力创造有利于创新创业的环境优势，着力引导大学毕业生向小城市流动*

一、吸引大学生回归创新创业的“三门经验”

近年来，浙江省三门县作为一个欠发达的小城市，为了吸引人才、留住人才，在创造环境优势、引导和鼓励大学毕业生返乡创新创业方面进行了积极探索，并取得了良好成效。2009 年以来，三门县结合实际，由县委组织部牵头，协同人事劳动、财政、金融、工商行政管理等部门，先后出台了《关于促进普通高等学校毕业生就业工作的实施意见》《关于开展免费创业培训和职业技能培训的通知》《关于三门县普通高校毕业生小额信用贷款有关事项的通知》等政策文件，进一步完善了税费减免、社保补贴、就业援助、信用贷款、创业培训等创业扶持政策措施，降低了大学毕业生创业门槛，减轻了创业负担。三门县的实践探索走在全省前列，为其他小城市创造环境优势、吸引大学毕业生创新创业提供了可借鉴的经验。

---

* 此文与闫伟共同完成，刊载于《公共政策内参》第 12139 期，荣获时任浙江省副省长陈继伟同志的重要批示（2012 年 12 月 12 日）和时任浙江省副省长陈加元同志的重要批示（2013 年 1 月 6 日）。

（一）主要做法

第一，加大资金扶持力度，优化创业条件。针对大学毕业生创业资金筹措能力弱、抗风险能力弱的实际情况，三门县大胆探索，加大了资金帮扶力度，实施了在全省甚至全国首创的举措。一是在全国率先推出“免担保、免抵押”的大学生小额信用贷款政策，并将个体户和合伙经营的贷款最高额度分别由 5 万—10 万元调整为 20 万—35 万元，贷款期限则从一年延长到两年，毕业年限由两年内放宽到五年。此外，还为大学毕业生创业者提供 50% 或 100% 的贷款贴息。目前，三门县共为全县 30 多家大学毕业生创办企业提供了总计 380 万元的“免担保”贷款，给予贷款贴息近 48 万元。二是给予创业大学生经营场地优惠。不仅允许大学生创办的企业入驻孵化园，免费提供两年的创业经营场地，还对孵化园以外租用经营场地的大学生给予最长期限为两年，每年不超过 1.2 万元的场租补贴。三是减免大学生创业的其他行政管理收费。主要包括免除部分行政事业性收费、免除三年人事代理费、免费提供创业培训、免费提供网络形象宣传等。

第二，创建“一站式服务”，强化服务保障。一是成立大学生创业服务中心。组织全县 18 家单位分管领导和 49 名业务骨干成立创业服务员团队，通过上门服务、网上服务、电话服务等方式，为大学生创业者提供政策咨询、就业指导、创业培训、项目开发、宣传推广等个性化、专业化的创业指导和咨询服务。大学生创业服务中心还编印了《大学生创业就业政策汇编》《大学生创业就业服务指南》，方便大学毕业生自行查阅现行的优惠政策及创业申办流程。二是开设大学毕业生创业绿色专窗。简化办事程序，提高工作效率，为大学生创业者提供证照办理、建设项目审批、创业政策咨询等一站式服务。

第三，搭建实践平台，鼓励抱团创业。针对大学生创业者创业经验缺乏、创业能力弱的实际情况，三门县积极搭建实践平台，鼓励大学毕业生抱团创业，形成良好的集聚和带动效应，以提高大学生创业成功率。一是创建大学生创业孵化园。2010 年，三门县成立了浙江省首家县级的大学生创业孵化园，将其打造为集指导、实训、孵化于一体的综合性平台，并制定了《三门县大学生创业孵化园管理办法》等措施，对机构职能、项目入驻、园区管理、考核奖惩、退出机制等作出了严格的界定，使创业园管理有序，良性运作。目前，园区共有在孵企业16家，涉及信息科技、教育、电子商务等七类行业，年产值达3500多万元，带动100多名返乡大学生就业。二是创建大学生创业园。2012年，三门县建成占地2000平方米的大学生创业园，作为第二个大学生创业实践基地。经过评审确定了20多个项目入驻创业园，可带动100多人就业，预计销售额达2800多万元。三是成立大学生创业互助社（以下简称“大创社”）。大创社是浙江省首个服务于大学生创业的县域非营利性社会团体，旨在为三门籍回乡大学毕业生提供培训、交流、合作、互助、发展的平台。目前，大创社有理事会成员5名、社员300多名，注册个体户和企业达161家。大创社不仅创建了三门县大学生创业互助网、大创微博、QQ交流群网络互助平台，还成立了大学生创业俱乐部、创业吧，开展“大创中秋之夜”和“大学生创业节”等系列面对面活动。通过交流合作活动，促成了20余名社员达成合作意向，形成了产业链整合、产品互补销售、资金入股等较多成功的“互助创业典型”。

第四，开展创业培训，提升创业技能。为提升大学生自主创业能力，三门县政府针对大学生创业者组织开展多渠道培训。一是开办三门县大学生创业学堂。邀请知名学者、培训师、企业家等20多人走上了大学生创业学堂，为大学生创业者讲解财务会计、战略管理、团队合作、新产品研发、市场营销等基础和前沿知识。此外，还开展了“创办你的企业”（SYB）培训项目，为未创和初创的大学生有针对性地提供组织策划、市场分析与综合辅导。二是实行创业导师指导制。聘请了18位创业成功人士担任导师，与大创企业“牵手结对”，并举办创业讲座、政策解读、业务指导等活动，帮助大学生合理规划创业生涯，正确选择创业项目。三是组织创业大学生深入企业学习。组织创业大学生到爱力浦、阿里巴巴等先进企业进行实地考察及学习交流，探寻企业发展的成功之路。四是选送创业大学生去高校研修。加强与高校的合作，选送创业较成功的大学生到浙江大学研修高级管理人员工商管理硕士（EMBA）课程，学习现代企业管理和创新发展理念。

（二）取得的成效

第一，大学生回流就业、创业率明显提高。2011年，三门县返乡大学毕业生近 1200 人，返乡率突破 60%，较 2008 年提高了 11.6%。返乡大学毕业生就业率达 80%，其中，返乡创业的有 230 多人，比 2008 年提高了 15%。通过大创社的有效运作，直接受益岗位达 2000 余个，间接带动近 3000 人就业。三门县普通大学毕业生失业、待业和没有稳定就业所占的比例由 2009 年的 47.5% 降至 2012 年的 13.7%。

第二，大学生创业的存活率显著提升。2012 年 4 月的调查显示，三门县大学生创业成功率达 64.4%，比全国 10% 的大学生创业成功率高出 54 个百分点；企业存活率达 74.4%，比杭州市 28% 的大学生创业存活率高出 46 个百分点，居全省前列。

第三，新兴产业得以培育。目前，大学生创业孵化园区内共有 16 家企业，大学生创业园内将有 20 个项目入驻，主要涉及信息软件、电子商务、教育培训、品牌服装、平面设计、园艺、环保等高附加值行业。三门县构建的大学生创业帮扶体系推动了一批创新能力较强的大学毕业生在新兴产业领域的创业活动，还带动了三门县传统的濒临倒闭企业的转型发展。

第四，创业者的素质有较大提升。充分发挥大学毕业生的创业才能，激发他们的创业激情，并通过一系列的创业培训和创业大学生之间的相互交流、合作，提升了大学生创业者的综合素质和创业能力，为三门县储备了一批企业家后备队伍，壮大和优化了该县的创新创业人才。

二、着力引导大学生向小城市流动和转移的政策建议

第一，系统总结提炼三门县的主要经验。建议由分管副省长牵头，组织省委政策研究室、省教育厅、省科学技术厅、省金融服务办公室、省财政厅、省中小企业局和浙江大学等的领导和专家对三门县经验进行深入调查研究和系统总结提炼。

第二，建议由省中小企业局牵头，组织专家学者对大学生在小城市创新创业的制约因素进行调查研究。这既有利于为潜在创新创业者提供参考，有利于高校提高创新创业教育的质量，还有利于政府开展有针对性的帮助与服务，创造有利于吸引大学生向小城市流动的环境优势。

第三，建议由省委政策研究室牵头，从创业教育辅导、金融信贷、税收优惠、注册登记、准入门槛、场地租用、企业用地、出口退税、政府采

购、研发激励等层面，组织专家学者对大学生在小城市创新创业的政策需求进行调查研究。据此制定出台具有前瞻性、可操作性和针对性的扶持政策。

第四，建议由分管副省长牵头，在了解和把握上述制约因素和政策需求的基础上，尽快研究和制定出台《浙江省引导和鼓励大学毕业生在小城市创新创业的优惠政策》。

第五，着力营造引导和鼓励大学毕业生在小城市创新创业的社会氛围。政府应加强大学生创业带动就业的宏观调控能力，出台针对大学生在小城市创新创业的优惠政策，并将优惠政策体系化、制度化和法治化。社会应对大学生创新创业给予更高关注和支持，特别是要能够宽容大学生创新创业的失败。高校要加强对大学生创新创业专业化和实战性的培训，将创新创业培训和指导前移，激发大学生创新创业的热情，增强大学生创新创业的信心。大学生自身既需要有创新创业的激情，又要有理性平和的心态；既要有持之以恒的精神，又需要开拓的勇气；既要有专业的素养，又需要实践的技能；既要有战略的把控能力，又要有基本的决策能力。政府、社会、高校和大学生自身四个层面的努力形成合力，不断激发大学生创新的热情，全面提升大学生创新创业的能力，努力营造、引导和鼓励大学毕业生在小城市创新创业的社会氛围。

17

大力推广食品安全检验资源整合的“三门模式”，全面提升浙江省食品安全检验水平*

民以食为天，食以安为先。食品安全影响着每个人的日常生活和身体健康。随着市场经济的快速发展和人民群众物质文化水平的日益提高，人们对食品安全提出了更高的要求。近年来，假冒伪劣产品不断冲击市场，“瘦肉精”“毒奶粉”等骇人听闻的食品安全危机事件频频出现，食品安全越来越成为人们关注的焦点。

食品安全检验检测是食品生产经营和食品执法监管的重要技术支撑，在准确识别判断食品质量、有效防范食品安全风险方面具有十分重要的作用。食品安全检验检测能力与水平直接关系到人民的身体健康和生命安全，食品安全检验检测工作是做好食品安全工作的基础和重要手段。把好食品安全关、提高食品安全检验检测能力、建立健全食品安全检测检验体系，对于保障人民群众的食品安全具有重大的实践意义。

---

* 此文与闫伟、胡超君共同完成，刊载于《公共政策内参》第11091期，荣获时任浙江省委书记赵洪祝同志的重要批示（2012年1月14日）和时任浙江省副省长郑继伟同志的重要批示（2012年1月17日）。

一、浙江省县级食品安全检验检测工作现状的系统分析

目前，浙江省县级食品安全检验检测职能分散在农业、海洋与渔业、卫生、工商行政管理、质量监督检验检疫等部门，没有一个统一的食品检验检测机构，各检验机构存在着工作职责相似、硬件配置雷同、检测水平偏低、检验项目重复、相互之间缺乏有效的合作、检验标准不统一、检验检测资源和检测信息不能共享等问题，具体表现如下：

第一，检测能力薄弱。由于浙江省县级食品安全检验检测职能分散，各食品检测机构由于经费投入不足，食品检测设备数量少且设施陈旧，食品检测专业技术人员缺乏，导致各机构无法开展一些必要的检测，检测能力相对薄弱。有些地方的部门没有专业的食品检测机构，连定性检测都无法实现；有些部门则仅能承担有限的快速定性检测或极少一部分的食品项目的定量检测。检测资源的分散使各机构人力、财力、设备都无法满足县级食品安全需求，更无法反映县级食品整体质量水平，影响了县政府正确决策和部门正常监管。

第二，重复检测严重。由于食品安全检验检测工作实行“分段监管”体制，各监管部门缺少统一的抽检计划，上级部门各自下达抽检任务，且彼此间缺乏横向信息交流，使检测工作普遍存在重复抽检现象，导致抽检品种覆盖率不高，这也造成了检测资源、检测经费的极度浪费和检测效能低下。

第三，硬件配置雷同。近年来，为完善监督职能，各食品检测部门都计划建立或充实检验检测设备，造成检验检测机构的重复建设，仪器设备的重复购买，大大增加了财政负担。同时，由于划拨到各部门的资金有限，各检测部门无法购买大型的先进仪器，无法满足高水平检验检测的需求，各部门的检测水平停滞不前。

第四，信息无序发布。在信息发布上，各部门的检测信息一般只限于下级部门报送到上级部门，对普通消费者却较少公开。即使发布信息，也存在“多头”发布现象，无论是哪个监管部门公布的信息或数据，消费者都会认为是代表政府的，如果发布的信息有出入，消费者便会无所适从，这大大挫伤了群众的消费信心。

因此，整合检验检测资源，建立健全食品检验检测体系，已成为浙江省县级政府急需研究的重要课题。2008 年以来，台州市三门县委、县人民政府将农业、海洋与渔业、质量监督检验检疫、工商行政管理、卫生五个部门的食品检测职能“合五为一”，建立了浙江省首家县级“彻底整合模式”的食品检验检测机构，创建了我国县级食品检测资源整合的新模式、新方法，并取得了较好的成效，为提高浙江省县级食品安全检验检测水平、建立健全食品检验检测体系提供了宝贵的经验。

二、食品安全检验检测资源整合“三门模式”的主要做法与成效

三门县食品检验检测中心是该县唯一的食品检验机构，为全额拨款的全民事业单位，隶属于三门县食品药品监督管理局。中心筹建于 2008 年 9 月，2009 年 7 月通过省级实验室计量认证的考核。中心现有专业技术人员 19 人，其中有事业编制人员 9 人、编外合同工 9 人、外聘高级工程师 1 人，另外还有非技术人员 4 人。中心实验室面积 1500 平方米，大小仪器 100 多台（件），至目前总投入为 960 多万元。中心首次通过认证的共有 298 个产品和参数，检验检测项目涉及农产品、水产品、加工食品、流通和消费等领域，基本能满足地产食品安全的检验检测需要，目前近 200 个产品和参数正在扩项认证之中。

（一）三门模式的主要做法

第一，检测职能“合五为一”。为彻底解决食品检测资源分散等长期存在的难题，该县将工商行政管理、农业、海洋与渔业、质量监督检验检疫、卫生五个部门原有的食品检验检测职能、人员、设备等整合在一起，建立了专门的食品检验检测中心，承担全县所有食品安全检测任务。中心下挂“县流通领域食品检测站、县农产品质量检测站、县水产品质量检测站、县食品质量检测站、县食品卫生检测站”五个牌子，分别对应上述五个部门。

第二，经费投入“一个口子”。为避免财政经费的重复投入，自 2008 年起，三门县人民政府规定，今后不再将其他部门食品检验检测费用列入预算，而将全县所有食品检验检测经费“一个口子”安排到县食品检验检

测中心。在县食品检验检测中心统一接收各部门食品检测设备的基础上，县财政从2008年到2011年共投入960万元。经费集中投入为检测中心添置大型设备、提升检测能力水平提供了资金保障。

第三，工作模式“六个统一”。一是统一配置食品检测设备。县食品安全检测中心年度内需要添置和更新仪器设备的，由县人民政府统一购置。二是统一制订检测计划。县食品安全委员会办公室综合各部门检测任务后，制订全县食品检测计划，下达给食品检验检测中心。三是统一检测标准。四是统一检测检验。全县的食品安全检测统一由县食品检验检测中心承担。五是统一共享检测结果。中心检测结果为各监管部门共享。六是统一信息发布。食品检测结果及信息由县食品安全委员会办公室每周五定期在三门电视台、报纸的《食品安全每周播报》栏目发布，截至2011年11月底共发布64期，受到广大群众的欢迎。

第四，开展检测“三项服务”。一是开展“食品检测百村行”活动。食品安全检测检验中心每星期安排两次食品检测车赶集市、进农村，为群众提供免费检测服务。通过群众送检和市场抽检，当场完成农药残留等20多种常规定性检测，把检测结果直接告知送检群众，并对检测信息进行汇总，张贴在当地农贸市场食品安全信息公示栏内，同时告知当地乡镇政府，加强日常市场监管。两年多来，共检测了180多个村，接收群众免费送检6000多批次。二是为政府部门服务。主要体现为三个层次：（1）检测中心每年都接受卫生、工商行政管理、质量监督检验检疫、农业、海洋与渔业等职能部门的委托检测500多批次；（2）检测中心受县人民政府委托在全县14个乡镇开展食品安全评价性检测，检测结果纳入县人民政府对乡镇“两个社会”考核内容；（3）县检测中心还被台州市人民政府确定为市食品安全评价性检测实施单位，承担全市9个县市区评价性检测任务。三是为食品企业服务。检测中心利用其检测资源和能力提高企业的质量管理水平和产品竞争力，积极引导农产品基地、种养和购销大户加强对农产品生产过程的质量监控，确保农产品的优质安全。目前，已有62家上规模的种植养殖企业、食品生产加工企业、流通经营单位、餐饮单位与该中心签订了安全性检测服务协议，为企业培训100余人次，有力地提升了企业产品及服务的市场竞争力（见图1）。

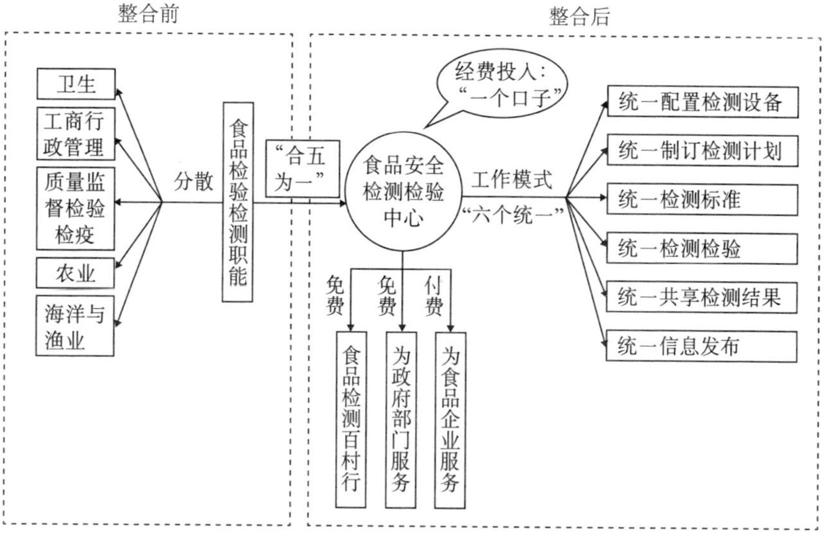

图 1　三门县食品检验检测机构整合前后的运行机制比较

（二）"三门模式"的运行成效

自食品检验检测中心成立以来，三门县的"合五为一"模式取得了良好成效。首先，三门县食品安全综合合格率逐年提高，从 2008 年的 76.6% 上升到 2011 年的 86.79%，在台州市人民政府对各县（市、区）的食品安全综合合格率评价性排名中由 2008 年的最后一名上升到 2010 年的第二名，并于 2011 年上半年获得第一名。餐具合格率也逐年提高，从 2008 年的 53.3% 跃升到 2011 年上半年的 86.7%。其次，2010 年三门县食品检验检测中心开展定量检测 5000 多批次，实现全县每千人年检测量 12 批次，是发达国家（6%）的两倍；定性检测 4000 多批次，有力地保障了全县群众的饮食安全。此外，据财政部门统计，三门县对食品检验检测中心的资金集中投入比 2007 年零散划拨给各部门检测经费总和下降约 30%。

三门县"合五为一"的彻底整合模式获得了国务院、国家食品安全委员会办公室、国家质量监督检验检疫总局、其他县市等部门的高度肯定。自中心成立以来，到三门县食品检验检测中心学习观摩的来自全国各市、县的由人民代表大会和政府领导带队的考察团达 57 批次。2011 年 10 月 19 日，三门县代表在国务院食品安全委员会办公室举办的基层食品检验资源整合建设座谈会上，就其经验作了典型介绍。国家食品安全委员会办公室常务副主任刘佩智称之为“三门式的彻底整合模式”。2011 年 10 月 26 日，国家质量监督检验检疫总局科技司刘展处长一行六人到三门县调研，刘展处长认为三门县人民代表大会、政府领导站在决策高度优化配置检测资源，在全省乃至全国均具有代表性，为下阶段的全国基层检测资源整合模式提供了借鉴。

三、大力推广“三门模式”，全面提升浙江省食品安全检验检测水平

三门县创建了浙江省甚至是中国县级食品检测资源整合的新模式，结束了该县检测资源“低、小、散”的现状，取得了非常明显的经济效益和社会效益，为开拓浙江省县级食品检验检测资源整合模式、建立健全食品安全检验检测体系提供了借鉴，主要体现在以下四个方面：

第一，提高了食品安全检验检测能力。资源整合后的食品检验检测中心，认证通过了 298 个产品和参数，检验检测项目涉及农产品、水产品、加工食品、流通和消费等领域，基本能满足地产食品安全的检验检测需要。同时，经费的集中投入为检测中心添置了大型设备，提升了检测能力水平，也提供了资金保障。2010 年三门县食品检验检测中心开展定量检测 5000 多批次，实现全县每千人年检测量 12 批次，是发达国家（6%）的两倍。

第二，提升了食品安全总体水平。三门县食品安全委员会办公室每周五定期在三门电视台、报纸的《食品安全每周播报》栏目发布食品检测结果。这保证了信息发布的常规性、公开性、及时性，使种植养殖、加工、流通、消费等各环节的食品企业始终绷紧食品安全之弦，认真做好食品安全自查工作不放松，自觉增强责任意识；促进保障食品安全成为一种市场行为，从而使食品安全综合合格率逐年提高，从 2008 年的 76.6% 跃升到 2011 年上半年的 86.79%。

第三，节省了地方财政开支。作为全县唯一的食品检验检测机构，全县的检验检测费用都投入县食品检验检测中心。整合后的检测中心确保了有限的检测经费发挥最大的效能，避免了重复建设和检测造成的财政经费的浪费，为政府节省了财政开支。

第四，增强了群众的消费信心，提升了政府形象。三门县检验检测中心信息发布的权威性、公开性、及时性能够保障群众的食品安全信息知情权和选择权，正确引导群众安全消费，增强群众的消费信心。资源整合的“三门模式”满足了广大群众的需求，受到了广大群众的欢迎，让老百姓感受到了政府下定决心真正为民办实事的服务精神。

随着近年来食品安全危机事件的频繁发生，面对人民群众不断提高的食品安全需求，加快提升浙江省食品检验检测水平，建立健全食品安全检验检测体系已成为一项迫切的任务。而造成食品安全危机事件频发的一个重要原因就是没有一个统一的食品安全检验检测机构，政出多门的弊端已经引起了社会各界的强烈反思。三门县开创了资源彻底整合的“三门模式”，尝试了欠发达地区整合食品检测资源新途径，并取得了明显的社会效益和经济效益，是当前食品安全监管体制改革的成功经验，为浙江省其他县市的食品检测资源整合提供了借鉴。这种模式因能满足群众、企业、政府三方的需求而具有发展的可持续性；因能以较少的投入换得持续性的良好效果而具有可复制性，属于浙江省欠发达地区的三门县都能做好食品检验检测工作，那么在浙江省其他县大力推广“三门模式”更能获得成功。

建议在浙江省大力推广食品安全检验检测资源整合的“三门模式”，由省级推动、县级实施，尽早建立起覆盖全省的县级食品检验检测中心网络，全面提升浙江省食品安全检验检测水平，着力保障浙江省食品安全。

18

遏制公共安全事故频发，保障经济社会安全发展*

“安全发展”是科学发展观的应有之义和重要组成部分，更是中国共产党执政基本理念。坚持安全发展，保障公共安全，事关人民生活安定幸福、社会和谐稳定、国家繁荣昌盛。

当前，中国正处于经济和社会转型的关键时期，随着工业化、城镇化的快速发展，各种公共安全事故在全国许多地区和各个领域频繁爆发。据官方报道，近三年中国年均发生公共安全事故 37000 余次，因此造成死亡 84000 余人，其中仅生产性事故造成的损失就高达 2500 亿元。公共安全不仅包括生产安全、环境安全和交通安全，也包括居住安全、食品安全和医疗安全，无论哪一类公共安全事故都严重损害了人民生命财产，破坏了国家经济发展，影响了社会和谐稳定，挫伤了人们实现科学发展的信心和积极性。

重大公共安全事故虽然常由各种自然因素或偶然事件所触发，但人为因素始终是其发生发展的内因和根源，具体可以归纳为以下几个方面：

第一，“地区生产总值崇拜”高烧不退，安全发展观念淡薄。不少地方官员在经济建设中急功近利，不顾质量和安全，一味猛追地区生产总

---

* 此文与张鸣共同完成，是报送给全国政协十一届四次会议的大会的提案（2011 年 3 月）。

值，不少工程安全性评估草率了事，盲目上马。在政府的默许之下，一些企业片面追求利润，超强度、超能力、超定员违规组织生产，且偷工减料，不仅事故不断，还留下质量隐患。以某大城市 2010 年 11 月高楼大火事故为例，其装修工程层层转包、管理混乱、抢工期、无证操作、使用大量易燃材料成了事故直接原因。紧接着，在刚过去的春节前夕，两栋高度分别达到 152 米和 219 米的东北地区最高楼，作为全身披挂“易燃保温板”的所谓绿色节能建筑，顷刻之间被烟花爆竹引起的熊熊烈火吞噬。

第二，公共安全投入不足，公共安全基础脆弱。发达国家安全投入一般占国内生产总值的 3.3%，而中国安全投入不到国内生产总值的 1%。政府对公共安全的投入不足，导致救灾设施和装备严重不足，以致中国救灾民用直升机数量甚至不及巴西一个城市多。于是在上面列举的高楼火灾中云梯够不着、水枪打不到、灭火直升机进不来，导致数百名消防救援人员和消防车辆面对熊熊大火束手无策。为安全事故付出的个人代价过低，导致不少政府官员舍得花钱搞标志性工程，却舍不得花钱买工程安全，不少企业主舍得花钱搞生产性技术改造，却舍不得花钱保障职工健康和安全。

第三，公共安全立法滞后，安全管理体制不健全。作为公共安全方面“龙头法”和“兜底法”的《中华人民共和国突发事件应对法》只从原则上规定了基本的应急管理法律规则和法律程序，其条文的可操作性不够强。而且该法立足于“应急”，忽略了重大公共安全责任事故可能引起的连锁危机、软性危机及无形危机。此外，现行应急管理体系涉及的政府职能部门和相关单位有 40 多个，由于条块分割、各自为政、军地有别，在处置重大公共安全事故时难以迅速形成合力，影响了事故处置的效果，甚至因延误造成事故的恶性蔓延。在企业层面，安全生产的规章制度往往形同虚设，管理不严、措施不实，甚至层层转包，违规作业，最终导致事故频发。

第四，政府监管缺位，安全生产执法力度不足。一些地方政府官员出于对本地区经济利益和自身政绩考虑，安全生产执法行动往往走过场，对违法生产、经营、建设行为打击不力，对造成的事故查处不严，责任追究不坚决。更令人难以容忍的是少数重大公共安全事故，例如，有的矿难背后甚至有违规入股的官员心甘情愿地充当承包商和企业主的保护伞，让工人不可避免地成为牺牲品。

第五，公共安全教育培训落后，社会化应急救援队伍发展缓慢。目前，中国各级学校都没有专门开设公共安全知识课程，社区的公共安全知识宣传大多流于形式，致使居民在安全事故突发时不知所措。企业不重视对员工的安全教育培训，致使从业人员不能正确应对和处置生产安全事故。此外，中国大部分城市没有建立社会化的应急救援队伍体系，应对公共安全事故时基本只靠政府部门孤军奋战，常常顾此失彼，造成事故扩大。

只有从根本上解决上述公共安全方面存在的问题，才可能真正遏制公共安全事故频发，为此提出下列建议：

第一，树立安全发展观念，改革政绩考核方式。要从根本上减少重大公共安全责任事故的发生，就必须把安全发展视为科学发展的基础、前提和不可缺少的组成部分，把保障和改善民生作为经济发展的出发点和落脚点，否则高速发展的经济成果时刻会被各种公共安全事故所吞噬。首先，要把加快建立健全公共安全保障体系列为“十二五”规划的重要任务之一，要设置相应约束性指标，编制具体细化的公共安全专项规划。国家应该明确规定在制定地区整体发展战略的同时，必须编制地区公共安全专项规划，把公共安全建设战略融入地区整体规划，要注重对公共安全事故的预防，而不是事后耗费巨资进行补救。其次，企业也必须制定相应的安全生产规范，编制事故应急处置预案，提高事故灾难的应对能力。为了保障这些措施真正得以落实，必须改革政绩考核方式，尽快把公共安全指标纳入政府官员政绩考核的范围，对重大公共安全责任事故发生地的主要领导实行一票否决，以改变官员脑海中根深蒂固的“唯地区生产总值论”。

第二，加大公共安全投入，夯实公共安全基础。建议规定公共安全支出不得低于政府财政总支出的一定比例，公共安全支出的增长率不得低于财政总支出的增长速度，并向公众公开政府的公共安全支出的具体用途，接受公众的监督。要加强公共安全领域的科技投入和攻关，在相关高校设立公共安全问题的研究机构，深入开展对公共安全保障体系建设的研究，评估各地发生公共安全事故的风险。政府安全监管和科学技术等有关部门要联手在涉及公共安全的各专业领域立项投资，组织力量攻克预防和救援技术难题；还要采取财政补贴、奖励和税收优惠等手段引导企业研发先进适用的事故预防和救援装备。

第三，加快公共安全立法，完善行政管理体制。要加快制定《中华人民共和国突发事件应对法》的实施细则，并起草处理公共安全责任事故的规章，明确公共安全事故的预警监测、救援设施建设与维护、物资储备、财产征用及问责处罚等问题。还应尽快修订《中华人民共和国安全生产法》《中华人民共和国劳动法》《中华人民共和国消防法》等法律，删除陈旧过时的条文，增补相关内容。与加快公共安全立法相适应，必须改革现行应急管理体制。建议中央成立具有大部门性质的“国务院应急管理委员会”，在省一级设置其分支机构，以整合政府各职能部门的力量，变专业分工管理为综合协同管理，统筹处理包括重特大公共安全责任事故在内的突发事件。以不起眼的烟花爆竹为例，仅2011年春节一天，因燃放和安置不当导致全国5945起火灾，除酿成数亿元直接生命财产损失外，还导致全国至少27座城市的空气污染。面对这样的严重后果，政府需要果断作出更加严厉的立法决定。

第四，强化安全生产执法，加大官员问责力度。各监管部门要实施安全生产惩罚联合机制，在对违法违规企业加大惩罚力度的同时，限制违法违规企业的项目核准、用地审批、证券融资、抵押担保等，使企业一处违规，处处碰壁。要加大对事故企业负责人的责任追究力度，建立针对企业高管的违规处罚信用档案，明确规定曾经发生重特大公共安全责任事故的企业，其高管终生不得进入相关行业。要深挖细查事故背后官煤勾结等腐败行为，严肃查处违纪违法案件。要加大对事故发生地不作为官员的行政问责力度，发生重特大公共安全责任事故要追责地方负责人和上级单位主要负责人。事发地行政首长不管是否负有具体责任，都应引咎辞职，并要形成惯例，以向公众表达歉意。

第五，加强公共安全宣传教育，培育社会化应急救援队伍。按照国际通行标准和实际计算，安全宣传的投入产出比是1:5，因此加强公共安全宣传是一项高效益的投资项目。建议在各级学校设置公共安全课程，建立公共安全教育基地；加强应对公共安全事故的演练，提升公众的自救、互救能力；要加强对安全事故频发行业人员专项安全知识和生产技能培训。

此外，基层政府应该有计划地培育一支可以“召之即来，来之能战”的社会化应急救援队伍，并将其纳入公共安全管理的决策体系。为此，应出台各项扶持政策，鼓励相关专家学者、社会公益人士、各行业技术骨干，特别是高危行业的技术骨干参加这一兼职应急救援队伍。

19

强化对“短命工程”的治理，着力减少公共资源浪费*

中国是世界上每年新建建筑工程量最大的国家，每年约 20 亿平方米，但这些建筑工程的寿命堪忧，平均仅为 25—30 年。在英国，建筑的平均寿命为 132 年，美国为 74 年，相比之下，中国的建筑呈现“短命”的态势。尤其近年来，“短命工程”在全国各地频现。2007 年 1 月 6 日，有西子湖畔第一高楼之称的浙江大学湖滨校区 3 号楼投入使用仅 13 年便“寿终正寝”；2007 年 2 月 12 日，投资 2.5 亿元兴建的沈阳五里河体育场在使用了 18 年后拆除；2009 年 2 月 20 日，于 1994 年建成的沈阳夏宫在 2 秒内被炸成一堆瓦砾，该工程投资 2 亿元，仅营业五年；2009 年 6 月 16 日，仅投入使用十余年的武汉首义体育培训中心综合训练馆耗资 200 亿元打造的辛亥革命百年纪念计划光荣“献身”；福建福州一所投资 1500 万元建成的现代化小学，2009 年全面投入使用，因该地段规划为政府中央商务区（CBD），也面临被拆迁的命运；2010 年 3 月，于 2001 年 1 月 1 日正式落成的海南省海口千年塔正式开始拆除，该塔高 131.101 米，耗资 3000 多万元；2010 年 7 月交付使用的杭州萧山区鸿达路，因该道路影响杭州的整体形象，在

---

* 此文与张维维共同完成，相关提案是九三学社中央委员会报送给全国政协十一届四次会议的大会书面发言提案（2011 年），荣获九三学社浙江省委员会参政议政一等奖（2011 年）。

同年8月初就开始彻底重新改造。诸如此类，不胜枚举。

“短命工程”的频现造成了资源的巨大浪费，中国每年消费了世界总量40%的水泥和钢材。而事实上，中国人均可利用资源低于世界平均水平，资源紧张，世界40%的水泥和钢材的使用量大大透支了中国资源消耗，有悖于中国的国情。“短命工程”也对环境造成了巨大的压力。目前，中国生产出全球最多的建筑垃圾——每年高达4亿吨，以南昌五湖大酒店拆除为例，据估算，酒店拆除后将留下4万吨建筑垃圾。如此之多的建筑垃圾的清运、堆放、填埋将耗用大量的土地，且在垃圾处理过程中的粉尘会造成严重的环境污染。此外，“短命工程”对政府形象也构成了巨大的挑战。一些地方领导脱离实际，追求“形象工程”，希望用城市的变化来展现自己的政绩，尤其是那些贫困落后地区，本来财政紧张，“形象工程”造成一个个不可收拾的烂摊子，老百姓形象地称之为“有人搭梯子，没人擦屁股”。同时，这些工程的拆建中也蕴藏着大量的腐败。有关资料显示，截至2010年4月底，全国共受理工程建设领域举报线索17269件，立案9188件，结案8656件；给予党政纪处分5241人，其中地（厅）级为57人，县（处）级为611人；移送司法机关处理3058人。这严重损害了政府在公众心目中的形象。

2009年住房和城乡建设部对全国30多个省的90多个城市中的180多个建筑工程进行了住宅工程品质检查，结果显示96.1%的建筑工程合格。因而基本上可以得出这样的结论：“短命工程”频现主要是非质量原因。对于非质量原因而言，利益的驱动又是“短命工程”频现的根本原因。一方面，近些年土地价格快速上涨，土地收入在地方财政收入中占据了非常大的比例，相关材料统计显示，2009年全国土地出让金收入为1.9万亿元，地方政府的财政总收入为3.26万亿元，出让土地占到了地方政府财政收入的50%以上，在这种强大的利益诱惑下，地方政府更有决心对新建筑“痛下狠手”；另一方面，官员们为追求个人利益，崇拜地区生产总值，大搞形象工程，在这种错误政绩观的指导下，拆旧建新、拆新建新比比皆是。城市建设规划缺乏科学性及严肃性是造就“短命工程”的直接原因。“规划规划，纸上画画、墙上挂挂、橡皮擦擦，最后能不能实施，全靠领导一句话”，这就是当前中国规划的真实写照，这样的规划缺乏专业的反复论证，缺乏对未来发展的预见，更缺乏对民意的尊重，并且，这种规划还朝令夕改，难以为继，“短命工程”不可避免地出现了。然而，在“短命工程”出现后，后续的责任追究机制在中国是空白，至今还没有一个官员为“短命工程”买单，这样就在一定程度上默许了“短命工程”的出现。因此，如果不积极采取有效措施，“短命工程”将愈演愈烈。

国家“十二五”规划建议书明确指出，坚持把建设资源节约型、环境友好型社会作为加快转变经济发展方式的重要着力点。深入贯彻节约资源和保护环境基本国策，节约能源，降低温室气体排放强度，发展循环经济，推广低碳技术，积极应对气候变化，促进经济社会发展与人口资源环境相协调，走可持续发展之路。“短命工程”事关国家和谐可持续发展，迫切需要党和政府采取强有力的措施，进行综合治理。

第一，出台《公共投资法》，规范公共投资行为。有关统计显示，“短命工程”中大部分为公共投资项目。目前，中国在公共投资方面缺乏完善的法律规范，为“短命工程”的频现提供了温床。这就迫切需要从法律的高度来解决当前公共投资领域存在的问题，规范公共投资管理，提高公共投资效率，最大限度地发挥公共投资的效用。《公共投资法》需要对公共投资的范围从法律上予以界定，对公共投资的程序用法律来予以确定，对建成的项目进行后期的监管，对公共投资的大型工程使用年限从法律上予以确定，避免“短命工程”所造成的巨大危害。浙江省杭州市 2007 年在国内率先出台《杭州市重要公共建筑拆除规划管理办法（试行)》，以杜绝建筑“短命”现象。然而，在此之后又出现了杭州萧山的道路建设的“短命”，说明该办法未能有效制约“短命”现象的产生。因此，需要把相关规定上升到法律层面，从法律的高度予以保障，杜绝“短命工程”再现。

第二，重视规划，力求规划科学性、民主性。目前，很多地方规划随意性很强，缺乏科学性，规划滞后、混乱，与未来城市发展步伐不协调。政府主管部门应立足现实，统筹兼顾历史和未来之需，科学制定城市的总体规划。并且，在制定规划过程中，必须充分考虑公众的意见，虚心接受公众的批评和建议，找出规划所存在的问题和不足，使之更加科学、全面、透明。在制定科学合理的规划基础上，还要严格执行已批准的规划，避免朝令夕改，否则再完美的规划也不能摆脱“短命工程”的厄运。

第三，建立责任追究机制，惩戒失范行为。“短命工程”造成了巨大的资源浪费，给社会带来了严重的恶果。政府有关部门和个人应承担相应责任，但到目前，还没有地方官员因此被问责。因此，要建立责任追究机制，对政府部门领导决策失误、监管失职，导致城市建筑“健康差劲”与“短命”，造成重大资源环境浪费和社会财富损失的情况，视损失程度和责任轻重，依法追究行政责任、经济责任、法律责任，并且对责任人责任的认定、责任追究的依据、处理结果等都要进行公开监督。没有监督就会暗箱操作，滋生不正之风，必然导致领导决策失误却逃避责任，或大事化小，小事化了，最终导致领导决策失误、监管失职、责任追究流于形式。

第四，推进建筑材料产业化，减少资源浪费。1910 年，建筑大师格罗皮乌斯就提出了标准化住宅预制和装配的设想。在日本，住宅工厂化生产带来了规模化效应，提高施工质量，降低生产成本，还可以使住宅施工现场垃圾减少 83%、材料损耗减少 60%、可回收材料占 66%、建筑节能 50% 以上，符合环保节能的世界潮流。因此，对于中国这样一个资源并不富裕的国家来说，充分、合理使用资源非常必要。在大型工程建设中，政府应鼓励使用标准化建筑材料，推进建筑材料产业化，从而最大限度地减少“短命工程”所带来的资源的巨大浪费，为实现可持续发展保驾护航。

第五，鼓励科技创新，促进建筑垃圾再利用。2010 年上海世博会堪称建筑垃圾循环利用的经典之作。园区建设部门将建筑垃圾分类、预处理后用于后期园区的建设，基本做到“建筑垃圾不出园”，这大大降低了资源消耗。因此，政府应该倡导绿色、环保、低碳建筑工程理念，重视垃圾重复循环利用，而在建筑垃圾再利用过程中，科学技术是关键，政府应该鼓励相关科技创新，运用科技手段充分、合理利用建筑垃圾，最大限度地减少资源消耗。

20

促进浙江省食品安全检验检测体系建设，强化食品安全技术保障*

食品安全检验检测体系是对食品安全检验检测的重要技术支撑，在食品安全监管体系中具有重要的地位。近年来，浙江省在食品安全检验检测体系建设方面开展了卓有成效的工作，取得了很大的进展。浙江省目前已基本建立了以省、市、县三级检验检测机构为中心，以流动检测车、快速检测仪为补充，并能基本满足食品监管需要的检验检测网络体系。但也应该看到，影响食品安全的一些深层次问题在浙江省依然存在，浙江省食品安全检验检测能力与国际先进水平有较大的差距，现有的检验检测体系还难以完全满足食品安全监管的需要。因此，需要继续加大工作力度，采取有效的政策措施，促进食品安全检验检测体系建设，为浙江省食品安全提供强有力的技术保障。

一、浙江省食品安全检验检测体系的系统设计

食品安全检验检测体系是一个复杂的大系统。浙江省食品安全检验检测体系的系统设计应该遵循整体性、层次性、结构性和开放性等系统的基

* 此文荣获时任浙江省省长吕祖善同志的重要批示（2008 年 2 月 28 日）和时任浙江省副省长王建满同志的重要批示（2008 年 2 月 29 日）。

本原则。

一是遵循整体性原则，把食品安全检验检测体系作为一个整体来建设，不要以偏概全、以点代面，只有整体的目标才是系统的最高目标，只有整体功能最佳才是最佳的食品安全检验检测体系。

二是遵循层次性原则，要求建立省、市、县和企业等不同层级分工明确、功能互补的检验检测机构，处理好系统的层次关系，充分发挥不同层次检验检测机构的功能和作用。

三是遵循结构性原则，要求将检验检测体系看作持续发展中的结构体系，了解主要矛盾和次要矛盾，分清建设的重点、难点和突破点。

四是遵循开放性原则，要求我们充分考虑外部环境对系统的影响，通过不断地对系统各个构成要素和层次结构进行调整和完善，提高浙江省食品安全检验检测体系的整体功能。

根据系统论和系统工程的基本思想，浙江省食品安全检验检测体系可划分为检验检测机构、网络信息、控制协调、激励惩罚、信用评价、责任追究和资金保障七个系统。七个系统相互联系、相互依存、相互影响，共同构成了浙江省食品安全检验检测体系。

检验检测机构、网络信息和控制协调三个系统属于物理支撑系统，是食品安全检验检测体系的支撑实体；激励惩罚、信用评价和责任追究三个系统属于管理支撑系统，是保障物理支撑系统有效运转的前提，是食品安全检验检测体系的支撑软件；资金保障系统是保障物理支撑系统和管理支撑系统持续运转的血液和动力。

浙江省食品安全检验检测体系建设是一项复杂的系统工程，需要用系统工程理论来指导这项工作，既要加强检验检测机构、网络信息和控制协调三大物理支撑系统的建设，同时又要十分重视激励惩罚、信用评价和责任追究三大管理支撑系统的建设。

二、浙江省食品安全检验检测体系的建设目标

坚持以科学发展观为指导，围绕全面提高浙江省食品安全质量水平、确保人民群众的身体健康和生命安全的中心任务，到2020年，建立布局合理、功能完备、社会中介发达的检验检测机构系统，建立安全可靠、传输

及时、信息共享的网络信息系统，建立运行高效、反应快捷、协调统一的控制协调系统，建立奖罚分明、机制灵活、形式多样的激励惩罚系统，建立分工明确、职能明确、责任明确的责任追究系统，建立褒奖守信、惩戒失信、诚信光荣的信用评价系统，建立财政经费持续稳定增长的资金保障系统。

通过12年的持续努力，建立能够满足浙江省“从农田到餐桌”食品安全的监管需要，能够满足国家标准、行业标准和相关国际标准对食品安全参数的检验检测要求，检验检测总体能力达到国际先进水平的食品安全检验检测体系。

三、浙江省食品安全检验检测体系建设的突破点

重复建设、重复检测、检测资源和检测结果共享水平低是浙江省食品检验检测体系建设存在的核心问题。如何进行检验检测资源的有效整合是浙江省食品安全检验检测体系建设必须重点突破的问题。

第一，软资源（包括检验检测的计划、经费和信息等）的整合。通过计划整合，由食品安全委员会组织专家对监管部门上报的检验检测计划进行论证，删除重复计划，增加薄弱环节检测，调整不合理安排，减少部门的重复检测，增加检测批次，增强检测科学性；通过经费整合，财政部门可以对整合后的计划进行统一预算，将经费列入专项经费管理和绩效评价管理，解决原有经费不到位、不专用的问题，为计划、信息整合提供支撑；通过信息整合，实现省内跨区域、跨部门信息共享，为食品安全执法、风险评估、科学研究提供数据支撑。

第二，检验检测硬资源的整合。根据《浙江省检验机构管理条例》第五条“除依法履行行政管理职责的组织按照法律、行政法规规定设立检验机构外，依法履行行政管理职责的组织不得与检验机构存在隶属关系或者其他利益关系”规定，全面实施政府检验检测机构与监管部门脱钩，选择脱钩后的部分检验检测机构进行重点建设，对其他的实行社会化和市场化管理，培育和发展检验检测社会中介机构。

四、浙江省食品安全检验检测体系的建设重点

检验检测机构、网络信息和控制黑市是检验检测体系的物理支撑系

统，直接决定着食品安全检验检测的能力，是浙江省食品安全检验检测体系的建设重点。

重点一：检验检测机构系统建设。建立以省、市、县和企业四级检验检测机构为主体的层次清晰、职能明确、技术设备先进、功能完备、社会中介发达，能够满足对产地环境、生产投入品、生产加工、储藏、流通、消费全过程实施质量安全检测需要，检验检测总体能力达到国际先进水平的检验检测机构系统。省级机构有能力开展全省食品安全的各项检测，能够跟踪国际国内食品最新发展动态，对潜在危害提出前瞻性预测及应对措施；市级机构能够开展本地区食品安全主要项目检验工作；县级机构能够开展本地食品安全一般常规项目和快速检测工作；企业机构能够满足国家规定的产品出厂检测的需求。

重点二：网络信息系统建设。充分利用现有信息资源和基础设施，加快推进浙江省食品安全检验检网络信息系统建设，实现全省、跨区域、跨部门对检验检测信息的共享，形成服务于食品监管部门检验检测计划科学编制、经费统筹安排、信息汇总共享、信息通报、监测分析、事件预警、应急处理、产品追溯、信用评定、食品安全科研及社会公众服务的网络协同工作环境，加快建立食品安全信息统一发布制度。

重点三：控制协调系统建设。建立浙江省食品安全检验检测信息控制网络，逐步形成科学的食品安全预警体系；建立食品生产加工、流通环节电子控制网，实现食品生产加工、经营企业条件和产品质量电子监控；在整合现有资源的基础上，建立食品安全信息中心，对食品安全信息进行分类、筛选、综合分析和监测，着力构建浙江省食品安全风险评估体系。

五、浙江省食品安全检验检测体系的建设难点

激励惩罚、信用评价和责任追究三个系统属于管理支撑系统，对保障物理支撑系统高效运行和提高食品安全检验检测体系的整体功效具有举足轻重的影响，是浙江省食品安全检验检测体系的建设难点。

难点一：激励惩罚系统建设。为了实现从源头上控制食品安全，必须建立面对企业自检的激励惩罚系统，增强企业自检的动力和能力，构建一种“他要我检”转变为“我要他检”的机制。主要措施包括：采取税收扣

除、税收递延、投资抵免、加速折旧、特定准备金和财政补贴等财税手段，鼓励企业加大自检投资力度，减少企业自检成本，提高企业自检的动力和能力；加大对企业自检的监管力度和违法的惩处力度，提高企业违法成本，弱化企业违法的动机和动力；建立健全企业自检年度考核和公示制度。

难点二：信用评价系统建设。由专家委员会研究制定浙江省食品安全检验检测机构的信用评价指标体系和评价指标的权重体系，采集信用评价指标的相关数据，对检验检测机构的信用等级进行年度测评；由监管部门统一发布检验检测机构的信用等级，对检验检测机构的信用等级予以公示。

难点三：责任追究系统建设。一是制定出台《浙江省食品安全检验检测监管部门责任追究办法》。运用法律手段强化监管部门的责任意识，明确食品安全检验检测各个监管部门的责任内容和范围，确立科学的责任追究方法，严格责任追究的程序。二是健全食品安全检验检测监管责任追究的长效机制。食品安全委员会与卫生、质量监督检验检疫、农业、食品药品、工商行政管理等各个监管部门签订刚性的监管责任状，监管部门与相关工作人员签订责任状，实行一级抓一级、下级对上级、个人对部门负责，把食品安全监管责任切实落到具体的监管部门和个人，真正建立食品安全监管的长效机制。三是强化食品安全检验检测的引咎辞职和责令辞职机制。浙江省需要细化引咎辞职、责令辞职的具体适用标准、方法和程序，堵塞制度的漏洞，增强制度的刚性约束，减少自由裁量权，从制度层面有效地解决引咎辞职、责令辞职难以落实的“老大难”问题，强化食品安全检验检测的引咎辞职和责令辞职机制。

六、浙江省食品安全检验检测体系建设的配套措施

第一，完善法规政策体系。浙江省应在修订部分现行法规政策的同时，尽快研究制定新的食品安全检验检测地方性法规，主要包括：《浙江省食品安全检验检测体系建设规划》《浙江省食品安全检验检测资源整合办法》《浙江省食品安全检验检测收费管理办法》《浙江省食品安全检验检测信息发布和管理办法》《促进浙江省食品安全检验检测社会中介机构发

展条例》。

第二，健全技术标准体系。一是梳理现行食品标准，理顺标准体系。组织开展对现行国家标准、行业标准、地方标准的梳理，解决、应对标准之间交叉、重复、矛盾以及强制性标准和推荐性标准定位不合理的问题；对已备案的企业产品标准进行清理，凡与国家法律法规、强制性标准要求相矛盾或低于国家强制性标准要求的企业产品标准一律取消备案。二是汇总覆盖整个供应链的食品安全技术标准体系，包括食品安全通用标准与食品安全专用标准、重要的食品安全限量标准、食品检验检疫与检测方法标准、重要的食品安全控制标准、食品市场流通安全标准等，在政务网站上公开，方便企业、公众查询。三是推动浙江省食品安全标准采用国际标准和国外先进标准的进程，积极参与国际标准制定修订。

第三，加强技术科学研究。从食品安全存在的关键问题入手，通过深入的调查论证明确浙江省食品安全检验检测的技术科学研究重点，逐步增加对检验检测技术科学研究的财政投入，重点解决食品安全中的关键检测、控制和监控技术。近期要加快农药残留检验检测技术、兽药残留检测技术、重要有机污染物的痕量与超痕量检测技术、生物毒素和中毒控制常见毒物检测技术等关键技术的科技攻关，建立符合浙江省特点的食品安全技术科学支撑体系。

第四，促进人才队伍建设。一是建立和完善食品安全检验检测专业资格考试与认证制度，提高准入门槛；二是完善教育培训体系，对上岗人员进行定期的全方位培训，如法律法规、质量意识、检测技术和管理知识水平培训等；三是县级检验检测机构，尤其是农产品生产基地、批发市场、农贸市场、超市、农产品配送中心和农产品加工企业、畜产品定点屠宰企业质量检验检测人员的在岗培训，不断提高他们的业务素质和检测水平；四是在浙江大学等高等院校设立食品安全检验检测本科生专业，增设食品安全检验检测硕士点和博士点，将食品安全检验检测作为一个重要的学科和研究方向。

三、政府改革与体制创新

1

全过程人民民主的生动实践：民生实事项目票决制的浙江方案*

天下之权，惟民主是主。民生实事项目人民代表大会（以下简称“人大”）代表票决制（以下简称“票决制”），是指政府在广泛征求人民群众意见建议基础上提出民生实事候选项目，经同级人大代表在本级人民代表大会会议期间以投票表决方式选择决定正式项目，交由政府组织实施，并接受人大代表和人民群众监督的制度。这项制度发端于习近平总书记在浙江工作期间建立的为民办实事长效机制。2004 年，浙江省出台《关于建立健全为民办实事长效机制的若干意见》，提出了涵盖社会保障、医疗卫生、生态环境、科教文化等十个重点领域的实事内容，并建立民情反映、民主决策、责任落实和督查考核工作机制。2008 年，宁海县在力洋镇和大佳何镇率先实施民生实事项目票决制。2009 年，宁海全县 14 个乡镇全面推开票决制。随后浙江多地陆续组织实施票决制。2017 年，浙江省委办公厅印发《关于实施民生实事项目人大代表票决制工作的意见（试行）》（浙委办发〈2017〉63 号）。2019 年，浙江省人大常委会办公厅印发《关于深化民生实事项目人大代表票决制工作的指导意见》。2022 年 9 月 29 日，浙江

---

* 此文荣获浙江省人大工作研究会第九次理论研讨会优秀论文二等奖，刊载于《民主与科学》2022 年第 5 期（2022 年 10 月）。

省人大常委会表决通过了《浙江省民生实事项目人大代表票决制规定》，以地方立法方式解决票决制实施过程中遇到的难题、堵点和重点问题。

民主是我们迄今为止所能找到的最好的一种制度。党的二十大报告指出，全过程人民民主是社会主义民主政治的本质属性，是最广泛、最真实、最管用的民主。民生实事项目是群众关心的“关键小事”，但嵌入人大代表票决后就成为体现人民民主的“大事”。民生实事项目票决制，将民主贯彻于为民办实事工作的全过程，从“为民做主”变为“由民做主”，充分发挥了人大代表主体作用，强化了人大的决定权和监督权，激发了人民群众参与政府工作的积极性，增强了政府为民办事的主动性；是坚持党的领导、人民当家作主、依法治国有机统一的有效载体，实现了代表履职、人大监督、政府治理、社会参与、群众自治“五位一体”的良性互动；提升了民生实事项目的实施绩效，增强了基层治理能力，丰富了全过程人民民主的时代内涵，有效推进了全过程人民民主的生动实践。

一、民生实事项目人大代表票决制的浙江做法

民主就是直接由全体人民治理、全体人民拥有、全体人民享受的自治政体。浙江民生实事项目票决制工作，通常由民生实事项目的征集初定阶段（征集环节、初定环节）、审议票决阶段（审议环节、票决环节）和监督评估阶段（监督环节、评估环节）三个阶段的六个环节构成，形成了科学民主的决策程序和完整有效的监督闭环。票决制较好解决了因政府和群众视角不同产生的偏离，防止政府投入大量资金的实事项目与群众需求相脱节。同时，项目的决策和实施相分离，接受代表全过程监督，增强了决策程序和结果的透明度，保证了民生实事“不走样”“不变形”。

浙江票决制的基本做法集中体现在以下四个方面：

第一，认真做好民生实事项目征集遴选，确保候选项目真正体现民生。一是科学界定民生实事项目概念、内涵和范围。民生实事项目是指与人民群众生产生活密切相关，以政府财政资金投入为主，为增进民生福祉、提升群众获得感而由政府组织实施的民生类公共事业项目。民生实事项目征集遴选，重点考虑教育文化、卫生医疗、社会保障、住房保障、环境整治、交通出行、养老服务、食品安全、公共安全、社会治安、城市管

理、城乡建设等人民群众关注度高的“关键小事”。重大工程项目、重大产业发展类项目以及政策、土地和资金保障等要素不落实的项目不纳入民生实事候选项目。为了便于开展项目票决和监督评价，候选项目通常是“一事一项目”，不考虑由多个子项目构成的综合项目。二是组织人大代表广泛参与项目征集。市、县（市、区）人大常委会（乡镇人大主席团）在政府开展项目征集过程中，充分发挥人大代表密切联系人民群众的优势，组织代表通过走访群众、进代表联络站、召开民主恳谈会等方式，广泛听取群众意见，深入了解民情民意。结合代表议案、建议反映的情况，及时进行汇总、梳理和筛选，提出项目建议，切实将群众最期盼、最迫切的民生实事项目建议转交同级政府纳入遴选范围，增强民生实事项目票决的群众基础。三是积极协助政府做好项目遴选工作。首先，在项目初定环节，市、县（市、区）人大有关专（工）委和乡镇人大主席团加强与政府、代表的沟通协商。其次，在政府形成候选项目建议方案时，人大加强与政府的沟通协商，提出意见建议。根据实际需要，召开人大常委会主任会议或党组会议、乡镇人大主席团会议听取政府候选项目征集遴选情况。最后，候选项目初步建议方案形成后，要通过多种方式听取代表意见建议。人大常委会（乡镇人大主席团）在审议候选项目建议方案时，重点从项目的必要性、可行性，人民群众需求的迫切性以及政府财政预算等方面开展审议。突出民生实事候选项目的普惠性、公益性和社会效益，同时兼顾区域均衡性，力求实事求是、量力而行，实现民生需求的最大公约数。

第二，精心组织民生实事项目审议票决，确保票决结果全面反映民意。一是确保代表会前充分了解候选项目总体情况。人民代表大会会议召开前，及时协调政府将候选项目有关材料通过书面或电子方式送交代表，使代表提前了解项目情况，为审议票决做好准备。对资金和资源要素投入较多、建设周期较长或者影响面较大的候选项目，结合代表会前活动，通过开展专题调研、视察或召开项目介绍会等途径，让代表充分了解项目情况。二是保障代表充分审议候选项目。人民代表大会会议期间，由政府负责人在全体会议或主席团会议上，就候选项目的确定过程、项目规划和资金安排等问题作出具体说明，并组织代表以代表团全体会议或代表小组会议方式开展审议。审议时，让代表充分发表意见，政府及其有关部门工作人员到现场听取意见、回答询问。充分尊重代表主体地位，对代表提出的审议意见，政府相关部门及时与代表沟通、研究处理，并反馈处理结果。主席团会议认真听取代表审议候选项目总体情况的汇报。候选项目的规划内容确需调整的，由政府修改完善后，再提请全体会议表决。三是严格按程序开展项目票决。认真拟定票决办法，经代表审议后，提请全体会议通过。票决办法明确规定候选项目的差额比例、表决方式、项目确定和公布方式等，确保民生实事项目产生的合法性。经代表审议后的候选项目，全体会议上由代表以无记名投票方式进行表决，表决结果当场宣布，并向社会公开。

第三，深入开展民生实事项目跟踪监督，确保项目实施能够落地见效。一是明确人大跟踪监督工作职责。人民代表大会会议结束后，人大督促政府及早制订项目实施计划，明确项目牵头领导、责任单位、任务分解、资金安排和阶段性目标等，将责任落实到相关承办单位。市、县（市、区）人大常委会（乡镇人大主席团）将民生实事项目监督评估工作纳入年度监督工作计划，并制订项目实施监督方案。充分发挥人大代表作用，积极组织代表参加监督活动，根据就近就便原则兼顾代表专业特长，每个项目均组建由人大领导牵头、相关专工委和代表组成的监督小组，做到项目“件件有监督”，代表“人人有任务”。二是扎实开展跟踪监督。民生实事项目监督小组采用听取报告、现场视察、调研督办等方式，对项目的实施进度、施工管理、项目质量、资金使用等开展日常跟踪监督。采用“一月一通报”“一季一督查”“半年一报告”和“集中监督周（月）”等方式，强化监督工作实效。对项目监督中发现的问题，采用现场交办、督查报告等形式向政府及有关部门提出意见建议，并督促政府及时研究整改。如因政策变化或不可抗因素，个别项目确需调整规划或终止实施的，政府及时向人大常委会（乡镇人大主席团）报告。年度监督工作结束后，各项目监督小组提交专项监督报告，并形成人大监督实施情况总报告。将人大监督与社会监督、媒体监督相结合，并将监督情况及时向社会公开。

第四，高度重视民生实事项目满意度测评，确保不满意的项目限期整改。组织开展以人大代表为主体、专业人士参与的民生实事项目实施绩效预评估工作，预评估结果作为人大代表满意度测评的重要参考依据。各级人大通过人民代表大会会议或者人大常委会（乡镇人大主席团）听取和审议政府年度民生实事项目完成情况报告和人大监督工作报告，充分审议后，对民生实事项目实施绩效进行满意度测评。测评结果报同级党委，并纳入政府年度工作考核范畴。对测评结果不满意的民生实事项目，政府要作出具体解释说明，同时提出整改计划。对执行不力造成严重后果的民生实事项目，人大通过询问、质询、特定问题调查等方式强化监督。

二、民生实事项目人大代表票决制的浙江经验

民主制度，天下之公理。目前，浙江 11 个设区市、90 个县（市、区）和 877 个乡镇开展了民生实事项目票决制，实现了市、县、乡三级全覆盖。据统计，近五年来，全省通过票决的民生实事项目近 5 万件。浙江民生实事项目票决制，已成为人民群众心中的“金字招牌”。只要是票决通过的民生项目，总能赢得群众的大力支持，总能得到政府的高度重视，总能较大地提高群众的获得感。民生实事项目票决制经过多年的实践探索，形成了具有浙江特色的基本做法，积累了丰富经验，主要经验集中体现在以下四个方面。

第一，坚持党的领导，多方形成合力。坚持党的领导核心作用，把党的领导贯穿于民生实事项目票决制工作的全过程。票决制工作中的重大问题、重要事项和重大方案要及时向同级党委报告，确保党委相关部署要求得到有效落实。建立“党委领导、人大决定、政府实施、公众参与”的民生实事项目工作制度。各级人大组织立足法定职能，认真协助政府做好民生实事项目征集遴选工作，精心组织做好民生实事项目的审议票决、跟踪监督和绩效评估等各项工作，努力做到人大工作不缺位、不越位，通过行使重大事项决定权和监督权，促进政府依法履职、积极作为，着力形成民生实事项目票决制的工作合力。

第二，坚持依法推进，严格程序规范。民生实事项目票决制工作，要强化法律意识，依法依规开展工作，切实做到权限法定、运作规范、程序合法。要建立健全民生实事项目征集、票决、监督和评估等工作机制，形成科学民主的决策程序和完整有效的监督闭环，切实履行好宪法和法律赋予人大的重大事项决定权和监督权。民生实事项目相关制度设计要与人大

审议政府工作报告及审查批准计划、预算相关制度有机衔接，与完善城乡基础设施体系和公共服务体系、提升社会保障水平一体推进。民生实事项目票决制，不仅让人民代表大会的会议形式更丰富、审议决定内容更充实，也让人大监督更深入、更具实效。

第三，坚持发扬民主，广泛征集民意。充分发扬人民民主，尊重代表主体地位，全过程扩大人大代表和人民群众的参与，最大程度地把人民意愿体现到票决制工作各个环节。把人民群众的呼声作为第一信号，问需于民，做到让人民群众参与、让人民群众作主、让人民群众受益、让人民群众满意。把人民群众需求作为民生实事项目遴选决策的重要标准，把人民群众满意作为评价民生实事项目实施成效的重要指标，把人民群众不满意作为民生实事项目整改的重要依据。在民生实事项目征集、票决、实施和监督全过程中，广大群众以人大代表为纽带，成为民生实事项目的建议者、决策者、监督者和受益者。

第四，坚持管用可行，突出效果导向。坚持管用可行，以项目有效实施为目标，突出效果导向。在民生实事项目确定上突出普惠性、公益性、兜底性，聚焦就业、住房、交通、教育、医疗卫生、文化惠民、养老服务、食品安全、环境治理、社会保障等事关人民群众切身利益的热点、难点、堵点和痛点问题，着力补短板、强弱项。在项目实施上，按照急需先定、成熟先行、好中选优的原则，优先实施票决项目。在项目跟踪监督上，抓住关键环节，做到件件有跟踪、事事有监督、项项有评价和人人有事干。对已完成的民生实事项目，组织代表开展“回头看”、满意度测评等活动，进一步提升民生实事项目实施效果。通过“群众提议、代表票决、政府实施、人大监督”的工作机制，着力提高政府决策科学化、民主化和法治化水平，真正使民生实事项目成为满足人民日益增长美好生活需要的民心工程，不断提升人民群众的满意度、获得感和幸福感。

2

民主党派参政议政：国家治理的中国方案*

中国共产党成立 100 多年来，始终坚持把马克思主义基本原理同中国革命、建设和改革的实际相结合，同中华优秀传统文化相结合，带领中国人民迎来了从站起来、富起来到强起来的伟大飞跃，形成了中国特色社会主义道路、理论、制度、文化体系，建立完善了国家治理体系，迎来了实现中华民族伟大复兴的光明前景。国家治理体系就是在中国共产党领导下管理国家的政府、经济、社会和文化等事务的一整套紧密关联、相互协调的国家制度。国家治理能力则是运用国家治理体系管理国家事务的综合能力。

习近平总书记指出："中国共产党领导的多党合作和政治协商制度作为我国一项基本政治制度，是中国共产党、中国人民和各民主党派、无党派人士的伟大政治创造，是从中国土壤中生长出来的新型政党制度"。民主党派参政议政制度，是我国基本政治制度的重要内容，是具有中国特色的政党制度，是提高党的执政能力的重要途径，是驱动国家治理体系和治理能力现代化的重要力量。中国共产党作为执政党总揽国家发展全局，是完善国家治理体系和推进国家治理能力现代化的核心力量。民主党派作为执政党的"好参谋、好帮手、好同事"，通过参政议政向中国共产党和国

---

* 此文刊载于《民主与科学》2022 年第 4 期（2022 年 8 月）。

家机关提出意见建议，完善党的科学决策机制，提升执政能力，进而推进国家治理体系和治理能力现代化。

中国共产党高度重视民主党派参政议政这个中国民主政治的特有形式和独特优势，通过建立多层次的民主党派参政议政教育培训体系、构建多维度的民主党派参政议政平台、加强民主党派参政议政成果的转化应用、发展和完善民主党派参政议政制度供给等一系列有效安排，充分发挥各民主党派参政议政在国家治理中的重要作用，进而将中国共产党的领导优势和社会主义的制度优势积极转化为国家治理效能。

一、建立多层次的民主党派参政议政教育培训体系

参政议政是民主党派的基本职能，也是作为参政党的民主党派参与国家治理的有效途径。民主党派参政议政能力直接决定民主党派参政议政质量和水平，进而影响民主党派在国家治理中所发挥的作用和对国家发展所做的贡献。为着力提升民主党派的参政议政能力，充分发挥民主党派在国家治理中的重要作用，中国共产党经过长期探索，建立了多层次的民主党派参政议政的教育培训体系。

社会主义学院是中国共产党领导下的具有统一战线性质的政治学院，是党和国家干部教育培训体系的重要组成部分，是民主党派和无党派人士的联合党校，是民主党派参政议政教育培训的主阵地。中央、省市和副省级城市党委都设立了社会主义学院。市、县两级党委根据地方发展的实际需要设立社会主义学院。培训民主党派是社会主义学院教育教学的重要任务。总体上看，社会主义学院的教学班次主要由主体班次和委托班次两大类组成。其中，主体班次通常包括进修班、研修班、培训班和专题班四种类型，并统一纳入了各级党委统一战线教育培训的规划范畴。委托班次是各级党委和政府以及各个民主党派等委托社会主义学院举办的教学班次。主体班次的主要培训对象是民主党派负责人、党外领导干部和党外代表人士等。委托班次的主要培训对象是民主党派干部、参政议政骨干成员以及民主党派新成员等。近年来，一些民主党派和党外代表人士高度密集的高等学校和大型企事业单位也在探索建立社会主义学院，加强对民主党派的思想政治引领以及参政议政能力的培训和提升。

为了加强对社会主义学院的指导和管理、完善教育培训体系、提高教育培训质量，根据《中国共产党章程》《中国共产党统一战线工作条例》《干部教育培训工作条例》等规定，2018年12月，中共中央印发了《社会主义学院工作条例》，条例由十一章六十三条组成，对社会主义学院的工作定位、工作方针、基本任务、培训目标、领导体制、培训班次和学制、教学工作、学员管理、办学保障和执行与监督等一系列教育培训问题作出了具体规定。

中央社会主义学院适应统一战线新形势、新任务、新要求，着力推进教育教学改革，构建了"以历史认同促文化认同、以文化认同促政治共识"的教育培训机制，推出了以"五史合一"为引领、"五大建设"为支撑、"大统战"为特色的模块化教学改革，取得了良好效果，受到了学员们的普遍欢迎。截至2020年12月，中央社会主义学院共举办各类班次2000余期，累计培训学员超过10万人次。习近平总书记在给中央社会主义学院建院60周年贺信中指出，中央社会主义学院坚持正确办学方向，在培养同中国共产党亲密合作的民主党派和无党派人士等统一战线代表人士方面发挥了重要作用，为坚持和完善中国共产党领导的多党合作制度、巩固和壮大爱国统一战线作出了重要贡献。

近年来，各级社会主义学院大力加强教师队伍建设，持续强化校园文化和智慧社院建设，着力推进教育教学和管理机制改革，突出政治培训，强化政治共识，不断夯实团结奋斗的政治基础，建立了课堂教学、案例教学、模拟教学和实践教学等多元化、多层次的教学体系，培训层次、培训规模和教学质量显著提升，基本形成了适应大统战工作格局、覆盖统一战线各领域的教育培训体系，对强化民主党派参政议政意识、提高参政议政质量和提升参政议政能力发挥了重要作用。

二、构建多维度的民主党派参政议政平台

参政议政，反映了参政党与执政党的重要关系。民主党派参政议政是在中国共产党领导下民主党派作为参政党参与国家政治生活的总称。激发民主党派参政议政积极性和提高参政议政质量，首先需要为民主党派创设参与国家政治生活的合适渠道和参政议政平台。经过70多年的实践探索，

中国共产党为民主党派构建了多维度参政议政平台，形成了“一个参加，三个参与”有效机制：参加国家政权，参与重要方针政策、重要领导人选的协商，参与国家事务的管理以及参与国家方针、政策、法律、法规的制定、执行和监督。

参加国家政权，是指民主党派成员在各级人民代表大会、政府、司法机关和政协担任领导职务。1989 年，中共中央发布了《中共中央关于坚持和完善中国共产党领导的多党合作和政治协商制度的意见》（中发〔1989〕14 号），该意见对民主党派参加国家政权作出了明确规定：进一步发挥民主党派成员在人民代表大会中的作用；举荐民主党派成员担任政府及各级司法机关的领导职务；进一步发挥民主党派在人民政协中的作用。充分发挥民主党派在国家政权中的参政作用，是中国共产党和民主党派长期合作的政治智慧结晶，是我国多党合作和政治协商制度的重要内容，是民主党派作为参政党直接“参政”角色的重要体现。

人民代表大会（以下简称“人大”）是民主党派参加国家政权的重要机构。中发〔1989〕14 号文件明确指出：民主党派成员的人大代表在人大中以人民代表的身份，依照《中华人民共和国宪法》《中华人民共和国全国人民代表大会组织法》《中华人民共和国全国人民代表大会议事规则》等法律进行活动。要保证民主党派成员在省、自治区、直辖市的人大代表、人大常委会委员和人大常设专门委员会中占有适当比例。在有民主党派组织的市、州、县应保证民主党派成员在人大中占适当比例。

民主党派成员担任国家、政府、司法机关和人民政协的领导职务，是民主党派参加国家政权的重要路径，也是实现共产党领导的多党合作的重要内容。中发〔1989〕14 号文件从以下五个方面作出了明确规定：第一，应采取切实措施，选配民主党派成员担任国务院及其有关部委和县以上地方政府及其有关部门的领导职务；第二，对民主党派成员的年龄要求和任职资历可适当放宽；第三，推举符合条件的民主党派成员担任检察、审判机关的领导职务；第四，要保证民主党派在政协常委和政协领导成员中占有一定比例；第五，政协各专门委员会要有民主党派参加，政协机关中应有一定数量的民主党派担任专职领导干部。

政党协商是中国特色社会主义政党制度的核心要素，是民主党派参与国家大政方针的协商和决策的重要途径，具有政治性、协作性、实践性、组织性和复合性等基本特征。政党协商主要包括会议协商、约谈协商和书面协商等具体形式。以九三学社为例，2020 年，在就疫情防控工作、上半年经济形势和下半年经济工作、关于制定“十四五”规划和 2035 年远景目标的建议、当前经济形势和 2021 年经济工作、《政府工作报告（征求意见稿）》等主题召开的政党协商座谈会上，九三学社提出了采取超常规举措确保完成脱贫攻坚任务、强化重大疫情防控科技支撑、多措并举确保我国产业链安全、坚持创新引领强化国家战略支撑等 17 个方面的意见建议。在“积极推进改革创新，激发经济发展新动能”重点调研成果协商座谈会上，九三学社就进一步提高国企科技创新能力提出四个方面的意见建议。

此外，各民主党派可以就经济社会发展中的重要问题以及人民群众普遍关心的民生问题，通过提案、“直通车”、民意信息、建议案、调研报告或其他形式向中共和国家机关积极建言献策，参与国家事务的管理，参与国家方针、政策、法律和法规的制定和执行。以九三学社为例，在 2020 年全国政协十三届三次会议上，九三学社提出了九三学社中央提案 51 件、九三学社界别提案 29 件、平时提案 6 件。2020 年，九三学社中央围绕科技创新、新发展格局、高质量发展、生态文明、教育和民生等重要问题，向中共中央、国务院和中央领导以“直通车”报送建议 15 件，向中共中央统一战线工作部报送建议 11 件。此外，2020 年，九三学社收集社情民意信息 6400 多件，采编形成《九三学社信息》和《九三学社信息专报》1200 多件。据不完全统计，2020 年，围绕“脱贫攻坚”这个重大问题，各民主党派中央深入开展调查研究工作，向中共中央和国务院报送监督报告 8 份、“直通车”意见建议 14 份、建言专报 1 份，向各级党委和政府提出了 430 余条意见建议。

三、高度重视民主党派参政议政成果的采纳落实

新中国成立以来，尤其是改革开放以来，中国共产党充分发挥民主党派参政议政的重要作用，每遇重大决策或召开重要会议，中国共产党都要召集以民主党派为主体的党外人士进行座谈，广泛征求党外人士的意见建议，高度重视民主党派通过政治协商、提案、建议案、重点课题调研和党

派“直通车”等各种途径提出的意见建议，并注重采纳落实。

自1993年以来，各民主党派中央就围绕国民经济和社会发展的重大问题以及人民群众普遍关心的民生问题开展调查研究，通过民主党派“直通车”渠道，将调研成果报送给中共中央和国务院，多数调研成果获得了中央领导的重要批示。据不完全统计，仅党的十八大以来的三年时间，各民主党派中央通过“直通车”渠道向中共中央和国务院上报了265件调研报告，其中223件调研报告得到中央领导的重要批示，许多意见建议被研究采纳，并纳入了党和政府的重要文件。2019年，各民主党派中央向中共中央和国务院报送调研报告93件，其中84件调研报告获得了中央领导批示，推动了党和政府重大决策的科学化和民主化。以九三学社中央的“直通车”为例，九三学社就加大三江源地区生态保护力度、提高国企退休科技人员待遇、引导和鼓励高校毕业生到基层就业、改进我国医疗卫生工作、发挥市场对科技资源配置决定性作用、提升企业自主创新能力、实施国家知识产权战略、建设创新型国家、脱贫攻坚和疫情防控等重大问题，开展深入的调查研究，向党中央积极建言献策，多数意见建议获得了中央主要领导的重要批示，政府和有关部门予以研究采纳。2003年，时任九三学社中央主席韩启德率队赴青海开展“三江源”生态保护问题的调查研究，调研报告《关于加大三江源地区生态保护和建设力度的建议》得到了中央主要领导的高度重视。2005年，国务院审议通过了《青海三江源自然保护区生态保护和建设总体规划》，推动了“中华水塔”的生态保护上升为国家战略。2006年，根据沪蓉高速铁路规划，重庆万州不在规划中的铁路线上。韩启德等九三中央领导致函国家发改委和原铁道部，呼吁国家从三峡库区可持续发展的大局出发，支持沪蓉高速铁路经过万州，以带动三峡库区经济社会发展。国家发展和改革委员会和铁道部经过调查研究决定，在不改变沪蓉高速铁路原定走向的前提下，增加万州—重庆城际快速铁路，以弥补沪蓉高速铁路“绕开”万州的不足。2014年，九三学社中央向中央领导报送了“建筑垃圾资源化利用”调研报告，国务院总理、副总理对调研报告作出重要批示，并指示国家发展和改革委员会、住房和城乡建设部认真落实，为此专门制定了专项规划。2020年，九三学社中央向中共中央、国务院和中央领导报送“直通车”建议15件，向中央统战部报送建议11件。习近平总书记和汪洋、王沪宁、韩正等中央领导对有关意见建议分别作出重要批示，其中大部分意见建议被采纳，并得到了有效落实。

四、不断发展和完善民主党派参政议政的制度供给

制度是以规则来规范社会活动主体行为的一种社会结构。习近平总书记指出，制度是关系党和国家事业发展的根本性、全局性、稳定性、长期性问题。激发民主党派参政议政积极性和提高民主党派参政议政质量，离不开有效的制度供给和制度保障。1978年改革开放以来，在中国共产党领导下，伴随着中国特色社会主义政治制度的形成、发展和完善，我国民主党派参政议政制度也得到了不断规范、发展和完善，为民主党派参政议政提供了有效制度供给和坚实制度保障。

宪法是国家的根本大法。《中华人民共和国宪法》在序言中明确规定："……由中国共产党领导的，有各民主党派和各人民团体参加的，包括全体社会主义劳动者、社会主义事业的建设者、拥护社会主义的爱国者、拥护祖国统一和致力于中华民族伟大复兴的爱国者的广泛的爱国统一战线，这个统一战线将继续巩固和发展"。这一规定为民主党派参政议政长期存在提供了国家根本大法的保障。

1989年12月，中共中央印发了《关于坚持和完善中国共产党领导的多党合作和政治协商制度的意见》（中发〔1989〕14号）。该意见明确提出：中国共产党领导的多党合作和政治协商制度是我国一项基本政治制度；我国实行的共产党领导、多党合作的政党体制是我国政治制度的特点和优点；各民主党派是反映人民群众意见、发挥监督作用的一条重要渠道；民主党派参政的基本点是参加国家政权，参与国家大政方针和国家领导人选的协商，参与国家事务的管理，参与国家方针、政策、法律、法规的制定执行。

2005年1月，政协第十届全国委员会通过了《中国人民政治协商会议全国委员会反映社情民意信息工作条例》。条例第二条规定：围绕国家大政方针，政治、经济、文化和社会生活中的重要问题，以及人民群众普遍关心的问题，各民主党派可以向中共中央、国务院以及中央国家机关有关部门反映重要情况，提出意见和建议。

2005年2月，中共中央印发了《关于进一步加强中国共产党领导的多党合作和政治协商制度建设的意见》（中发〔2005〕5号）。围绕如何充分发挥民主党派和无党派人士的参政议政作用，该意见作出了七个方面的具体规定：第一，民主党派参政的基本点是“一个参加，三个参与”；第二，充分发挥民主党派成员在国家政权中的参政作用；第三，充分发挥民主党在人民政协中的作用；第四，加强政府同民主党派的联系；第五，健全民主党派负责人参加重要外事、内事活动制度；第六，健全民主党派考察调研制度；第七，拓宽民主党派发挥作用的渠道。

2012年2月，中共中央出台了《关于加强新形势下党外代表人士队伍建设的意见》（中发〔2012〕4号）。该意见强调，全面加强党外代表人士（主体是民主党派）的教育培养，强化理论培训，加大实践锻炼力度，注重思想政治教育，充分发挥社会主义学院主阵地作用。加大党外代表人士的选拔任用力度，认真贯彻党外代表人士安排的政策要求，不断健全选拔任用工作机制。重点推动民主党派人士进入各级人大、政府和政协领导班子，加大政府部门正职安排力度。

2015年1月，中共中央以三号文件形式发布了《关于加强社会主义协商民主建设的意见》（中发〔2015〕3号）。该意见从顶层设计的高度系统谋划了协商民主的发展路径：一是继续加强政党协商；二是积极开展人大协商；三是扎实推进政府协商；四是进一步完善政协协商；五是认真做好人民团体协商；六是稳步推进基层协商。

2021年1月，中共中央印发了修订后的《中国共产党统一战线工作条例》。条例第三章第十二条规定：民主党派是中国共产党的好参谋、好帮手、好同事，是中国特色社会主义参政党；民主党派的基本职能是参政议政、民主监督、参加中国共产党领导的政治协商。第十三条规定：支持民主党派参与人大协商、政府协商和政协协商。第十四条规定：支持民主党派参政的主要内容是参加国家政权，参与重要方针政策、重要领导人选的协商，参与国家事务的管理，参与国家方针政策、法律法规的制定和执行。第十五条规定：支持民主党派参与党和国家有关重大方针政策、决策部署执行和实施情况的监督检查，并通过提出意见、批评、建议等方式，对中国共产党进行民主监督。《中国共产党统一战线工作条例》是党内法规，为充分激发民主党派参政议政的积极性提供了法治保障。

上述一系列制度文件的制定出台，在内容上不断明确了多党合作制度中民主党派参政议政的基本点、主要方式和重要意义，并以制度和量化的方式不断进行细化、具体化和可操作化，为提高民主党派参政议政能力、拓宽参政议政渠道、加强参政议政成果的采纳应用以及充分发挥民主党派在国家治理中的重要作用提供了有效的制度保障。

民主党派参政议政已成为我国民主政治生活的一道亮丽的风景线，展示了中国新型政党制度的特有形式和独特优势，在国家治理和推动经济社会发展方面发挥着重要作用。习近平总书记强调："中国特色社会主义进入新时代，多党合作要有新气象，思想共识要有新提高，履职尽责要有新作为，参政党要有新面貌。"为了全面推进社会主义现代化建设和实现中华民族伟大复兴，必须充分运用好和完善好民主党派参政议政这种独特制度，通过制度化、程序化、规范化的安排，充分发挥民主党派在国家治理中的重要作用。

3

着力构建六大支撑体系，全面推进“大综合一体化”行政执法改革*

2015年，浙江印发了《浙江省人民政府关于深化行政执法体制改革全面推进综合行政执法的意见》，在全国率先启动综合行政执法改革。2018年，成立全国唯一的省级综合执法指导部门（省综合行政执法指导办公室）。此后相继出台《关于深化综合行政执法改革实施意见》《加快推进“大综合一体化”行政执法改革实施方案》《浙江省“大综合一体化”行政执法改革行动计划（2021—2022年）》。经过多年实践探索，浙江“大综合一体化”行政执法改革取得了阶段性成果。2020年11月—2021年5月，全省综合行政执法部门共办理案件189.79万件，占全省办结行政处罚案件的82.14%；“浙政钉”掌上执法率高达99.8%，基本实现无纸化办案。在执法制度、执法队伍、执法体系、执法规范化和数字化执法等方面，浙江走在全国前列。

一、“大综合一体化”行政执法改革试点婺城区的实证调查

婺城区是浙江首批市区“大综合一体化”行政执法改革的试点。为了

* 此文与吕丹阳、符瑞桓、朱芷懿、汪彦含共同完成，通过民主党派议政建言“直通车”报送给浙江省委、省人民政府（2021年7月）。

正确把握浙江省“大综合一体化”行政执法改革试点情况，2021年10月，九三学社课题组赴婺城区实地调查，与婺城区领导干部进行了深入交流，考察了综合行政执法城中中队、白龙桥镇新昌桥村以及乌拉乌产业园。在“大综合一体化”行政执法改革座谈会上，充分听取了婺城区分管领导、职能部门和乡镇街道负责人的综合行政执法改革介绍，并与参会人员进行深度研讨。调研表明，婺城区以大综合方向统领改革，对行政执法进行结构性、体制性、机制性重塑，更大范围整合执法职责，优化配置执法资源，健全执法协同机制，开创了综合行政执法的新局面，形成了具有鲜明特色的婺城样本。

第一，“六大系统”架起了综合行政执法的四梁八柱。一是全覆盖政府监管系统，建立日常监管协同机制，在厘清职能职责边界基础上，落实好监管责任，实现许可、监管、处罚的无缝衔接，形成闭环链条，杜绝监管盲区和真空；二是全闭环行政执法系统，构建“审批—监管—处罚—监督评价”和“巡查—调查—处罚决定—权利救济”的全流程双闭环；三是全智治数字执法系统，研发“城市大脑婺城平台”，叠加行政执法线上指挥调度平台，推广运用非现场执法技术，与“基层治理四平台”、“8890”等互联互通，实现执法全流程数字化管理；四是全流程执法监督系统，创新外部监督，建立改革观察员队伍和项目体验团，开展“两代表一委员”执法评议，探索行政执法行为满意度评价和第三方评估，发布满意率排行榜；五是全方位协同联动系统，通过建立综合行政执法协调指挥委员会、行政执法咨询委员会、指挥调度中心等部门，婺城区实现从单一事项执法到“一件事”执法的系统变革，实现了层级间和部门间的协同联动；六是全链条综合执法能力提升系统，坚持政治引领、党建先行，完善综合行政执法队伍管理制度、建立执法培训教育体系和构建干部学习交流机制。

第二，“三张清单”明确界定了权责边界。以“依法合规、权责统一、应划尽划、集成高效”为原则，以涉及21个领域1530部法律法规为依据，编制了市区乡三级监管事项清单、处罚事项清单和职责边界清单三张清单，界定了不同层级、不同部门行政执法的职责边界，并按频次绘制监管执法事项“红、黄、蓝”三色图，明确审批、监管、执法的职责边界，提升了执法效能。

第三，“一支队伍管执法”有效破解了多头执法的困境。市区形成“1支综合执法+5支专业执法（市场监管、交通运输、生态环境、卫生监督、消防救援）”的队伍结构。同时，组建15支乡镇（街道）综合执法队，选派92名业务能力强、综合素质高的队员充实到一线，并整合市场监管等基层执法力量，由乡镇（街道）统筹管理使用，基层执法人员占比达85%以上。实行基层“一支队伍管执法”，有效破解了以往多头执法、重复执法和扰民执法的困境。

第四，编制16套教科书式执法指引，规范和提升了基层执法能力。婺城区推行教科书式规范执法，分别从人行道违停执法、非法占地执法、公路超限运输执法、违法违规装修执法等16个高发、重点领域各选取1项高频执法事项，编制16套“教科书式”执法指引，制作标准化执法办案流程图，从办案流程、取证要素、处罚依据、裁量标准及社会效果等方面，为办案人员提供全流程、多角度的实操手册，并通过搭建行政执法“电子笔录室”，制作全省首份行政执法签章版电子笔录，实现执法行为公开透明、全程留痕和可追溯。

第五，一套执法指挥系统实现了综合行政执法可视化、智慧化和高效化。婺城区突出系统重塑、综合集成和整体智治，梳理出“系统贯通、多跨指挥、在线协同、智慧监管、人工智能巡查、闭环监督、多元评价”七类需求，进行增量开发和迭代升级，综合集成“信息一网归集、人员一网调度、事件一网统管、执法一网智办、监督一网覆盖”五大功能，研发了“审批—监管—处罚—监督评价”的“大执法”全流程功能闭环的行政执法指挥系统，真正达到了实时监控、及时反映，畅通了民众反映渠道，增加城市管理执法线索，有效降低了执法冲突，提升了城市治理能力。

第六，36项制度为“大综合一体化”行政执法改革保驾护航。婺城区从基层执法主体和执法对象的需求出发，围绕协作配合机制、执法考核机制、社会监督机制和执法规范机制四个方面，构建了36项规范和保障“大综合一体化”行政执法改革的制度体系。36项制度进一步加强和规范了事中事后监管，促进业务主管部门与综合行政执法部门的协作配合，提升各领域执法效能，优化行政执法环境，为“大综合一体化”行政执法改革保驾护航。

婺城区综合行政执法在功能上实现了部门间、层级间和区域间一体联动，初步形成了职责清晰、队伍精简、协同高效、机制健全、行为规范和监督有效的“大综合一体化”行政执法新格局。目前，区级综合执法事项从526项增加到3116项，市区执法队伍从15支减少到5支，85%以上的综合执法力量下沉到乡镇（街道）一线，联合执法和“综合查一次”比例从30%提升至60%。婺城区样本完善了“大综合一体化”行政执法的思想内涵、理论内涵和实践内涵，为破解综合行政执法的体制机制性障碍提供了可行方案，为推进基层治理现代化提供了有效路径，为全国综合行政执法改革提供了县域范例。

对婺城区的调研同样也发现，目前浙江省综合行政执法改革还存在着缺乏科学理论指导、改革成效缺乏科学评价体系、政策体系尚需完善、标准体系缺乏以及层级间和部门间缺乏高效协同等问题。

二、全面推进“大综合一体化”行政执法改革的政策建议

综合行政执法改革，是浙江加快法治中国示范区建设的重要举措，是推进政府治理现代化的重要抓手。2021年11月25日，浙江省人民代表大会常务委员会表决通过了《浙江省综合行政执法条例》，并于2022年1月1日起施行，这是中国首部综合行政执法领域省级层面的创制性立法，为综合行政执法改革提供了法治保障。浙江省要以条例施行为契机，在认真总结和扎实推广金华婺城、杭州桐庐和衢州常山等试点经验基础上，争取在综合行政执法改革的理论体系、评价体系、政策体系、标准体系、协同体系和法律体系建设方面取得较大突破，着力构建六大支撑体系，全面推进“大综合一体化”行政执法改革，精心打造“重要窗口”的标志性工程。

第一，理论体系。加强综合行政执法改革的理论研究，总结提炼改革试点的好经验、好做法和好政策并上升至理论高度，构建具有较强解释力的综合行政执法改革的理论体系，强化改革的理论指导。

第二，评价体系。建立包括综合行政执法改革成效的评价指标、评价主体、评价方法、评价流程和评价模型的评价体系，对综合行政执法改革成效进行综合评价和比较分析，把握综合行政执法改革中所存在的主要问

题和短板弱项，建立有效的改革纠偏机制，并及时进行补短板、强弱项、堵漏洞和增动能。

第三，政策体系。根据公共政策调查的理论、方法和程序，加强综合行政执法改革的政策需求研究，把握综合行政执法改革政策的需求内容、需求强度、需求方式和需求时序，构建面向需求的综合行政执法的政策体系，强化改革的政策支撑。

第四，标准体系。围绕“什么是综合行政执法改革”“为什么要进行综合行政执法改革”“如何进行综合行政执法改革”“如何评价综合行政执法改革”等问题，加强技术标准研究，构建综合行政执法的标准体系，强化综合行政执法的标准规范。

第五，协同体系。建立健全上下贯通、条块联动和整体智治的综合行政执法改革的协同体系，强化综合行政执法的协同联动。

第六，法律体系。在《浙江省综合行政执法条例》基础上，尽快制定相应的实施细则，构建综合行政执法改革的法律体系，确保条例能够真正落地见效，强化综合行政执法的法律保障。

4

关于高水平推进“法治浙江”和“法治中国”示范区建设的建议*

改革开放以来，浙江高度重视法治建设。2006年，在时任省委书记习近平的提议下，浙江省委作出建设“法治浙江”决定，使“法治浙江”建设成为全省上下的共同使命和责任担当。通过15年时间的长期努力，人民群众反映的“红头文件”打架、“办事难”、执法不作为乱作为、办人情案关系案等问题得到有效治理，“法治浙江”建设取得了明显成效，探索形成了一条经济先发地区法治先行的发展道路，推动“法治浙江”建设走在全国前列，为新发展阶段更高水平推进“法治浙江”和“法治中国”示范区建设奠定了坚实基础。同时，“法治浙江”建设中还存一些堵点、难点和空白点，亟须进一步深化改革，完善体制机制，全面提升各领域法治水平。新发展阶段高水平推进“法治浙江”和“法治中国”示范区建设是一项开拓性、创新性的工作，是开启高水平建设社会主义现代化新征程的基础性工程，需要浙江省扎扎实实做好“科学立法”“广泛普法”“严格执法”“公正司法”四篇大文章。

第一，建立专业化的立法支撑队伍，为科学立法和高质量立法提供专

* 此文是浙江省委常委、省委政法委书记王昌荣到浙江大学调研“一体推进‘平安浙江’、‘法治浙江’建设”座谈会上的发言（2021年5月19日）。

业化的决策支撑。科学立法是评价“法治浙江”建设成效的重要指标，也是高水平推进“法治中国”示范区建设的首要环节。从我国立法现状来看，一部法律出台通常涉及法律文本起草、法律文本征求意见、法律文本草案人民代表大会审议三个重要环节。这三个环节对一部法律立法内容和立法质量的贡献度比例大约是5:2:3，即正式出台实施的法律内容和法律质量百分之五十是由法律文本起草单位决定的。而法律文本草案主要是由这部法律相对应的行政管理部门的处长（或者副处长）完成的。因此，在我国特定的立法背景下，这个处长（或者副处长）对立法实践问题拥有的实际感知经验和相应的法律专业知识是直接影响科学立法和高质量立法的关键变量。尽管处长们对立法实践问题拥有丰富的实际感知经验，但他们通常缺乏专业法律知识，处长们平时忙于处理繁杂的行政事务和应付各种“文山会海”，他们不可能抽出大量时间对法律专业知识进行补课，并对这个实践问题进行长期的法律追踪调查，因此，在限定时间内让这些处长们起草一部高水平和高质量的法律文本草案也确实是非常艰难的事情。新发展阶段浙江省要高水平推进“法治中国”示范区建设，首先必须从根本上解决如何科学立法和高质量立法这个至关重要的问题。根据新发展阶段的立法计划需要，亟须建立健全“经济调节”“市场监管”“社会管理”“公共服务”“生态保护”等相关领域的专业化立法支撑队伍，为从事法律文本起草的行政管理部门尤其是处长们提供专业化的立法咨询和决策支撑服务，以弥补他们法律专业知识不足的短板，进而全面提升立法质量和水平。

第二，着力构建法律宣传普及的长效机制，切实增强人民群众法律知晓度。大量研究表明，法律知晓度是影响法律实施绩效的重要因素。法律知晓度越高，法律实施绩效越高，依法治理水平也越高。高水平推进“法治浙江”和“法治中国”示范区建设，人民群众是基础，必须充分维护和保证人民群众的根本利益。人民群众只有在熟悉法律的前提下，才能用好、用足和用活法律，才能真正成为守法的公民。但长期以来，我国更侧重于法律制定，在很大程度上忽视了法律宣传和教育普及问题，在法律普及阶段所投入的经费、精力和时间远远不如立法阶段。可以说经过长期努力，我国建立了比较完备的法律体系，已经成为世界上法律体系最完备的国家之一，从总体上解决了无法可依问题。我国现有法律 250 多部、行政法规 700 多部、地方性法规 9000 多部、行政规章 11000 多部，中国特色社会主义法律体系已经形成，诸多关乎群众切身利益的问题都有了法律保障。但人民群众对现行法律的知晓度还比较低，这是很多法律难以落地见效的重要原因。近年来，浙江省在立法方面走在了全国前列，出台了诸如《浙江省民营企业发展促进条例》《浙江省数字经济促进条例》《浙江省医疗保障条例》《浙江省保障“最多跑一次”改革规定》等一批创制性的地方性法规，但法制系统、行政管理部门、新闻媒体以及社会各界对这些法律的宣传还远远不够，人民群众、市场主体和政府官员对这些法律知晓度还比较低，影响了这些法律全面有效实施，一定程度上也制约了“法治浙江”和“法治中国”示范区建设。省委、省人民政府要将法律宣传普及纳入“法治浙江”和“法治中国”示范区建设的重要议程，进一步强化法律宣传普及的各项投入强度，建立浙江法治频道和法治在线，强化社区网格的法律宣传功能，让社区网格长和网格员成为活跃的法律宣传员，让社区网格建设成为浙江法律宣传普及的重要载体和重要通道，打通“法治浙江”建设的“最后一公里”。同时，加快专业化法律宣传队伍建设，着力构建法律宣传普及的长效机制，切实增强人民群众法律知晓度，全面提升人民群众综合法律素质，营造全民守法的社会氛围，高水平推进“法治浙江”和“法治中国”示范区建设。

第三，积极探索多元化的执法监督闭环体系，着力构建高效的新型法治实施机制。“天下之事，不难于立法，而难于法之必行。”法律的生命力在于实施，法律的权威也在于实施。法律的有效实施，是全面依法治国的关键，也是全面推进“法治浙江”和“法治中国”示范区建设的重点和难点。据不完全统计，2006 年至 2021 年 3 月底，浙江省人民代表大会及其常务委员会共制定（修订）省地方性法规 160 件，修改 212 件次，批准设区的市地方性法规 319 件，基本形成了较为完备的地方性法规制度体系。尤其是《浙江省电动自行车管理条例》《浙江省生活垃圾管理条例》《浙江省学前教育条例》《浙江省家庭教育促进条例》《浙江省水资源管理条例》《浙江省水污染防治条例》《浙江省大气污染防治条例》等立法，在制定过程中省委和省人民政府高度重视，人民群众热情参与，法律条文高度体现了党和人民的意志，但这些法律法规的实施效果并不是很理想，与人民群众的期待以及“法治浙江”和“法治中国”示范区建设要求还有较大差距。在我国，大约80%的法律、90%的地方性法规和几乎所有的行政法规的执法主体都是行政机关。目前，浙江省行政执法过程中还存在不少问题，不作为、乱作为甚至滥用权力的现象在少数地方依然存在，执法中地方保护主义、部门保护主义还比较严重。有关部门还经常运用“专项整治”“突击执法”“特别行动”“集中整治”等在特定时间、空间进行的大检查、大整顿的运动式特殊执法方式。目前，浙江省行政执法的内部监督体系和外部监督体系已基本建立，但缺乏有效整合，还没有形成执法监督的闭环体系，很多监督流于形式，很难对行政执法行为进行全过程、全方位的动态监督以及对违规违法行为进行及时制止和纠偏。“有权必有责、用权受监督”是现代法治国家和法治政府的基本要求。党的十八大以来，习近平总书记多次强调要“把权力关进制度的笼子”。为了全面推进“法治浙江”和“法治中国”示范区建设，浙江省需要积极探索人民代表、检察机关、民主党派、社会组织、新闻媒体和专家学者等共同参与的多元化的执法监督闭环体系，着力构建高效的新型法治实施机制，全力推进行政机关严格执法，把“纸面上的法”真正落实为“行动中的法”。

第四，全面推进审判流程公开、裁判文书公开和执行信息公开，着力打造让人民群众满意的阳光司法机制。“理国要道，在于公平正直。”公正司法是“法治浙江”和“法治中国”示范区建设的灵魂和生命，也是高水平推进省域治理现代化所追求的目标。习近平总书记强调，努力让人民群众在每一个司法案件中感受到公平正义。近年来，浙江省司法公信力持续提升，人民群众对公正司法的获得感和满意度不断增强。但司法不公、冤假错案、司法腐败以及关系案、人情案、金钱案等司法不公问题在浙江省也时有发生。如果不从根本上解决司法公正问题，势必会影响“法治浙江”和“法治中国”示范区建设，势必会动摇人民群众对司法公正的认同和对法治的信仰。只有公正司法，法治才能充分发挥治理重器的作用，全社会才能形成对法治的尊崇和敬畏。“阳光”是最好的防腐剂，只有把司法权的运行尽可能地置于“阳光”之下，才能最大限度地遏制背离公正司法的潜规则的生存空间，让司法判决更好地体现公正公平。浙江省要以司法的数字化改革为抓手，全面推进审判流程公开、裁判文书公开和执行信息公开，加快构建开放透明、亲民便民的“阳光司法”机制。一是加快审判流程公开平台建设，以各级人民法院政务网站为基础，通过手机短信、电话语音系统、电子触摸屏、微博、微信等技术手段，将案件的立案、庭审、调解、宣判等诉讼过程依法向当事人和社会公开，为其提供全方位、多元化的司法服务。二是加快裁判文书公开平台建设，积极推动裁判文书公开上网，通过裁判文书公开上网，形成倒逼机制，提高裁判文书质量，加强裁判说理，提升法官的司法技能和业务素养，确保法律的正确统一适用，增进公众对裁判文书的理解，维护司法裁判的权威。三是加快执行信息公开平台建设，各级人民法院将执行实施权的运行过程作为执行公开的核心内容，最大限度地挤压利用执行权寻租的空间，充分发挥执行公开的防腐功能，不断将司法公开向纵深化推进，加快构建开放、动态、透明、便民的阳光司法机制。

5

大力推广“审批法庭”机制，全面推进和深化“最多跑一次”改革的建议*

“最多跑一次”改革是浙江的创造，是浙江人民改革智慧的结晶，为中国的政府改革提供了浙江经验。该项改革让昨天的“门难进、脸难看、话难听、事难办”成为过去式。同时，该项改革放活了市场、激活了企业、拉近了政府和群众的距离、提升了群众的获得感和满意度，让浙江领跑中国改革。当下，浙江“最多跑一次”改革进入了深水区，遇到了很多“难点”“堵点”和“痛点”，在很多领域尤其是企业投资项目审批领域出现了“中梗阻”问题，不少地方缺乏全面推进和深化改革的有效办法。宁海县建立的“审批法庭”机制是浙江“最多跑一次”改革的先进样本，构建了一整套有效执行机制，取得了显著的效果，值得在全省推广和仿效。

一、宁海“审批法庭”机制的基本做法

宁海从构建“最多跑一次”改革的执行机制这个核心问题入手，设立深化“最多跑一次”改革专项工作部，下设综合协调、前置清理、一窗受理、宁海政府网和数据共享五个工作组。工作组采用模拟法庭审判方式，以问题和需求为导向，建立了独立于相关利益部门的“审批法庭”机制，

---

* 此文是报送浙江省人民代表大会十三届二次会议的建议案（2019 年 1 月）。

对行政权力、公共服务事项和行政流程进行“裁决”。

第一，“审批法庭”的基本架构。宁海“审批法庭”实行“庭长”负责制，“庭长”由县政府办公室主任担任，“原告”由前置清理工作组成员担任，政府审批部门负责人作为“被告”，实现“二审终审制”，“二审”采用书面复核形式。前置清理组负责“审批法庭”案件采集和庭审召集工作，其他“庭审”成员由县委、县政府深化“最多跑一次”改革专项工作部根据“庭审”的实际需要，在国家机关工作人员、“两代表一委员”和法律工作者队伍中精心遴选，并邀请人民代表大会代表、政协委员和人民群众参与旁听。

第二，“审批法庭”的职责定位。宁海“审批法庭”的主要职责定位：对已有的前置，凡于法无据的，一律给予清除；对新增的前置，凡未经“审批法庭”裁决通过的，一律不得实施；通过“减事项、减材料、减环节、减时间”的“编纂”方式，实现前置事项（条件）的程序化、法定化和标准化。

第三，“审批法庭”的庭审规则。“减事项”遵循“法不授权便无权”原则，凡宪法、法律、行政法规、地方性法规、规章没有明文规定的前置条件一律取缔。“减材料”实行“四个一律”：凡法律、法规、规章设定以外的，一律取消；能通过个人现有证照来证明的，一律取消；能采取申请人书面承诺方式解决的，一律取消；能通过网络核验的，一律取消。设置办事事项、办事材料、工作流程、数据流程，禁止使用兜底条款和模糊表述，全面实施行政审批的法定化和标准化。

第四，“审批法庭”的裁决原则。凡于法无据的，审批部门应自觉清除；凡于法有据的，审批部门应全面翔实地向“审批法庭”提供法律依据；凡群众有反映的，“审批法庭”应全面审查。审批部门不在规定时间自觉清除于法无据的事项，不在规定时间向“审批法庭”提供法律依据，不在规定时间执行“审批法庭”裁决决定的，将按行政不作为或乱作为追究责任。

二、宁海“审批法庭”机制的实施成效

宁海通过构建“审批法庭”机制，实现“最多跑一次”改革的程序

化、法定化和标准化，较好地解决了“为什么改”“改什么”和“如何改”的关键问题，强化了改革的动力机制和执行机制，全面推进和深化了“最多跑一次”改革，极大地提高了行政审批速度和效率，充分激发了市场活力和释放了内需潜力，促进了宁海经济社会的高质量发展。

第一，全面撬动和深化了“最多跑一次”改革。宁海“审批法庭”机制创设以来已开庭41次，共对49个部门的988项行政权力和公共服务事项进行清理、“裁决”，清理取消了317项事项中的前置条件427条，清理493项事项的申请材料2100份，取消兼并审批事项46项，从理念、制度和执行三个维度全面撬动和深化了“最多跑一次”改革，破除了审批部门之间和与项目属地之间的原始壁垒，实现“跨层级、跨部门、跨区域”的有效融合，推进了宁海“整体性政府”建设。2018年宁海“最多跑一次”改革实现率和满意度综合测评居全省首位。

第二，极大地提高了行政审批的速度和效率。“审批法庭”机制以独立中正的第三方立场，最大限度地精简事项和优化流程，并嵌入信息化技术，通过信息化和数据共享，实现“同平台、同时办、同协商、同监管”的新管理，形成审批部门、项目属地、中介、业主共生共荣的新审批。作为改革难点的企业投资项目审批，企业投资项目开工前审批，全省目标是“最多100天”，而宁海是“最多37天”，走在全省前列。宁海不动产登记在宁波市率先实现60分钟出证，常态化企业开办3个工作日办结。

第三，充分激发了市场活力和释放了内需潜力。“审批法庭”机制有效地突破了企业投资项目审批部门“不能砍”“不敢砍”“不想砍”的传统观念以及“一件事”整合过程中前置过多过杂、缺乏系统性统筹推进机构的体制障碍，充分激发了宁海的市场活力、释放了内需潜力。自2017年9月企业住所申报承诺制改革以来，截至2018年12月，宁海市场主体平均月增长量1040家，比改革前的2017年1—9月平均月增长量716家增长46%，市场主体总量从前几年的5万家增至6.6万家。民宿经营许可由原先向4个部门提交5次材料减少为向公安部门提交1次材料。宁海通过改革，民宿月增长率、营业额、农产品销售额均“翻一番”。

第四，促进了经济社会的高质量发展。2018年，宁海主要经济指标实现又好又快增长，民间投资增长20%，地区生产总值增长7.8%，商品销售额增长15%，网络零售额增长30%，研发经费支出增长14%，城乡居民人均可支配收入分别增长8.3%和9.2%，全国综合实力百强县排名提升6位，升至第53位，全国“两山”发展百强县位居第2，宁海绿色发展指数跃升至浙江省第15位并居宁波榜首，安全生产事故起数、死亡人数分别下降68.9%和37.5%。

三、全面推广宁海“审批法庭”机制的政策建议

宁海“审批法庭”机制的架构清晰、职责明确、操作简单、效果明显，具有较强的可推广性和可复制性。全面推广宁海“审批法庭”机制，有助于全面推进和深化浙江省“最多跑一次”改革，将“最多跑一次”改革进行到底。

第一，举办宁海“审批法庭”机制研讨会。由浙江省政府研究室牵头，组织市县人民政府、省人民政府各部门以及省委党校、省社会科学院和浙江大学等单位的专家学者举办宁海“审批法庭”机制研讨会，对宁海“审批法庭”机制的基本做法和实施成效、支撑条件和配套措施、主要经验以及在全省的可推广性和可复制性进行深入研讨，集聚专家学者智慧，形成推广共识，研究制定推广途径和方式。

第二，制定规范化、标准化“审批法庭”机制的工作规范及实施细则。组织从事“最多跑一次”改革的实际工作者和专家学者对宁海“审批法庭”机制进行深入调查研究，进一步提炼宁海“审批法庭”机制的好做法和好经验，并上升至省级标准，研究制定规范化、程序化和标准化的全省“审批法庭”机制的工作规范及实施细则。

第三，举办宁海“审批法庭”机制推广的高级研修班。可以由省政府办公厅负责牵头，举办宁海“审批法庭”机制推广的高层研修班，组织各市县人民政府和省人民政府各部门从事“最多跑一次”改革的政府官员系统学习宁海“审批法庭”机制的基本架构、职责定位、庭审规则、裁决原则以及“审批法庭”机制的工作规范和实施细则，为全面推广宁海“审批法庭”机制提供人才保障。

6

构建科学有效的激励机制，全面激发基层党政干部队伍活力*

当前，我国正处于全面深化改革重要战略机遇期。新时代背景下各项事业的持续健康发展，不仅需要全党同志登高望远、居安思危，更要守正创新、担当作为。然而，在基层的治理实践中存在着以僵化倦怠行为应对组织内外挑战、以消极被动态度规避组织创新风险的现象，直接损害了基层治理所需的积极性、主动性和创造性。特别是广大基层党政干部，身处各项改革工作的最前沿，面对的社会矛盾多、工作压力大、心理负荷重，产生情绪耗竭、低成就感、身心疲惫和职业迷茫等倦怠情况。这一问题成为摆在各级党政主要领导面前的重要难题。如何化解基层干部倦怠、激发基层政府活力、凝聚基层发展力量，已成为亟待解决的共识性问题。

一、基层党政干部职业倦怠问题已经凸显

中国社会科学院公布《中国基层公务员心理状况调查报告》显示，基层干部队伍中轻度倦怠近80%，重度倦怠占6.4%。《人民日报》（2018年1月19日）报道，近一半基层干部的工作热情不高，多数基层干部认为基

* 此文与盛中华共同完成，是九三学社浙江省委员会报送浙江省政协十二届二次会议的团体提案，被评为重点提案（2019年1月）。

层工作“活多人少、待遇低、工作难干”。

2018 年，笔者采用五点量表法，对浙江、江苏、广东、云南、河南、河北、广西、宁夏及贵州等地来浙江大学参加继续教育培训的 12 个班级 500 多位基层干部进行问卷调研和现场访谈，结果显示，我国基层党政干部职业倦怠问题已经凸显。

第一，低成就感，价值取向降低。调研显示，认为自己工作成就感低、较低的基层党政干部约占 70%。具体表现有以下几点。一是人民群众不理解。当前，基层各项改革正处于攻坚期，各种矛盾问题易发多发，各种利益诉求不断涌现，各类不稳定因素交织叠加。广大基层干部易成为矛盾的焦点。部分群众受到网络舆论和媒体宣传的负面影响，以偏概全，把个别问题扩大化，误解甚至歪曲基层干部队伍形象，导致干群之间感情生疏、关系对立。某街道城市建设办公室的干事告诉我们，“拆除违章建筑本来是为了老百姓的安全着想，但很多村民法治意识淡薄，不听劝阻”。部分基层扶贫干部看到自己帮扶的贫困户存在严重的“等、靠、要”精神贫困现象，心里反感而无奈。二是上级部门不支持。部分基层党政干部对于工作中碰到的问题很有自己的想法，希望通过更好的方式改进工作绩效。但现实中碍于职级的权限，很多意见得不到上级领导的重视，导致参与感不高，影响工作积极性。三是考核部门不认同。“人少事多，权小责大”是目前基层工作的真实写照。基层工作细碎繁杂，不少以下达任务或是签责任书的形式责令完成。在推进过程中，存在严重的权责不对称现象。县区职能部门拥有行政执法权，导致基层干部无权解决争端。同时，运动式治理和指标化管理在实现短期绩效目标的同时出现“上面千条线，下面一根针”的情形。西南地区一驻村干部表示，精准扶贫、征地拆迁、社会维稳、环境保护等重大领域的工作稍有不慎就要被问责，加上“一票否决”制，每天都是战战兢兢、如履薄冰、疲于应对。

第二，身心疲惫，职业焦虑加剧。调研表明，认为自己拥有焦虑、轻度焦虑的基层干部约占 55%。痕迹主义、形式主义、官僚主义等在基层又有新表现。近几年，“指尖上的形式主义”成为基层干部的新负担。电子政务在推动政府信息化建设的同时，也让不少干部整天忙于网络投票、各类微信工作群、“僵尸”公众号等，工作重心偏移，职业焦虑加剧。此外，还包括三个“忙”。一是忙迎检。2018 年 10 月，中共中央办公厅印发《关于统筹规范督查检查考核工作的通知》，对上级部门督查考核过多过滥的问题进行规范治理。按工作进度进行检查本是对工作负责任的表现，但如果检查过多，三天一小检，十天一大检，不但无法保证检查质量，而且势必导致出现应付检查的心理，偏离本职工作。为了应对检查，部分基层干部常常“虚”字当头、“空”字挂帅，搞一些虚张声势、劳民伤财的花架子。甚至还出现资料造假、虚报指标等严重违纪违法现象。二是忙开会。党的十八大以来，中央出台“八项规定”全面整治“四风”积弊，党风政风为之一振。但是近年，部分地方文山会海痼疾反弹回潮，大有卷土重来之势。据统计，乡镇长平均每年参加会议 250 多项，收到文件简报 1900 多份。各类报表填表、文案书写、年终汇报等使“五加二，白加黑”沦为常态。三是忙接待。近年来，各类蜻蜓点水、走马观花式的参观、考察、调研络绎不绝。部分干部整天忙于接待，无心抓好本职工作。西南某县一科级干部曾透露，当地一乡镇是全省出名的“被调研明星乡”，一年有 500 多批领导干部前来调研，平均每天至少都有一拨领导，让一线干部不堪重负。

第三，情绪低落，工作热情衰竭。从调研结果来看，认为自己出现情绪低落、比较低落的情况的基层干部约占 64%。具体表现有以下几点。一是能力不足。当前我国经济发展步入新常态，全面深化改革进入攻坚期和深水区，工作难度日益加大，面临许多新问题、新挑战。部分基层干部对长期形成的工作方法存在路径依赖，认识和能力严重不足，习惯于“依葫芦画瓢”，遇到改革中的“硬骨头”不敢碰硬，出现本领恐慌。二是激情减弱。不少新进的基层干部都是经过组织层层选拔出来的优秀人才，对自身工作有较高的期望。但实际工作后发现与预期有较大差距，这种期望与现实的剧烈冲突导致其干事创业的热情下降、情绪沮丧、丧失斗志，产生倦怠心理。三是环境艰苦。不少基层干部反映，农村条件艰苦，办公环境恶劣，甚至有些地区至今未能连上网络，极大地降低了办公效率。不少基层偏远地区位置偏僻、交通不便，基层干部常年难与家人团聚，再加上“驻村指标”等硬性规定，更是积劳成疾、思家心切。

第四，职业迷茫，辞职意愿增强。调研结果显示，认为自己感到职业迷茫、比较迷茫的基层干部约占50%。不少地方出现基层干部队伍青黄不接的现象，具体表现有三点。一是归属迷茫。部分异地挂职的干部不安心乡镇工作，回城愿望很高，宁愿回县直机关当一般干部，也不愿在乡镇当领导。乡镇生活条件艰苦，基础设施欠缺，使其心生去意，出现农村留不住人、人才不愿意返乡的局面。二是升迁迷茫。我国推行的基层公务员职务职级并轨制度，一定程度上解决了薪酬待遇的提升问题。但地方在落实绩效工资制时，未能严格按照“多劳多得、同工同酬”的原则。不少基层单位仍实行“平衡照顾、普惠奖励”，在奖金分配方面搞“大锅饭”和平均主义，出现“做与不做、做好做坏、做多做少一个样”的情况。部分基层公务员表示，行政编制和合同编制的干部收入差距明显，工作付出与所得不成正比，过度依赖各类补贴，不满薪酬福利待遇。而在晋升方面，没有严格按照“依绩提拔”的原则，存在“论资排辈”情况，使其逐渐心生去意。三是职业迷茫。2017年2月印发的《关于加强乡镇政府服务能力建设的意见》要求，建立健全符合乡镇工作特点的干部管理制度，形成“引得进、留得住、用得好”的良性机制，有效地推动乡镇引才留才。但近年来，基层干部队伍中辞职倾向持续上升，并呈现“逆淘汰”和“能者出”的潜在趋势。一大部分年轻、有能力、经验丰富和有晋升潜力的优秀党政人才离开基层干部队伍，其职业认同感和归属感不断减弱。

二、基层党政干部职业倦怠的危害性严重

毛泽东同志在《反对自由主义》一文中特别把“办事不认真，无一定计划，敷衍了事，得过且过”的消极怠工行为列为自由主义的具体表现。习近平同志在《关键在于落实》的讲话中明确指出：“基层是一切工作的落脚点。我们的各项政策措施落实了没有，落实得好不好，基层群众最有实际感受”。基层党政干部作为责任层层落实和压力层层传导的神经末梢，承担重大使命。长此以往的倦怠情绪将会影响干部身心健康、工作效率，关系到机关作风和政府形象。

第一，影响了基层党政干部的身心健康。倦怠问题的积累导致基层干部长期处于劳累、失眠、头痛等亚健康状态，心情抑郁、精神紧张，甚至出现精神变态、自杀等倾向。据《南方周末》记者统计，2003年9月—

2014 年 3 月，自杀官员达 112 人，其中乡科级及以下占 46.43%。官方鉴定的自杀原因中 63% 由抑郁、焦虑和倦怠所引起。2017 年 12 月，内蒙古一贫困镇女镇委书记因压力过大和女儿一起自杀坠亡。据死者家属描述，该干部生前工作要强，在经历长期抑郁和领导班子洗牌后出现焦虑不安的情绪。

第二，降低了基层党政干部的工作业绩。部分基层干部意志消沉，得过且过。“身在岗位不作为，拿着俸禄不干事”，存在“不作为、慢作为、乱作为”现象。有的基层领导干部“不贪、不占、啥也不干”，面对问题时“怕”字当头，推诿扯皮，把新问题推成了“老大难”，表态多、调门高、纸上谈兵、光说不练。有的街道干部做事庸懒散拖，尸位素餐，只图“平平安安占位子、庸庸碌碌混日子”，让来办事的老百姓“只听楼梯响，不见人下来”。部分农村干部声称“一件事情明明一个人就可以解决，但有时需要动用四五个人”。这类庸政、懒政、怠政的问题严重漠视群众呼声，辜负群众期望，降低工作绩效。

第三，阻碍了地方经济社会的持续发展。基层干部被视为政策落地的“最后一公里”，国家、省、市各级的大政方针最终由乡镇街道来落实。不少情绪倦怠的基层干部对贯彻党中央精神“说起来重要、喊起来响亮、做起来挂空挡”，导致“任务落不了地、工作到不了位、承诺兑不了现”，阻碍地方经济发展。有的干部求稳怕乱、因循守旧、墨守成规，甘当“太平官”，不愿改革创新。有的年纪较大的干部“一线岗位二线心态”，不求有功但求无过，热衷“以退为进”，对地方经济发展不思进取，对群众问题不闻不问，激化干群矛盾，淡化群众观念，弱化服务意识，拉远群众距离，给基层治理带来负面影响。

第四，制约了基层党政干部的健康成长。部分基层干部在改革试验中抱有倦怠情绪，不愿先行先试、积极探索，反而不思进取、消极怠慢，错失学习教育机会，制约自身健康成长。不少年轻的基层干部受到社会不良风气的影响，心浮气躁、急功近利，甚至年纪轻轻就想退休。同时，职业倦怠还产生系列溢出效应。据国家公务员局统计，2014—2019 年，全国公务员考试报录比由曾经的 70∶1 下降至 49∶1。国考热正逐渐降温，人们对体制内工作的热情有所下降，公务员群体的优越性正在下滑。而 2017 年我国东南沿海五省的县乡党政干部中高达 58.9% 的人具有较强的辞职意愿，其中乡镇街道干部占 66%。像全国优秀县委书记陈行甲、省级先进和全区优秀公务员阎益丰、原济宁市市长梅永红、菏泽市原副市长张毓华、上海浦东新区副区长丁磊等优秀党政人才均选择了辞职。基层公务员队伍的“一进一出”深刻反映了优化基层干部成长路径的重要性和迫切性。

三、全面激发基层党政干部队伍活力

党的十九大报告指出，党的干部是党和国家事业的中坚力量，要关心爱护基层干部，主动为其释疑解惑、排忧解难。中共中央办公厅印发了《关于进一步激励广大干部新时代新担当新作为的意见》，对教育引导干部担当作为、干事创业提出明确要求。职业倦怠是基层党政干部队伍建设中的“顽症”和“痼疾”，需要抓紧采取措施统筹解决，避免将这一矛盾进一步上升为主要矛盾。

第一，研究制定《基层党政干部职业倦怠的关爱行动计划》。一是着力打造“关爱家园”。在各市委党校建立心理健康关爱中心，并在教育局、公安局、卫生和计划生育局等重点部门建立二级站点。地方结合各地发展状况，细化关爱行动，大胆探索创新，营造良好的社会环境和用人环境，做强基层干部生力军。二是加快组建“关爱团队”。从教育、卫生、科研院所等机构聘请有关情绪管理、睡眠障碍咨询、家庭婚姻关系方面的咨询师，把脉各地基层干部的心理健康。充分发挥退休干部对基层年轻干部“引传帮带”的积极作用。三是齐心集聚“关爱智库”。组建有心理专业背景和丰富咨询经验的干部人才的人才库，与国内外高校进行合作，定期开展心理健康案例的诊断、评估、培训等服务。真正做到待遇上有“甜头”，工作上有“奔头”，政治上有“盼头”。四是积极开展“关爱活动”。开展论坛、读书会、文体活动等关爱活动，确保关爱渠道畅通、关爱工作深入。

第二，建立健全基层党政干部职业倦怠的心理干预体系。首先，强化事前预警机制，深化管理，跟踪监测。通过科学合理的心理测试选拔任用抗压能力强、心理素质过硬的基层干部。建立“一人一档”，实行保密管理，定期调整岗位设置和能力培养。其次，建立事中控制系统，合理调度，有效疏导。完善和落实谈心谈话制度，及时为倦怠程度较高的基层干部释疑解惑、加油鼓劲。开设微信公众号和电话热线，定期到乡镇开展讲座、团体辅导等活动。最后，完善事后干预体系，克服障碍，纠正偏差。对于职业倦怠问题极其严重的干部，组织应及时给予心理疏导，视情况转换岗位，配备相应的医疗人员加以治疗，使其走出心理亚健康的阴影。

第三，探索基层党政干部职业教育与发展的长效机制。一是要强化党性教育，大力引导担当作为、干事创业。积极引导广大基层干部树立对党忠诚、为党分忧、为党尽责、为民造福的政治担当，时不我待、只争朝夕、勇立潮头的历史担当，守土有责、守土负责、守土尽责的责任担当。二是要优化成长路径，提供能力培训和实践锻炼。加强心理健康教育和时间管理能力培训，提高专业思维和专业素养，弥补知识弱项、能力短板、经验盲区，做到理论联系实际。三是要完善轮岗制度，建立基层干部职业生涯规划。注重广大青年干部在艰苦一线和困难地区培养锻炼，通过多岗锻炼，丰富工作内容，减缓倦怠感和枯燥感。建立个人职业生涯规划，最大限度地发挥主观能动性，明确基层工作意义，挖掘自身潜力，激发工作热情，提高基层干部的工作积极性，增强荣誉感、归属感和获得感。

第四，构建基层党政干部的激励机制和容错纠错机制。一是充分发挥考核评价的激励鞭策作用。坚持严管和厚爱结合、激励与约束并重。完善考核评价机制，推进全过程绩效管理，构建符合基层工作实情的考核指标体系。加强考核结果反馈，激励引导基层干部担当作为。二是突出强调政治上激励、工作上支持、待遇上保障、心理上关怀。建立“无功就是过，庸碌就是错”的正向激励机制，完善体检、休假、疗养等制度，健全基层干部待遇激励保障制度体系和功勋荣誉表彰制度。继续加大对深度贫困地区和脱贫攻坚第一线的基层党政干部政策倾斜力度，主动为其排忧解难。三是建立健全容错纠错机制，切实为敢于担当的干部撑腰鼓劲。宽容干部在改革创新中的失误、错误，坚持事业为上、实事求是、依纪依法、容纠并举等原则，结合动机态度、客观条件、程序方法、性质程度、后果影响以及挽回损失等，对该容的大胆容错、不该容的坚决不容，真正做到“让担当者担当，让实干者实惠”，奋力谱写社会主义现代化新征程的壮丽篇章。

7

“文山会海”愈演愈烈，统筹治理刻不容缓*

改革开放之初，我国就开始治理“文山会海”，治理了近40年，不但没有解决，反而愈演愈烈。学习会、动员会、汇报会、部署会；交流会、研讨会、总结会、推广会；调度会、庆祝会、纪念会、表彰会；办公会、洽谈会、招商会、博览会；年会、季会、月会、周会；国家、省级、地市、乡镇会议；还有经济、金融、工业、农村、教育、科技、文化、卫生、外事、思想、宣传、组织、统战等系统的工作会议……种类之齐全，形式之多样，数不胜数。“大会、中会、小会，会会有我；你说、我说、他说，白说也要说”；“你开会，我开会，领导在开会；你发文，我发文，大家都发文”。这是对我国“文山会海”问题的真实写照和辛辣嘲讽。

据我们对近300位领导干部和行政秘书的调研表明：乡镇长（书记）平均每年需要参加370多个会议，收到文件简报2500多份；县级市长（书记）平均每年需要参加490多个会议，收到文件简报3600多份；地级市长（书记）平均每年需要参加580多个会议，收到文件简报4400多份。

领导干部的时间精力在“文山会海”中流逝耗费，公共财政的宝贵资

* 此文与张茜蓉、林哲杨、盛中华、郭云、韩飞共同完成，是九三学社浙江省委员会报送浙江省政协十二届二次会议的团体提案，被评为重点提案（2019年1月）。

源在“文山会海”中消耗浪费，经济社会的发展机会在“文山会海”中擦肩而过，人民群众的不满情绪在“文山会海”中累积放大。“文山会海”与中央八项规定的精神相抵触，与“实干兴邦”相背离。“文山会海”再不能日复一日、年复一年持续下去了，到了应该而且必须统筹治理和彻底解决的时候了。

一、“文山会海”的危害性

我国各部门、各单位的文件堆积如山，会议多如海洋，已经泛滥成灾，领导干部疲于应付，苦不堪言。调查表明，“文山会海”危害性越来越严重，严重削弱了领导干部为人民服务的能力，滋长了形式主义和官僚主义，制约了地方经济社会的发展，损坏了党和政府的形象。

第一，削弱了领导干部为人民服务的能力。“文山会海”导致很多领导干部沉溺于繁文缛节，疲于应付各种会议。本来可以现场拍板、就地解决的事，要开会；本来可以一次会议解决问题，非要开数次会才行；可开可不开的会要开；可长可短的会要长开；可大可小的会要大开；一个问题涉及几个部门的，几个部门都要开，形成会议连环阵。有的为了让上级领导满意，通常都会安排好几位与会议内容无关的领导陪会；有的为了增加参会人数、显示会议规模，组织者会挖空心思地从各部门、各单位抽调无关人员参加陪会。调研表明，领导干部每年近一半时间泡在“文山会海”里。“文山会海”消耗了领导干部大量的时间和精力，耗费了大量的公共财政资源，使领导干部没有足够时间和精力谋发展、抓落实、促工作、保民生，削弱了领导干部为人民服务的能力。

第二，滋长了形式主义和官僚主义。一些地方开会成瘾，不管大事小事、有用无用，都要开会。“文山会海”导致一些领导干部习惯于用会议贯彻会议，以文件落实文件，用表态表示拥护，用动员来推动工作；习惯于对上级领导的工作部署戴“帽”穿“靴”，照本宣科，生搬硬套；习惯于将工作计划和工作任务写在红头文件里，将工作动员和工作部署落实在会议里，将工作成就和工作创新体现在汇报里。调研表明，不少领导干部重形式轻内容、重过程轻执行、重发文轻落实、重部署轻检查，普遍存在着“开会才算重视，发文才算落实”的惯性思维。一些地方和部门“文山会海”滋生了严重的形式主义和官僚主义。

第三，制约了地方经济社会的发展。一些地方部门单位不管会议重要不重要，也不管大事还是小事，无不冠之以“重要会议”。很多领导干部几乎每天都会接到好几个会议通知，而且动不动就要求一把手和主要领导参会。有时候因为领导班子成员分身乏术，不得不安排非领导班子成员去顶会。不少单位通常会安排调研员、巡视员等业务相对较少的干部去“职业”顶会。近年来，“职业”顶会现象非常盛行。在很多地方单位和部门，领导就是开会，开完后回来就是组织学习会议精神和布置工作任务。“文山会海”让领导干部心力交瘁。2017 年 6 月 25 日《人民日报》披露：一个乡镇政法委副书记一年开了 280 多个会，一个工作日平均超过一个会。镇里到县城有两个多小时路程，来回路上就得用半天多时间，再加上半天开会时间，一天开一个会，基本上就没有时间办实事和做本职工作了。“文山会海”就像一条锁链，困住了很多领导干部的手脚，导致领导干部难以静下心来聚精会神地研究思考重大问题，难以安排出足够时间认真地到基层调研，难以沉下身来扎扎实实地抓好重点工作，进而制约了地方经济社会的发展。

第四，损坏了党和政府的形象。中国人爱开会，中国人善开会，中国人也离不开会。天天开会，周周开会，事事开会，处处开会；单位开会，部门开会，系统开会，地方开会；你开会，我开会，他开会，领导都在开会；省里开会，市里开会，县里开会，乡镇也开会；打开电视是会，翻开报纸是会，收听广播是会，浏览网站也是会。大会小会，会中套会。主要领导在台上讲得累，分管领导陪得累，参会代表在台下听得累。一个既没有核心观点，也没有创新内容的领导讲话，都会被会议主持人总结为思想政治站位高、指导性强的“重要讲话”，并要求参会的领导干部深刻领会、贯彻落实。不少地方把发文、开会的多少作为执行领导工作部署、衡量单位工作成绩和应对上级评估检查的重要手段。一些单位因会议审批审核不严格，会前调研论证和准备工作不充分，缺乏明确的会议主题、任务和议程，会议效果很差。有的甚至通过开会发文来增加单位预算。调研表明，“文山会海”像一道鸿沟，撕裂了干群关系，损坏了党和政府的形象。

二、加快“文山会海”统筹治理的对策

“文山会海”是长期形成的“毒瘤”和“顽症”，形成原因复杂多变。要从根本上解决“文山会海”问题，必须根据中央八项规定精神，加强顶层设计、全面部署、综合施策、统筹治理和整体推进。

第一，加快文件会议的立法进程。长期以来“文山会海”的治理效果不明显，重要原因是治理措施过软，缺乏权威性、稳定性和强制性。因此要从根本上解决“文山会海”问题，不能仅仅依靠领导干部的思想自觉，更需要形成强大的法律倒逼。在总结比较各地“文山会海”治理的先进经验基础上，尽快将地方经验上升到法律规范和国家意志，加快立法进程，以法律的强制性划定文件会议的法律边界，清晰界定文件会议的内涵特征、形式内容、运行流程、数量规模、质量规格、构成要素和费用支出。明确什么样的工作部署应该通过会议传达，实行会议报备制度、许可证制度和限额管理；法律规定什么样的工作任务可以通过文件发布落实，推行行政规范性、文件合法性审查和市场主体经济活动的文件公平竞争审查制度。通过加快立法，尽快建立健全文件会议的法律约束机制，运用法律手段强化对“文山会海”的统筹治理。

第二，强化文件会议的计划管理。结合中央八项规定精神，要求各级党委、政府强化对文件会议的计划管理，科学制订文件会议的年度计划和中长期规划，出台文件会议管理的实施细则，对文件会议进行分门别类，按不同类别明确权限职责和具体操作程序，分级管理，经费包干，奖惩结合，责任落实到具体领导。通过实施计划管理，做到以下几点：一是严格规定文件简报和会议活动的报批程序，把好程序关；二是严控文件简报和会议活动的年度总量，把好数量关；三是严格遵守文件的行文规则和切实改进会议的活动形式，严格把好质量关；四是创新文件会议的方式方法，充分利用网络信息平台，让数据多“跑腿”，干部少“跑路”，除涉密文件、会议外，尽量采用网络、视频、电话、微信和短信等方式传达上级精神，布置安排工作。通过强化计划管理，推动各级党委和政府少开会、开短会，少发文、发短文，少发号施令、多调查研究，统筹计划好会议活动，严格规范文件简报，切实做到开有用的会、发管用的文，确保计划管

理执行到位、落实到人，真正从源头上着力遏制“文山会海”问题。

第三，加强文件会议的监督检查。尽快将文件会议监督检查纳入各级党委和政府的监督检查工作范畴，研究制定各地文件会议监督检查的工作规范（包括工作目标、工作程序、工作内容、工作重点、工作方式和工作职责），建立健全各地文件会议监督检查的长效工作机制，要求各地党委和政府每季度都要如实填写文件会议统计报表，按规定时间报送到上级纪律检查委员会和监察委员会，并按规定程序公开披露，接受社会各界的批评监督。通过定期检查、明查暗访、随机抽查和公众举报等多种形式，对各级党委和政府文件会议的数量、规模、规格、质量、效果，计划性、合法性和公平性以及文件会议的费用支出进行全面监督检查，对不按年度工作计划规定印发文件、召开会议和支出费用的情况，要严肃执纪问责，严格责任追究，并要求期限整改，引导领导干部把更多时间和精力放在解决实际问题、狠抓工作落实和为民办实事上面。

第四，完善领导干部的政绩考核机制。政绩考核是党委和政府工作的指挥棒。有什么样的绩效考核指标和考核方式，领导干部就会有什么样的政绩观和领导行为。近年来，各地各部门推行的“痕迹”管理方式以及领导干部缺乏担当和不作为现象进一步加剧了“文山会海”。在很多地方，发文开会是领导干部下放责任的重要途径，上级领导安排部署工作后，就赶紧发文、赶紧开会，把自己承担的责任逐级下放给下级单位和基层干部，而且要做到有“痕迹”可查。当出现问题时，就用发布的文件和召开的会议来理直气壮地应对上级检查，开脱责任。因此，要从思想观念上解决“文山会海”问题、精简文件会议、提升文件会议质量，最根本的是根据中央八项规定精神，尽快在省、市、县和乡镇四级党委和政府建立健全以结果为导向的领导干部政绩考核机制，将“经济社会发展”“行政成本”“人均收入”“人民满意”和“群众获得感”等结果导向型指标纳入各级党委和政府的政绩考核范畴，并做到可量化、可评价和可检查。通过建立健全党政领导干部的政绩考核机制，树立领导干部正确的文件会议观，引领“文山会海”治理的正确方向，努力营造“少开会、开短会，少发文、发短文、讲实效、办实事”的思想氛围，从思想上解决“文山会海”问题。

第五，推进政府机构的大部制改革。长期以来“文山会海”难以有效遏制，与我国政府机构设置的小部制模式紧密相关。政府机构设置通常分为大部制和小部制两种模式。小部制模式的特点是政府机构设置过多过细和职能错位交叉，这不仅导致了“文山会海”问题，造成政府部门之间相互扯皮、行政效率低下，更重要的是还使政府难以有效履行“经济调节、市场监管、社会管理和公共服务”等基本职能。因此，必须加快对现行政府机构的有效整合，着力改变政府机构繁多、职能交叉的小部制现象。可以让浙江和广东等地争当大部制改革的“排头兵”和“领头羊”，根据政府的四大职能定位，将原先众多机构有效整合为“经济工作部”“社会服务部”“市场治理部”“党务工作部”和“综合协调部”五大部门，在省、市、县三级层面，力争党政机关机构改革一步到位，并根据“老人老办法、新人新办法”的原则，将政府公务员缩减到现有规模的40%。通过加快推进大部制改革，减少政府机构数量，拓宽政府机构的管理幅度，强化政府管理的综合职能，进而从体制机构上加快解决“文山会海”问题。

8

加快构建新时代浙江政绩治理体系，着力驱动浙江经济高质量发展*

我国政绩考核管理发端于20世纪80年代初，通过近40年的积极探索和艰苦实践，目前各级地方政府都已初步建立了较为系统的政绩考核管理体系，在抓落实、转作风、惠民生、保生态和促发展方面发挥了积极作用，对推进经济社会发展作出了重要贡献。党的十九大报告指出，经过长期努力，中国特色社会主义进入了新时代，这是我国发展新的历史方位。我国经济已由高速增长阶段转向高质量发展阶段，正处在转变发展方式、优化经济结构、转换增长动力的攻关期，建设现代化经济体系是跨越关口的迫切要求和我国发展的战略目标。我国现行的政绩考核管理体系还不能适应现代化经济体系建设的需求，还不能适应经济高质量发展的需求，需要根据党的十九大精神，运用现代公共治理理论对我国现行的政绩考核管理体系进行改造优化和转型升级，推动从现行的政绩考核管理走向新时代的政绩治理，实现政绩治理现代化。

政绩治理现代化是国家治理体系和治理能力现代化的重要内容和重要保障。只有实现政绩治理现代化，才能推进国家治理能力现代化，才能有

* 此文与郭芸、韩飞、过凤祥共同完成，是九三学社浙江委员会的调研报告，荣获时任中共浙江省委书记车俊同志的重要批示（2018年12月）。

效驱动经济高质量发展。改革开放40年来，浙江的经济社会发展和政府改革一直走在全国前列。浙江农村居民可支配收入连续33年居全国各省（区）首位，城镇常住居民可支配收入连续17年居全国各省（区）首位；浙江在1%的国土上，创造了全国6%的国内生产总值；浙江在政府改革方面曾经创造了许许多多的全国第一。在政绩治理现代化建设方面，浙江要大胆探索、有所作为、走在全国前列，为全国提供浙江智慧和浙江样本。根据习近平总书记“干在实处永无止境，走在前列要谋新篇，勇立潮头方显担当”的对浙江工作的重要指示精神，通过“大学习、大调研、大抓落实”，加快构建新时代浙江政绩治理体系，着力推进政绩治理现代化，让新时代的政绩治理能够持续服务于浙江现代化经济体系建设，能够有效地驱动浙江经济高质量发展。

一、构建驱动高质量发展的一级政府政绩考核体系

政绩考核体系是“指挥棒”，有什么样的政绩考核体系，就会有什么样的政府行为，就会有什么样的经济发展成果。改革开放40年来，我国经济之所以取得年均9%高速增长的世界奇迹，其中一个重要决定因素是建立了以地区生产总值为核心的一级政府绩效考核体系。由于传统的政绩考核体系过度强调地区生产总值、财政收入、出口总额和投资规模等数量型考核指标，在一定程度上忽视了经济性、效率性和效果性等质量型考核指标，驱动一些地方政府单纯依靠投资拉动、规模扩张、资源推动，过度发展了一些低端产业，致使我国经济长期处于粗放发展模式，原材料消耗大、能源利用效率低、环境污染严重、产业技术层次低、产业缺乏核心竞争力。

我国经济经过40年的高速增长，已经过了“刘易斯拐点”。由高速增长转向高质量发展，是突破结构性矛盾、资源环境瓶颈和产业低端陷阱，实现更高质量、更有效率、更加协调、更加绿色和更加公平发展的必然选择，也是实现现代化的必经之路。我国经济高质量发展，是能够更好满足人民日益增长的美好生活需要的发展，是体现创新、协调、绿色、开放、共享的新发展理念的发展，也是生产要素投入少、资源配置效率高、资源环境费用低和经济社会效益好的发展。

持续驱动高质量发展是我国当前和今后一个时期确定发展思路、制定经济政策、实施宏观调控的根本遵循。显而易见，驱动浙江高质量发展不能再继续沿用传统的数量型政绩考核体系，迫切要求加快构建驱动高质量发展的质量型政绩考核体系，并基于此建立标准体系、统计体系和政策体系，以此推动浙江各级政府将高质量发展理念尽快转化为高质量发展的具体行动。因此，要有效、持续地驱动浙江高质量发展，最根本的是根据高质量发展的基本特征，尽快构建以“经济性”“效率性”“效果性”“创新性”“协调性”“开放性”和“低排放性”等质量型考核指标为主体的一级政府的政绩考核体系，做到可量化、可评价、可检查和可操作，并能够全面有效地落地。

二、全面实施驱动高质量发展的预算绩效管理

全面实施预算绩效管理是推进国家治理体系和治理能力现代化的内在要求，是优化财政资源配置和提高财政使用绩效的重要举措，也是驱动我国经济高质量发展的基础保障。2018 年 9 月，中共中央、国务院发布了《关于全面实施预算绩效管理的意见》，要求各级政府全面实施预算绩效管理，形成政府预算、部门和单位预算、政策和项目预算全方位绩效管理格局；要求将绩效理念和方法深度融入预算编制、执行和监督各环节，实现预算和绩效管理一体化。力争用3—5 年时间基本建成全方位、全过程、全覆盖的预算绩效管理体系。

浙江省现行预算绩效管理还存在着不少问题：一些地方和部门存在重投入轻管理、重支出轻绩效的意识；绩效管理的广度和深度不足，尚未覆盖所有财政资金，一些领域财政资金低效无效、闲置沉淀、损失浪费的问题较为突出；激励约束作用软化，绩效评价结果与预算安排和政策调整的挂钩机制尚未建立起来。

浙江省各级政府要根据《关于全面实施预算绩效管理的意见》要求，推出如下措施：第一，尽快制定《浙江省全面实施预算绩效管理的实施细则》，将绩效管理覆盖一般公共预算、政府性基金预算、国有资本经营预算和社会保险基金预算，并延伸至政府投融资活动；第二，尽快建立全面、规范、透明、标准科学、激励约束并重的预算管理制度，根据不同类

型财政预算支出的功能定位，科学设置预算绩效管理指标，构建具有前瞻性和可操作性的财政预算支出绩效的动态评估机制，对财政预算支出进行事前、事中和事后动态评估，做好绩效运行监控工作，对实施期超过一年的重大政策和项目实行全周期跟踪管理；第三，抓紧建立绩效评价结果与预算安排和政策调整挂钩机制，将本级部门整体绩效与部门预算安排挂钩，将下级政府财政运行综合绩效与转移支付分配挂钩，对低效无效资金一律削减或取消，对长期沉淀的资金一律收回并按照有关规定统筹用于亟须支持的领域；第四，尽快完善财政预算绩效管理的责任约束机制，对重大项目的责任人实行绩效终身责任追究制，切实做到花钱必问效、无效必问责。

三、构筑驱动高质量发展的多元参与的质量监管模式

纵览世界经济发展史，一个国家经济发展质量和这个国家质量监管模式、监管能力密切相关。有什么样的质量监管模式和监管能力，就会有什么样的经济发展质量。我国现行的质量监管模式属于典型的自上而下的政府垄断和多部门分段割据的监管模式。这种监管模式从表面上看似乎存在多重保障功能，然而实际中导致了各部门事前竞争预算和治理权力，事后推卸责任的问题。其主要缺陷体现在：一是各个部门之间存在机会主义，相互指望，交叉模糊地带无人负责，形成监管的空档，一旦出现问题，很容易造成各部门之间的相互推诿；二是导致了大量的重复检测和重复收费，提高了监管成本，降低了监管效率；三是缺少必要的民意沟通，忽视了公众及消费者在质量监管中的地位，忽视了民众的智慧和力量。这种监管模式监管能力有限，难以有效应对复杂的经济系统，难以发现经济质量问题，难以驱动我国经济高质量发展。

浙江省质量监管正处于风险高发期和矛盾凸显期。要驱动浙江经济高质量发展，必须全面改造提升浙江省产品质量、服务质量和工程质量的监管模式。通过一套有序的制度安排，构筑多元参与的全面质量监管模式，全面提升质量监管能力和监管水平，及时有效地发现和纠偏复杂经济系统中的质量隐患，进而驱动浙江省经济高质量发展。重点要做好以下四个方面的工作。第一，着力构建质量监管的新闻媒体治理机制。各级政府在质

量监管工作中，要更多地考虑动员新闻媒体力量，组织新闻记者参加到质量监管中来，充分发挥媒体力量。第二，探索质量监管的“内部特工”机制。质量欺诈具有很强的隐蔽性、地下性和欺骗性，通常是很难被发现的。要尽早发现质量欺诈和质量隐患，并对违法行为形成强大的威慑力，有必要在产品质量、服务质量和工程质量的监管中，加快设立和培育质量监管的“内部特工”。第三，强化质量监管的公众举报与奖励机制。大多数质量欺诈和质量违法行为都是由公众举报才推动行政执法和司法处理的。为有效发动公众参与质量监管、鼓励举报者同违法行为作斗争，需要建立健全对举报者的特别法律保护和奖励制度。第四，探索质量欺诈和质量安全的团体诉讼机制。团体诉讼是构筑公众参与质量监管机制的有力监督手段和法律救济方式，完善的团体诉讼机制有利于提高公众维权的积极性，有利于强化公众参与质量监管的动力。

四、加快推广驱动高质量发展的海宁经验：“亩产效益论英雄”

推进我国生产要素的市场化改革是加快经济发展方式转变的前提，是驱动高质量发展的关键所在。2013 年 9 月，浙江省人民政府正式批复海宁市开展生产要素改革试点，海宁市围绕土地、能源、环境容量等要素配置改革，根据“精准、精细、协同”的基本原则，深入推进生产要素资源差别化配置改革，充分发挥市场在资源配置中的决定性作用，建立了亩产效益综合评价体系。政府主管部门每年要对县域内用地 2000 平方米（3 亩）以上的工业企业进行全面的“体检”，根据前一年全面“体检”结果对企业进行综合排序：排序最靠前 10% 的企业界定为 A + 类企业；排序在 10% —80% 的企业界定为 A 类企业，排序在 80% —95% 的企业界定为 B 类企业；排序最后 5% 的企业界定为 C 类企业（落后淘汰企业）。

不同类别的企业享有不同的资源待遇，要支付不同的资源使用成本。如用地，A + 类企业每年的土地使用税可以减征 80% ，A 类可减征 50% —60% ，B 类只能减征 20% ，而 C 类不予减征；用电，A 类、B 类企业享有正常电价，C 类每千瓦时得加价 0. 1 元，超限额则加价更多；用能、用水、排污等所有要素，排名越是靠后的企业所要支付的成本就越高。列入 C 类的“差生”企业使用资源要素时，支付的是惩罚性价格。

海宁市以“亩产效益论英雄”，精准实施差别化要素配置，引导土地、能源、金融、科技人才等要素流向效益最好的企业，优化了生产要素配置，极大地提高了资源使用效率。经过五年多的实践，海宁企业转型发展的积极性、主动性和创造性明显增强，经济发展质量明显提升。海宁的地区生产总值、固定资产投资、财政总收入、地方财政收入、科技创新投入、授权专利数量和高科技产业发展等指标都有了较大幅度增长。

有关部门应加快推广驱动高质量发展“亩产效益论英雄”的海宁经验，并制定相应的保障措施，让“亩产效益论英雄”在浙江大地落地生根和开花结果。

五、加快浙江省驱动高质量发展的政绩治理的地方立法

政绩治理立法是保障和推进政绩治理现代化的重要路径。美国、英国、澳大利亚和日本等国家都制定了相应的法律和法规，保障、规范和促进本国政绩治理的健康发展，并以此推动政府改革和政绩治理现代化。

为有效、持续地强化政绩治理活动，美国出台了许多相关的法律法规。例如克林顿总统执政期间，共签署了90个相关法案和50个总统行政命令，国会通过了85项立法以保证国家绩效评估委员会所提出的主张得以实施。在众多的法案中，影响最广泛的是1993年颁布的《政府绩效与结果法案》（GPRA）。该法案以立法的形式确立了对政绩进行评估与治理的国家制度。在GPRA的要求下，对政绩评估与治理从以往的投入—产出模式转换为目标—结果模式，不再是以往简单地对行政资源的配置过程进行考察，而是根据各个政府部门所设定的目标任务及实现度来衡量。

我国政绩治理现代化无论在理论还是在实践上都还很不成熟，与美国和英国等发达国家存在着较大差距，尤其是在政绩评估与治理方面还缺乏法律保障。长此以往，可能会误导政府行为，导致政府职能的扭曲变形，影响政绩治理现代化和国家治理能力现代化的进程，进而阻碍现代化经济体系建设和经济高质量发展。因此迫切需要借鉴发达国家的经验，通过加快政绩评估与治理的立法，全面推进政绩治理现代化。

在政绩考核、管理及治理方面，浙江各级政府已经有了很多先进做法，并积累了许多典型经验，须尽快将这些先进做法和典型经验进行系统总结和归纳提炼，并进行固化和上升至地方立法，加快制定《浙江省驱动经济高质量发展的政绩治理条例》，对政绩治理目标、治理指标、治理主体、治理程序、治理方法、治理评估以及评估结果应用等关键问题作出明确的法律规定，为构建新时代浙江政绩治理体系和推进政绩治理现代化，进而驱动经济高质量发展提供法治保障。

9

浙江“最多跑一次”改革的八条经验值得在全国推广*

以人民为中心的发展思想是习近平新时代中国特色社会主义思想的重要内容之一。“坚持把人民群众的小事当作自己的大事，从人民群众关心的事情做起，从让人民群众满意的事情做起”是党的十九大报告明确提出的要求。浙江省遵循这一思想以及“把以人民为中心的发展思想体现在经济社会发展各个环节，做到老百姓关心什么、期盼什么，改革就要抓住什么、推进什么”的工作要求，于2016年12月在全国率先提出实施“最多跑一次”改革。

“最多跑一次”是指群众和企业到政府办理“一件事情”在申请材料齐全、符合法定受理条件时，从受理申请到作出办理决定、形成办理结果的全过程只需一次上门或零上门。“最多跑一次”改革是一场以人民为中心的改革，把“立党为公、执政为民”的理念融入政府施政目标、施政方式、施政过程，充分体现了党全心全意为人民服务的根本宗旨，彰显了全面深化改革的根本价值取向。自2017年初“最多跑一次”改革正式启动以来，浙江全省各级、各部门对标改革目标，通过优化办理流程、整合政务资源、融合线上线下等方式扎实推进各项改革举措。目前，改革已取得

* 此文与张鸣共同完成，全文刊载于《光明日报》2018年5月15日05版。

明显的阶段性成效。2017 年底，省级“最多跑一次”事项达到 665 项，设区市本级平均达到 755 项，县（市、区）平均达到 656 项，全省“最多跑一次”实现率达到 87.9%，办事群众满意率达到 94.7%。“最多跑一次”改革通过最大限度地降低企业制度性交易成本，撬动了供给侧结构性改革落地见效。2017 年全年，浙江地区生产总值同比增长 7.8%，约比全国平均水平高 1 个百分点。以新产业、新业态、新模式为主要特征的“三新”经济增加值占地区生产总值的 24.1%。信息经济核心产业增长 16.7%，呈现出实体经济全面振兴、新动能不断发展壮大、转型升级步伐加快的良好态势。

时任国务院总理李克强在政府工作报告中指出，深入推进“互联网 + 政务服务”，使更多事项在网上办理，必须到现场办的也要力争做到“只进一扇门”“最多跑一次”。这是中央对“最多跑一次”浙江改革的充分肯定。笔者在深入调研的基础上，总结提炼了浙江“最多跑一次”改革的八条典型经验。这些经验具有较强的代表性、惠民性及可操作性，具有在全国复制推广的重要价值。

一、坚持以人民为中心，强化各级干部改革共同体意识

基于以人民为中心的发展思想，“最多跑一次”改革站在“用户体验”的角度，以群众眼中的“一件事情”为标准，整合归并以往由一个或多个部门办理的多个相关事项，推动群众办事“一件事情”全流程最多跑一次。如作为浙江办件量最大的涉及多部门、多环节的不动产登记事项，包含了交易、登记、缴税三个环节，以往由住房和城乡建设、国土资源和地方税务部门分别办理。在“最多跑一次”改革过程中，浙江按照“一件事情”的标准明确三个部门各自责任，推行并联办理、互认结果等措施，从而实现不动产登记全业务、全过程的“最多跑一次”。群众办理“二手房”交易过户正常情况下不超过 50 分钟即可办结，极大增强了群众的获得感。在此基础上，浙江按照群众和企业到政府办事“最多跑一次”的理念和目标，大力强化各级干部的改革共同体意识。通过成立改革领导小组、明确部门职责分工、加大舆论宣传、举办全省“最多跑一次”改革专题研讨班等多种方式强化各级干部的改革共同体意识、大局意识和担当精神，从而为突破利益固化的藩篱、蹄疾步稳推进改革打牢了思想基础。

二、坚持允许试错和宽容失败原则，增强改革者积极性和主动性

习近平总书记多次指出改革要“允许试错、宽容失败”，并强调要支持和保护那些作风正派又敢作敢为、锐意进取的干部。坚持允许试错和宽容失败原则，对于调动干部队伍的改革积极性和主动性十分必要。“最多跑一次”改革是一项复杂的系统工程，涉及部门整合、资源配置、流程再造、信息共享、集成服务和新技术应用等一系列工作，因此在改革探索过程中出现一些失误、偏差在所难免。在“最多跑一次”改革推进过程中，浙江各地把建立健全改革容错纠错机制作为助推改革的重要举措，明确将在探索政务服务新模式、创新审批流程等推进改革的过程中主动作为、积极担当，出现一定失误的情形纳入容错免责范围，同时细化对不作为、慢作为、乱作为等现象的责任追究机制，从而促进了既鼓励创新、表扬先进，也允许试错、宽容失败的良好改革氛围的形成，有效激发了干部队伍谋事创业的改革激情，增强了改革动力。

三、坚持全面精简办事材料，健全政府咨询服务体系

行政审批和政务服务“证明多”“盖章多”是导致群众“办事慢、办事繁、办事难”问题的重要原因。为了从根本上解决这一顽疾，浙江在从群众角度界定“一件事情”的同时，按照“没有法律法规依据的一律取消，能通过个人现有证照来证明的一律取消，能采取申请人书面承诺方式解决的一律取消，能通过网络核验的一律取消”的要求积极推进减少办事材料。2017 年，浙江全省各级、各部门依法为公民办理相关社会事务开具的证明事项从 135 项减少到 97 项，需要群众和企业提供的证明事项从 860 项减少到 359 项。与此同时，浙江依托各级行政服务中心、政务服务网及“12345”统一政务咨询投诉举报平台，完善办事咨询服务体系，更新配套知识库，多渠道加强宣传，为群众提供方便快捷的咨询解答服务，显著提升了办事咨询的便利度、可及性和准确性，大幅减少了由于了解准备不足导致的“跑多次”。

四、坚持政府流程优化再造，实行“一窗受理、集成服务”

政府部门职能分工过细、各自为战、办公场所分散，是造成群众办事

跑多次的重要原因。为了解决这一问题，浙江按照习近平总书记倡导的系统集成方法，把推行行政服务中心“一窗受理、集成服务”改革作为“最多跑一次”改革的主抓手。“一窗受理、集成服务”即把各部门行政审批过程的受理环节分离出来，将原来按部门设置的窗口由行政服务中心分类整合为投资项目审批、商事登记、不动产交易登记、医保社保、公安服务等综合窗口，再按职责分工由业务部门后台分别审批，从而使群众只需进行政服务中心“一个门”、到综合窗口“一个窗”就能把“一件事”办成，实现群众办事从“找部门”到“找政府”转变。同时，强化行政服务中心作为第三方的监督评价职责，对各部门审批进行全流程监督考核，从而将各部门的行政审批权力转变为行政责任。此外，浙江将“一窗受理、集成服务”改革与乡镇（街道）便民服务平台和村（社区）代办点建设相结合，在完善乡镇（街道）便民服务平台和村（社区）代办点软硬条件的同时，推进“一窗受理”平台向乡镇街道延伸，探索出了一种“乡镇（街道）、村（社区）前台综合受理，县级后台分类办理，乡镇（街道）、村（社区）统一窗口出件”的政务服务新模式，促进了政务服务“就近能办、同城通办、异地可办”。

五、坚持打通“信息孤岛”，推动公共数据深度共享

实现群众办事“最多跑一次”的关键在于部门协同作战，而数据共享是实现部门协同作战的基础。为了推进数据共享，让“数据多跑路，群众少跑腿”，浙江在“最多跑一次”改革过程中，下大力气推进各级各部门信息系统互联、基础数据库建设和公共数据共享，推动“一次录入、大家共用”和“一个数据用到底”。一方面，浙江加强信息化建设顶层设计，新建“一窗受理”信息平台，积极推动部门业务联办。2017 年底，已有 24 个部门的 43 个业务应用系统基本完成与“一窗受理”信息平台的对接，同时有 76 套市级系统和 27 套县级系统完成与“一窗受理”信息平台的互联互通。另一方面，浙江专门成立浙江省数据管理中心，作为推进政府数据资源整合开放的管理机构。在省数据管理中心的推动下，浙江已公布两批《省级公共数据共享清单》，共计开放 57 个省级单位的 3600 项数据共享权限。在此基础上，浙江梳理各部门办事事项数据需求清单，并由省数

据管理中心负责统一采集、归集数据，建立“覆盖全省、统筹利用、统一接入”的公共数据库。2017 年，个人综合库、法人综合库、信用信息库数据归集基本完成，可信的电子证照库、办事材料共享库基本建成并投入使用，有效促进了数据流与业务流同步运行，避免了群众多头、重复提交材料，并推动了“深度应用、上下联动、纵横协管”的协同治理大系统形成。

六、坚持互联网与政务融合发展，强化网上服务功能

推行“互联网+政务服务”，是提升政务服务智慧化水平，让群众享受“全天候、零距离”便捷服务的重要手段。在推进“最多跑一次”改革的过程中，浙江坚持网上网下政务服务体系融合发展，更多依靠网络让群众少跑腿甚至不跑腿。首先，依托省、市、县、乡、村五级联动的浙江政务服务网，推进权力事项集中进驻、网上服务集中提供、政务信息集中公开、数据资源集中共享。2017 年，省、市、县可网上申请办理事项的开通率已分别达到 79.9%、61.5%、55.9%。这些事项通过政务服务网便可实现网上查询、网上申请、网上办理、网上反馈。同时，促进实体政务大厅向网上延伸，推行网上预约、网上评价、网上支付、自助终端办理等。其次，完善“互联网+政务服务”的技术支撑体系。目前，浙江已建成电子印章、电子档案技术支撑平台，37 个省级部门已建立行政审批电子文件在线归档工作机制。政务服务网行政权力运行系统的开发和应用也逐步深化，推动了更多行政权力、公共服务事项网上运行，通过全链路数据“跑腿”，让更多办事事项从“最多跑一次”到“一次不用跑”。最后，通过借助大型第三方网络支付平台用户众多、实名认证的优势，浙江政务服务网的各项便民服务打包进驻支付宝和微信，进一步提高了政务服务效率，改善了政务服务质量，使群众在共享“互联网+政务服务”发展成果上得到了切实的好处和获得感。

七、坚持督察评估有机结合，强化改革效果导向

强化督察评估，充分发挥督察评估的指挥棒作用，是推进工作落实的有效手段。在“最多跑一次”改革推进过程中，浙江坚持督察评估有机结

合，强化改革的效果导向，有力促进了改革举措落地见效。首先，发挥督察“利器”作用，促使各级、各部门扑下身子抓落实。目前，“最多跑一次”改革已纳入浙江省委经济工作目标责任制度考核、“平安浙江”考核。省“最多跑一次”改革办公室建立了每月例行督察制度和周报告、月报告制度，跟踪督促各地做好改革落实工作。同时，省人民代表大会、省政协、省人民政府督察室、各民主党派也根据自身职能有针对性地开展“最多跑一次”改革督察。各项督察的常态化进行有力推动了各地党政一把手亲力亲为抓改革，扑下身子抓落实，把“最多跑一次”改革打造成为社会满意的“民心工程”。其次，引入外脑开展第三方评估，增强群众改革评判权。为了建立科学的改革成果评价机制，浙江引入国家行政学院、省社会科学院等作为第三方评估机构，运用多种数据采集和分析方法对“最多跑一次”改革绩效进行评判，全面客观地反映改革的实施成效与问题短板。同时，在政务服务网开通“调查评估”“改革建言”等栏目，全省群众均可评价“最多跑一次”改革实施情况，提出意见建议，使群众在改革评估中的发言权有效增强。

八、坚持标准化、法治化改革路径，强化改革可推广性

标准化、法治化是保障改革平稳推进、巩固深化及改革成果复制推广的重要手段。习近平总书记多次指出要通过补齐制度短板，巩固改革成果，放大改革效应。为了在改革实践中形成更多制度性成果，以形成不可逆的改革态势，浙江把标准化作为基础工作和长效机制，及时总结提炼改革中涌现的好做法、好经验，制定发布全国首份《政务办事“最多跑一次”工作规范》地方标准，明确规范“最多跑一次”的事项范围、工作要求、监管要求、制度建设等内容。同时，加紧构建标准统一、口径规范、内容完整的办事事项清单和办事指南，使群众在全省各地都能享受统一规范的政务服务。针对改革实践中遇到的法律法规及规章制度问题，浙江严格按照法定权限、法定程序进行“立改废”，如发布《浙江省公共数据和电子政务管理办法》政府规章，明确电子签名、电子证照、电子文件等在政务活动中的法律效力。同时，在桐庐县开展“最多跑一次”改革与法规规章衔接绿色通道试点，为改革攻坚克难提供法治支撑。

10

着力处理好前行中十大关系，将“最多跑一次”改革进行到底*

“最多跑一次”改革是浙江的创造，是浙江人民改革智慧的结晶，为中国的政府改革提供了浙江经验。该项改革让昨天的“门难进、脸难看、话难听、事难办”成为过去时。此次改革放活了市场、激活了企业、拉近了政府和群众的距离、提升了群众的获得感和满意度，让浙江领跑中国改革。目前，“最多跑一次”改革进入深水区，遇到了很多艰难险阻，必须着力处理好前行中十大关系，才能将“最多跑一次”改革进行到底。

第一，“最多跑一次”改革与依法行政。“最多跑一次”改革是一场深刻的行政效能革命，通过“一窗受理、集成服务、一次办结”的服务模式创新，让企业和群众到政府办事情实现“最多跑一次”的行政目标。依法行政是依法治国的重要内容，要求行政机关根据现行的法律法规行使其行政权力，并对其行政行为的后果承担相应的责任。由于现行法律法规尤其是行政法规是根据串联式、分立式和小部制模式的行政部门体制制定的，各地在全面深化“最多跑一次”改革的过程中，受到现行行政法规的瓶颈制约，迫切需要对浙江省投资项目审批、工商登记、行政处罚、安全管

* 此文与陈亦宝共同完成，是九三学社浙江省委员会报送浙江省委、省人民政府的调研报告，荣获时任浙江省委书记车俊、时任省长袁家军的重要批示。

理、社会治理以及公共服务等领域的地方性法规（规章）进行系统梳理和科学评估。根据“最多跑一次”改革的目标任务和具体要求，对地方性法规进行及时调整和完善，破解行政法规对“最多跑一次”改革的瓶颈约束，正确处理好“最多跑一次”改革与依法行政的关系，全面推进“最多跑一次”改革向纵深化方向发展，将“最多跑一次”改革进行到底。同时，积极引导和推动国家层面的法律法规，尤其是行政法规的调整和完善。

第二，“最多跑一次”改革与政绩考核。政绩考核是政府工作的指挥棒，有什么样的政绩考核，就会有什么样的政绩观；有什么样的政绩观，就会有什么样的改革行为和政府效率。改革开放以来，驱动我国经济持续高速增长最重要的动力源是以地区生产总值为核心的政绩考核。要有效持续驱动“最多跑一次”改革向纵深化方向发展，并在全省各级政府和政府部门“生根、发芽、开花和结果”，最根本的是根据“便民、高效、廉洁、规范”的改革宗旨，在省、市、县和乡四级政府调整优化政绩考核指标，将“办事时间”“办事成本”“办事效率”“营商环境”“群众获得感”和“群众满意度”等与“最多跑一次”改革紧密关联的指标纳入政府和政府部门的政绩考核范畴，并做到可量化、可评价和可检查。通过科学的政绩考核，引领改革的正确方向，强化改革的持续动力，将“最多跑一次”改革进行到底。

第三，“最多跑一次”改革与容错纠错机制。“最多跑一次”是指通过优化办理流程、整合政务资源、运用线上线下、采纳新技术等方式，企业和群众到政府办理“一件事情”在申请材料齐全、符合法定受理条件时，从受理申请到作出办理决定、形成办理结果的全过程只需一次上门或零上门。“最多跑一次”改革是浙江的首创，也是一项复杂的系统工程，涉及部门整合、资源配置、流程再造、信息共享、集成服务和新技术应用等一系列工作，需要从服务、政策、制度、流程、信息、技术和环境等众多维度全面优化供给。各地在“最多跑一次”改革过程中出现一些失误、偏差在所难免。习近平总书记指出基层改革要“允许试错、宽容失败”，并强调要支持和保护那些作风正派又敢作敢为、锐意进取的干部。因此，要正确处理好“最多跑一次”改革与容错纠错的关系，通过科学设立容错纠错机制，鼓励政府和政府部门既能大胆地实践探索，又能在出现失误、偏差后予以及时纠正，在实践探索和纠错过程中，最大限度地激发改革的激情，释放改革的活力，将“最多跑一次”改革进行到底。

第四，“最多跑一次”改革与市场的有效监管。“最多跑一次”改革旨在减少办事环节、节省办事时间、加快办事速度、提高办事效率，通过行政改革，降低制度性交易成本，激发企业潜力，激活市场活力。现实当中面临的一个亟待解决的问题是“最多跑一次”改革后如何加强对市场的有效监管。因此，必须抓紧构建“最多跑一次”改革后的市场有效监管机制。根据“谁审批、谁监管，谁主管、谁监管”的基本原则，全面厘清政府各部门的市场监管职责，推进市场监管法治化、制度化、规范化、程序化，创新监管方式，着力构建权责明确、透明高效的事中、事后监管体系，正确处理好“最多跑一次”和事中、事后监管的关系，着力维护好市场竞争秩序。同时，加快推进以法治为基础的社会公共治理，健全社会监督机制，切实保障市场主体和社会公众的知情权、参与权、话语权和监督权，建立健全市场主体自治、行业自律、社会监督和政府监管的公共治理体系，将“最多跑一次”改革进行到底。

第五，“最多跑一次”改革与服务型政府建设。“最多跑一次”改革的实质是充分运用“互联网+政务服务”和大数据，让企业和群众多办事少跑路、让数据多跑路，是加快审批型政府向服务型政府转变的抓手，是打造服务型政府的突破口。自“最多跑一次”改革实施以来，全省各地企业和群众到政府办事确实便捷了、速度快了、成本低了和效率高了，但同时在一些地方也出现了事后政府对企业和群众服务数量减少和服务质量下降的问题，尤其是对小微企业、困难群众和弱势群众提供的帮助短缺和滞后等现象，引起了企业和群众对政府新的不满。服务型政府的本质要求，就是坚持一切从人民群众的根本利益和现实需求出发，牢固树立以人民为中心的发展理念，全心全意为人民服务。服务型政府建设，要求政府建立为企业和群众全程服务和长效服务的工作机制，让企业和群众“有事快捷办、有难马上帮、有问立即答”，企业和群众的事情马上办、上门办、主动办、办得了、办得好，真正使各级领导干部当好服务企业和群众的“店小二”。服务型政府是一个为全社会提供公共产品和公共服务的政府，把资源投向以改善人民群众生活质量，关乎千家万户生活命脉的义务教育、公共医疗、社会福利和社会保障、劳动力失业和培训、环境保护、公共基础设施、社会安全和秩序等领域，把钱真正用到惠及老百姓的日常生活，全面提升人民群众的获得感和幸福感。

第六，“最多跑一次”改革与行政成本问题。政府改革的终极目标是降低行政成本和提高效率。行政成本是否有效降低是衡量“最多跑一次”改革成败的重要标准。地方政府为了方便企业和群众办事，解决“最后一公里”问题，将行政服务机构和办事大厅延伸到乡镇（街道）、村（社区），建立了全覆盖、全方位的市、县、乡镇（街道）和村（社区）的行政服务体系，增加了一大批编外人员，极大了提高行政成本，而前来服务机构办事的企业和群众却寥寥无几。在财政“蛋糕”规模既定的约束下，行政成本增加了，投入公共产品和公共服务的支出就会相应减少，进而导致企业和群众获得感和满意度的下降。各级政府领导需要正确处理好“最多跑一次”改革与行政成本的关系，将严格控制和有效降低行政成本纳入“最多跑一次”改革的工作计划和目标任务。在交通和通信如此便捷发达的今天，将行政服务机构和办事大厅过度延伸至乡村（社区），并不是行政资源的优化利用，而是行政资源的极大浪费，违背了“最多跑一次”改革的终极目标。

第七，“最多跑一次”改革与信息数据共享。互联网、信息化和大数据是支撑“最多跑一次”改革的技术基础，但现实中各地政府普遍反映，信息共享度低和“信息孤岛”是“最多跑一次”改革全面深化的重要瓶颈。层级间、条块间和部门间网络“信息孤岛”、数据壁垒等信息互通不畅的问题在各地各级政府普遍存在。当前，互联网发展和数据库管理系统等网络技术突破使系统对接、数据全面共享在技术层面上没有任何障碍，关键是条块分割的行政管理体制机制的约束。为打通“信息孤岛”和实现数据共享，下阶段必须在行政管理体制改革上实现重大突破，着力解决公共数据和电子政务领域存在的基础设施条块割裂、网络互联互通不畅、业务系统缺乏协同等问题。各级政府领导要有强烈的改革共同体意识，拥抱改革、支持改革和推动改革，在信息数据共享上为“最多跑一次”改革保驾护航，将“最多跑一次”改革进行到底。

第八，“最多跑一次”改革与政务服务标准化。服务标准化是规范和提升政务服务水平，打造优质、高效、便捷的政务服务模式的重要基础，也是现代政府区别于传统政府的重要标志。“最多跑一次”改革是浙江首创，没有现成经验可以学习借鉴。凭着“摸着石头过河”的精气神，根据省委、省人民政府的统一部署，“最多跑一次”改革在11个地市、90个县市区全面展开。各地各部门因地制宜、积极探索、扎实推进、特色鲜明、成效显著。将“最多跑一次”改革进行到底，需要省委、省人民政府领导牵头，组织专家学者对各地各部门积累的改革经验进行科学总结，在浙江省人民政府印发的《加快推进“最多跑一次”改革实施方案》（浙政发〔2017〕6号）和省委机构编制委员会办公室、省标准化研究院等起草的《政务办事“最多跑一次”工作规范第2部分：一窗受理、集成服务》（省级地方标准）的基础上，省级人民政府各部门统一制定部门的“最多跑一次”服务标准，加快推进机构名称及硬件配套标准化、窗口建设标准化、服务事项标准化、办事制度标准化、事项办理标准化、政务公开标准化、服务行为标准化和监督评议标准化，建立覆盖全面、科学有效的“最多跑一次”服务标准体系，确保政务服务“一切工作有标准，一切标准有程序，一切程序有监督，一切监督有公开”。

第九，“最多跑一次”改革与大部制改革。按照政府部门的职能大小和机构数量，政府机构设置通常有“小部制”与“大部制”两种模式。中国采用的典型的小部制模式。小部制模式的主要特征是：部门管辖范围小、机构数量大、专业分工细、职能交叉重、相互扯皮多。小部制模式是导致我国行政机构臃肿、行政人员冗余、行政成本高和行政效率低下的根本原因，也是导致企业和群众到政府办事难、环节多、费时长和成本高的关键因素。大部制是政府政务综合管理组织体制，其特征是“大职能、宽领域、少机构”，政府部门的管理范围广，职能综合性强，部门扯皮少。浙江要争当大部制改革的“排头兵”和“领头羊”，通过“最多跑一次”改革推动大部制改革，根据社会主义市场经济条件下“经济调节”“社会管理”“市场监管”“公共服务”的四大政府职能，推进大部制改革，加快政府职能转变，在省、市、县三级层面，力争党政机关机构改革一步到位，将原先众多机构调整为“经济工作部”“社会服务部”“市场治理部”

“党务工作部”和“综合协调部”五大部门，并根据“老人老办法、新人新办法”的原则，将政府公务员缩减到现有规模的40%，为中国大部制改革提供浙江智慧、创造浙江模式。

第十，“最多跑一次”改革与信用浙江建设。信用数据共享和社会总体信用是影响营商环境的关键变量，也是关乎“最多跑一次”改革成败的重要因素。浙江要以“最多跑一次”改革为契机，加快“信用浙江”建设。同时，要通过“信用浙江”建设，全面深化“最多跑一次”改革。在“十三五”期间，着力强化政务诚信、商务诚信、社会诚信和司法诚信四大领域的信用建设，全面推进综合创新示范工程、信用标准体系建设工程、小微企业和农村信用体系建设工程、征信机构培育工程、发展改革领域应用示范工程、信用地理信息工程、社会信用满意度评估工程七大重点工程建设，加快构建与浙江现代治理体系和高水平全面建成小康社会相适应的社会信用体系，全面深化“最多跑一次”改革，将“最多跑一次”改革进行到底。

11

正确处理好十大关系，将政治交接进行到底*

党的十九大报告明确指出："坚持长期共存、互相监督、肝胆相照、荣辱与共，支持民主党派按照中国特色社会主义参政党要求更好履行职能。"按中国特色社会主义参政党建设要求履行职能、做好政治交接，关乎民主党派的自身发展，关乎中国共产党领导的多党合作和政治协商制度的发展，关乎中国特色社会主义道路的发展。政治交接是民主党派的政治主张、政治立场、政治理想、政治思想、政治态度、政治纲领和优良传统等代代相传的动态过程，具有方向性、长期性、阶段性和系统性等基本特征。方向性是指民主党派政治交接不仅关系到自身能否正确履行职能，甚至关系到生死存亡。政治交接必须坚持中国共产党领导的多党合作和政治协商制度这个正确的政治方向。如果偏离了正确的政治方向，会陷入十分危险的境地。长期性是指政治交接不是一劳永逸的，政治思想、政治信念、政治纲领和优良传统的传递传承是一个循序渐进的动态过程，需要继承、创新和发展。政治交接是民主党派发展的永恒主题，永远在路上，必须将政治交接贯穿于民主党派自身建设的全过程。阶段性是指不同历史时期和历史阶段，由于面临的新形势、新问题和新矛盾，民主党派政治交接

---

* 此文与周水仙、张鸣共同完成，是在中国统一战线理论研究会2018年年会暨"新时代统一战线"研讨会（武汉）的演讲，刊载于《江苏社会主义学院学报》2018年第6期。

的内涵会发生深刻变化，不同发展的阶段政治交接具有不同的时代内涵、时代特征和时代任务。系统性是指民主党派政治交接是一项复杂的系统工程，会受到思想建设、组织建设、制度建设、能力建设、文化建设、教育培训、绩效考核、代表人士培养、领导班子换届和统战理论建设等众多因素的综合影响。因此，民主党派要顺利完成和持续推进政治交接，将政治交接进行到底，需要正确处理好十大关系，建立健全政治交接的长效机制。

一、政治交接与思想建设

一方面民主党派的思想建设是确保顺利实现和完成政治交接的重要基础，另一方面顺利实现政治交接也有利于推进思想建设。思想建设是党的建设的“根与魂”，关系到举什么旗、走什么路，关系到参政党的性质和宗旨。习近平总书记明确指出，要始终把思想建设放在党的建设第一位，并强调，党的建设最根本的是思想上建党。中共中央对各民主党派的思想建设工作也极为重视，在 2015 年颁布的《中国共产党统一战线工作条例(试行)》中进一步明确“支持民主党派加强思想建设，巩固共同思想政治基础”。思想建设是民主党派自身建设中的基础性工程，是民主党派坚持正确的政治方向，坚持中国共产党领导的多党合作和政治协商制度的根本保证，是提高民主党派成员整体素质的中心环节，是确保民主党派生机活力的重要基础，是将政治交接进行到底的重要保障。民主党派要清醒地认识到加强思想建设的重要性和紧迫性，正确处理好政治交接与思想建设两者之间的关系，坚持向执政党学习，不断强化政治意识、大局意识、核心意识、看齐意识；始终把思想建设放在民主党派一切工作的首位，牢固树立民主党派的政党意识，努力提高政治觉悟，切实履行政治责任；坚持以习近平新时代中国特色社会主义思想为基础，以习近平总书记的系列重要讲话以及党和国家的各项重要政策文件为基本指导，扎实推进民主党派的思想建设工作，引领其他各项工作的全面开展，将政治交接进行到底。

二、政治交接与组织建设

民主党派的政治交接与组织建设是相辅相成的，组织建设为完成政治交接提供坚实的组织保证，顺利完成政治交接反过来会有力地推动组织建设。实践表明，组织建设是民主党派自身建设的关键和基础，加强组织建设既是民主党派加强自身建设的一项重要内容，是巩固发展中国共产党领导的多党合作和政治协商制度的组织基础，也是参政党履行职能、永葆生机和推进政治交接的组织保证。民主党派作为参政党，要认真借鉴中国共产党组织建设的丰富经验，减少和克服社会转型期各种离散性因素，创新组织发展机制，不断夯实参政党组织建设的社会基础，努力构建科学合理、规范有序和高效运行的组织体系。民主党派在组织发展过程中要正确处理好巩固与发展、数量与质量、存量与增量、重点与非重点、代表性人物（旗帜性人物）与普通社员的关系，要严把质量关，努力做到政治素质与业务素质并重，专业工作能力与社会工作能力、政治工作能力并重，不断提高民主党派成员的整体素质，为政治交接提供坚实的组织保证，将政治交接进行到底。

三、政治交接与制度建设

制度是指一个组织（或系统）制定的要求下属全体成员共同遵守的办事规程或行动准则。政党是靠一系列有机的制度联结起来的政治组织，制度化是推动民主党派建设规范有序、常抓不懈的重要手段。民主党派搞好和推进政治交接，实现薪火相传、制度相传和与时俱进是重点。在新时代，民主党派推进政治交接，就是要把制度建设挺在前面，开创制度治党的新时代。民主党派党章是管党治党的总制度和总开关，具有权威性、方向性、强制性和稳定性等特征。实现和推进政治交接，首先，要坚持正确的政治方向，根据新时代民主政治发展和新型政党理论发展，及时对民主党派的党章进行修订和完善，实现政治主张、政治理念、政治态度和政治纲领的与时俱进。同时，党章确定的管党治党的方针、政策、措施、办法，要与社会制度体系相衔接和相统一，能够全面体现《中国共产党统一战线工作条例（试行）》《中国人民政治协商会议章程》和《关于加强政党协商的实施意见》等一系列规定的基本精神。其次，要制定落实党章的相关配套制度和实施细则，形成科学合理的制度体系，使党章能够得到不折不扣的执行，发挥管党治党的重要作用。民主党派通过系统化的制度建设和完善，为完成和推进政治交接提供制度保障，将政治交接进行到底。

四、政治交接与能力建设

民主党派能力建设与思想建设、组织建设、制度建设三大建设密切相关，共同推进政治交接。能力建设是民主党派自身建设之根本，也是参政党生命力之所在。习近平总书记十分重视民主党派能力建设，指出“把参政工作做好，也要不断提高本领”。民主党派发展的实践充分表明，政治交接与能力建设具有高度的一致性，以政治交接为主线切实加强民主党派的能力建设，在民主党派的能力建设过程中体现、指导和推进政治交接。民主党派完成和推进政治交接需要具备足够的能力支撑，能力不足和能力缺失会影响甚至会阻碍政治交接。2015 年 5 月召开的中央统战工作会议上，习近平同志从巩固和发展最广泛的爱国统一战线、协调推进“四个全面”战略布局、为实现“两个一百年”奋斗目标和中华民族伟大复兴中国梦提供广泛力量支持的战略高度，提出民主党派应加强“政治把握能力、参政议政能力、组织领导能力、合作共事能力和解决自身问题能力”“五种能力”的新概括。民主党派能力建设是一个复合动态概念，包含了民主党派有效履行职能所需要的各种综合能力。由于民主党派的政治使命、政治环境和政治任务是动态变化的，民主党派能力建设也是动态发展的，在不同阶段和不同时期，民主党派的能力建设要求也不尽相同。习近平总书记关于“五种能力”建设的概括，正是新时代对中国特色社会主义多党合作和民主党派自身建设规律的科学总结，也是加强民主党派能力建设的科学指南。在新时代，民主党派能力建设的基本任务就是着力提高政治把握能力、参政议政能力、组织领导能力、合作共事能力和解决自身问题能力。民主党派只有具备了坚定的政治把握能力，才能成为多党合作制度中的坚定成员，才能在接受中国共产党领导的前提下参与中国特色社会主义事业建设，才能获得生存与发展；只有具备了较强的参政议政能力，才能在参政过程中言之有据、言之有理、言之有物，才能体现出民主党派自身存在的意义和价值；只有具备了高超的组织领导能力，才能真正承担起参政党的政治责任；只有具备了良好的合作共事能力，民主党派的作用才能得以有效发挥，价值才能得到充分体现；只有具备了超常的解决自身问题能力，民主党派才能取得不断进步发展。所以，“五种能力”建设是一个相辅相成、缺一不可的有机整体。民主党派通过能力建设和能力提升，为完成和推进政治交接提供有效的能力支撑，将政治交接进行到底。

五、政治交接与文化建设

文化是人类在社会历史发展进程中创造的物质财富和精神财富的总和，是生活化、共识化、习惯化、制度化、环境化了的思想认识、价值观念和思维方式。民族和国家的维系，离不开文化的支撑；组织和政党的发展，需要文化的滋润。“为有牺牲多壮志，敢教日月换新天”。中国历史的每一步前进，无不源于伟大文化力量的推动；中华民族的每一个成就，无不源于伟大文化精神的书写。文化建设是民主党派自身建设的重要内容，集中反映了民主党派成员整体的信仰追求、指导思想、价值观念、精神风貌、道德情操，是凝聚党派成员自觉维护中国共产党的领导、坚持中国特色社会主义道路和推进政治交接持续健康发展的重要载体。政治交接是民主党派的政治主张、政治理念、政治思想和优良作风的代代传承，通过政治交接整合民主党派的政治资源，将其提升为参政党文化，并升华为价值观念、精神风貌和道德情操，用于激励全体成员，推动民主党派发展和中国多党合作的政治制度发展。如果说肇启于1997年的民主党派政治交接的初衷在于参政党自身的生存和发展，那么随着中国的多党合作和政治制度向纵深化发展，民主党派政治交接的价值取向则应该定位于构建优秀的参政党文化体系。在新时代，民主党派文化建设的关键，是以习近平新时代中国特色社会主义的新型政党理论为指导，以社会主义核心价值体系为引领，以多党合作制度为框架，以民主党派履职尽责的实践活动为载体，以民主党派文化价值的培育为核心，让广大民主党派成员自觉把马克思主义指导思想、中国特色社会主义道路和以爱国主义为核心的民族精神、以改革创新为核心的时代精神作为共同的价值取向、共同的精神力量和共同的价值追求，通过持续不断的文化建设，不断巩固民主党派成员与中国共产党团结合作的思想文化基础，为顺利完成和持续推进政治交接提供文化动力和文化保障，并将政治交接进行到底。

六、政治交接与政治教育

政治教育是提高民主党派成员整体素质和综合能力的重要途径，也是实现和推进政治交接的重要手段。社会主义学院是中国共产党领导的统一战线性质的政治学院，是民主党派和无党派人士的联合党校，是党和国家干部政治教育体系的重要组成部分，我们要根据这个办学定位来谋划和推进社会主义学院的政治教育的各项工作。第一，坚持“社院姓社”，把凝聚政治共识作为根本要求。对民主党派的政治教育，要坚持以政治培训为核心，通过政治教育，深化共识、巩固共识、增进共识。把“坚持走中国共产党领导的多党合作的政治道路”这个最根本的政治共识体现在社会主义学院教学计划制订、教学组织实施和教学效果评估的全过程。第二，加快教学体系和教学内容的改革创新。根据社会主义学院办学目标和民主党派成员的成长规律，构建以基础理论、政治素养、统战政策、法律知识、能力培养为主要内容的教学体系，进一步加强对“中国古代思想文化史”“中国近代政治思想史”“中国共产党党史”“中国民主党派史”“中国政党制度史”“习近平新时代中国特色社会主义思想”“习近平新时代中国统一战线思想”“中国共产党领导的多党合作和政治协商制度”“新时代中国特色社会主义参政学建设”等内容的教学。第三，加快教学方式方法的改革创新，提高教学水平、教学质量和教学效果。综合运用多种教学方法，探索和完善讨论式、探究式、研究式、体验学习、案例式、情景模拟式和翻转课堂等新型教学方式和教学手段；建立健全课堂教学评比制度、学员回访制度，完善教学评估制度；基于提高学员参政议政能力，探索政协委员提案办理和大会发言模拟教学；加快爱国主义基地、科学发展示范区、革命圣地和民主党派代表人士纪念馆等教学实践基地建设，完善、丰富现场教学，满足学员多样化、个性化的学习需求。充分发挥社会主义学院在民主党派政治教育中的主阵地作用，努力提高教学质量和教学效果，通过科学有效的政治教育，着力提高民主党派成员的综合素质和综合能力，强化民主党派的政党意识、政治觉悟和政治责任，为实现和推进政治交接培养高素质的接班人和后备力量，将政治交接进行到底。

七、政治交接与代表人士培养

民主党派是由一定范围、一定界别比较先进的成员组成的具有政治联盟性质的政党。“民主党派代表人士”是在中国现代政治语境中统一战线的一个特定概念，是在中国社会历史上对中国政治和社会发展具有重要影响的特殊力量。民主党派代表人士具有政治形象的民主性和进步性、组织形象的旗帜性和威望性、专业形象的拔尖性和成熟性、社会形象的典范性和综合性等基本特征。在现阶段，民主党派代表人士是指在各民主党派中具有广泛社会影响和广泛代表性的各界人士，而不是指普通的群众。通常而言，民主党派代表人士应具有一定文化水平，在所从事的专业领域中有较深造诣或有较大影响，有较广泛的社会联系和一定活动能力，有较强的参政议政能力。实践表明，民主党派代表人士的规模、层次和结构不仅直接关系到民主党派履职尽责和自身发展，而且直接影响到是否能够顺利地完成和推进政治交接，将政治交接坚持到底。要正确处理好政治交接与民主党派代表人士培养之间的关系，将政治交接贯穿于民主党派代表人士的发现、评价、培养和使用的整个过程。第一，建立健全民主党派代表人士的发现机制。开阔视野，拓宽途径，重点从高等院校、科研院所、哲学社会科学领域、国有企事业单位、非公有制经济企业、新社会阶层以及海外留学归国人员中挖掘和发现具有较强代表性和社会影响力的民主党派代表人士。第二，建立健全民主党派代表人士的综合评价机制。把综合评价作为民主党派代表人士推荐使用的必要环节，对民主党派代表人士的政治素质（政党意识、政治觉悟和政治责任）、专业成就（知识基础、学术造诣、专业或行业成就等）、社会形象、群众基础等几个方面进行综合评价，不断提高选人识才的客观性、全面性和准确性。第三，建立健全民主党派代表人士的教育培训机制。充分发挥社会主义学院民主党派联合党校的独特优势，通过系统的教育培训，进一步增强民主党派代表人士的政治意识、核心意识、看齐意识和大局意识，强化民主党派代表人士对中国共产党领导的多党合作和政治协商制度的政治共识，提高民主党派代表人士的政治把握能力、参政议政能力、合作共事能力和组织领导能力。第四，建立健全民主党派代表人士的安排使用机制。对民主党派代表人士量才使用、合理安排。着力做好推荐、选拔优秀的民主党派代表人士在各级人民代表大会、政府、政协、人民法院、人民检察院、高等院校、科研院所、国有企事业单位和人民团体中任职的工作。通过实职安排和政治安排，为民主党派代表人士的成长积极提供机会和创造条件。

八、政治交接与领导班子换届

民主党派换届不仅仅是领导班子新老成员的更替和组织人事的调整，更重要的是其政治主张、政治理念、政治思想、政治纲领和优良传统的继承和延续。民主党派的换届实质上是实现政治的交接，只有实现了政治交接才是真正完成了换届工作。在民主党派换届中实现领导班子成员的新老交替与政治交接的同步完成，是民主党派作为参政党巩固政治基础，实现政治抱负、政治价值和社会价值的必然要求。总体来看，不仅要确保换届后的新一届民主党派领导班子在文化程度、知识结构、年龄结构以及履职尽责能力方面有较大提高，而且要能较好地体现民主党派的进步性和代表性。从近几届民主党派领导班子组成来看，中央、省级及地市三级民主党派领导班子组成存在着专业结构和知识结构严重失衡问题，民主党派领导班子成员主要集中在医学、农学、理学和工程技术等专业领域，来自哲学、政治学、法学、公共管理、经济学和社会学等哲学社会科学领域的领导班子成员明显不足。而民主党派要高质量地履行参政议政、政治协商和民主监督三大职能以及实现和推进政治交接，迫切需要一大批哲学社会科学领域的专家学者提供强大支撑。因此，各级党委尤其是统战部门要从民主党派自身履职尽责和实现政治交接的战略高度出发，正确处理好政治交接与民主党派领导班子换届的关系，及早发现哲学、政治学、法学、公共管理、经济学和社会学等哲学社会科学领域具有代表性和社会影响力的专家学者，并尽早纳入民主党派领导班子培养行列，优化领导班子的专业结构和知识结构，提高民主党派履职尽责的能力、质量和水平，为完成和推进政治交接提供有效的专业支撑，将政治交接进行到底。

九、政治交接与绩效考核

绩效考核是民主党派工作的“指挥棒”，有什么样的绩效考核，就会有什么样的政绩观；有什么样的政绩观，就会有什么样的党派形象、党派作为和党派面貌。改革开放40年来，驱动我国经济持续高速增长最重要的动力源是构建了以地区生产总值为核心的政绩考核体系。以地区生产总值为核心的政绩考核体系，强化了各级政府经济发展的压力和动力，进而驱动了我国经济持续快速发展。顺利实现和持续推进政治交接，要处理好政治交接与民主党派绩效考核之间的关系，根据《中国共产党统一战线工作条例（试行）》《中共中央关于加强政党协商的实施意见》和习近平总书记关于参政党建设的系列重要讲话精神，将"政治把握能力""参政议政能力""组织领导能力""合作共事能力""解决自身问题能力"等与政治交接紧密相关的考核指标纳入民主党派绩效考核范畴，建立健全对中央、省级、市级和基层四级民主党派组织的绩效考核体系。同时，要着力完善绩效考核主体、考核程序和考核方法，进一步优化绩效考核的反馈机制、沟通机制和奖惩机制，提高绩效考核结果的科学性、公正性和合理性。通过科学的绩效考核，引导各级民主党派组织和广大成员增进对中国共产党领导的多党合作和政治协商制度的政治认同，使新时代多党合作展现出勃勃生机，实现习近平总书记提出的"中国特色社会主义进入新时代，多党合作要有新气象，思想共识要有新提高，履职尽责要有新作为，参政党要有新面貌"的新目标，顺利完成和持续推进政治交接，将政治交接进行到底。

十、政治交接与统战理论建设

科学理论是对某种经验现象或客观事实的科学解说和系统解释，是关于客观事物的本质及其规律性的科学认知，也是对物质世界的正确反映，是由一系列特定的概念、原理（命题）以及对这些概念、原理（命题）的严密论证组成的知识体系。它是客观论证，而非主观验证。科学理论是我们一切工作的行动指南。中国革命从胜利走向胜利，离不开毛泽东思想的指引，毛泽东思想让中国人民终于站了起来。邓小平理论开创了中国改革开放的伟大事业，让中国人民从"站起来"走向"富起来"。习近平新时代中国特色社会主义思想是实现富强民主文明和谐美丽社会主义现代化强国的行动指南，指引中国人民走向强起来的新时代。波澜壮阔的中国革命和建设史，事实上也是一部轰轰烈烈的统战史。统战理论研究和创新严重滞后于统战工作的实践。凝聚伟大的力量，实现伟大的事业，完成和推进政治交接，将政治交接进行到底，离不开科学的统战理论指导。科学的统战理论是坚持政治交接的正确方向、战胜政治交接过程的艰难险阻和持续推进政治交接的强大武器。各级民主党派的领导干部应当清楚地认识到：不会独立思考的干部不可能创新工作，没有理论自觉的政党不可能与时俱进。中国特色社会主义进入新时代，新时代呈现新特点、赋予新使命、开启新征程。做好新时代政治交接工作，将政治交接进行到底，需要以习近平新时代中国特色社会主义思想，特别是关于统战工作的系列重要论述为引领，重视和加强统战理论建设。从国家层面上看，目前迫切需要采取提升统战理论研究的课题经费投入强度、加强统战理论的研究队伍建设、重视统战理论研究的社会调查和研究方法创新、提高统战理论研究的整体质量和学术水平以及加快统战学科建设和统战科学发展等一系列强有力措施，加快推进统战理论的研究和创新，建立健全新时代统战理论体系，为持续推进政治交接提供科学的理论指导，提高政治交接的科学性和预见性，提高政治交接工作的质量和水平，将政治交接进行到底。

12

关于把控好地方主要领导调整节奏的建议*

一、地方主要领导调整过于频繁在全国已成常态

习近平同志在中共十八届二中全会第二次全体会议讲话时要求各级领导干部发扬钉钉子的精神，一张好的蓝图一干到底。面对严峻复杂的国际环境和艰巨繁重的国内改革发展稳定任务，确保地方主要领导稳定性并树立其威信是坚持稳中求进工作总基调、保持战略定力、做好经济筑底企稳、维持社会团结与政治稳定的政治前提。目前，我国地方主要领导过于频繁调整已严重影响经济、社会、政治健康发展。以地级市为例，我国共有地级市 293 个，所辖范围覆盖全国除港澳台地区、直辖市和部分少数民族地区外的全部行政区域。地级市人民政府承担落实中央、省级人民政府政策的任务，兼有组织、引导、调控所辖县、乡经济社会发展的职能，是我国地方治理体系中承上启下的关键枢纽。然而，近年来地级市主要领导在任时间不足 3 年已成为普遍现象。2011—2015 年，江苏无锡三易市委书记，其中 2 任书记在任时间不到 1 年。2001—2016 年，邯郸市有 7 任市委书记、10 任市长，市委书记平均在任时间为 2.3 年，市长平均在任时间仅

---

* 此文与刘四方共同完成，是九三学社中央委员会报送全国政协十二届五次会议的团体提案，引起了中央组织部领导的高度重视（2017 年 3 月）。刊载于《民主与科学》2018 年第 1 期。

为1.6年。近16年来，内蒙古自治区乌海市、辽宁省本溪市分别有6任市委书记、7任市长，每任市委书记平均在任时间为2.6年，市长则为2.3年。四川绵阳在2001—2016年共有市委书记、市长各6任，每任市委书记、市长平均在任时间为2.7年。对全国27个省、自治区的80个地级市党政主要领导统计分析表明，2001—2016年，我国地级市市委书记平均在任时间仅为2.7年，市长平均在任时间为2.6年。当前，过于频繁地调整地方主要领导的危害已经凸显，采取有力措施确保地方主要领导稳定性迫在眉睫。

二、地方主要领导调整过于频繁危害性已经凸显

科学地选拔任用领导干部，会有效推进经济社会健康发展，增进人民福祉。领导干部选拔任用导向偏误或机制不健全，会阻碍经济社会发展，甚至导致灾难性后果。地方主要领导的频繁调整容易导致政府的短视决策与行为，由此取得的短期成效是发展隐患的天然庇护。

但随着国家各项事业进入新常态，改革进入深水区，速度当头的粗犷发展模式失效，地方主要领导不稳定的危害性日益凸显，主要体现在以下四个方面：

第一，不利于产业转型升级和战略性新兴产业培育，影响了经济持续增长。当前全球新一轮科技革命、产业革命和军事变革正在加速演进，我国既面临跨越赶超的历史机遇，也面临差距拉大的严峻挑战。促进产业转型升级、加快战略性新兴产业培育是我国持续提升经济发展的速度和质量、开辟发展新空间、实现弯道超车的必然选择。近20年来，国家出台相关政策，鼓励、推进产业转型升级和战略性新兴产业发展，在诸多方面取得有目共睹的成绩，但一些地方在发展过程中仍存在产业升级持续动力不足、社会“工匠精神”缺乏等问题。上述难题产生的一个重要原因是地方主要领导调整过于频繁。囿于在任时间过短，地方主要领导无暇思考制约经济转型升级的深层次“病因”，难以针对当地实情对产业发展进行具有前瞻性的布局，制定出台治标不治本的产业发展政策，使一些地方产业转型升级、战略性新兴产业培育表面“捷报频传”，实际停滞不前。久之则产业发展可持续性不足的积弊逐渐凸显，地方经济发展整体陷入滞胀。以

东北三省为例，近年来，辽宁、吉林、黑龙江三省经济出现断崖式衰退。三省最近 16 年各市平均每任市委书记、市长在任时间仅为 2.7 年，其中牡丹江市 2001—2016 年共有 8 任市委书记和 10 任市长，平均在任时间均不足 2 年。东北地区如此，经济社会总体发展水平较高的浙江也存在同样的问题。2001—2016 年，绍兴市共有 7 任市委书记、6 任市长，各任市委书记、市长平均在任时间均不足 3 年，产业转型升级步伐缓慢，经济结构性调整缺乏实质进展。2011—2015 年，绍兴虽地区生产总值总量仍维持较高水平，但地区生产总值年增长率连续 5 年下滑。2016 年 1—9 月，绍兴地区生产总值增长率仅为 4.8%，在浙江省各市中排名垫底。

第二，不利于民生改善和人民群众生活质量提升，影响了社会稳定发展。改善民生是一切工作的出发点和落脚点，是提升人民群众“获得感”的有效途径，是老百姓能够享受国家发展与改革“红利”的最直接体现。党和国家积极探索和推进医疗、教育等领域改革，近年来对人民群众广泛关注的环境治理方面高度重视并取得一定成效，但民生领域建设仍存在决策过程不科学、执行过程效率低、执行效果打折扣等现象。例如，一些民生工程烂尾、闲置、拖欠工程款，损害百姓切身利益，伤害人民群众感情，影响政府公信力。安徽凤阳县自 2009 年起兴建大量民生工程、市政工程，2014 年县人民政府拖欠安置房、廉租房工程款 3 亿元，导致建筑工人薪资欠发，暴露出对用于民生工程的财政资金缺乏中长期合理规划的问题。凤阳县 2011—2016 年有县委书记、县长各 3 任，每任县委书记、县长平均在任时间不到 2 年。由此可见，地方主要领导调整过于频繁正是此类现象的背后成因之一。由于调整过于频繁，一些领导为追求“政绩”，热衷于将资源投入“短平快”建设项目，对耗时多、问题杂、投入大、见效慢的民生建设则选择性地忽视或家长式地推进，致使诸多民生问题始终得不到解决，成为地方治理过程中的沉疴宿疾。

第三，不利于领导干部攻坚克难和健康成长，影响了党的干部队伍培养。扎根岗位、攻坚克难的意志品质向来是党培养干部的重要内容和选拔干部的重要标准，是优秀共产党干部的本色。焦裕禄、孔繁森、任长霞等领导干部都用自己的行动乃至生命对此进行了诠释。过于频繁的职务调整，使一些领导陷入对“经历丰富”的盲目追求，忘记为人民服务的初心，在地方治理过程中，对容易解决的表面问题迅速解决并大肆包装宣传，制造“政绩”以求职务调动与升迁，对难以在短期内解决但严重影响地方可持续发展的难题则避之不及，致使干部队伍内部兴起浮躁之风，严重影响领导干部健康成长。

第四，不利于解决领导干部腐败问题，影响了党的形象和政治安定有序。反腐工作作为推进全面依法治国、全面从严治党的突破口，成效显著，受到人民群众和国际社会的一致好评。然而，反腐“永远在路上”，在打击腐败过程中不断总结经验教训、发现滋生腐败的源头问题，是探索反腐长效机制、实现制度反腐的必由之路。回顾十八大以来落马高官们的腐败过程，四川李春城、河北梁斌等无不利用手中权力操纵他人职务调动、升迁，进行权钱交易、权色交易。这些案例充分说明地方领导干部过于频繁地调整在客观上制造了巨大权力寻租空间，是滋生腐败的主要诱因之一。由此造成的买官卖官、跑官要官等现象严重影响了党的形象和政治安定有序。

三、亟须采取有力措施确保地方主要领导的稳定性

采取强有力的保障措施，确保地方主要领导的稳定性，是加快经济转型升级、促进社会稳定和谐、切实发展民生事业、科学培养干部队伍的重要前提。可以重点从明确制度保障、科学用人导向、有效激励机制、健全民主监督和严格责任追究等方面，研究制定确保地方主要领导稳定性的保障措施。

第一，不断完善并不折不扣地执行《党政领导干部职务任期暂行规定》（以下简称《暂行规定》），通过制度有效实施保障地方主要领导的稳定性。确保地方主要领导稳定性需要制度保障。中共中央办公厅于2006年印发《暂行规定》，作为党政领导干部任期制度规范。但《暂行规定》仅仅规定了党政领导干部的任期时间、任期计算等问题，对如何确保领导干部履职期满、领导干部任期内职务调整程序等未作具体规定，可操作性不强，致使领导干部任期内职务调整仍有较大任意性。有必要进一步修订《暂行规定》，强化刚性约束，对党政领导干部任期内职务调动的事由范围、规范程序、监督机制、相关主体职责等作出明确规定。此外，应尽快

构建以《暂行规定》为核心的党政领导干部职务任期制度体系，通过探索激励机制、民主监督机制、问责机制等，确保《暂行规定》切实有效落地，运用制度力量保障地方主要领导的稳定性。

第二，努力探索“五年磨一剑”的党政干部用人导向，通过激励机制保障地方主要领导的稳定性。用人之要，重在导向。党政干部用人导向决定干部评价标准，直接影响地方主要领导的绩效观和发展观。现行《党政领导干部选拔任用工作条例》规定，提任县处级以上领导职务“一般应当具有在下一级两个以上职位任职的经历”，对是否在某一职位履职期满未作明确要求，进而演化成“多岗位锻炼”的领导干部用人导向，对提升领导干部队伍活力、丰富领导干部执政经验等方面起到一定积极作用。但过度强调“多岗位锻炼”，使长期扎根同一岗位踏实工作的干部被视作“能力不足”，客观上导致部分领导干部产生投机思想，无心化解地方发展与治理难题。在改革关键时期，迫切需要树立“五年磨一剑”的用人导向，确保地方主要领导稳定性。

激励机制是干部导向落实的重要载体，创新激励机制是树立用人导向的主要实现路径。为切实贯彻“五年磨一剑”导向，可以探索“期望年薪”制度和地方主要领导职务职级并行制度。“期望年薪”制度是指对地方主要领导除正常工资外，设置绩效年薪并逐年累积，在领导干部任期届满时一次性发放的制度，从经济上对志愿扎根岗位的领导干部予以激励。地方主要领导职务职级并行制度，旨在对能够在同一岗位任满 5 年的领导干部予以政治激励，使更有能力处理政策执行过程中微观事务的领导干部能够得到职级晋升，促使他们安心投入基层地方政府工作。

第三，加强党政干部提拔任用的民主监督体系建设，通过有效的民主监督保障地方主要领导的稳定性。缺乏有效民主监督是领导干部提拔任用任意性较强的重要原因，影响地方主要领导稳定性。伴随法治观念逐步深入人心，人民群众对党政干部提拔任用的监督意识逐渐增强，规范化、公开化程度不足的任期内职务调动、晋升容易引起人民群众对党政干部提拔任用合理性、合法性的质疑。建立民主监督体系是回应这种挑战的有效途径。制定出台《党政干部提拔任用民主监督办法》，将党政干部提拔任用民主监督过程纳入法治框架，在实现民主监督的同时，规范监督行为。建立多元渠道的党政干部提拔任用信息公开体系，着力推进党政干部提拔任用透明化，通过各类媒体平台向公众公开干部提拔任用的原因、程序、法律依据等相关信息，打破当前民主监督主体处于信息不对称弱势地位的局面。探索领导干部提拔任用监督质询回应制度，建立领导干部提拔任用主体与监督主体间规范化沟通机制，公开回应来自人民代表大会代表、政协委员、普通群众等多元监督主体对干部提拔任用过程中集中反映的问题。

第四，明确落实党政领导干部提拔任用的主体责任，通过责任追究保障地方主要领导的稳定性。行之有效的责任追究机制是责任政府建设视角下保障制度落实的重要手段和工具。通过建立责任追究机制，倒逼相关责任主体在党政领导干部提拔任用过程中谨慎决策、依法决策，扬弃任意性较强的思维与作风，进而保障地方主要领导稳定性。梳理、制定党政领导干部选拔任用“权责清单”，明确各主体的权力与责任，确定主体责任追究的法律依据，为责任追究机制有效运行提供制度前提。制定《党政领导干部提拔任用主体责任追究办法》，对追究主体责任的主客体资格、启动程序、取证程序、抗辩程序、认定程序等进行具体规定，保障责任追究机制能够规范执行和落实。

13

关于加快推进浙江省“权力清单”有效落地的建议*

浙江的发展经验表明，体制竞争力是最核心的竞争力，体制优势是最大的发展优势。“权力清单”制度是浙江深化服务型政府和法治政府的新举措，是简政放权的重要抓手。推行“权力清单”是建立阳光政府的重要步骤，亮出“权力清单”就是要把权力关进制度的笼子，让公众知道政府的权力边界。只有简政放权放到位，政府职能转变到位，才能有效刺激民间的投资潜力，进一步激发社会的活力和创造力，从而促进经济的可持续发展。

一、“权力清单”制度现存的五大问题

制定“权力清单”，不是简简单单地下放权力，而是要科学界定权力的边界，实现依据准确、内容规范、流程科学，实现权责同步、权责相符。

“权力清单”制度在实际落地过程中面临一些困难和挑战，主要表现在以下五个方面：

---

* 此文与陈亦宝共同完成，刊载于《公共政策内参》第 17483 期（2017 年 1 月），是报送浙江省政协十一届五次会议的个人提案（2017 年 1 月）。

第一，权力整合不科学、不到位，仍需继续清理归类。简政放权“放精准”，需要做到“法无授权不可为”。现行法律法规滞后与缺位并存，难以适应改革的需求，导致厘权、确权不科学，清权、减权不到位。部分事项虽有法律法规依据，但不符合全面深化改革的要求，地方政府相关部门一时难以处置。“红头文件”设定变相审批、前置条件和部门审批“体外循环”等问题依然存在，一些互为前置的“连环套”尚未解开。同时在实际操作中还存在一些行之有效的职权没有法律法规依据的现象，亟待完善。

第二，下放的权力含金量低，与之配套的信息也没有同步下放。简政放权“放到位”，需要上级政府放实权。上级政府在下放权力时，只放复杂、要负重大责任的权限，而把操作简单、权力含金量高的权力留在手中，倘若不能从体制和机制上彻底遏制权力部门利益和剔除权力留恋症，权力下放的实效将大打折扣。同时与权力相对应的资料、数据等配套信息也需同步下放，做到权力下放全面到位。

第三，下级政府在承接权力过程中存在“不能接”“不敢接”现象。简政放权也需下级政府“接得好”。下级政府在承接上级政府下放的权力时，由于缺乏实践的经验，无法做到对权力的快速吸收与运用，也因为需要承担相应的职责而出现怠于承接的现象。上级政府与下级政府之间权、责、利三者关系不协调，导致下级政府难以真正做到“接得好”。

第四，监管机制不高效、不透明，难以反映民众意见。据调查，33.0%的群众认为政府部门信息共享不够，34.5%的群众认为政府信息公开不够及时全面，34.9%的群众认为社会公众监督能力尚弱。在评估放权、接权及政务服务网建设的成效上，仍然缺乏行之有效的绩效考核方法，存在监管方式不够高效、奖惩信息不够透明、民众反馈渠道不够通畅问题。只有推进与群众挂钩的实时监管机制，“权力清单”才能得到进一步的落实。

第五，政务服务网集约化程度不高、影响范围不广。作为打通政府服务“最后一公里”的重要抓手，政务服务网运行维护、效果综合评价等机制亟待完善。截至2016年6月，浙江政务服务网上线两年，累计实名注册用户仅有258万人。另据调查，受访者主动登录政务服务网或政府部门网站查看的比例虽达到69.9%，但其中只有6.4%的人表示“每天”或“经常”登录查看，有32.5%的人“偶尔”登录查看，有30.9%的人“很少”登录查看。从登录者的网上操作来看，基本是以查询或咨询办事流程为主，真正进行网上办事的较少，如进行“网上提交申请”的比例为14.1%，进行“网上预约办事”的比例仅为8.7%。这主要是系统集约化程度不高、资源共享障碍较大以及民众对政务服务网缺乏直观认识所导致的。多年来形成的电子政务纵强横弱、条块分割的格局，致使业务系统整合和信息资源共享存在“中梗阻”现象，再加之对政府服务网的宣传力度不够，最终导致政务服务网的使用频率不高、覆盖范围不广的问题。因此，让政府继续优化政务服务网、让更多的企业和群众学会使用政务服务网已成为当务之急。

二、进一步落实“权力清单”制度的五点建议

“权力清单”制度的落地既要高度重视权力“瘦身”，又要着力实现责任“强身”；既要做到上级“该放的权要放到位”，防止“放虚不放实、放明不放暗、放责不放权”，又要做到下级“承接的权力要接得好”；既要“把权力关进制度的笼子里”，又要防止“权力在笼子里睡大觉”。所以，为加快推进浙江省“权力清单”的有效落地，我们提出以下五点建议。

第一，根据地方需求动态推进法律法规再梳理，进一步精简和完善“权力清单”。“权力清单”的拟定要以法律授权为依据，推进“权力清单”的有效落地，首先需要加快法律法规“立改废释”，构建完善政策体系。以清理部门规章和省级人民代表大会条例、省级政府规章为重点，同步清理具有隐含审批特性的其他权力事项和公共服务事项，对工作内容相同或相似，前后环节存在反复核准、审查、确认等情况的，按照简化环节、提高效率的要求进行整合，进一步加大简政放权力度。具体而言，“立”，要求各级政府出台适合地方的系统化改革方案，对于实践证明行之有效的改革创新，尽快出台立法，以制度形式巩固和深化改革成果。“改”，要求对于条件暂不成熟而实践又迫切需要的改革创新，通过地方政府向省级政府上报申请、省级政府予以审查的方式，进行适当的修改并授权，以此保持制度弹性。如富阳区对各部门根据职责延伸出的服务群众且

已常态化开展的事项进行梳理细化，划清职责边界，明确责任主体，由有关部门据此监督部门履职。“废”，要求对于清理出来已经不符合现状的其他审批事项，予以废除。“释”，要求加大普法力度，降低人民获取信息的成本。通过“法律顾问走城乡”等措施，提升人民法律意识、激发人民自主性。

第二，创建电子督导、信息共享双平台，确保行政审批“放”到位。政府内部应将任务清单和“权力清单”有机融合为一体，落实任务清单就是落实“权力清单”。建议创建简政放权的任务清单电子督导平台，系统实时督查并公布任务清单的进展情况。以互联网为抓手，以部门负责人、职工为经度，以年、季、月、周时间节点为纬度，结合年度、季度、月度工作计划，精心构建任务清单体系，层层压实责任，使权力清单落细、落小、落实、落“根”。同时，加快推进省级层面的统一信用信息共享交换平台建设。统筹制度安排，盘活各个部门的信息数据库资源，推动平台资源整合和多方利用，支撑政务信息资源跨部门、跨层级、跨区域互通和协同共享，从而实现权力与配套信息的同步。确保权力真正放下去、放到位。

第三，贯彻权责利对等原则，加强权责培训指导，确保下级政府“接”得好。鼓励地方政府依托各级行政审批制度改革工作领导小组办公室成立相关职能转变协调小组等改革机构，下设包含政府监管改革小组和政务服务体系建设小组在内的若干工作小组，促进上下衔接和统筹协调，确保相关文件在地方能够“生根发芽”。上级政府分派专员制定完善权力运行流程图，并逐项列出权力运行关键环节的廉政风险点。以协调小组为突破口，完成权力配套材料的传递和支持，定期定点指导权力的合理运作，明晰权力背后对应的责任。同时，确保下级政府事权与财权相统一，建立与权力相匹配的奖惩机制，从而实现权责利对等承接，做到基层政府能接、敢接、想接。

第四，构建智能绩效考核系统，确保监督机制“管”得住。建立“1 + X”监管体系，其中“1”是权力运行监管总制度规范，“X”包括事中事后监管制度、责任追究制度、自由裁量权行使标准、外部监督机制、留痕机制等具体监管细则。积极运用物联网、云计算、大数据等信息化手段创新和加强监管，鼓励开发综合监管系统，使用智能化监管终端，对责任实施情况实行定性评价和定量考评相结合、实绩评价和民意测评相结合、条目评价和对账考核相结合的综合量化考核。特别是建立并整合第三方评估、企业和群众评议等外部监督机制，充分发挥专家学者、企业和人民群众的督查考评作用，将考核与群众感受挂钩，真正打通反馈与绩效之间的通道。各职能部门明确专人负责政务服务网政府统一互动平台的咨询服务工作，包括网民纠错及建议来信，做好整改回复工作。同时建立“服务评价机制”“群众回访制度”等外部监督机制，实时收集评价并公布服务质量，注重服务质量在绩效考核中的作用。在监管过程中，严格执行“留痕机制”，对监管主体、内容、奖惩及申诉等信息保存一定年限，为进一步完善监管机制奠定基础。

第五，推进政务服务网的再集约和广宣传，提高群众认知度和使用率。政务服务网是深入推动政府公共服务的供给侧结构性改革，打通了简政放权的“最后一公里”，让群众审批办事从“长征路”走上了“高速路”。目前政务服务网已初步建立，但仍不够精简、不够优化。建议省人民政府成立高规格的电子政务协调小组，切实加强顶层设计，协力推进网站平台的集约化建设，做好服务平台的“减法”。同时，在强力推进行政审批改革过程中，各级政府改革政策供给太快、太多，造成群众和企业对制度改革缺少基本预期。针对这一问题，需要地方政府加强引导和宣传，通过报纸、影视、公益广告等传统媒体和微信、微博等新媒体，扩大新版政务网的知名度与影响力。特别是对于企业，要加强前期的政策普及与指导，采取“地推”宣传的方式，打消企业因政策不断变化而带来的顾虑。对于部分乡镇村不善于使用网络的基层群众，通过点对点方式，依托当地派出机构建立政务服务网实体站，由实体站工作人员完成村民具体项目的申请服务，真正实现打通全民“最后一公里”的目的，做到“让数据多跑腿、让群众少跑腿”。

14

权力清单制度：浙江经验、实施功效和推进机制*

推行地方各级政府工作部门权力清单制度是党中央、国务院部署的重要改革任务，也是推进科学行政、民主行政、依法行政的重要举措。在丰富的地方实践中，浙江是全国第一个省市县三级统筹设计、梯次推进权力清单制度的省份，在实施过程中积累了有益经验，为全国权力清单制度建设提供了浙江样本。

一、权力清单制度建设的浙江经验

第一，制定权力清单制度建设指导意见。2013 年 11 月，中共浙江省委机构编制委员会办公室（以下简称“省编办”）印发了《关于开展政府部门职责清理规范行政权力运行工作的通知》。2014 年 3 月，浙江省人民政府下发了《关于全面开展政府职权清理推行权力清单制度的通知》，细致规定了推行权力清单制度的范围内容、工作任务、工作流程、工作要求、时间安排及分析审核的重点内容等。

第二，组织权力清单制度建设业务培训。在权力清单制度全面推开之初，浙江省编办编写了《政府部门职权清理推行权力清单制度工作指南》，

---

* 此文与张鸣共同完成，刊载于《光明日报》2015 年 4 月 27 日第 3 版。

对市县编办、审改、法制等部门业务骨干分两期进行培训，并明确了权力清单工作的重点任务、工作步骤、清理范围、审核标准等，从而使全省各地在统一标准下有序地推进制度建设。

第三，引入独立第三方审核评估组织。政府关起门来的自我改革往往带有不彻底性和妥协性，为了化解改革阻力，浙江省人民政府引入了独立的审核评估组织——浙江省公共政策研究院，成立专家咨询团队，从第三方的角度对省级部门权力清单进行合法性、合理性、合规性、必要性分析审核。

第四，建立“三报三审三回”工作流程。浙江在权力清单出台过程中建立了“三报三审三回”工作流程。“三报”是指省级部门初次上报权力事项，各部门对审核意见提出拟采纳或不拟采纳意见，并作出说明，然后第二次、第三次上报省编办。“三审”即专家咨询团队及省编办、省深化行政审批制度改革领导小组办公室、省人民政府法制办公室等对各部门总共三次上报的权力事项或反馈意见进行分析审核，并提出取消、转移、下放、整合、严管等调整意见。“三回”即把三次分析审核后的调整意见回复给各部门。

二、权力清单制度的建设功效

第一，摸清了权力家底。在权力清单推进过程中，浙江省明确要求各部门按行政许可、非行政许可审批、行政处罚等十大类清理行政权力，把政府部门对公民、法人和其他组织权利义务产生直接影响的行政权力除保密事项外“一网打尽”，要求各部门详尽上报，从而基本摸清了省市县三级政府部门的权力底牌。

第二，管住了行政权力。浙江对于省级部门保留的行政权力，要求编制运行流程图，并全部上网公布。每项公布的权力不仅有名称、类别、法律依据等静态信息，对涉及企业、公众切身利益的行政审批类职权还统一公布了申报材料、申请条件、办理流程图、收费情况等信息，并统一注明承办机构、承诺时限，通过标准化管理的刚性效应，有效完善了运行机制。

第三，方便了群众办事。对于保留的行政权力，浙江以“环节最少、时间最短”为宗旨进行流程再造，以提高办事效能，提供优质服务。调查显示，有 72.1% 的被调查者对权力清单制度在“方便群众办事”方面所发挥的作用表示满意。

第四，加快了政府职能转变。在权力清单制度建设过程中，浙江通过行之有效的办法，增强了简政放权的合法性、合理性、合规性和针对性。同时也在一定程度上破解了制约政府职能转变的“老大难”问题，进而加快了政府职能转变。

第五，激发了市场活力。通过权力清单制度建设，浙江省级部门职权由 1.23 万项减少至 4236 项，实现了政府部门的权力“瘦身”。与此同时，政府还权于民间和社会，使社会交易成本显著降低，极大地激发了民间经济的活跃度。

三、权力清单制度的推进机制

第一，完善法律法规清理调整机制。在清理主体选择上，应构建起立法机关主导、相关部门配合、第三方专业机构咨询建议的多元合作格局。在清理依据上，需在深入调研、广集民意的基础上形成法律法规清理意见，尽可能使“法”向“理”靠拢。在清理方式上，可由拥有立法权的地方人民代表大会或政府批量公布立、改、废的具体条款，对涉及立法权在中央的法律法规，尽快向中央提出相应建议。在清理结果运用上，人民代表大会立法规划和立法计划的形成都应充分运用法律法规清理成果，注重法规制度设计的前瞻性和系统性，为未来的改革发展预留空间。

第二，建立权力清单动态优化机制。经本级政府审核确认的部门权力清单，具有相对稳定性，同时，应根据法律法规的“立改废”、机构改革和职能调整的进展情况，及时对公布的权力清单进行调整，并按规定程序在政府网站等载体向社会公布，确保权力清单科学有效、与时俱进。

第三，构建权力清单责任追究机制。为了维护权力清单的严肃性、规范性和权威性，必须强化监督和问责，构建权力清单责任追究机制。首先要按照权责一致的原则，逐一厘清与行政权力相对应的责任事项，建立责任清单，明确责任主体。其次要健全问责机制，明确问责主体、问责内容、问责程序和问责后果。最后要公开问责过程，做到全程透明，接受媒体和公众的监督。

第四，健全地方政府绩效评估机制。应结合权力清单制度建设调整地方政府绩效评估内容，重点依据权力清单和责任清单考核地方政府及其工作部门的履职情况。在结果运用方面，除了要公开评估结果，更重要的是要把评估结果与领导干部选拔任用、公务员评奖评优、经济奖励相结合，并根据评估结果制定相应整改措施。

15

建立健全第三方动态评估机制，着力提升财政专项资金管理水平*

一、财政专项资金管理乱象丛生，亟须优化绩效评估

近年来，财政专项资金在财政支出中占的比重越来越大。根据浙江省2014年省级政府部门专项资金管理清单估算，浙江省省级部门专项资金支出高达257.72亿元，约占省级财政总支出的50%。与此同时，财政专项资金的多样性和复杂性也越来越高，相应的管理任务也越来越重。在实际操作中，专项资金运行的各个环节的问题也逐渐凸显：在立项申报环节，虚假立项、重复立项、盲目立项情况突出；在资金分配环节，由于缺乏科学合理的标准和依据，分配中超范围、超标准问题严重；在资金拨付环节，滞留、截留、挤占、挪用等现象导致资金难以及时、足额、规范到位；在资金使用环节，项目单位克扣、侵占、冒领专项资金，导致资金难以用到实处；在项目考核环节，考核往往通过相关票据审查资金支出的真实性，难以反映资金使用效益。专项资金支出的乱象在很大程度上导致了

* 此文与张茜蓉共同完成，是社会科学界别报送浙江省政协十一届三次会议的团体提案，2015年2月23日在浙江省政协十一届三次会议第三次全体会议上作即席发言，主要建议已被浙江省财政厅采纳。

浙江省财政专项资金的闲置和浪费，也反映了提升财政专项资金管理水平的迫切需求。

确保财政专项资金使用的规范有效是政府公共财政建设的主要目标之一。一方面，作为财政资金管理工作的依据和重要监督机制，优化财政专项资金绩效评估，不仅有助于及时发现和解决财政专项资金中存在的问题，提高专项资金管理的科学性和合理性，提高资金使用效益，而且可以促使公共财政最大限度地达到增进民生福祉的目的，同时也为全面推进财政改革提供了重要保障。另一方面，国家职能的转变和公众民主意识的增强也对财政专项资金使用的透明化和合理性提出了更高的要求。绩效评估作为政府广泛接受社会监督、提高行政效率的有效途径，为明确支出责任，建立廉洁、高效政府提供了长足动力。

二、现行财政专项资金绩效评估的主要缺陷

浙江省对于财政专项资金绩效管理尚未作出明确、具体的规定。从已经实施的各项专项资金绩效管理办法来看，浙江省的财政专项资金绩效评估采用自评和他评相结合的方式，先由项目单位自评，再通过成立以财政部门和项目主管部门为主导的绩效评估小组或委托第三方机构做好具体的评估工作。

这种评估模式主要存在以下几个问题：

第一，评估囿于财政系统内部，缺乏外部监督机制。在现行的绩效评估模式下，财政部门和项目主管部门占据了绩效评估的主导地位。虽然部分专项资金的绩效评估委托第三方机构执行，但第三方机构独立性不足，受制于作为委托方的财政部门。人民代表大会监督只能在项目前期审核中以会议的形式进行，难以深入专项资金绩效评估全过程。公众则始终处于信息不对称的弱势地位，难以获得相关数据，对专项资金的评定包含较强的主观性和滞后性。这种以内部监督为主的绩效评估模式容易导致暗箱操作，滋生腐败。

第二，评估局限于事后环节，缺乏事前事中的全过程评估。财政专项资金支出是一个环环相扣的过程，每个阶段对资金使用效率都有重要影响。当前的绩效评估模式局限于财政专项资金事后评估单个环节，其他阶

段的问题难以反映在绩效评估结果中，评估结果的反馈也难以得到回应，不能对专项资金使用效益进行动态把握，根据环境变化及时有效地解决问题。

第三，缺乏专业性的评估队伍，第三方机构发育不充分。财政专项资金种类众多，绩效评估专业性强。这不仅要求评估人员具有丰富的财会、法律知识，掌握约谈、审核、分析等专业技巧，而且要求评估人员对项目涉及的专业领域有一定的了解。然而当前的评估队伍主要由财政部门和主管部门工作人员组成，缺乏相应的专业能力。第三方评估机构发育不充分，选择空间相对较小，难以满足各类专项资金评估的需求。

第四，信息来源不充分、不真实，导致评估结果偏离实际。当前绩效评估的信息主要来源于财政系统内部。一方面，项目单位报送的材料的真实性有待确认；另一方面，各部门间信息交流频率低，信息更新不及时，制约了信息共享，导致评估小组获得的信息不充分、不真实，容易引起评估结果的偏差。

第五，评估结果应用难以落实，评估流于形式。一方面，虽然浙江省在各项财政专项资金的绩效评估管理办法中都对评估结果的应用作了规定，但是这些规定过于模糊。例如《浙江省现代农业生产发展资金绩效评价实施细则》（浙财农〔2012〕35 号）中虽然规定“各地应当根据绩效评价结果，及时总结经验教训，查找不足，完善资金、项目管理制度和程序”，但没有对如何根据评估结果完善管理制度和程序作具体解释，导致相应规定难以落实。另一方面，绩效考评主要是在项目完成后进行，评估结果只能总结经验教训而不能作为纠错型的指导依据，难以起到监管约束作用，造成了财力、物力、人力的浪费。

建立合理有效的财政专项资金绩效评估机制是推动财政透明化进程、提高专项资金使用效益的关键所在。尤其是在财政专项资金海量化、专业化、复杂化、敏感化的发展趋势下，传统的绩效评估方式已难以适应现实需求，亟须改革现有的绩效评估模式，将绩效评估从财政系统内部解放出来，引入独立的第三方评估，实现全程化、动态化的绩效评估。

三、建立健全财政专项资金绩效第三方动态评估的建议

充分发挥人民代表大会监督作用，是建设现代财政制度、推动国家治

理现代化的内在要求。在人民代表大会的组织领导下，着力构建独立的财政专项资金绩效第三方动态评估机制，将第三方机构专业的业务能力和人民代表大会监督的法律效力相结合，弥补政府自我评估的缺陷，实现财政专项资金绩效评估的公正性、专业性和高效化。包括事前、事中和事后的动态绩效评估机制弥补了当前财政专项资金绩效评估中只对资金使用效果进行评估的不足，在财政专项资金设立到考核的各个环节实现动态监管和过程控制，真正做到财政专项资金管理的“横到边，纵到底”。

构建由人民代表大会牵头的财政专项资金第三方动态评估机制，具体建议如下：

第一，在人民代表大会工作机构设立财政专项资金绩效管理办公室，统筹管理第三方评估。党的十八大报告指出要“加强对政府全口径预算决算的审查和监督”，透露出中央推进全国人民代表大会代表人民全面审查和监督国家财政的重要信号。在人民代表大会财政经济委员会中设立专门的财政专项资金绩效管理办公室，将所有财政专项资金纳入人民代表大会监管范畴，统一管理、协调、落实财政专项资金绩效的第三方评估工作，对财政专项资金运行的总体情况全程跟踪、及时反馈，能够有效防止专项资金支出以“专款专用”的名义绕过各级人民代表大会批准程序，实现财政专项资金的统筹安排、统一拨付，避免公共资源的流失、浪费和损耗。

第二，科学制定《浙江省财政专项资金绩效第三方评估管理办法》。为准确把握第三方评估机构与人民代表大会、财政部门、项目主管部门、项目用款单位之间的关系，促进财政专项资金绩效第三方评估规范化，建议制定《浙江省财政专项资金绩效第三方评估管理办法》，明确评估对象与内容、评估指标和方法、评估的组织管理和工作程序，明确第三方机构进入、退出财政专项资金评估过程的规则和程序，确立评估结果公开制度，确保评估结果有效应用。

第三，加强对第三方评估机构的培育和加快引进步伐。以市场化、产业化、规范化为发展方向，通过政策引导、平台构建、机制创新等手段，加大对第三方评估机构的培育和引进力度。一是鼓励现有的第三方评估机构以多种形式实施行业内或跨行业、跨区域、跨所有制的合作和兼并重组，向规模化、综合化方向发展，提高服务质量和竞争力；二是加快引进步伐，每年引进若干家实力强、信誉好、层次高的国内外第三方评估机构；三是采用信用评级制度和黑名单淘汰制度，促进第三方机构的公平竞争，保证第三方评估机构的专业水准和职业操守，推动第三方评估机构的健康发展。通过若干年的努力，在浙江省建立起种类齐全、布局合理、功能完备、运行高效的第三方评估机构运作体系。

第四，搭建财政专项资金绩效评估信息共享平台和绩效评估数据库。财政专项资金绩效评估结果的公开共享对于实现财政透明化有重要意义。一方面，建议以专项资金清单公开为契机，与网上办事大厅、行政服务中心、公共资源交易中心进行有效整合和对接，全面系统地构建财政专项资金绩效评估信息共享平台，促进各单位之间在专项资金安排、使用、监督等方面信息的及时传送，节约信息采集成本，同时实现对财政专项资金绩效的动态监管。另一方面，充分利用信息处理技术，建立绩效评估数据库，实现绩效考核数据的共享，为促进绩效考核工作的延续性，满足政府项目管理、决策分析的需要提供数据支撑。

第五，在财政专项资金第三方评估中引进认同度评估法。认同度评估是自评与他评的有机结合，它是指评估对象（项目单位）首先根据绩效评估指标对自身工作进行核查，对评估内容进行自评，评估主体（第三方评估机构）对评估对象的自评分进行认同度打分，自评分与认同度的积和即为评估对象的最终绩效评分。认同度评估法能有效地提高自评结果的客观性、完整性，促进自评与他评的结果有效对接，较好地解决专项资金绩效评估中信息不对称的难题，进而提高财政专项资金评估的质量。

第六，逐步实现绩效评估结果“三挂钩”，强化绩效评估结果应用。一是将绩效评估结果与专项资金退出机制挂钩，将考评结果作为专项资金设立、调整、中止、废除的关键依据，促进专项资金在运行过程中实时调整，以此减少盲目投资、无效投资，提高项目管理水平；二是将评估结果与官员政绩考核挂钩，加大官员对专项资金的管理力度；三是将评估结果与问责机制挂钩，建立责任倒查制度和重大决策终身责任追究制度，以此倒逼财政专项资金管理和使用单位科学设立、分配和使用财政专项资金。通过绩效评估结果“三挂钩”，将绩效评估结果用到实处，促进政府及有关部门不断提高财政专项资金管理水平和使用效益。

16

破解某些官员欺上瞒下困局的公共治理机制设计*

欺上瞒下是指官员出于自利动机在工作中欺骗上级、隐瞒公众的一种行为。官员欺上瞒下主要有四种表现形式。第一种表现形式是阳奉阴违、自行其是。为地方部门利益、个人私利，表面上遵从上级政令，实际执行中搞“变通”甚至“背离”。第二种表现形式是虚报浮夸、摆花架子。为个人升迁，搞不切实际的“形象工程”“政绩工程”“数字游戏”。为应对检查，粉饰伪装，做表面文章。第三种表现形式是报喜藏忧、弄虚作假。为保住“官帽”，发生突发公共事件时瞒报、谎报、迟报。为获得扶持、审批、荣誉等，在申请过程中造假。第四种表现形式是掩盖真相、暗箱操作。面对公众质疑，敷衍塞责，隐瞒事实甚至炮制谎言。在公共决策、公共项目中，独断专行，对公众不公开甚至故意隐瞒相关信息。欺上瞒下在现实中普遍存在，俨然成为某些官员的“为官之道”、官场的某种“潜规则”，其危害性主要有四个方面：一是搞坏了党风政风，影响了民风社风，失信悖德的歪风邪气滋长蔓延；二是导致了行政效能低下，上级交办的工作任务落实不到位、有偏差；三是遮蔽了下情上达，造成上级决策或管理失误，进而造成重大损失和不良影响；四是损害了公众心目中的官员形

---

* 此文与余钧、张骞共同完成，刊载于《国家治理》周刊 2015 年 45 期。

象、政府形象，降低了政府公信力。欺上瞒下诚然与官员自身的思想觉悟和道德水平有关，但更重要的原因在于约束官员自利冲动的机制存在缺失和漏洞。官员与上级、公众之间信息不对称，监督力量薄弱，政绩考核激励偏差，查处和惩治不力，失信信息缺乏记录保存是造成官员欺上瞒下困局的根本原因。

习近平同志在“三严三实”的重要论述中，要求各级领导干部“做人要实”，“做人要实，就是要对党、对组织、对人民、对同志忠诚老实，做老实人、说老实话、干老实事，襟怀坦白，公道正派。”“老实”是官员做人、说话、办事的基本原则和标准，要坚决杜绝弄虚作假、欺上瞒下的现象。欺上瞒下是一个老生常谈的问题，虽三令五申，但仍屡见不鲜。之所以屡禁不止，是因为没有从根本上解决问题。破解官员欺上瞒下困局，关键在于建立健全约束官员自利冲动的公共治理机制。通过一整套制度安排，形成政府和社会互相补充、合作共治的格局，能够有效遏制官员欺上瞒下的行为。破解官员欺上瞒下困局的公共治理机制包括三个层面：一是完善信息公开机制，健全公民监督机制，为公众参与提供条件并正确地引导，更好地发挥公众的力量；二是优化政绩考核机制，构建失信惩戒机制，充分运用正向激励和负向激励两类工具，改进和加强对官员的内部管理；三是建立信用档案机制，利用档案的凭证和参考作用，为公众参与、官员管理提供有力支撑。

一、更具约束力的信息公开机制

2008 年 5 月，《中华人民共和国政府信息公开条例》正式实施，要求各级政府遵循公正、公平、便民的原则，及时、准确地公开政府信息。近年来，政府信息公开工作虽有所成效，但大量的政府信息依然未得到及时、准确、完整、主动的公开，如预决算的具体项目和具体支出用途、官员的详细履历、公共资源配置详细信息、公共服务事项详细信息、重大建设项目详细信息等，与公众对政府信息的需求存在一定差距，成为官员欺上瞒下的温床。通过对典型案例的整理分析可以发现，无论何种形式的欺上瞒下，某些官员都是利用了自身的信息优势地位欺骗上级、糊弄公众。例如，在征地拆迁中，基层政府采用“化整为零”报批、伪造村民签字同意文件等手段，骗取上级的土地审批，擅自降低补偿标准，挪用、贪污补偿款，进行违法违规的强征强拆。基层政府的为所欲为，依仗的是与上级、公众之间存在的信息不对称，上级不了解基层情况，村民不了解征地拆迁相关信息。若信息公开透明，那么基层政府便难以欺上瞒下、以权谋私。完善信息公开机制，解决信息不对称问题，是破解某些官员欺上瞒下问题的首要途径。通过信息公开，使公众能够方便地获取全面、准确、有效的政府信息，可提高公众对官员的监督能力，及时发现官员欺上瞒下的行为，让欺上瞒下的官员“无处遁形”。同时，也能够使官员打破侥幸心理，心存敬畏、自警自励、约束行为，不敢欺上瞒下。

完善信息公开机制，重点是增强制度约束力，切实落实“公开为常态、不公开为例外”的原则，具体措施包括将《中华人民共和国政府信息公开条例》上升为法律，出台《政府信息公开法》，提高其权威性和对政府的约束力，明确限定不公开的范围；制订行动计划和时间表，进一步扩大信息公开范围，细化公开内容，重点领域包括权责清单、财政资金、公共资源配置、公共服务事项、重大建设项目、官员个人信息等；完善监督救济渠道。建立公众评议制度和委员会审查制度，定期评议、审查政府信息公开的执行情况。改进现有的行政复议和行政诉讼制度，扩大对政府信息公开的受案范围，并合理配置举证责任。

二、更具实效性的公民监督机制

在现有的监督体制中，对官员的监督主要依靠内部监督（上级监督、纪检监察监督），存在监督死角和盲点，也存在独立性不足、互相包庇、效果有限等弊端，给官员欺上瞒下留下空间。公民监督是内部监督的有力补充，其无所不在、具有广泛性，且监督方式多样、监督成本低廉，与其他监督形式互相配合、互相促进，能够使欺上瞒下的官员无藏身之所，同时，对官员具有警示和震慑作用。调查发现，被发现的有欺上瞒下行为的官员，很多来源于公众的检举揭发。公众举报是上级、纪检监察机关查处官员欺上瞒下的重要信息渠道。官员的各种欺上瞒下行为，如隐瞒重大安全事故、侵吞上级拨款、违法违规征地拆迁、公款吃喝“换法子”、简政放权“明放暗不放”、包庇腐败、虚报政绩、统计数据造假等，无论有多隐蔽，都不可能逃脱公众的“火眼金睛”。为有效发动公民参与对官员欺上瞒下行为的监督，健全公民监督机制十分必要。当前，公民监督存在诸如监督意识淡薄、监督能力较差、监督渠道不畅通、监督制度不完善、有打击报复的风险、监督意见落实不力等困境。这些困境的存在，阻碍了公民监督发挥更大的作用。

健全公民监督机制，重点是提高公民监督的实效性，具体措施包括通过公民教育、媒体宣传、物质奖励等多种方式，提高公民的监督意愿，让公民放心监督、主动监督、理性监督；进一步完善公民监督的相关制度，如听证制度、评议制度、信息公开制度、官员问责制度、举报人保护制度等，切实保障公民的监督权；规范和发展以网络曝光、网站举报为主要形式的网络监督。制定相关法律法规，健全网络监督平台，加强网络舆情分析，并推进网络监督与其他监督形式的结合；聘任特邀监督员，对官员进行监督。特邀监督员要具有广泛性和代表性，为其提供必要的工作条件和业务培训，向社会公开其履职情况；加强公民监督意见办理工作。对公民提出的监督意见登记建档，限时办理并给予反馈，全过程实现公开透明。

三、注重实绩导向的政绩考核机制

很长一段时间，官员政绩考核偏重经济增长，采用硬性的数字指标，依靠下级统计部门上报的数据，并存在重复考核、烦琐考核、多头考核、“一票否决”泛化等问题。2013 年 12 月，中央组织部印发《关于改进地方党政领导班子和领导干部政绩考核工作的通知》，要求以科学发展为导向，改革和完善干部考核评价制度。政绩考核中存在的种种问题导致官员的政绩观错位，在升迁动机及考核压力之下，出现欺上瞒下的行为。例如，政绩考核偏重经济增长速度，导致官员热衷于虽劳民伤财但能增加地区生产总值的“政绩工程”“形象工程”。2014 年 10 月，中央晒出一份治理清单，叫停 663 个“形象工程”“政绩工程”，418 名个人被查处。政绩考核偏重数量指标并依靠下级部门上报，导致官员统计数据造假、虚报数据。有关统计显示，2014 年，各省份公布的地区生产总值增长总和超出国内生产总值总量约 4.78 万亿元（超出比例约为 7.5%）。重复考核、烦琐考核、多头考核、“一票否决”泛化，导致官员考核压力沉重，搞形式主义来达到考核要求，出现“遮羞墙”“公路种豆种菜”“无根树”“栽假草”“山体涂绿漆”“空覆地膜不播种”等造假行为。破解某些官员欺上瞒下的行为，要优化政绩考核机制，改进政绩考核的手段和方法，对官员的思维方式、为政方式形成正确的导向，引导和激励官员实实在在地做人做事，不搞“假大空”。

优化政绩考核机制，重点是注重实绩导向，发挥好政绩考核的“指挥棒”作用。具体措施包括改进现有的政绩考核指标体系，定量指标与定性指标相结合，共性指标与个性指标相结合，科学确定各指标的权重，全面反映经济、政治、文化、社会、生态文明、党的建设的实际成效；扩大考核中的公众参与，引入公众评估相关指标，并加大其在指标体系中的权重；推进考核全过程及结果的公开透明，接受公众监督；引入认同度评估法，认同度评估法是指以被评估对象自我评估为基础，由评估小组、专家、同行、服务对象等多个利益相关者对自估结果进行认同度判断的评估方法。该方法能有效解决信息不对称、真实数据难以获取、评估结果不准确等问题。

四、更具威慑力的失信惩戒机制

从公共选择的观点来看，官员并非都是道德完人，其同样是有私心、有私利的理性经济人，其行为基于对成本与受益的衡量。若欺上瞒下的收益大于成本，则选择欺瞒；相反，则选择诚实守信。欺上瞒下能给官员带来巨大的收益，包括奖金、职务晋升、社会名望等，同时也存在被查处、惩罚的风险成本。若查处的概率高、惩罚的力度大，那么理性的官员将不会作出欺上瞒下的行为，反之亦然。当前，对于官员欺上瞒下缺乏有力的查处和惩罚。由于监管疏漏，很多欺上瞒下的官员未被查处、未得到惩罚，甚至还顺利地升迁。例如，一些官员通过“政绩工程”创造“政绩”，获得提拔，离任后留下“烂尾工程”，难以追责。欺上瞒下的官员即便被查处，惩罚的力度也较小，未得到严厉的追究。例如，有欺上瞒下的官员被查处后仅停职或降职一段时间又回到原岗位，或是换个地方继续任职。查处和惩罚不力导致官员的自利冲动缺乏强有力的约束，存在侥幸心理，通过欺上瞒下获取政治资本以及经济利益。由此，有必要构建官员失信惩戒机制，对欺上瞒下的官员进行查处并严厉地惩罚，让其付出沉重的代价，同时也能够警示、威慑官员，将其欺上瞒下的动机扼杀在萌芽状态。

构建失信惩戒机制，重点是提高对官员的威慑力，具体措施包括建立健全官员问责的相关法律法规，将欺上瞒下列入问责范围，并明确其认定、惩处和管理，使其有法可依、有据可循；加大对欺上瞒下官员的查处力度，由纪检监察部门负责，发现问题马上就查、一查到底，对官员欺上瞒下行为零容忍；完善失信惩罚手段，严厉地惩戒欺上瞒下的官员，给予警告、记过、降级、降职、免职、开除等处分，造成严重后果的追究刑事责任，并建立处分跟踪制度，确保惩戒落实到位；选编官员欺上瞒下的典型案例，采取读本、展览、宣传片等多种形式，开展警示教育，让官员引以为戒、防微杜渐。

五、注重统一规范的信用档案机制

近年来，对建立官员信用档案已有一些探索，社会各界也呼吁尽快建立和完善官员信用档案，但实践中遭遇诸多障碍，如信用观念淡薄、信用信息收集困难、相关立法和配套制度滞后等。从已建立的信用服务网络平台来看，官员的信用信息尚未能够征集入库供公众查询。建立信用档案机制，真实记录官员的信用状况并公之于众，能够为公众监督提供信息和条件，为考核、晋升、奖惩等各项官员管理提供依据，有助于激励官员的守信行为，惩罚失信行为，在政府内部形成诚信为本、操守为重的良好风气，有效遏止官员欺上瞒下的行为。官员信用档案的基本内容包括官员的基本信息、守信记录、失信记录、信用等级。官员欺上瞒下的行为，作为失信记录记入档案，终身保存，影响其个人声誉、未来职业发展等。有信用污点的官员，将遭到公众的诟病，很难再晋升，甚至离职后也会影响其工作与生活，这对于官员来说，无疑有着巨大的震慑作用。

建立信用档案机制，重点是注重统一规范，具体措施包括加强官员信用档案相关法律法规和制度建设，明确官员信用档案的建立、管理以及公布、利用，明确相关主体的权责，推进官员信用档案工作制度化、规范化；通过宣传教育，树立官员的信用观念，提高官员的信用意识，使其认识到信用的重要性，配合信用档案的建立，努力保持良好的信用记录；建立官员信用档案统一管理制度，设立专门的服务机构和数据中心，制定统一的标准，对散存于不同单位、部门的官员信用信息进行收集、管理和利用；建立官员信用评估制度，由专门的机构定期对官员的信用状况评定等级，反馈给官员，向社会公示以及作为官员奖惩的依据；建立官员信用档案公众查询制度，打造专门的网络信息平台，公布官员的信用信息，为公众提供档案查询服务。

17

加大节约型政府建设的力度刻不容缓*

近年来党和政府加大了建设节约型社会的力度，其中建设节约型政府的工作也取得了进展，但最终实现建设节约型政府的目标，还亟须加强控制政府行政成本的工作。

一、政府行政管理费用的快速增长令人担忧

1986—2005 年，我国人均负担的年度行政管理费用由 20.5 元增长到 498 元，增长 23 倍，而同期人均国内生产总值增长 14.6 倍，人均财政收入和支出分别增长 12.3 和 12.7 倍，可见 20 年来人均负担行政费用的增长速度明显快于人均国内生产总值和财政收支的增长速度。我国行政管理费用超常规增长与政府浪费现象有关。

第一，公务用车、公款吃喝和公费出国浪费。这是民众近年来关心的热点，中央曾三令五申遏制这些浪费，各地也采取过一些改革措施，但至今这几方面的开支都在 3000 亿元以上。

第二，政府会议浪费。我国各级机关每年会议不可胜数，例如西部某县 2003 年县委、县人民政府及其下属部门召开涉及乡镇的会议达 375 次。

---

* 此文与冯培恩共同完成，是全国政协十届五次会议第四次全体会议大会上的口头发言提案，荣获时任国务院总理温家宝同志的重要批示（2007 年 6 月）。

近年来会议规格、标准、档次还在升高，有些成为变相的公费旅游。

第三，“政绩工程”和办公楼建设浪费。据有关部门披露，我国约有1/5的城镇建设存在“政绩工程”。一些欠发达地区竞相盖起豪华办公楼，例如，一个省级贫困县的政府办公楼耗资7000多万元，相当于该县年财政收入的1/3；一个只有7个村干部的村委会耗资400多万元兴建办公楼。

第四，能源和资源浪费。某城市48家政府机构2004年人均耗能量、用水量和用电量分别是当地市民的4倍、3倍和7倍。据专家估计，我国政府机关单位建筑面积的能耗是美国1999年平均水平的133%。我国公务员人均纸张耗费量每年以10%的速度递增，是部分发达国家的10倍。

我国行政管理支出占财政支出的比重从1986年的10%到2005年的19.2%，20年间增长将近一倍，超出国际货币基金组织15.6%的标准。同期，我国抚恤和社会救济支出占财政支出比重只提高了0.5%，国防、科技和农业支出占财政支出的比重分别下降了1.8、1.2和0.4个百分点。可见政府浪费加大了财政负担，挤占了科教文卫医和社会保障等公共资源，损害了人民群众的基本利益。

二、政府浪费的形成原因

政府浪费的本质是公共资源浪费，是多种原因综合作用的结果，这里从体制、机制和法治角度分析如下：

第一，行政权力运行透明度不够。我国政府机构控制着80%的公共管理信息。多年来政务信息公开与否往往取决于具体政府部门或官员的开明程度。对官员的人民代表大会、政协、审计、检察院和上级监督等都属于体制内监督，在行政透明度较低的条件下，容易形成“上级不好监督、同级不愿监督、下级不敢监督”的监督“死角”。信息的高度不对称和监督乏力成为滋生政府浪费的土壤。

第二，公共资源产权主体和责任主体缺位，对政府行政成本考核不够重视。产权主体缺位，就会出现“有人上树摘果，无人浇水施肥”的局面；责任主体缺位，就会形成“不花白不花，白花谁不花”的结果。公共资源归全民所有，由于全民行使所有权的成本过高，造成实际上所有者的缺位。我们又没有把节省公共资源的责任落实到人，在责任主体缺位又缺乏公众监督和法律惩戒的条件下，难免造成公共资源的浪费和不当占用。此外，我国考核官员政绩主要看地区生产总值、财政收入、引进外资及出口创汇等指标，使官员失去了降低行政成本的内在动力和外部压力，纵容了“不计成本”的浪费行政观念。

第三，预算约束软化和预算外资金的大量存在。本来预算经人民代表大会批准后政府无权任意改变，实际上政府部门不严格执行预算的情况屡见不鲜，预算执行弹性化和容易变通的特点为官员大手大脚地花钱提供了便利。此外，我国地方政府普遍存在大量预算外资金，在财政不透明和缺乏监督的条件下，预算外资金来源的广泛性、使用的随意性和隐蔽性等特点容易导致政府发生更多的浪费行为。

第四，政府对公共资源配置的决策过程缺少公众参与。政府官员掌控着公共资源的定价和配置权，缺乏公众尤其是弱势群体利益表达和参与决策的机制，这也导致了行政成本的过快增长。

三、加快节约型政府建设的应对对策

建设节约型政府当然需要加强教育和提倡自觉，不过更关键的是要深化体制机制改革，强化法治建设，从根本上消除滋生浪费的土壤，对此，我们提出以下建议：

第一，制定《政府信息公开法》，加快透明政府建设。建议在保守国家秘密的前提下，明确规定统一的信息公开的原则、范围、程度和决策程序等，充分保障公民的知情权，使政府的行政权力在阳光下运作，接受纳税人的监督。

第二，健全行政绩效考核制度，明确政府浪费的责任主体。建议把行政费用占地区生产总值和财政支出的比重、公务员人均行政费用和行政费用增长率等作为行政费用的控制指标，列入政府工作计划和报告，建立既注重政府职能实现程度，又注重纳税人满意程度，既注重行政结果，又注重行政成本的政绩考核体系和赏罚分明的约束和激励机制，激发和保护政府官员节约和用好公共资源的积极性。把行政费用控制责任落实到具体的人，并把各级政府的主要负责人列为第一责任人，接受人民代表大会、政协和公众的监督，强化政府浪费的责任主体和责任机制。

第三，完善财政管理体制，增强预算的刚性约束。建议把预算外资金全部纳入政府预算控制，并通过设置在中央银行的单一账户收支，使国库收支真实反映全部财政状况。实施财政直接支付和财政授权支付，形成统一的政府预算，杜绝大笔公共财政资金体外循环和随意支配。建议修订《中华人民共和国预算法》《中华人民共和国国家金库条例》、预算会计制度等，实现预算收支程序的法律化和法律责任明确化，促使地方政府在预算的约束下配置和运作公共资源。

第四，促进公共财政决策的民主化。建议改进和健全听证会制度，使社会各阶层的利益诉求得到充分的表达和尊重，适度缩小政府在公共财政决策中的自由裁量权，形成社会各阶层共同参与公共财政决策的格局。

第五，建议国家制定《中华人民共和国反浪费法》及实施条例，使全体公民树立"公共资源浪费有罪"的概念，使惩治公共资源浪费有法可依，使公共资源浪费没有立足之地。

18

关于控制和化解地方政府债务风险的建议*

随着经济体制改革的深入，我国各级地方政府获得较大的经济自主权，经济和社会快速发展，同时地方政府的债务风险开始凸显。

按照《中华人民共和国预算法》第二十八条规定："地方各级预算按照量入为出、收支平衡的原则编制，不列赤字。除法律和国务院另有规定外，地方政府不得发行地方政府债券。"可见地方政府负债是不合法的。但事实上我国各级地方政府都在不同程度上负债"经营"，有的债务规模达到令人惊讶的地步。

截至2001年底，中西部10个省份的49个县（市）累计债务达163亿元，相当于当年可用财力的2.1倍，超出警戒线1倍。某省级市乡均负债574万元，是财政收入的2.4倍。某省某市乡级债务相当于财政收入的近5倍，乡均负债近2000万元。

2004年我国地方政府债务至少在10000亿元以上，其中省市级政府债务约占一半，县、乡两级政府债务各占1/4，乡镇平均负债400万元。目前我国地方政府债务还在以每年200亿元的速度递增。

一些专家认为，地方政府债务危机比金融风险还要高，因为地方政府

---

* 此文与冯培恩同志共同完成，是在全国政协十届四次会议第二次全体会议大会上的口头发言提案（2006年3月）。

过度负债会产生严重的后果。

第一，滋生众多的“政绩工程”。据统计，在我国662个城市、2万多个建制镇中，约有1/5的城镇建设存在诸如“现代化国际大都市”“高尔夫球场”“开发区”“万亩基地”“百里长廊”等政绩工程，主要资金来源是负债。某省一位前副省长下令修建的某市国际机场、电厂和“龙潭虎穴”三大形象工程透支了该市10年的财力。

第二，损害政府的形象和公信力。有的地方政府无法按期归还债务，有的连利息都付不出，陷入了“拆东墙、补西墙，墙墙有洞；举新债、还旧债，债债不清”的窘迫状况，债务规模越滚越大。有的在诉讼案中败诉，账户被法院封存，就强行从“专项经费账户”中划拨资金。

第三，影响经济和社会的发展。为了还债，有的政府不但没钱用于产业结构调整和经济增长方式转变，还想方设法在公共服务和集体福利上“偷工减料”，导致农村教育、农田水利、修路造林等资金“缩水”。据某省对100个乡镇的调查，有1/5的乡镇因负债沉重而无法正常运转。

第四，危及社会稳定。有的政府债务负担过重，长期拖欠职工工资，甚至对农民乱收费、乱摊派。尤其是地方政府的债务风险大多处于隐蔽状态，防范风险的意识不强，加剧了财政风险的累积膨胀，如不及时控制化解，将可能引发财政危机，危及社会稳定。例如，某省债务中财政部门直接负债约占18%，而通过政府设立的各类投资融资公司等借入的债务却占了总额的79%，负债率平均水平为54%，成倍地超出了负债率警戒线10%。

鉴于上述情况，我们就地方政府控制和化解债务风险提出以下建议：

第一，深入开展地方政府债务登记调查，全面揭示显性债务、隐性债务以及或有债务等，科学地编制地方政府的资产负债表。

第二，建立地方政府偿债机制。各级政府在清理现有债务的基础上明确界定必须由政府负担的债务。按照“谁举债、谁偿还”的原则，确定偿债责任单位，制订切实可行的偿债计划，确保落实偿债资金来源。政府不得负债建设没有稳定可靠的资金作为还债保障的项目。政府要设立专用的偿债准备金，数额不少于年初地方政府债务余额的3%—8%。偿债准备金由财政部专户管理，不得截留和挪用。

第三，完善相关法规，规范政府举债。现行法律禁止地方政府负债，造成暗箱操作盛行，中央政府很难掌握地方政府负债的真相，风险很大。建议尽快完善《预算法》《担保法》等相关法律，给予地方政府适度负债的法律通道，以防止其盲目负债，并有助于保护债权人的权益。

第四，建立科学的地方政府债务管理机制。要建立信息充分披露制度，提高债务风险的透明度。要建立相应的考核责任制，将控制化解债务风险的责任量化到地区、部门乃至个人。要建立地方政府债务的内部预警体系，运用负债率、债务率、偿债率等监控指标对政府性债务的规模、结构和安全性进行动态监测和评估。

第五，严格控制债务，严防新生不合理债务。债务率已经超出警戒线一定程度的政府不得再举债。各级政府一般不提供融资担保。乡镇政府及下属单位举债必须上报县级政府审批。对违规举债和担保、截留挪用债务资金、没按计划偿还债务者要追究责任，对造成国家财产损失者要依法处置。

四、教育科技与创新驱动

1

加快人才体制机制政策创新，努力建设人才强市的“重要窗口”*

习近平总书记一直强调：“人才是第一资源。”人才竞争力是城市的核心竞争力。早在2003年，时任浙江省委书记的习近平同志就把“人才强省”纳入“八八战略”。次年，浙江省出台《关于大力实施人才强省战略的决定》，为浙江省的高质量发展提供坚实支撑。为更深入践行习近平总书记关于“人才引领发展”的战略思想，2017年，车俊在全省人才工作会议上强调：“全面落实人才强省工作导向，全力打造人才生态最优省”。同年，浙江省出台《高水平建设人才强省行动纲要》，让集聚的人才充分施展才华，形成聚天下英才共建浙江、发展浙江的生动局面。2019年，全省11个市全部实现人才净流入，杭州、宁波中高端人才净流入率分别居全国第1位和第2位，为浙江省高质量发展提供了有力的人才支撑。

但是，必须清醒地看到：浙江省的人才总量、结构还不能适应经济社会发展的需要，特别是高层次、高技能、创新型人才短缺；人才开发机制有待完善；人才的积极性、创造性还没有得到充分发挥等。推进“人才强市”战略，既要舍得下本钱，有“真金白银”，又要在体制机制改革与政

* 此文与汪杰峰、吕栋、燕小青共同完成，是报送浙江省委、省人民政府、宁波市委、市人民政府的调研报告（2020年7月）。

策创新上下功夫。

2020 年，习近平总书记在浙江考察时赋予浙江建设“重要窗口”的新目标、新定位。浙江省第十四届委员会第七次会议深入学习贯彻习近平总书记考察浙江重要讲话精神，把人才强省、创新强省作为首位战略，发布《关于建设高素质强大人才队伍，打造高水平创新型省份的决定》，努力在人才和创新上首先成为窗口。宁波是浙江省的副省级城市、计划单列市和长江三角洲南翼经济中心，同时是国家创新型试点城市和质量强市示范城市，了解和把握宁波人才队伍建设的成效、存在问题及瓶颈，对于加快打造高水平创新型省份、建设人才强市的“重要窗口”、实现浙江省经济的高质量发展具有重要意义。

一、调研情况

围绕“宁波人才队伍建设成效”“宁波人才队伍建设的瓶颈”“现有体制机制和政策对宁波人才队伍建设的影响”等关键问题，九三学社浙江省委员会成立宁波人才队伍建设专题调研组，由九三学社浙江省委员会副主委、省人民代表大会常务委员会委员、浙江大学公共政策研究院副院长范柏乃教授率队，在 2019 年下半年—2020 年 7 月，多次赴宁波开展座谈和实地走访（后期由于疫情原因，以远程访谈为主）。调研组首先对宁波市委统一战线工作部、宁波市工商业联合会人才工作相关负责人进行访谈，然后先后对镇海炼化、吉利汽车、均胜电子、韵升集团、中银电池、江丰电子、建工集团、继峰集团、华朔科技、赛尔富公司、双林集团、云朵科技 12 家重点企业人力资源负责人进行访谈。调研组还实地走访了奥克斯集团宁波总部，对奥克斯集团人才队伍建设进行现场调研。最后，在宁波市人力资源大厦组织中共宁波市委政策研究室、中共宁波市委人才工作领导小组办公室、市发展和改革委员会、市经济和信息化局、市科学技术局、市人力资源和社会保障局、市政府发展研究中心和技工院校相关负责人召开座谈会，围绕人才工作成效、主要瓶颈及加强人才队伍建设的建议等几个方面进行发言和讨论。

二、宁波市人才队伍建设的成效

宁波市委、市人民政府始终把人才作为发展的第一资源，把建设人才强市作为“一号工程”，创新人才发展政策，实施重大人才工程，打造人才集聚平台，完善人才服务体系，全力打造一流的人才发展环境，取得了一系列令人瞩目的成绩。

第一，人才发展政策不断创新。宁波人才工作起步早，系统性强。早在 2004 年，就率先出台“人才发展五年规划”“引进培育高素质人才若干意见”等系列人才政策。截至目前，宁波仅市级层面出台实施的人才政策就超过 120 项，包括“3315 计划”“泛 3315 计划”、开放揽才产业聚智若干意见、户口迁移政策实施细则、打造青年友好城等。宁波人才政策起步早、体系全，其创新度和支撑力走在全国同类城市前列。

第二，人才发展平台持续提升。为了让人才“有枝可依”，近几年，宁波构建平台高能级运作、资源市场化配置、服务链条化支撑的新型人才平台格局。在平台建设上，打造出新材料科技城、国际海洋生态科技城、中官路创业创新大街等一批国家级、省级人才集聚平台和 69 家“双创”空间。目前，宁波新材料联合研究院、宁波新材料众创空间已集聚各类人才 7 万人。在运行模式上，成功创建摩米创新工场、鄞创孵化基地等新型人才孵化平台，创新建设宁波科技大市场、股权交易中心等新型人才项目展示对接平台，设立“3315 计划人才板”，已挂牌“3315 企业”49 家，累计挂牌各类人才企业 1076 家，形成人才产业化引领、资源市场化配置的平台运营体系。在服务支撑上，成功打造省级石墨烯制造业创新中心，建立中国科学院宁波材料技术与工程研究所、中国兵器科学研究院宁波分院、浙江大学机器人研究院、中国科学院协同创新体等“智能制造创新港”，形成“创学研”联动的人才引育体系。目前，全市已建成院士工作站 113 家、全国学会服务站 24 家、博士后科研工作站 141 家，人才承载力不断提升。

第三，人才服务机制持续优化。以“最多跑一次”改革为牵引，撬动户籍管理、公共服务、人才评价等各领域改革，优化高层次人才服务联盟，为人才发展提供政策咨询、融资、办证等一站式服务“绿色通道”。2018 年，人力资源和社会保障部门强力推进“最多跑一次”改革，实现跑零次 46 项、同城通办 75 项、民生事项一证通办 48 项。推行窗口人员“考级制”，探索以考促训、师傅带徒、轮岗集训窗口技能提升办法，创新开展窗口技能操作比武做法还获得了人力资源和社会保障部张纪南部长3次批示并向全国推广。宁波制定了人才生态建设“1+X”系列举措，“1”是“加快推进开放揽才、产业聚智的若干意见”，“X”是引进顶尖人才、集聚青年才俊、培养技能人才、保障人才安居、优化专家服务等一揽子实施办法，覆盖更全面、指向更精准、支持更有力的人才“引育用留”全链条生态建设体系基本形成。

第四，人才聚集效应逐渐凸显。2019年，宁波新增常住人口34万人，增量历史性高居全国第4位；人才净流入率、制造业人才净流入率分别居全国第2位、第1位。每万名就业人员中研发人员达168.8人，居全省第1位。新引进大学毕业生13.7万人，新增高技能人才5.9万人，分别增长65.2%和17.7%，增量与增幅均创历年新高；全职新引进海内外院士8名，累计达19名。

三、宁波市人才队伍建设的主要短板

在肯定成绩的同时，我们也看到不足。在新科技革命和产业变革孕育突破的背景下，现有人才队伍尚不能完全适应宁波经济转型升级的新需要，突出表现为以下几点。

第一，人才总量不足，人才队伍结构有待优化。宁波现有人才队伍结构性过剩与短缺并存：部分人才急需转岗转业，素质有待提高；领军人才和大国工匠紧缺，产业技术领域人才不足。《2018年宁波市“制造强市”建设相关产业人才指数及人才开发导向目录》显示，宁波制造业人才储备、需求及发展趋势为“需求持续旺盛、高端智能引领、基础人才短缺”。人才需求指数处于红色区间，也就是极度紧缺的产业有高端装备、新一代信息技术、汽车制造、智能家电等。随着智能制造、数字工厂等重点项目和工程的快速推进，专业技术人才、项目管理以及高技能人才需求呈现大幅度增长趋势，相关产业基础性研发人才和技能人才供给明显不足。

第二，高层次人才紧缺，高技能人才占比有待提高。宁波在高层次人才数量方面，与苏州、深圳、杭州等国内兄弟城市相比还有较大差距，高层次人才规模还需进一步扩大。宁波市高技能人才总量为46.62万，占技能人才总量的29.1%，低于上海、广州平均水平。同时技能人才断档问题

比较突出，高技能人才平均年龄超过 46 岁，呈现老龄化趋势。

第三，人才集聚平台能级不高，吸引人才“磁力”有待加强。从科研人才集聚平台来看，宁波国字号科研平台不够强大，人才承载空间较为有限，全市仅有中国科学院宁波材料技术与工程研究所、中国兵器科学研究院宁波分院 2 家国字号科研机构；从人才集聚产业平台来看，宁波有实力、有影响，能集聚大量人才的领军企业，特别是世界 500 强企业不多，人才集聚能力相对偏弱。从青年人才集聚平台来看，在甬高校只有 16 所，在校大学生数为 19.6 万名，不到西安、南京、成都的 1/4。近几年，宁波市年均接收大学毕业生仅 5 万名，而武汉仅 2017 年就接收大学生 30 万名。

四、加快体制机制创新，努力建设人才强市“重要窗口”的政策建议

第一，完善人才工作法律法规体系，强化以知识产权和市场主体保护为重点的法治保障。宁波人才政策虽然创新度高，但系统性不强、层级不高、操作性不足。如何把近几年来宁波市出台的人才政策以立法方式固化下来，化人才政策优势为立法优势，形成常态化、长效化人才工作运行机制是政府部门必须要考虑的问题。宁波要全面规划建设人才法律法规体系，形成分系统（引才、留才和用才）、多层次（法律、法规、规章和规范性文件）的法律法规制度框架。

近期，应抓紧制定《宁波市保障人才队伍建设条例》。通过条例，将目前人才工作中成熟的、需要长期适用的政策、做法通过立法予以固化并对人才工作体制、机制进行创新性的规定。还应出台国内首部《宁波市民营企业家保护条例》，加大对市场主体人身自由和财产权利、合法收益以及自主经营权的法律保护力度。设立宁波知识产权法院，严格知识产权执法。

第二，创新职业教育与学历教育互通互认政策，优化青年技能人才培养机制。读技师、技工院校的学生意愿不断下降，关键因素是教育部学历证和人力资源和社会保障部技师证没有打通。对于宁波市还存在技能人才缺口大、技师院校技能师资引不进等问题，给出以下几点建议。首先，探索建立职业资格与相应的学历比照认定制度，促进学历教育与非学历教育互通互认。其次，及时贯彻和落实 2019 年人力资源和社会保障部、教育部

印发的《关于做好技工院校招生工作的通知》，把技工院校纳入职业教育统一招生平台，扩大技工院校招生规模。再次，借鉴广州经验，破除职业学校招生地域限制，实行免费入学，规定学员在宁波服务年限，从而大幅度提高青年技能人才数量。最后，完善职高、技校编制管理方式，降低技师学校专业教师的引入门槛，让一批有实战经验的国家级高技能人才进入事业编制。

第三，构建以企业为主体、市场为导向、产学研融合的协同机制，创新人才培养体系。宁波市人民政府、企业、高校和研究所在人才培养中的协同作用尚未完全发挥出来，其主要原因包括：一是企业对宁波高校院所缺乏了解；二是高校院所缺乏主动服务意识，学科专业设置不合理，造成人才培养与宁波经济发展不匹配。对于此问题，给出以下几点建议。首先，健全专业动态调整机制。根据宁波市经济发展趋势，提出专业需求，鼓励高校和科研院所开设相关专业，市里给予立项和资助。其次，优化调整人才区域布局。对接产业集群、承接产业转移示范园区等，集中建设一批校企深度合作、发挥支撑作用的专业集群。最后，搭建“线上＋线下”双轨供需平台。建立院所和企业双方用户数据库，校企双方确定科研对接人，通过引入第三方力量，搭建双方合作项目信息的可视化平台，帮助高校院所和相关企业进行实时信息交流。

企业作为创新创业的主力军，是吸纳人才的主战场，必须发挥其主体作用，对于此问题，给出以下几点建议。首先，支持企业整合利用国内外创新资源，探索建立具有国际一流水平的高端实验室和创新平台；其次，要鼓励企业协同创新，开展关键共性技术攻关，加快跨界融合以及新技术、新材料、新工艺、新产品的研发；最后，鼓励宁波企业在国内产业人才最密集地区建立异地研发中心，并能同等享受宁波市优惠政策。

发挥行业协会和专业机构对人才工作的补充作用，对于此问题，给出以下几点建议。一是绘制高层次人才分布地图，及时掌握国内外产业人才和团队的分布和发展动态。二是根据企业的需求意愿建立信息数据库，实现与高层次人才需求的大数据匹配和精准推送。三是推进宁波市人才联络服务站建设，围绕宁波市最紧缺人才，选派干部前往高校资源、高端人才、高新技术集聚的区域进行人才联络服务工作，引导和带领有需求的企业对高层次人才定期寻访；依托海外宁波帮、海外人才联络机构、招商引资海外办事机构、国际猎头公司等资源，建立海外高层次产业人才离岸创新创业孵化器和“联系宁波”联络处，建立全球人才搜索机制。四是引导和鼓励产业行业协会编订、发布同类竞争城市的薪酬价位，充分发挥工资指导线对人才收入增长的引导作用，引导人才根据本市产业、行业发展需求合理有序流动。五是成立高级人才俱乐部，进行跨界交流，构建产业内或产业间人才资源共享模式。

第四，创新人才安居、创业失败补偿等公共服务政策，建设人才生态最优市。除政策红利之外，未来的人才竞争将进入以城市体系、生态环境等为代表的更为基础的综合实力比拼。打造良好的人才服务生态是汇聚人才、支撑产业发展的重要保障。在与宁波市 13 家企业人力资源负责人座谈会上，大家集中反映的人才生态环境“痛点”是：高层次人才个人所得税负担过重，安居、医疗、教育未能满足人才不断提升的需求。

建议相关部门主动去做一些“小事”，持续优化人才生态环境，为来甬人才解决后顾之忧，对于此问题，给出以下几点建议。首先，借鉴深圳对境外高端人才和紧缺人才纳税比例，宁波应研究出台相应的高端人才个人所得税优惠政策，并借鉴北京、上海积分落户政策，把纳税额跟在城市所享有的福利（北京、上海是通过积分）相结合。其次，实施人才乐居工程，宁波市可以从两个方面进行政策突破：一是建立“双通道”申请人才住房和保障性住房，除符合条件（具有宁波户籍并达到社保缴纳年限）的人员都能参与的个人轮候外，还要单独建立面向人才个人的申请渠道；二是鼓励有条件的企事业单位充分利用自持的产业类工业用地，按照规定的比例，统一规划、集中设置，配套建设单位租赁房、职工宿舍等租赁住房。再次，完善公办学校定点吸纳高层次人才子女入学制度，落实高层次人才医疗保健待遇。最后，宁波在借鉴全国各城市创业补贴政策的基础上，尽早构建创业失败补偿机制，用以支持人才创业，解除创业者的后顾之忧。

第五，提升产业能级和人才工作“站位”，促进人才发展与经济社会发展深度融合。习近平总书记指出：“要抓住产业数字化、数字产业化赋予的机遇，加快 5G 网络、数据中心等新型基础设施建设，抓紧布局数字经济、生命健康、新材料等战略性新兴产业、未来产业，大力推进科技创新，着力壮大新增长点、形成发展新动能。”宁波市人才质量和密度不高与产业能级不高有很大关系。宁波市要吸引优秀人才，必须提升产业能级。策略有两种：一是借助5G、大数据、工业互联网爆发的窗口期，加快现有传统产业升级改造；二是针对产业领先企业精准用力、招大引强，吸聚和培育一批具有巨大发展势能的高质量创新型企业，提升招商引资规模和质量。

另外，人才发展体制机制改革是一场系统化的“攻坚战”，不能只做局部“微创”，必要时还得“伤筋动骨”，必须从省市级甚至国家层面通盘考虑、统筹协调、强力推进。对于此问题，给出以下几点建议。首先，宁波市人民政府要把人才工作和人才队伍建设列入重要议事日程，在制定政策、营造环境、整合力量、提供服务等方面加强对人才工作的宏观管理。其次，切实发挥市委人才工作领导小组作用，把人才资源开发利用和人才队伍建设纳入国民经济与社会发展规划，使人才规划在全市经济发展的大局中谋划推进。再次，制定《宁波市人才发展体制和机制改革实施意见》，在人才管理体制、引进集聚、培养支持、分类评价、激励机制、流动配置、扶持服务以及优先发展等关键环节进行全方位改革探索。最后，引入人才政策“后评价”。在人才政策实施一定时间后，对照当初人才政策制定的预期目标，与政策实施后所达到的实际效果进行对比分析，找出差距及原因，建立人才政策可持续检查和反馈机制，将检查情况纳入各级政府人才工作督办和考核内容，实现人才政策的动态调整。

2

充分发挥技能人才在稳就业中的重要作用*

习近平总书记强调，劳动者素质对一个国家、一个民族发展至关重要。技术工人队伍是支撑中国制造、中国创造的重要基础，对推动经济高质量发展具有重要作用。要健全技能人才培养、使用、评价、激励制度，大力发展技工教育，大规模开展职业技能培训，加快培养大批高素质劳动者和技术技能人才。国务院发布的《关于进一步做好稳就业工作的意见》（国发〔2019〕28 号）中指出，坚持把稳就业摆在更加突出位置，强化底线思维，做实就业优先政策，健全有利于更充分更高质量就业的促进机制，坚持创造更多就业岗位和稳定现有就业岗位并重，突出重点、统筹推进、精准施策，全力确保就业形势总体稳定。

应宁波市人力资源和社会保障局和宁波市人才培训中心的邀请，九三学社浙江省副主委、省人民代表大会常务委员会委员、浙江省公共政策研究院副院长范柏乃教授课题组多次赴宁波，专题调研“宁波技能人才队伍建设及其在稳就业中的重要作用”。到镇海炼化、吉利汽车、均胜电子、韵升集团、中银电池、江丰电子、建工集团、继峰集团、华朔科技、赛尔富公司、双林集团和云朵科技等企业进行实地调查和深度访谈，与宁波市

---

* 此文与吕栋、汪杰峰、金佳共同完成，荣获浙江省副省长王文序同志的重要批示（2020 年 1 月）。

人力资源和社会保障局、市委组织部、市委政策研究室、职业院校、技工院校、培训机构和用工单位的负责人进行座谈研讨，全面深入地了解宁波市技能人才队伍建设、就业现状及两者之间的关系。

一、宁波技能人才队伍建设的主要成效及瓶颈

近年来，宁波市委、市人民政府始终坚持把加强技能人才队伍建设作为稳就业的关键一招，不断完善工作机制、加大财政投入、拓宽培养途径、强化激励引导，抓平台强实训、抓评价促规范、抓竞赛强引领，初步形成了政府、院校、企业三方携手加强技能人才队伍建设的新格局，全面提高劳动者素质，不断壮大技能人才队伍。截至2019年9月，技能人才总量突破161万人，高技能人才近48万人，占技能人才总量约30%，在全国城市中位居前列。

宁波技能人才队伍建设取得了显著成效。一是建立了政府、院校和企业相互协作的技能人才建设网络体系。宁波建立了国家级专业技术人员继续教育基地1家、宁波市人才培训中心1家、技工院校12所、龙头骨干企业为代表的技能人才培养基地38家、民办职业培训机构300家。目前，技工院校在校生数量超过1.7万名，各类培训主体每年开展职业技能培训突破15万人次。二是创建了一批国家级、省级、市级相互衔接的技能人才建设平台。宁波创建了世界技能大赛集训基地2家、高技能人才公共实训基地11家、市级以上技能大师工作室90余家、技能创业孵化基地14家，各级各类平台年均培训高技能人才4.5万人次。三是优化了社会、院校、企业相结合的技能人才多元评价体系。优化了以社会化评价为主体，以企业自主评价为重点，以职业（技工）院校评价认定和“以赛代评”认定等为补充的技能人才多元化评价体系。突出以赛代评，目前共举办六届“技能之星”，每年开展100余项技能大赛，带动企业行业上百万人技能比武、岗位练兵。四是健全了技能人才队伍建设的制度保障体系。发布了全国首个职业技能培训地方性法规《宁波市职业技能培训条例》，颁发了《宁波市“首席工人”评选试行办法》，出台了《宁波市优秀高技能人才奖励办法》，制定了《宁波市高技能人才公共实训基地管理暂行办法》。全市1人荣获“中华技能大奖”，9名高技能人才享受国务院政府特殊津贴，44人

享受市政府专项津贴，3 人荣获“浙江省钱江技能大奖”，近千名优秀技能人才荣获宁波市“首席工人”。五是在稳就业中发挥了重要作用。2019 年宁波城镇新增就业 18.31 万人，同比增长 5.15%；就业登记人数达到 384.34 万人，同比净增 13.43 万人。在 2019 年第二季度的《中国就业市场景气报告》中，宁波在就业较好的 10 个城市中位居第 2。

宁波技能人才队伍建设还存在瓶颈。一是生源规模不足和生源质量差的制约。由于技工院校招生迄今尚未纳入教育系统的招生系列，技工院校始终无法吸引足够的生源，生源规模不足和生源质量差问题非常突出。目前，宁波普通高中在校生 8.6 万名，中职学校在校生 6.6 万名，而技能人才培养主体的技工院校在校生仅 1.8 万名，总体规模还不及广州的一所技工院校的规模。二是晋升通道狭窄的制约。技工院校管理体制未能理顺，因主管部门不同，技工院校毕业证书和学历学位互认尚未打通，人力资源和社会保障部门主管的技工院校毕业生获得的是毕业证和职业资格证书，没有教育部门颁发的学历证书，严重影响了技工院校毕业生的职务晋升和职业发展。三是工资薪酬偏低的制约。企业薪酬分配很大程度上与学历、专业技术资格相挂钩。由于我国的专业技术资格与职业资格未打通，不少企业尤其是国有大型企业在薪酬系统上很难突破学历和身份的限制，导致了技能人才薪酬普遍较低。目前，宁波制造业一般操作工年薪中位数为 5.75 万元（略高于前台的 4.91 万元），高级技师年薪中位数为 9.32 万元（远低于一般管理人员的 14 万元）。对部分技能大师工作室带头人的调查表明，70% 的带头人月收入在 8000 元以下，其中 32.1% 的带头人在 5000 元以下，大多数技能大师月收入低于中层管理人员。四是传统观念和职业声望的制约。“劳心者治人，劳力者治于人”的传统价值观念根深蒂固，很多年轻人都希望奔向党政机关、事业单位、金融、房地产和现代服务业等白领工作岗位，愿意从事模具、汽修、电焊、装配和维修等制造业一线生产工岗位工作的年轻人越来越少。长期以来，高等教育被大众视为最重要的社会流通通道，而职业技术教育则被过度矮化。

二、全面加强技能人才队伍建设，着力做好稳就业工作

当前浙江省就业工作面临较大压力，就业的结构性矛盾突出，就业形

势依然严峻。就业是民生之本，财富之源。稳就业既是经济问题和社会问题，也是政治问题和发展问题。《国务院办公厅关于印发职业技能提升行动方案（2019—2021 年）的通知》要求把职业技能培训作为保持就业稳定、缓解结构性就业矛盾的关键举措，作为经济转型升级和高质量发展的重要支撑。建议浙江省全面加强技能人才队伍建设，大力推行终身职业技能培训制度，大规模开展职业技能培训，加快建设知识型、技能型、创新型劳动者大军，全面增强技能人才供给。

第一，加强技能人才政策的优化整合，着力增强政策的协同效应。近十年来，浙江省出台了“高水平打造高技能人才队伍”“高技能人才建设项目”“职业教育改革实施方案”“职业技能提升行动实施方案”“新时代产业工人队伍建设改革实施方案”“百千万高技能领军人才培养工程”“关于提高技术工人待遇的实施意见”等一系列政策措施，形成了技能人才培养、选拔、评价、使用和激励的政策体系。但总体上看，技能人才政策呈碎片化，尚未体系化和系统化，由于政出多门或政出不同时期，政策与政策之间协调性较差，有些政策相互冲突和相互矛盾，再加上政策宣传力度不足和公众知晓度较低，实地调研结果表明，现行技能人才政策能够落地见效的并不多，总体实施效果并不理想。建议由省人力资源和社会保障厅牵头组织专家学者对技能人才政策进行全面梳理和分析评估，对省级层面上的技能人才政策进行优化整合，消除政策与政策之间的冲突，着力增强政策的协同效应。同时，加大对技能人才政策的宣传力度，提高政策的公众知晓度，强化政策执行的监督检查，并把政策执行情况纳入各级政府综合绩效考核范畴，狠抓政策措施的落实，确保技能人才政策的落地见效，全面推进浙江省技能人才队伍建设。

第二，尽快出台《浙江省技能人才队伍建设条例》，用法律强力推进技能人才队伍建设。经济社会发展，离不开法治护航；技能人才队伍建设，有赖于法治赋能。依法推进技能人才队伍建设，不仅是制度文明的发展，更是运用法治思维和法治方式破解技能人才队伍建设瓶颈的迫切要求。近十年来，浙江省制定出台了加强技能人才队伍建设的系列政策，但与法律相比，政策缺乏权威性、稳定性和强制性，很难做到一张蓝图绘到底。因此，很有必要把全省各地在技能人才队伍建设方面积累的好做法、好经验和好政策，及时加以总结和归纳，上升至更高层面的法律维度，加以固化和长效化。尽快将技能人才队伍建设纳入浙江省的立法计划，加快制定出台《浙江省技能人才队伍建设条例》，从技能人才的培养、评价、使用、激励和保障等各个环节为技能人才队伍建设保驾护航，用法律全面推进技能人才队伍建设，为稳就业和促就业作出重要贡献。

第三，教育资源向技能教育大力倾斜，着力破解技工院校经费短缺、招生难和办学条件差的瓶颈。一是坚持以提高质量、稳就业、服务发展为导向，优化教育招生资源分配方向，不再扩大本科生和研究生教育的招生规模，促进教育招生资源向技能教育大力倾斜，确保技能教育与普通教育协调发展，并纳入浙江省各级地方政府政绩考核范畴。二是改革完善技工院校考试招生办法，全面落实将浙江省技师学院、技工学校纳入职业教育统一招生平台，加快学历证书和职业技能等级证书互通衔接，鼓励更多普通高中、中职毕业生、退役军人和下岗失业人员、农民工和新型职业农民等群体报考，着力破解技工院校生源规模不足和生源质量差问题。三是大幅地增加财政资金对技能教育的投入，确保地方教育附加用于技能教育的比例不低于30%，建设一批领军型技工院校，重点支持建设一批高质量对接浙江省经济发展的主导产业、支柱产业、特色产业、战略性新兴产业和数字经济的现代化实训基地，切实推动技工院校内涵发展，把技工院校打造成为浙江省技能人才教育和培训的主阵地。四是加大对技能教育的投入，进一步扩大技工院校奖助学金覆盖面，提高补助标准，健全多元化的学生就学资助体系，全面提升技能教育的吸引力。

第四，着力破除技能人才成长的体制机制障碍，拓宽技能人才的成长通道。着力破除技能人才成长的体制机制障碍，促进技能人才与专业技术人才及各类高层次人才同步推进、同步提升和共同成长，拓宽技能人才职业发展通道，研究制定《浙江省拓宽技能人才成长通道实施办法》。一是完善技术工人评价机制。加快实施职业资格评价、职业技能等级认定、专项职业能力考核等多元化评价。推动企业自主开展技能人才评价，加大对技术工人创新能力、现场解决问题能力和业绩贡献的评价比重。开展技师、高级技师直接认定试点，技能高超、贡献突出的优秀技能人才，可破格参加技师、高级技师考评。推动企业设立技能专家、首席技师、特级技师等岗位。发挥行业协会学会、龙头企业作用，全面推进企业、行业协会学会、社会人才评价机构职业技能等级认定试点工作。二是突破技工院校毕业生就业的体制机制障碍。技工院校中级工班、高级工班、技师班（预备技师班）毕业生在参加企事业单位招聘、确定工资起点标准、职称评定、职位晋升及参加专业技术资格考试方面，分别按照中专、大专、本科学历享受相关待遇。三是突破岗位转换与职称认定的体制机制障碍。全面实施职业资格、职业技能等级与相应职称比照认定制度。取得相应职业高级工、技师、高级技师职业资格的技术工人，可申报工程技术系列助理工程师、工程师、高级工程师职称，可按规定享受本单位助理工程师、工程师、高级工程师同等待遇。将高技能人才列入高层次“双创计划”，对引进的高技能人才同等享受引进高层次人才有关政策。四是突破报考机关事业单位的体制机制障碍。参加浙江省事业单位相应岗位招聘的技能人才，其高级工、技师、高级技师职业资格可与初级、中级、高级专业技术职称报考条件相对应；取得高级工、预备技师职业资格证书的技工院校毕业生，其学历可按照全日制大专、本科对待。

第五，全面提高技能人才政治待遇、经济待遇和社会待遇，大力弘扬工匠精神。以高技能领军人才为重点，加强服务保障，全面提高技能人才政治待遇、经济待遇和社会待遇。一是在政治待遇上，在党代表、人民代表大会代表、政协委员、劳动模范和五一劳动奖章评选获得者中，逐步提高技术工人的比例。二是在经济待遇上，着力推动企业深化工资分配制度改革，加快建立从初级工、中级工、高级工、技师、高级技师、首席技师到技术专家的职工职业等级评聘体系和薪酬体系，最终形成技术工人提升技能的激励机制。推行高技能领军人才股权期权激励机制，鼓励和指导企业在工资结构中设置体现技术技能价值的工资单元，或对关键技术岗位、关键工序和紧缺急需的技术工人实施协议工资、项目工资和年薪制等分配形式。三是在社会待遇上，高技能领军人才在购买自用商品住房、参加社会保险、省内就医和子女入学等方面按照高层次人才给予相关待遇。健全优秀技术工人疗休养制度，定期组织、分级实施疗休养活动，做好优秀一线技术工人带薪疗休养工作，在享受补贴的一线职工疗休养活动安排中，用于优秀技术工人的比例不低于30%。完善优秀技能人才表彰奖励制度，加大表彰奖励力度。加大对技能人才培养、使用和激励企业典型的宣传，引导全社会关爱技能人才，积极营造劳动光荣、技能宝贵、创造伟大的社会氛围，大力弘扬工匠精神。

第六，大规模推进职业技能培训，加快建设知识型、技能型、创新型劳动者大军。加大职业技能培训机构建设，大力支持各类企业和职业技工院校合作建设职工培训机构、企业大学和继续教育基地，全面推动设备设施、教学师资和课程教材等培训资源共建共享，加强公共实训基地和产教融合实训基地建设。加快新兴产业的职业培训开发，加大职业技能标准和职业培训包开发力度，建立健全浙江省紧缺职业目录编制发布制度。推进《浙江省职业技能提升行动实施方案（2019—2021 年）》的有效落实，制定实施浙江省职业技能培训中长期规划，加大职业培训补贴和生活费补贴力度。针对不同对象分类开展精准培训，全面开展企业职工技能提升培训或转岗转业培训，组织失业人员参加技能培训或创业培训，实施农民工、高校毕业生、退役军人、建档立卡贫困人口、残疾人等重点群体专项培训计划，全面推行企业新型学徒制、现代学徒制培训，加快建设知识型、技能型、创新型劳动者大军。

3

浙江自贸试验区如何走在前列和勇立潮头*

当前，中国经济正处于转型升级的重要阶段，为适应经济全球化和区域经济一体化新趋势，充分发挥各地区的区位优势，深化与周边国家和地区的经贸合作，更好地服务对外开放总体战略布局，我国已经分多批次批准了18个自由贸易试验区（以下简称“自贸试验区”），形成了东西南北中协调、陆海统筹的开放态势。习近平总书记指出，建设自由贸易试验区是党中央在新时代推进改革开放的一项战略举措，在我国改革开放进程中具有里程碑意义；并强调，要在深入总结评估的基础上，继续解放思想、积极探索，加强统筹谋划和改革创新，不断提高自由贸易试验区发展水平，形成更多可复制可推广的制度创新成果，把自由贸易试验区建设成为新时代改革开放的新高地。浙江省委、省人民政府高度重视浙江自贸试验区建设，在2018年5月召开的全省对外开放大会上明确提出，学习践行习近平总书记关于对外开放的重要思想，要大手笔谋划推进中国（浙江）自由贸易试验区2.0版，奋力走在新时代对外开放的前列。时任浙江省委书记车俊强调，浙江自贸试验区作为落实和服务一系列国家战略的重大平台，要集中力量、集聚资源、集成政策，推动自贸区建设提速提质，不断

---

* 此文与陈韶晖、顾贾能、过凤祥共同完成，荣获时任浙江省委书记车俊同志的重要批示（2019年11月）。

创造新动能，努力使其成为浙江省高质量发展的重要增长极。

浙江自贸试验区，于2017年4月1日正式挂牌，是我国唯一由陆域和海洋锚地组成的自由贸易园区，承担着“为国家试制度，为开放搭平台，为地方谋发展”的重要历史使命。2017年3月15日，国务院发布《中国（浙江）自由贸易试验区总体方案》，明确了浙江自贸试验区的发展定位与核心任务，即以制度创新为核心，以可复制可推广为基本要求，将自贸试验区建设成为东部地区重要海上开放门户示范区、国际大宗商品贸易自由化先导区和具有国际影响力的资源配置基地。浙江自贸试验区尽管成立的时间并不算长，距离国内外先进自贸试验区尚有一定差距，但浙江自贸试验区取得的一系列改革成果有目共睹，在制度创新试验与扩大对外开放领域的重要作用无可替代。如何克服发展中遭遇的困难，帮助自贸试验区走在前列、勇立潮头，实现创新赶超，具有特别重要的现实意义。

一、浙江自贸试验区的建设成效与突出问题

浙江自贸试验区自挂牌以来，在省委、省人民政府坚强领导下，围绕《中国（浙江）自由贸易试验区总体方案》的整体要求，立足国家战略，充分利用舟山独特的区位优势、岸线资源以及“一带一路”“长江经济带”“浙江舟山群岛新区”“舟山江海联运服务中心”“自由贸易试验区”等多重国家战略的叠加效应，在制度创新、大宗商品交易、贸易自由化等领域取得了一系列令人瞩目的成绩。截至2019年2月底，总体方案中的89项试点任务100%启动实施，有效实施率达到90%以上；探索形成59项制度创新成果，其中全国首创23项，6项被国务院复制推广；率先开展国际航行船舶进出境通关无纸化和口岸港航通关服务一体化“4+1”功能，船舶通关时间从16小时缩减到2小时，舟山速度令全国惊叹；突出抓好液化天然气（LNG）产业发展，新奥液化天然气项目一期正式运营，年接卸能力达到300万吨，进一步强化了长江三角洲地区气源保障；同时，浙江自贸试验区在世界油气行业领域的知名度不断提升，连续2年举办世界油商大会，通过油商大会累计签约重大项目45个，协议涉及金额2230亿元。在金融服务领域，依托人民币国际化示范区建设这一国家战略，自贸试验区在全国率先开展资本项目收入结汇支付便利化试点，便利化程度居全国首

位；开展跨境人民币结算业务的银行机构增加到15家，挂牌以来累计完成跨境人民币业务交易量超千亿元，交易地域辐射境外39个国家和地区。

与此同时，浙江自贸试验区建设也存在比较严重的瓶颈，特别是对标上海、广东等先进自贸试验区，浙江省自贸试验区改革创新步子迈得不够大，基本上还是以传统开发模式、管理体制在运作。一些省级部门对自贸试验区理解不深入不到位，部门政策互相“踩脚”，部分改革难以深入推进，希望省委、省人民政府能采取切实有效措施，推动浙江自贸试验区建设提速提质。

当前浙江自贸试验区建设，主要存在如下问题：

（一）政策落地见效困难，“为国家试制度”效应滞后

自贸试验区承担着国家重大战略实施先行探索和创新的使命，被赋予了较大的改革创新自主权，然而在制度运行层面，政策落地难度依旧较大，“为国家试制度”效应滞后，具体表现为三个方面。第一，自贸试验区的治理能力与治理结构还存在优化空间。一方面，当前自贸试验区自身无法高效地解决政策难题，没有形成有效的政策反馈机制来对接上级政府寻求业务指导，导致政策推进效率较低；另一方面，治理结构存在缺陷，自贸试验区内各机构、部门还没有形成系统化的协同联动机制，仍以各部门承担对应工作的传统模式为主，部门间壁垒问题较为严重，沟通协调成本过高，政策落实能力不足。第二，部分改革的深入推进遭遇瓶颈。浙江省自贸试验区获批后仍有大量单项改革事项需报相关部门逐项审批，而且与自贸试验区建设高度关联的审批权限主要集中在中央与省级层面，部分行政审批权限迟迟无法完成下放。例如，目前全国共有12家企业在自贸试验区开展保税油供应业务，其中新批的7家舟山牌照企业受限于港口管理体制，无法开展跨港供油；浙江物产中大石油有限公司是2019年商务部批复同意的首例原油非国有贸易企业资质，但迟迟无法开展实际经营；国务院明确“自贸试验区内医疗机构可根据自身的技术能力，按照有关规定开展干细胞临床前沿医疗技术研究项目”，浙江自贸试验区已有部分注册企业有较强需求开展相关业务，但有关部门持谨慎态度，政策尚未落地；关于人类辅助生殖技术服务机构的审批，省级有关部门也不同意舟山增加。

自贸试验区层面进行制度创新的自主空间不够，在政策执行过程中难以发挥先行先试的政策优势。第三，特定领域的行业牌照获批困难，自贸试验区在大宗商品交易、金融服务供给等领域仍存在诸多的行业准入限制，政策设计严重落后于现实需求，这在很大程度上限制了自贸试验区创新发展的步伐，也导致了许多既定的国家战略与政策目标落实效率较低。

（二）市场开放程度不高，“为开放搭平台”尚未实现

党的十九大报告明确提出，新时代的中国要“推动形成全面开放新格局”，而进一步扩大市场开放水平是“推动形成全面开放新格局”的重要内容。在这一重大战略部署之下，身负“为开放搭平台”使命的浙江自贸试验区，市场开放程度显然还不够，具体体现在两个方面。一是受到行政区划的掣肘。地方政府各自为政，市场分割的状况较为严重，使自贸试验区在国际竞争中处于劣势地位，无法发挥全国市场广阔这一得天独厚的优势。以保税船用燃料油领域为例，2018 年舟山保税船用燃料油供应量达 359. 3 万吨，结算量 566. 3 万吨，首次跻身全球十大供油港。但与第一大供油港新加坡相比，由于市场分割等原因的制约，舟山燃料油成本价格每吨大约比新加坡高出 20 美元，直接导致了舟山港在竞争中的全面劣势。二是金融领域的开放极为有限。以持牌金融机构数与融资租赁企业数为例，截至 2019 年 8 月，浙江自贸试验区仅有持牌金融机构 69 家、融资租赁企业 264 家，相较于 2018 年分别增长了 2 家、1 家，总量与增幅都较低。金融领域开放的速度限制了自贸试验区供给金融服务与吸纳外资的能力，不利于自贸试验区实现“为开放搭平台”的战略任务。

（三）辐射带动能力有限，“为地方谋发展”作用不强

浙江自贸试验区在承担国家战略任务的同时，还肩负着“为地方谋发展”的使命，充分利用政策优势，带动地区经济实现跨越式发展。在当前阶段，受制于舟山尖端人才匮乏、经济动力不足、产业链体系不够完善等因素的影响，舟山地区经济基础相对落后，地区生产总值约占全省地区生产总值的 2. 34%，对全省经济增长的贡献有限。而在产业辐射方面，浙江自贸试验区响应国家战略，产业布局主要围绕大宗商品交易、油品全产业链、口岸贸易等领域展开，传统的行业也是舟山特色的海洋产业，与浙江其他地区产业布局的契合度不算太高，产业辐射带动能力不强。与此同时，虽然浙江自贸试验区坚持制度创新，“首创率”位居全国前列，但整体上在全省、全国的复制推广工作相对滞后，制度创新的影响力有限。自贸试验区先行先试的制度优势还没有发挥出来，辐射带动能力不强，“为地方谋发展”作用有待进一步强化。

（四）创新能力较为薄弱，传统产业转型升级艰难

创新能力是产业转型升级的基本驱动力，对提升经济附加值水平与提高市场竞争力起着极为关键的作用。现阶段浙江自贸试验区的创新能力明显不足，具体体现在两个领域。一是科技创新投入严重不足。华为2018年总收入7212亿元，研发费用达到1015亿元，占收入的14.1%，近十年研发费用超过4800亿元；2018年浙江全社会研发经费支出达1440亿元，占地区生产总值的比重为2.52%；而舟山只有大约14亿元，占地区生产总值的比重为1.16%，远低于全省平均水平，科技创新投入严重不足。二是创新人才与科研创新机构支撑乏力。舟山境内缺少重点高等院校和科研机构，现阶段能够依靠的科研单位仅有浙江海洋大学与浙江大学海洋学院，科研院所的引进与合作力度与自贸试验区创新发展需求严重失调，造成了整个区域创新能力的不足。

创新能力不足带来的直接后果是传统产业转型升级困难，主要表现在舟山的海洋产业领域。舟山是我国首个以海洋经济为主题的国家级新区，同时作为我国唯一的群岛型设区市，其区位与特色资源优势明显。海洋产业作为浙江自贸试验区的传统支柱产业，与舟山的经济发展和民生改善有着极为紧密的联系。现阶段舟山的海洋产业模式依然以传统的资源消耗型为主，创新能力薄弱，科技投入不足。大多数相关企业以海产品的粗加工为主，行业整体利润低下，市场竞争力严重不足。而在科技含量较高的海洋生物制药、海洋食品精加工领域，大部分企业处在起步探索的阶段，虽然已经出现了以海力生集团等为代表的部分企业开始尝试海洋药物与食品的研发，但产业的集聚效应尚不明显，研发力量也较为薄弱，产业转型升级的前景仍不乐观。

（五）高端专业人才匮乏，熟练技术工人严重短缺

人才资源是一个地区经济社会发展的首要资源，浙江自贸试验区也不例外，仅在2018年，自贸试验区新增注册企业数就达到了7413家，企业与各类机构人才需求旺盛。自贸试验区在人才集聚方面具有天然优势，但是仅仅数量上的支撑是不够的，高素质、专业化、国际化复合型人才等高端人才资源才是自贸试验区发展的关键。由于舟山基础设施相对落后、经济动力不足、产业链体系不够完善等原因，舟山无法满足国内外高端人才的配套需求和发展愿景，不仅难以吸引高端专业人才进入自贸试验区，本土人才的流失状况也十分严重。面对这一状况，浙江自贸试验区虽然于2017年5月出台了《中国（浙江）自由贸易试验区扩大对外开放积极利用外资暂行办法》，明确了自贸试验区引进境外高端人才的优惠政策，但还没有出台专门的人才引进与人才培养措施，填补国内高端人才引进与引入后经费支持、住房保障、安家补助、职业发展等一系列配套支撑措施的空白，人才生态环境亟待进一步优化。

与此同时，随着人口红利逐步消失，舟山地区劳动力成本上升，熟练技术工人快速向外流失。以舟山传统的远洋捕捞业为例，因为平均工资水平较低，近年来从事捕捞生产的舟山本地居民数量一直呈现下降趋势，雇用海外劳工成为一项技术工人招募的新来源，但自贸试验区在海外劳工的雇用资质方面仍无法进行有效的政策突破，生产环节出现了劳动力短缺的现象。从事基础生产活动的劳动力不足，给自贸试验区经济的健康发展带来了极大的困扰。

二、浙江自贸试验区走在前列和勇立潮头的政策建议

当前，我国经济已经从高速增长进入了高质量发展的新时代，落实新发展理念，推动产业转型，建设现代化经济体系既是国家战略的切实要求，也是浙江自贸试验区提速提质引领高质量发展的现实目标。基于这一时代背景，从强化向先进自贸试验区对标、强化政策调查研究能力、强化与上级政府沟通对接、强化整体性政府建设、强化人才生态环境打造、强化营商环境建设、强化工业互联网的应用和强化试验成果的复制推广八个

方面出发，有关单位应建立更加精干高效的管理体制，在更多领域开展自由贸易探索，打响浙江自贸试验区的特色品牌，全面提升浙江自贸试验区的治理能力，推进浙江自贸试验区始终走在前列、勇立潮头，为全面深化改革和扩大开放探索新途径、积累新经验。

（一）强化向先进自贸试验区对标，全面提升自贸试验区科学管理水平

浙江自贸试验区成立的时间并不算长，距离国内外先进自贸试验区尚有一定差距。要实现发展的赶超，需要从两个方面突破发展难题：一是要通过对标国内外具有竞争优势的自贸试验区，学习先进经验，快速克服自贸试验区科学管理水平不够的问题；二是通过比较不同自贸试验区的产业布局特点，挖掘舟山特色，找寻浙江自贸试验区的相对优势条件，打造独具浙江特色的自贸试验区品牌，避免出现产业结构雷同、资源配置效率低下的情况。在国际高标准之下，助推自贸试验区开展全方位、深层次、根本性的创新变革。

建议有关单位从五个方面入手。一是定期组织干部赴国内外成熟发达的自贸试验区考察学习，帮助干部更新工作观念，加深对自贸试验区建设重大意义的认识，了解其他先进自贸试验区改革创新实践中最新的理念和举措。二是对标高标准国际经贸规则，在全面深入研究自贸试验区发展需求的基础上，加快制定出台具有浙江自贸试验区特色的贸易法规，强化自贸试验区的法治建设，为完善贸易法律法规体系积累可供借鉴的经验。三是对标先进自贸试验区的技术与管理创新，主动学习新加坡自贸试验区、西雅图港对外贸易区、上海自贸试验区等地成熟的经验，引进先进的管理技术，发挥后发优势，全面提升科学管理水平。四是探索浙江自贸试验区的特色品牌，在学习先进经验的同时，挖掘舟山特色优势，与上海自贸试验区形成产业布局差异化、优势互补的发展态势，进一步强化市场竞争力。五是配合长江三角洲区域一体化，尽快实现长江三角洲地区海关、海事、港航和边检的一体化管理。

（二）强化政策调查研究能力，加快自贸试验区政策的落地见效

政策调研能力是自贸试验区高效率发现问题与总结试验经验的集中体

现，也是科学争取政策支持、加快现有政策落地见效的根本保障。现阶段自贸试验区政策调研能力还比较欠缺，主要体现在两个方面：一是挖掘政策需求的能力不足，无法科学、精准地向上级政府反映自贸试验区的真实诉求；二是执行过程中推动政策落地的能力不足，无法破除体制壁垒，快速地形成政策执行的具体措施与执行过程的有效反馈。因此，自贸试验区应加速强化政策调查研究能力，保障自贸试验区政策有效落地，这也是对省委关于“大学习大调研大抓落实”要求的积极响应。

建议有关单位从以下三个方面入手。一是由省委政策研究室牵头，定期组织相关部门领导和专家学者深入自贸试验区开展调查研究，了解自贸试验区发展的最新状况，及时梳理总结自贸试验区建设过程中碰到的新问题、新困难，探究发展过程中政策突破的需求与瓶颈，形成长效的政策反馈机制，为自贸试验区相关政策的科学决策提供参考。二是建议由自贸试验区管理委员会牵头，会同浙江大学等高校科研机构，发起“浙江自贸试验区创新发展”高峰论坛，广邀国内外自贸试验区负责人与公共政策领域的专家开展定期研讨，探讨自贸试验区发展过程中遭遇的政策难题，为政策突破探索有效途径，加快自贸试验区政策落地见效。三是召开省级有关部门协调推进会，从省级层面协调解决自贸试验区建设有关的具体问题。协调省交通运输厅、浙江海事局，推广“保税燃料油跨港区供应模式”，允许舟山牌照企业开展跨港供油业务；协调省卫生健康委员会，加大向上对接力度，争取国家卫健委支持浙江自贸试验区开展干细胞临床前沿医疗技术研究；协调推动浙江物产中大石油有限公司申报原油进口配额尽快开展实际经营；协调省税务局，推动数据系统接入国际贸易“单一窗口”早日实现等。

（三）强化与上级政府沟通对接，争取更多有效管用政策

浙江自贸试验区拥有多重国家战略叠加效应这一得天独厚的优势，应进一步强化与上级政府沟通对接，争取更多有效管用政策。目前浙江自贸试验区的沟通对接工作主要停留在自贸试验区管理委员会这一层级，未在全省形成协调联动机制，向中央争取政策支持的力度不足；与此同时，省级有关部门对舟山的业务指导力度不足，自贸试验区管理委员会与舟山市人民政府受到自身治理水平的限制，无法高效地向上级政府进行政策诉求的反馈。

建议有关单位从以下三个方面入手。一是由省委、省人民政府牵头，组织省级有关部门与自贸试验区干部认真梳理国务院、国家部委和省级部门出台支持浙江自贸试验区建设的各类政策文件，领悟文件精神，总结自贸试验区政策支持的真实需求，主动对接上级政府，科学精准地争取优惠政策。二是由省级相关部门牵头，会同自贸试验区管理委员会及舟山市人民政府，构建沟通协调的联动机制，畅通自贸试验区向上反映诉求的通道，再由省级部门加大向职能对应的国家部委进行政策争取的力度。例如，协调省商务厅加大向商务部争取力度，支持将成品油批发资质审批权限下放至浙江自贸试验区商务主管部门，尽快赋予浙石化原油进口资质、成品油批发经营资质、成品油出口资质与配额，扩大自贸区油品贸易规模；协调省财政厅、省税务局加大向上争取力度，推动财政部、税务总局研究出台支持浙江自贸试验区油气全产业链发展的税收政策，特别是低硫燃料油出口退税政策等。三是省级有关部门加强对舟山市具体业务的指导，强化省级部门与舟山市相关政策执行部门的沟通对接，确保政策突破后能尽快落地见效。

（四）强化整体性政府建设，增强自贸试验区的协同推进能力

在当前阶段，自贸试验区大体沿袭部门之间职责分立的传统组织结构，由自贸试验区管理委员会、舟山市人民政府、舟山群岛新区管理委员会实行“三块牌子、一套班子”，各部门承担相应的工作，协同推进的能力不强，部门间壁垒问题仍然较为严重。而自贸试验区肩负着扩大对外开放的国家战略，涉及大宗商品交易、金融服务等领域的政策试验，往往无法由单个部门完成，需要以整体性政府发展理念为指导，对政府机构与组织运行机制进行有效整合和优化，才能最大程度地增强自贸试验区跨机构、跨部门协同推进的能力。

强化整体性政府建设，建议从三个层面系统化地进行推进。一是职能整合。依托《中国（浙江）自由贸易试验区总体方案》的要求，明确自贸试验区的职能定位与发展目标，通过自贸试验区平台将分散在政府各部门的职能加以整合，构建起统一化的协调沟通机制，有效地降低部门间的合作成本。二是机构整合。由省委、省人民政府牵头，相关部门抽调人员配合，共同负责自贸试验区重大事项的研究与决策，构建一个多层级、跨部门、全流程的管理平台，探索自贸试验区管理的协同联动机制。三是业务整合。加快审批权限下放到自贸试验区的改革步伐，打破部门与政府层级的界限，打造以协同推进为核心的业务工作流程，推动自贸试验区全流程联动模式的探索。

（五）强化人才生态环境打造，促进自贸试验区紧缺人才集聚

人才是社会最重要的资源。这既是一个极为深刻的命题，又是一个非常普遍的真理。要实现浙江自贸试验区的长期繁荣，强化人才生态环境打造，集聚紧缺人才的重要性不言而喻。然而现阶段自贸试验区的人才生态环境却不容乐观，由于基础设施相对落后、产业链体系不够完善，又没有针对性的人才优惠政策，无法满足高端人才的配套需求和发展愿景，加之上海地区对人才的“虹吸效应”，浙江自贸试验区人才的流失状况十分严重；与此同时，随着人口红利逐步消失，舟山地区劳动力成本上升，熟练技术工人加速向外流失，生产环节也出现了劳动力短缺。

建议省里出台专项政策，在以下四个方面给予自贸试验区支持。一是由人力资源和社会保障厅协助自贸试验区做好人才资源的评估与规划，依据自贸试验区的发展战略，确立人才引进的目标，建立自贸试验区紧缺人才目录，有的放矢地开展人才引进。二是针对自贸试验区制定特定的人才优惠政策，在经济上、生活上对专业人才给予政策倾斜，提高补贴标准，改善工作条件与生活待遇，吸引各类自贸试验区建设过程中紧缺的创新型人才进入舟山。三是通过创新人才评价体系、探索高效的人才激励机制、完善人才教育培养的常态机制等措施，打造优良的人才生态环境，保障人才在自贸试验区有广阔的职业发展空间与成长机会，发挥创新型人才的真正效用。四是推动自贸试验区海外劳工雇用资质相关政策加速落地，引进自贸试验区相关产业紧缺的熟练技术工人，缓解企业在生产环节劳动力短缺的压力。

（六）强化营商环境建设，推进“131＋X”重大产业发展

经济发展质量与营商环境紧密关联，要驱动自贸试验区经济高质量发展，需要进一步了解新时代营商环境的变化特征，先行谋划，早作部署。现阶段自贸试验区的营商环境建设仍存在两大问题。一是自贸试验区并未形成制度化的企业家保护条例与企业家培养体系。企业家在自贸试验区产业结构转型和经济高质量发展中发挥着无可替代的作用，保护其权益不受侵害是营商环境建设中极为重要的一环。二是金融服务领域未能完成突破。我国中小微企业总量已经突破 200 万家，融资需求巨大，而现行的地方商业银行、小额贷款公司、农村信用社等非银行性的金融机构根本无法满足其需求。利用自贸试验区“为国家试制度”的独特政策优势，能够从根源上解决中小微企业的融资问题，吸引更多具有创造力的新兴产业落户自贸试验区，同时也能为自贸试验区“131 + X”重大产业战略的实施保驾护航。

建议有关单位从以下三个方面入手。一是加快完善自贸试验区外商投资准入负面清单，在自贸试验区进一步放宽市场准入，加快投资审批权限下放与行政审批事项缩减的步伐，广泛吸纳外资企业参与自贸试验区的产业建设。二是通过制定企业家保护法、强化知识产权保护、构建创业保险体系、加快民间资本市场培育、构筑信用监管公共治理机制等措施，帮助自贸试验区优化营商环境，为企业家营造优越的创业环境。三是继续深化“最多跑一次”改革在舟山的实践，深入推进“互联网 + 政务服务”，在审批事项、办事流程、办理时限等方面再挖掘，全面降低制度性交易成本，同时根据舟山港特色区位环境，加快国际贸易“单一窗口”建设，尽快建成覆盖跨境贸易管理全链条的“一站式”服务平台，持续优化口岸营商环境。四是在自贸试验区推动新一轮的金融改革，稳步扩大金融业开放。以金融服务业为主要抓手，逐步推进资本项目开放，打造跨境融资平台，降低自贸试验区内市场主体的融资成本，推进“131 + X”重大产业发展。

（七）强化工业互联网的应用，推进传统产业的转型升级

近年来，网络、信息等技术加速向产业渗透，平台经济、共享经济蓬勃发展，线上线下快速融合，互联网以不可阻挡之势，与各领域、各行业迅速融合。工业互联网模式拥有广阔的发展前景，是自贸试验区产业转型升级的重要机遇。现阶段舟山的产业模式依然以传统的资源消耗型为主，科技投入不足，利润率较低，产业结构亟待转型升级。舟山是我国首个以海洋经济为主题的国家级新区，其区位与特色资源优势明显，基于此背景推出的大健康产业、海洋生物制药产业等发展卓有成效，但整体上规模较小，还没有打开新兴产业的市场，产业的集聚效应并不明显。要从根本上改变这一现状，需要充分引入“互联网+”思维，强化工业互联网模式与传统产业的融合，以其信息化、智能化的技术优势推动自贸试验区传统产业的转型升级。

为强化工业互联网的应用，建议有关单位从以下三个方面入手。一是推动“数字浙江”战略与浙江自贸试验区发展高度融合，将“聚焦数字产业化和产业数字化，建设新型贸易中心、新兴金融中心的”战略目标嵌入自贸试验区工业互联网模式中，以浙江省数字经济的资源优势推动自贸试验区传统产业的转型升级。二是集中技术资源帮助自贸试验区搭建一体化的线上平台，推动自贸试验区信息资源的全面整合，推进物流、仓储、现货交易等领域服务的全面提升与发展，提供有效的信息增值服务，助力贸易发展。三是出台税收减免政策支持自贸试验区内新兴的互联网相关企业发展，推动信息技术产业与舟山特色产业融合，实现传统产业的在线化、数据化、智能化，完成产业的转型升级。

（八）强化试验成果的复制推广，增强对全省的辐射效应

自贸试验区在政策领域先行先试，其他地方依托成功经验跟进，在动态复制推广的过程中寻求新的突破，这是国家赋予浙江自贸试验区进行制度探索的重要使命。只有强化试验成果的复制推广能力，增强辐射效应，才能让自贸试验区的创新成果发挥更大的效应。但现阶段自贸试验区的辐射效应明显不足，一方面，浙江自贸试验区成立时间较短，又毗邻国内发展最成熟的上海自贸试验区，难以将影响力迅速向外扩展；另一方面，自贸试验区现阶段的国家战略试验、特色产业布局未能与浙江省的发展方向高度契合，对浙江其他地区的产业带动效应不明显，部分试验成果复制推广的匹配性较低。

建议有关单位从以下三个方面入手。一是由自贸试验区管理委员会牵头，会同浙江大学和浙江省委党校，共同编制《中国（浙江）自贸试验区

创新发展白皮书》，梳理总结自贸试验区创新成果，扩大自贸试验区的影响力。二是由浙江省委党校编制“自贸试验区创新发展”教学案例，纳入各级党校和行政学院党政干部教育培训计划，并在舟山设立常态化的教学点和实践交流基地，让全省各级党政干部能够系统地了解自贸试验区创新试验成果。三是由省委、省人民政府牵头，会同自贸试验区管理委员会，争取中国（浙江）自贸试验区扩区政策，突破自贸试验区发展的地理空间限制，实施功能性扩区。借鉴美国自贸试验主区—辅区并行运营的创新模式，依据自贸试验区整体需求在浙江其他地市设置辅区，例如首先尝试在宁波设置自贸试验区的辅区，把一部分不适合扎根舟山的产业向外转移，推进宁波、舟山一体化发展，将舟山主区打造为浙江自贸试验区的窗口，增强自贸试验区对全省的辐射效应。

4

关于进一步强化浙江省科技人才创新激励机制的政策建议*

习近平总书记指出：当前世界，科技创新已经成为提高综合国力的关键支撑；创新驱动实质是人才驱动，人才是创新的第一资源。近年来，浙江省深入推进科技体制改革，科技创新实力居全国“第一方阵”，并且采取了一系列政策措施，改革收益分配激励机制，调动科技人员积极性。例如，2014 年浙江省出台了《关于省级事业单位科技成果处置权收益权改革有关问题的通知》，实现了将科研成果处置权全权下放给事业单位等突破；2017 年修订了《浙江省促进科技成果转化条例》，对重要贡献人员的奖励比例下限从上位法的 50% 提高到 70%；2018 年又出台《关于全面加快科技创新 推动高质量发展的若干意见》（即“科技新政 50 条”），赋予科研人员更大的人、财、物自主支配权和技术路线决策权，对完成科技成果作出重要贡献的人员可给予 70% 以上的权属奖励。

虽然浙江省在科技体制改革上做了一些积极探索，但总体而言，市场配置创新资源的决定性作用发挥还不充分，企业、高校和科研院所的创新能力与动力不强。高校、科研院所行政化管理束缚创新创业活力，目前实

---

* 此文与张茜蓉共同完成，是九三学社浙江省委员会报送浙江省政协第十二届二次会议的界别提案（2019 年 1 月）。

施的绩效工资在一定程度上导致分配平均主义倾向，限制了科研人员创新积极性。

因此，亟须采取有效措施从体制机制上强化科技人才的创新激励，最大限度地激发和释放科技人才创新活力，驱动浙江省经济高质量发展。

为此我们提出以下建议：

第一，推进绩效工资的制度创新，强化科技人才创新激励的基础保障。在事业单位分类改革的基础上，制定个性化的绩效工资政策，给予高校、科研单位自主权。尽快出台《高校和科研机构绩效工资实施办法》，明确绩效工资的总量核定标准和核定程序，优化绩效工资的分配方案，简化绩效工资计算方式，提高基础性绩效工资水平，加大奖励性绩效工资比重，明确同一单位同一职级科研人员的薪酬差距。监督各高校和科研机构尽快制定体现自身特点的具有可操作性的绩效考核和绩效分配办法，实行与岗位职责目标相统一的收入分配激励机制，让每个科研人员都拥有体面的生活。

第二，优化科研经费的科目设置，强化科技人才创新激励的团队力量。科研经费统一归口于项目负责人的经费管理方式，不利于激发团队成员的创造活力。应细化科研经费拨款，在课题申报中列出子课题经费预算，直接将经费划拨给子项目负责人，提高团队成员对科研经费的自主支配权。设立团队提成科目，用于整个课题组团队的绩效提成奖励和团队建设。提高间接经费比重，设立“创新贡献费”等智力劳动经费报销科目，项目负责人根据科研人员对项目的实际创新贡献支付智力劳动费用。

第三，加强科研项目的绩效审计，强化科技人才创新激励的审计作用。针对不同类别的研究领域，制定以科研成果为导向的差别化、个性化的管理规定，弱化经费的过程控制，扩大科研人员自主使用经费的权限，动态调整科研经费的拨付进度。简化费用审核报销的繁文缛节，制定统一简洁的操作细则。优化项目预算编制，变精准预算为比例概算。

第四，完善科技成果转化的市场培育，强化科技人才创新激励的市场导向。依托大数据和人工智能，建立科技成果交易服务平台，实现科技成果的精准推介。制定信息披露的规范制度，逐步建立技术价值评估工作标准，加强专利库、企业数据库、技术生命周期数据库等方面的数据整理和分析，提高技术价值评估结果的质量，解决科技成果交易信息不对称等问题。加快科研成果转移转化人才队伍建设，提升科研服务企业能力，打造一支金牌“科技经纪人”队伍。建立以产业需求为导向的科技成果转化模式，以需求倒逼技术创新。

第五，提升科技人才的社会地位，强化科技人才创新激励的精神动力。加大对优秀科技工作者的宣传力度，动员广大文艺工作者深入高校、企业和科研机构，多创作反映科技工作者追求真理、实事求是的科研精神，敢于拼搏、敢于坚守、敢为人先的时代精神和甘于奉献的人生情怀的新时代文艺作品。新闻媒体要加强对优秀科学家先进事迹和突出贡献的宣传报道，展示新时代科技工作者的新面貌、新作为、新形象和新精神。强化全社会尤其是中小学生科学家精神的学习，逐步形成全社会理解、尊崇、爱护和争做科技工作者的良好社会氛围。

第六，推动科技创新政策的有效落地，夯实科技人才创新激励的政策保障。对科技人才政策需求进行深入调研，把握科技人才对政策的需求内容、需求强度、需求重点和需求特征。编制《浙江省科技创新政策汇编》，设立政策咨询热线，组织政策宣讲解读队伍，进高校和研究机构开展政策宣讲，充分利用报纸、微信、微博、抖音等媒体加强科技创新政策的宣传。探索科技创新政策有效落地的权责清单，清晰界定和厘清各个部门推动政策有效落地的权力和具体责任，制定政策有效落地问责的主体、客体、范围、程序和方式，对落实政策不力的责任人追究责任，主管领导连带问责，倒逼政策的有效落地。

5

关于统筹治理人才称号过多过滥问题的建议*

近年来，我国人才工作取得显著成效，科技人才队伍迅速壮大，目前科技人力资源总量超过 7100 万人，跃居世界第一位。但我国的科学前沿领域高水平人才、高端研发人才和高技能人才存在较大的供给缺口。中央各部委出台一系列重点人才支持计划，各级地方政府也纷纷推出一系列人才支持计划。各类人才计划的实施在取得显著成效的同时，人才称号过多过滥的问题也愈演愈烈。

一、我国人才称号过多过滥问题愈演愈烈

我国人才计划与工程总量庞大。从纵向看，国家层面有人才计划与工程 84 个，省级层面有 639 个，市县层面数量更多。北京市有“北京学者计划”等 16 项重点人才计划与工程，上海市包括“浦江人才计划”等 30 项，河南省有“811 青年人才工程”“中原崛起百千万海外人才引进工程”等 26 项。市、区（县）级人才工程更是不胜枚举，江苏省市级层面有人才计划 16 个，区（县）级层面有人才计划多达 36 个。从横向看，国家层面每个部门设立的人才计划与工程数量众多，以中央层面为例，教育部有

* 此文与谢秀玲共同完成，是九三学社中央委员会报送全国政协十三届一次会议的团体提案。

11 个，科技部有 13 个，环境保护部有 11 个，自然科学基金委有 14 个，以及各部门联合实施的人才计划与工程等。各层级、各部门的人才计划名目繁多、杂乱无章，人才争抢“帽子”现象，与培养人才的初衷背道而驰，严重干扰了人才发展。

二、我国人才称号过多过滥的负面影响

第一，乐此不疲追求称号，助长科学研究浮躁之风。我国人才称号评选以论文数量与质量为基本条件，在一定程度上推动了我国论文产出的增长，但在引领性、原创性的成果方面产出仍相对较少。2016 年，《科学引文索引》（SCI）数据库收录中国论文 32.42 万篇，占世界份额的 17.1%，美国论文占 27.5%。《细胞》《自然》《科学》（CNS）三大顶级期刊中，中国论文占 5% 左右，而美国论文占比超过 40%，我国在科学前沿及基础研究方面仍存在较大差距。一些人才热衷于追求人才称号，追求论文数量，助长了科研浮躁之风。为了申请各项人才称号，凑够论文数量，研究人员往往避开难以快速出成果的研究问题，而不是面向国家重大发展战略需求、国际科技发展前沿选择研究方向，难以作出引领性、原创性的成果，助长科学研究浮躁之风，不利于在前瞻性基础研究中实现重大突破。

第二，人才计划交叉重叠，降低科技资源配置效率。不同职能部门和不同政府层级都存在人才计划交叉重叠的问题。横向来看，各项人才称号与人才计划分属不同部门管理，各部门的人才计划定位对象、学科领域等方面存在重叠交叉的情况。纵向来看，各层级政府出台的人才计划也很大程度存在重叠交叉。如北京市的“北京学者计划”、北京市通州区“510 英才计划”等在支持对象以及支持领域方面存在重合。各类人才计划与工程交叉重叠现象严重，加上部分人才称号关联科研课题申报，导致科技资源向少部分人才过度倾斜，降低了科技资源的配置效率。

第三，缺乏有效监督机制，滋生人才称号评选腐败。目前人才称号评选主要由政府部门组织专门评审小组，聘请有关专家进行评审，评审过程缺乏有效的监督机制。部分人才为了评选上各类称号，出现向评审人员行贿等腐败行为，如评选过程“拼关系”，评选前向评审委员“打招呼”等。

在院士评选中，一些院士候选人以邀请开会等名目“招待”拥有投票权的院士，部分院士表示刚参加完这届院士评审，就有人提前“拜访”以“预约”下一届的院士。人才称号评选腐败不仅导致评选不公平、不公正，打击其他人才的积极性和创造性，而且让更多年轻人染上投机钻营的恶习，滋生人才称号评选腐败。

第四，人才称号定价机制，挫伤多数人创新积极性。近年来，院士等人才称号与各种物质利益挂钩，尤其是在学科点评审、“双一流”学科、科研项目申请等方面的科技资源分配。各高校、科研机构之间的人才竞争也逐渐演化成“头衔”争夺战，依据“头衔”为人才定价，部分高校开出最高房贴 800 万元、最高年薪 100 万元，提供首席科学家 3000 万元科研启动经费、院士 500 万元年薪。人才称号定价机制使科技资源向人才称号倾斜，没有称号的人才缺少资金开展科研活动，挫伤了多数科研人员的创新积极性。

第五，假冒人才充斥市场，扰乱人才市场健康发展。近年来，学术造假层出不穷，存在伪造获奖经历、研究成果涉嫌抄袭、“包装”学术成果等学术造假现象。2011 年，因李连生代表著作严重抄袭和经济效益数据不实等问题，科技部公开撤销其 2005 年国家科学技术进步奖二等奖获奖项目“涡旋压缩机设计制造关键技术研究及系列产品开发”。2017 年 4 月，学术出版商施普林格 · 自然出版集团由于第三方机构虚构同行评议专家信息，一次性撤销了《肿瘤生物学》2012—2016 年发表的来自中国的 107 篇文章，其中涉及一名工程院院士候选人。部分单位或个人为了评选上院士，将很多人的成果集中到一个人头上，如六年之内获得 5 项国家大奖，奖项和论文成果多到不可能完成等。部分假冒人才拿着造假的学术成果去评选人才称号，伪造荣誉信息，违背求真求实的科学精神，破坏公平竞争的学术规则，扰乱人才市场健康发展。

三、我国人才称号过多过滥的统筹治理

我国实施的各项人才计划旨在资助各职业生涯阶段的科研人员，帮助和促进其快速成长，壮大科研人才队伍，提升整体研究水平。而我国人才称号过多过滥的问题已经干扰了人才健康发展，亟待科学治理。

第一，尽快制定出台人才计划管理办法，加强人才计划的法治管理。建议加快制定出台人才计划与工程管理办法，明确各类人才称号与人才计划的目标定位、支持对象、支持方式、选拔程序、评选规则、评价方式等内容，确定人才计划与工程的统筹管理部门和权责，建立人才计划退出机制，促进人才计划规范化管理。

第二，采用“关、停、并、转”等方法，精简人才计划和人才称号。各级人才计划与工程负责部门组织专家对各级人才计划实施效果进行评估，关闭“僵尸”人才计划，停办低效率的人才计划，合并同类和定位相近的人才计划，精简人才计划和人才称号，形成以国家层面的各类人才称号与人才计划为主，省、市、区县及以下层级人才计划为辅的人才计划体系。

第三，借鉴发达国家先进做法和先进经验，切断人才称号背后利益链。人才称号“去利益化”，取消各人才称号的经济待遇和学术待遇。在多数西方发达国家，人才称号只是一种荣誉头衔，反映对科研贡献、学术能力的认可，并不附带任何的经济或者行政权力。借鉴发达国家先进做法和先进经验，切断人才称号背后的利益链，将学科点设置、重点学科评选、科研启动经费、个人升迁以及学术成果评价等与人才称号脱钩。各用人单位不得简单以“学术头衔”确定薪酬待遇、配置学术资源，将人才的角色还原为纯粹的科研工作者，将人才称号还原为一种科学荣誉。

第四，提高人才称号评选的科学化水平，强化人才计划的激励功能。提高评选指标科学化水平，以研究成果质量与研究潜力为核心，将评选标准由聚焦人才身份向聚焦人才能力转变，针对不同类型的人才、不同学科领域实行分类评价指标。评选过程公开化，制定评审公开相应的法规，明确评审公开的内容、力度、时限等，推动评审公开制度化。建立评审监督机制，对评审全过程进行严格监督，建立责任追究机制，严厉打击评审过程中的违纪腐败行为。

第五，完善人才计划实施绩效评价机制，提高科技资源的配置效率。着力发展人才计划，实施绩效动态评估机制，建立事前、事中和事后的动态绩效评估机制，实现对人才计划从设立到考核各环节的动态监督。科学设置绩效评估指标，根据不同类型的人才计划设计绩效评价指标，静态评估指标与动态评估指标相结合，形成一套科学合理、简便实用的指标体系。强化考评结果的应用，充分运用人才计划实施绩效评价的结果，适时调整人才计划，提高科技资源配置效率。

6

着力将宁波打造为高技能人才队伍建设中国高地，全面推动“中国制造2025”试点示范城市建设*

《宁波市推进“中国制造2025”试点示范城市建设的若干意见》明确强调，要集全市之智、举全市之力擦亮、用好这块金字招牌，全力打造“中国制造2025”标杆城市。《浙江省国民经济和社会发展第十三个五年规划纲要》明确提出“支持宁波努力打造具有国际影响力的制造业创新中心”。九三学社浙江省委员会副主委范柏乃教授团队成员及九三学社社员在对宁波市经济和信息化委员会、人力资源和社会保障局、人才培训中心、智能制造协会以及20多家职业技术院校和制造企业的调研基础上，提出了“着力将宁波打造为高技能人才队伍建设中国高地，全面推动‘中国制造2025’示范城市建设”的政策建议。

一、没有一流的高技能人才队伍就没有一流的宁波制造业

2015年5月8日，国务院印发了《中国制造2025》，总体目标是使中

---

* 此文为九三学社浙江省委员会调研报告，荣获时任浙江省委书记车俊同志的重要批示（2017年11月）。

国制造业由大变强，由制造业大国迈入制造业强国。到2025年迈入世界制造业强国行列；到2035年居于制造强国中位；到2045年进入制造强国第一方阵。

制造业是先进生产力和国家竞争力的重要体现，是区别发展中国家和发达国家的主要标志，是推动经济持续增长的主导力量。发达国家经验表明，高技能人才是制造业发展的强大支撑。全球高技能人才缺口约5000万人，主要集中在高科技产业和战略性新兴产业领域。自2008年金融危机以来，发达国家纷纷发布了高技能人才国家战略，把强化职业技能教育、培养高技能人才作为制造业发展的战略举措。美国要打造世界一流的高技能人才队伍，重返制造业巅峰，实施了6亿美元的就业培训计划，着力加强高技能人才培养。英国发布了《为可持续发展而提高技能》和《为可持续发展而加强技能投入》两个高技能人才开发的战略文件，并指出英国未来经济增长的主动力源于高技能人才。德国实施“工业4.0”国家战略，通过加强高技能人才培养和引进，打造智能制造的德国新标准，以稳固全球制造业的龙头地位。

落实“中国制造2025”，推进中国制造业进入世界强国行列，离不开数量充足、素质优良、结构合理的高技能人才的强大支撑。我国拥有一定职业资格等级的技能劳动者约占全国就业总量的19%，高技能人才仅占5%，高技能人才总量明显不足，供需缺口超过1000万人。目前高技能人才年龄结构不合理，平均年龄超过了50岁，新生力量匮乏。高技能人才主要分布在传统大中型企业，在民营中小企业和民营高科技企业，高技能人才严重短缺。在信息通信、高端装备制造、生物医疗、新能源、新材料和航空航天等高科技领域，高技能人才短缺已成为企业转型和产业升级的瓶颈。没有一流的高技能人才队伍，就没有一流的宁波制造业。推动宁波制造业进入世界前列，迫切需要建设一流的高技能人才队伍，亟须把将宁波打造为高技能人才队伍建设中国高地纳入省委、省人民政府的战略议程。

二、宁波拥有打造高技能人才队伍建设中国高地的坚实基础

2016年8月，宁波成为首个“中国制造2025”试点示范城市，这既是中央对宁波制造业发展的充分肯定，也是国家赋予探索“中国制造

2025”实施路径的重大使命。全面推进试点示范城市建设，离不开高技能人才队伍的强大支撑，需要将宁波打造为中国高技能人才队伍建设中国高地。目前，宁波拥有打造高技能人才队伍建设中国高地的坚实基础。

第一，拥有国家级专业技术人员继续教育基地。国家级专业技术人员继续教育基地是经人力资源和社会保障部认定，以为专业技术人员进行补充和更新知识、拓展知识结构、提高综合素质和创新能力为基本内容开展教育培训的机构，是国家培养培训高层次、急需紧缺和骨干专业技术人才的服务平台。实践证明，国家级继续教育基地的设立，将会极大地推动地区人才队伍建设。2017 年，宁波市人才培训中心被人力资源和社会保障部授予国家级专业技术人员继续教育基地，成为全省第四家、宁波第一家国家级继续教育基地。长期以来，宁波是国内经济最为活跃的地区之一，高技能人才培育土壤肥沃，基础扎实，初步建立了技能人才网络化培养体系，但由于“核芯”的缺乏，导致培训标准不一、高度不够。国家级继续教育基地的设立，有助于将宁波地区分散的高技能人才教育资源高度集聚，有助于高技能人才队伍建设向着“特色化、高端化、平台化、信息化”的目标迈进。

第二，建立了政府、院校、企业联合培养高技能人才的网络体系。“十二五”期间，宁波重点实施以紧缺技能人才培养、企业优秀青工进修培训、技师研修为主体的“三大培训计划”，着力打造以公共实训中心、技能大师工作室、百校千企合作交流平台为支柱的“三大服务平台”。建成以龙头骨干企业为代表的高技能人才培养基地 38 家、技能大师工作室 39 家、就业训练中心 11 家、民办职业培训机构 193 家。在职教师有 1165 名，具有高级专业技术、技师和高级技师职称的教师有 449 名，占在职教师总数的 38%。全市技工院校在校生数量超过 1.7 万名，每年开展各类职业技能培训突破 20 万人次，初步建立了政府、院校、企业三方联合培养高技能人才的网络体系。

第三，构建了较为完善的高技能人才培养的激励保障制度。宁波发布了《宁波市“首席工人”评选试行办法》，规定了首席工人的基本职责、评选条件、评选规则、物质待遇和管理办法。出台了《宁波市优秀高技能人才奖励办法》，对高技能人才的评选条件、评选程序、评选数量和奖励额度作出了明确规定。出台了《关于进一步完善职业培训补助政策的通知》，实现了高技能人才岗位补贴政策全覆盖。制定了《宁波市高技能人才公共实训基地管理暂行办法》，规定了公共实训基地的设立条件、功能定位、运行管理和保障措施。发布了全国首个职业技能培训的地方性法规《宁波市职业技能培训条例》。此外，制定了具有全国影响力的《宁波市高技能人才队伍建设“十三五”规划》和《“技能宁波”三年行动计划》等。

第四，形成了较为浓厚的高技能人才成长的社会环境。“十二五”期间，全市1人荣获“中华技能大奖”，4名高技能人才享受国务院政府特殊津贴，44人享受市人民政府专项津贴，3人荣获“浙江省钱江技能大奖”。每年开展宁波市“首席工人”评选表彰工作，全市有近600名优秀技能人才荣获宁波市“首席工人”荣誉称号。每年评选15名“宁波市优秀高技能人才奖”，每两年评选一次，并给予10万元奖励。“劳动光荣、技能宝贵、创造伟大”的高技能人才成长社会环境逐步形成。

三、着力将宁波打造为高技能人才队伍建设的中国高地

将宁波打造为高技能人才队伍建设中国高地，是推进“中国制造2025”试点示范城市建设的重要抓手，是打造具有国际影响力制造业创新中心的战略举措。

将宁波打造为高技能人才队伍建设中国高地是一项复杂的系统工程，需要着力做好以下六个方面的重点工作：

第一，科学编制《宁波打造高技能人才队伍建设中国高地发展规划》。宁波贯彻落实“中国制造2025”、创建试点示范城工作，得到了浙江省委、省人民政府高度重视。《浙江省国民经济和社会发展第十三个五年规划纲要》明确提出，支持宁波努力打造具有国际影响力的制造业创新中心。浙江省委、省人民政府像打造杭州城西科创大走廊一样，要尽快将宁波打造为高技能人才建设中国高地列入浙江省重大建设规划，组织专家科学编制《宁波打造高技能人才队伍建设中国高地发展规划》，从发展方向、目标任务、战略举措、重点项目、支撑条件和保障措施等方面，对宁波打造高技能人才队伍建设中国高地作出统筹安排和系统规划，集全省之力将宁波打

造为高技能人才队伍建设中国高地。

第二，建立健全高技能人才教育培养体系。以建设国家级专业技术人员继续教育基地为契机，紧紧围绕“专业化、高端化、智能化、国际化”的建设目标，加大国家级专业技术人员继续教育基地的建设投入，全面推进国家基地管理体制机制的改革创新，充分发挥国家基地在专业引领、师资培训、师资引进、课程设置、案例开发、资格认定、质量评估、实训基地建设、技能大赛和政策调研等方面的高技能人才教育培养的公共服务职能。按照“政府引导、市场主导、社会参与、共建共享”的基本原则，强化法律规范、政策支撑和项目引导，充分激发大专院校、行业协会和骨干企业参与高技能人才教育培养的积极性，努力吸引国际机构和国内品牌机构进入宁波高技能人才教育领域，有效链接港澳台地区优秀培训资源，重点建设 5 家省级专业技术教育基地、100 家专业性（行业性）市级专业技术教育基地，建立健全由 1 家国家级、5 家省级和 100 家市级专业技术教育基地构成的高技能人才教育培养体系，全面提升宁波高技能人才的教育培养能力和全球竞争力。

第三，着力推进“155”公共实训基地建设。《“技能宁波”三年行动计划》明确指出，紧密结合宁波产业发展导向，整体规划、合理布局，建设 1 家开放性、综合性、公益性的公共实训中心，面向社会提供职业技能研修培训、师资培训、职业技能鉴定、职业技能竞赛和职业技术成果交流等服务，充分发挥综合性公共实训中心对高技能人才队伍建设的示范引领作用。结合区域经济发展的特点和产业发展的需求，在区县周边共建 5 个区域性公共实训基地。发挥行业组织、龙头企业、职业院校、社会培训机构在专业领域的特色优势和优质资源，建设 5 个专业性公共实训基地。以打造具有国际影响力制造业创新中心为历史使命，以“专业化、高端化、智能化、国际化”为建设目标，着力推进“155”公共实训基地建设，为将宁波打造为高技能人才队伍建设中国高地提供强大的公共实训基地。

第四，通过法律手段强化职业技术教育的投入强度。职业技术教育投入不足是影响职业技术院校办学条件和办学水平的重要因素，也是制约高技能人才队伍建设的主要瓶颈。在学习借鉴国内外先进经验基础上，宁波要通过地方立法，运用法律手段明确规定职业技术教育的投入强度，确保职业技术教育投入增长幅度高于普通教育。通过具体实施“职业技术教育质量提升行动计划”和“高技能人才队伍建设行动计划”等重点项目，进一步强化对职业技术院校的校园设施、实验设备、实训基地、课程建设、专业能力和师资队伍建设等的投入强度，努力改善办学条件，提高办学质量和办学水平，着力增强宁波职业技术院校的竞争力，做大做强职业技术教育，为将宁波打造为高技能人才队伍建设中国高地奠定基础。

第五，争取国家试点创新宁波职业技术教育管理体制机制。管理体制机制已成为严重束缚职业技术教育发展和高技能人才队伍建设的主要瓶颈。要打造高技能人才队伍建设中国高地，省委、省人民政府要着力争取国家有关部门支持，在宁波实施职业技术教育管理体制机制创新的国家试点，在职业技术教育管理体制机制方面实现重大突破。一是借鉴德国、英国、澳大利亚、瑞士等国家的先进经验，由市里统一牵头，建立统一、高效、权威的宁波职业技术教育管理机构。重点对双轨管理和双轨运行的职业学校和技工院校进行有效整合，实现职业技术教育资源的统筹协调，提高职业技术教育资源的配置绩效。二是将优秀学生报考职业技术院校纳入中学绩效考核范畴。绩效考核体系如同指挥棒，有什么样的中学办学绩效考核体系，中学校长就会有什么样的办学政绩观，就会有什么样的教育发展观。将优秀学生报考职业技术院校纳入中学绩效考核范畴，引导中学校长树立正确的办学政绩观和科学的教育发展观，让全体教师将“崇尚一技之长、不唯学历凭能力”“技能成就梦想”和“工匠精神”等职业技术教育观融入中学教育全过程，激发优秀学生报考职业技术院校的积极性。三是加快推进职业资格证书和学历证书“双证书”制度。打通从中职、专科、本科到研究生的上升通道，让职业技术院校学生和高技能人才也有机会取得专业硕士、博士学位，拓宽职业技术院校学生和高技能人才的职业成长空间和发展通道。四是积极参加或主办全国性和国际性职业技能大赛，努力打造具有宁波特色的地方技能大赛，塑造宁波地方技能大赛品牌，为职业技术院校学生和高技能人才提供展示技能的广阔舞台，激发青年学生和产业工人“学技术、练本领、强素质、争一流”的热情。

第六，着力提高产业工人的社会地位和政治待遇。产业工人社会地位和政治待遇低，是制约职业技术院校发展和高技能人才队伍建设的重要因素。浙江要坚持“使用和培养相结合、考核和选拔相结合、业绩和待遇相结合”的原则，引导企业建立完善的产业工人激励机制。宁波要积极探索在企业关键职业（工种）、关键岗位、关键工序，建立“首席工人”“首席技师”“技能带头人”等激励制度，并给予相应的高物质待遇。适当提高产业工人在政协委员、人民代表大会代表、党代表、群团组织、劳动模范和先进代表等评选中的比重，着力提高产业工人的社会地位和政治待遇，吸引优秀中学生报考职业技术院校，不断提高职业技术院校的生源质量，为打造高技能人才队伍建设中国高地注入持续的发展动力。

7

加快杭州城西科创大走廊建设，引领浙江走在世界前列*

经过30多年的持续创新发展，浙江从一个资源匮乏的小省，一跃成为经济强省，浙江发展走在全国前列。2016年，浙江地区生产总值达到了4.65万亿元，位居全国第四。人均地区生产总值为1.26万美元，位居全国省区第二。全年城乡居民人均可支配收入为3.85万元，其中城镇居民人均可支配收入为4.72万元，农村居民人均可支配收入为2.29万元，分别连续16年和32年居全国省区首位。居民人均收入与人均地区生产总值的比值达到了46%，在全国9个经济发达省市区中，位居第二，省区中居首位。今天的浙江人民自豪地说："浙江的今天就是中国的明天。"再经过30多年的持续创新发展，浙江发展将走在世界前列。30年后的浙江人民可以激动地说："浙江的今天就是世界的明天。"

一、强大的硅谷让加州跃升为世界第六大经济体

2016年加利福尼亚州的地区生产总值已达到2.66万亿美元，远超位居第二的得克萨斯州的1.65万亿美元，稳居全美50个州之首。加利福尼亚州的地区生产总值约占美国的14%、中国的24%，是我国广东省地区生

---

* 此文与金洁、刘四方、张茜蓉共同完成，刊载于《公共政策内参》第170010期。

产总值的 2 倍多，相当于浙江省地区生产总值的 3.8 倍。2016 年加利福尼亚州地区生产总值超越法国的 2.4 万亿美元，跃升为世界第六大经济体。

加利福尼亚州经济发展第一驱动力源于强大的硅谷（Silicon Valley）。硅谷位于美国加利福尼亚州北部、旧金山湾区南部，是高科技公司云集的圣塔克拉拉谷（Santa Clara Valley）的别称，汇集了像英特尔、苹果、谷歌、脸书、雅虎、惠普、思科、甲骨文、特斯拉和英伟达等世界知名企业在内的 3 万余家高科技企业。据统计，美国纳斯达克 5400 余家上市公司、纽约证券交易所 3000 余家上市公司中约 30% 来自于强大的硅谷。强大的硅谷推动了加利福尼亚州经济持续增长，使其跃升为世界第六大经济体，创造了美国的经济繁荣。没有强大的硅谷，就没有强大的美国高科技产业，也就可能没有强大的美国。

二、城西科创大走廊将引领浙江走在世界前列

根据浙江科技创新“十三五”规划，到 2020 年，浙江要率先建成创新型省份，浙江要倾集全省之力打造杭州城西科创大走廊。城西科创大走廊从浙江大学紫金港校区至浙江农林大学，全长约为 33 千米，宽为 6.9 千米，总面积为 224 平方千米，呈现“五带、三城、多镇”的空间结构。“五带”是指联结主要科创节点的科技创新带、科创产业带、快速交通带、品质生活带和绿色生态带。“三城”是指浙江大学科技城、未来科技城、青山湖科技城。“多镇”即大走廊沿线分布功能各异的特色小镇，如梦想小镇、云制造小镇、西溪谷互联网金融小镇等。

“十三五”期间，浙江着力加大建设投资力度，全面推进城西科创大走廊发展。交通方面将新增地铁（城际铁路）3 条、高速公路 1 条、有轨电车 2 条、其他交通设施项目 30 个以上，总投资约为 600 亿元；重大科创产业项目总投资为 500 亿元；高等院校与重点科研平台总投资约为 320 亿元；重点公共服务设施项目总投资为 230 亿元；特色小镇项目建设投资估算为 1000 亿元，省级创建 2 个，省级培育 4 个，规划中的有 9 个。此外，浙江将每年从省创新强省资金中安排 4.5 亿元，共 22.5 亿元研发经费投入城西科创大走廊。“十三五”期间，研发经费投入占地区生产总值比重将达到 5%，预计信息经济年平均增长速度高达 15%。

到“十三五”末，城西科创大走廊将集聚30万创新创业人才、1000家高新技术企业、10000家科技型中小微企业、5000名海外高层次人才；规划建成15个特色小镇、15所高校、100家科研院所；各类基金资产管理规模达到2000亿元，投入小微科技企业超过1500亿元。

著名经济学家吴敬琏说：“杭州，是中国最有可能成为‘硅谷’的城市。”浙江人民有理由相信，经过30年的持续打造和创新发展，杭州城西科创大走廊将成为最具活力和创造力的中国“硅谷”，将成为领跑全球信息经济的科创中心，将引领浙江成为走在世界前列的主引擎。

三、加快城西科创大走廊建设的对策建议

第一，着力加快开放式创新体系建设。基于网络众包的面向全球的开放式创新，是当下发达国家尤其是美国、日本、德国等在互联网时代构建的科技创新的新模式。宝洁、英特尔、IBM、杜邦、郎讯、思科、飞利浦等世界著名企业通过实施开放式创新战略极大地提升了创新水平。由于浙江创新资源相对贫乏，浙江省的企业、高校和科研院所尤其80万家中小微企业仅仅依靠自身的创新资源实现科技创新与突破的这种封闭式或半开放式的创新模式，很难适应科技创新能力提振的迫切需要，很难适应经济全球化和经济转型发展的新要求。在杭州城西科创大走廊，以浙江大学科技城、未来科技城、青山湖科技和阿里巴巴为网络技术支撑，加快构建基于网络众包、面向全球的开放式创新体系，是把浙江市场化改革的先发优势转化为科技创新的领先优势，全面推进杭州城西科创大走廊的创新共同体发展，提振浙江的科技创新能力，促进浙江信息经济大发展的重大战略选择。

第二，着力加快风险投资发展。由于高投入、高风险和高收益的三重特征，传统金融资本很难大规模进入高科技产业。风险投资在培育高科技企业和推动高科技产业发展方面发挥了传统金融机构和公开资本市场无法替代的重要作用。硅谷风险投资约占全美30%，美国风险投资约占全球的30%，由此推算硅谷风险投资约占全球的9%。硅谷的高科技企业至少70%以上在其创立、成长和发展过程中得到过风险投资支持。硅谷的成功经验表明，风险投资与高科技企业是一对“孪生兄弟”，在风险投资贫瘠

的土地上长不出肥沃的高科技产业。杭州城西科创大走廊已云集了一批优秀的创新创业人才、科技型企业、风险投资机构和科研院所，为风险投资发展提供了适宜的外部环境。应借鉴发达国家经验，建立宽松的投资政策，增加风险投资供给；降低科技企业设立“门槛”，促进风险投资有效需求；加大对高科技产品政府采购力度，降低风险投资市场风险；实行优惠宽松的税收政策，提高风险投资预期收益；完善创新激励政策，强化对人才的激励功能；加强知识产权保护，增强风险投资者信心，加快完善浙江的风险投资发展体系，推进风险投资快速发展。

第三，着力加快民间资本市场建设。“融资难、融资贵”是我国老大难问题。调研表明，能够从银行正规渠道获得融资的企业不足30%。目前，企业从银行借贷融资的名义成本约为4%，银行不规范费用成本约为2%（如购买银行的理财产品、借贷额度比例转存），银行以外第三方机构的贷款担保、风险保证金、资产评估、审计、公证、咨询等费用成本约为2.5%，企业从银行借贷资本实际成本高达9%。如此高的融资成本让企业步履维艰、痛苦前行。破除企业融资难、融资贵的根本路径是突破国有银行的垄断地位，加快民间资本市场发展。浙江要像30年前培育义乌小商品交易市场一样，高度重视民间资本市场建设。把民间资本市场建设纳入浙江省委、省人民政府的重要议程，并在财政、税收、人才和土地供给等方面给予政策倾斜。浙江省人民政府与阿里巴巴通力合作，以阿里巴巴的支付宝和余额宝两大平台为基础，在杭州城西科创大走廊规划出500亩土地，在全国率先创建民间资本交易市场，力争在未来10年引进500家民间资本交易服务机构（包括风险投资公司、资产管理公司、地方商业银行、小额贷款公司、村镇银行、农村信用社、农村资金互助社、资产评估公司、风险评估公司、担保公司、保险公司、公证机构、律师事务所等），引导民间资本通过民间资本市场通畅地进入创业创新领域，到2025年末民间资本交易总额突破2万亿元，从根本上破解企业“融资难、融资贵”问题，让在城西科创大走廊“生根发芽”的科技企业能够低成本、便利地融资。

第四，着力加大高科技产品的政府采购力度。政府采购是促进高科技产业发展的强大动力。无论是发达国家还是新兴国家都建立了优先采购国产高科技产品的政府采购制度。在20世纪40—60年代，美国国防部在硅谷设立了军事采购基地，通过强大的军事采购，刺激了以航天工业和电子工业为代表的高科技产业发展，并直接促成硅谷的迅速崛起。优先采购国产机政策，使日本计算机企业成功抵御了美国IBM、苹果等制造商的强大压力，促进了日本计算机产业的蓬勃发展。韩国汽车工业的发展也同样得益于强大的政府采购政策。借鉴发达国家的先进经验，在国家层面推动修订完善《中华人民共和国政府采购法》，加快政府采购制度的地方立法，通过法律手段加大高科技产品的政府采购力度，为城西科创大走廊高科技产业发展注入强大动力。

第五，着力加快创业创新文化的培育。对比硅谷和波士顿的发展环境可以发现，两地科技水平基本上并驾齐驱，法律制度大体相同（差异仅体现在“禁止竞争”条款），但两地创业创新文化却大相径庭。鼓励冒险、宽容失败、勇于创业和积极创新的硅谷文化是硅谷成功的重要因素。筑波科技园（日本）、慕尼黑科技园（德国）、格勒诺布尔科技园（法国）、卡尔顿科技园（加拿大）、蒂布尔蒂纳科学园（意大利）、苏格兰科学园（英国）、希斯达科学园（瑞典）以及北京中关村和上海张江高科技园等发展远逊于硅谷，最根本的原因是这些高科技园区不具有硅谷的创业创新文化。要将城西科创大走廊建设成为真正意义上的“硅谷”，最根本是在弘扬优秀的中华文化基础上，认真吸收硅谷文化的先进内核，优化完善浙江的创业创新政策，夯实创业创新的文化基础，加快鼓励冒险、宽容失败的创业创新文化的培育，在城西科创大走廊营造浓厚的创业创新文化氛围。

8

浙江省人才生态环境的六大短板及优化对策*

浙江省在全国率先提出打造人才生态环境最优省份，并制定实施了“五位一体”人才生态环境优化工程，取得了显著成效，但还存在一些短板，需要加大力度，更好地凝“才”聚力。

一、浙江省人才生态环境的六大短板

第一，城市房价高企，居住成本高昂。至 2016 年 10 月，全省新建商品住宅销售价格连续 19 个月上涨，杭州当月同比增幅高达 31.5%，已赶超北京、上海同期同比增幅。一些县级市如瑞安、义乌、永康等的房价每平方米也纷纷过万元。二手住宅销售价格和房屋租赁价格也多有上涨。另外，政府实施的住房保障政策着重于让人才“有房住”，不能解决“有住房”的问题，政策并未导向让人才拥有商品房产权及相应的资产性收入，而这恰恰是令人才对城市有归属感，能够安心创业和工作的核心。扶摇直上的房价令众多青年人才，特别是高校毕业生望而生畏，“被迫”流失。

第二，城市交通拥堵，交通时间成本偏高。由高德地图发布的《2015 年度中国主要城市交通分析报告》显示，杭州市每天有 7 个小时处于拥堵或严重拥堵状态，全年累计拥堵时长达到 1600 个小时，超过“堵王”北

* 此文与汤爱学共同完成，是报送浙江省政协十一届五次会议的个人提案（2017 年 1 月）。

京的1510小时，成为年度全国堵车时间最长的城市。交通拥堵由杭、甬、温等大城市向义乌等中小城市蔓延，从浙北、浙东等发达地区向浙中、浙西南欠发达地区蔓延。交通拥堵浪费了大量的有效工作和休息时间，所造成的紧张抑郁情绪也易对人才的工作效率和生活品质造成负面影响。此状况若持续恶化，无疑将加剧人才流失。

第三，水质污染严重，饮用水质量偏低。以嘉兴市为代表的部分县市，由于以化工、印染、造纸、电镀、制革等重污染传统行业为支柱产业，存在突出的区域性、结构性水污染问题；特别是钱塘江流域、甬江流域、椒江流域和京杭运河流域，因传统行业所占比例偏高，造成工业结构性污染突出。湖库型饮用水水源富营养化趋势明显，部分水库出现过藻类异常增殖现象，城乡居民饮用水安全仍存在隐患，对人体健康构成威胁。基本饮用水安全问题让国内外高层次人才对浙江望而却步。

第四，优质教育资源紧缺，难以满足需求。教育环境关系到子女的健康成长，是人才选择工作地点的重要考量因素。浙江省学前教育和中小学教育整体办学水平不高，教育理念在不少方面仍比较滞后，过度应试教育现象仍较为突出。优质教育资源紧缺，且相对集中于杭州、宁波等经济发达的大城市，浙西南山区教育发展仍面临许多困难，导致区域间教育发展差距过大，产生教育不公平现象。这些问题使浙江省的教育环境难以满足高水平知识型人才对于优质教育资源的需求，可能由此损失宝贵的人才资源。

第五，大院大所大企供给不足，对人才的承载能力较弱。当前浙江省的高端人才发展平台还不够多，人才承载能力弱于一线城市，突出表现在高等院校和科研院所方面，目前仅拥有浙江大学等少数几所高水平重点院校，国家级科研院所数量较少，特别是金华、衢州等城市，高端人才发展空间有限。此外，浙江省内世界性大企业数量极少。《财富》杂志发布的2016年最新世界500强企业排行榜显示，中国上榜的110家公司中总部在浙江的仅有2家，而总部在广东和上海的都有9家，总部在北京的多达58家。大院大所大型企业供给不足直接制约高端人才的引进。

第六，国际化和对外开放水平偏低，难以引进和留住国际人才。杭州国际化水平排名远在北京、上海、广州之后，且综合得分相差较大，城市国际化整体功能不够完善。由于生活配套欠缺，许多国外专家来杭生活成本较高，缺乏国际化的生活氛围。同时，由于缺少与国外教育接轨的国际化学校，引进人才的子女被迫异地求学，导致来杭工作的国外人才家庭两地分居。

二、优化浙江省人才生态环境的对策

第一，加强人才公寓和住房保障体系建设，着力解决人才安居问题。当前浙江省急需通过加强人才公寓和住房保障体系建设来缓解高房价对人才的挤出效应，应更加灵活地匹配人才的需求，构建多层次的人才住房保障体系。一方面，扩大保障房建设规模，探索建立“内循环”流转机制，形成一个独立于商品住房市场的保障房流转市场，从而隔绝商品住房价格上涨的冲击。另一方面，试点建设一批以较大户型和大户型为主的人才公寓，并将其从保障房体系中单列出来，以满足引进高层次人才的需求。人才公寓可采取政府（开发商）与购房人共同拥有产权的过渡模式，让符合条件的人才以更低的门槛进入购房市场。共有产权可上市交易，使人才也能够分享到房价上涨带来的财产性收入。“有恒产者有恒心”，补齐住房保障的短板将极大地消除人才的后顾之忧，使人才全身心投入创新创业的热潮中去。

第二，加强公共交通系统和交通文明建设，着力优化交通环境。为改善当前浙江省各城市特别是省会杭州的交通拥堵状况，亟须加快构建一体化的公共交通系统，优化公交、地铁车站位置，实现公交、轨交等各种公共运输方式的协调发展与无缝接驳。以举办 2022 年亚运会等国际赛事为契机，加快建设城际公交，与轨道交通形成互补。全面推行城市公交一卡通，并配套设置合理的阶梯式价格优惠政策，鼓励公交出行。大力推进交通文明建设，强化对市民出行观念的引导，使广大市民自觉遵守交通规则，促进市民的广泛参与和交通消费意识的转变，使政策措施真正落实到位。

第三，加强“五水共治”和饮用水水源管理，着力提高饮用水质量。坚持治理存量与优化增量两手并举，一方面狠抓截污纳管工作，加快实现城乡生活污水收集、处置体系全覆盖；另一方面积极实施嘉兴太湖引水、千岛湖引水、舟山大陆引水三期等引调水工程，着力提升城市供水能力，促进城乡饮用水质全面提升。加强饮用水水源管理，加快编制实施饮用水水源环境保护规划，完成全省集中式饮用水水源地环境状况摸底评估，优先治理超标水源。各级政府及相关供水单位定期监测、检测和评估本行政区域内饮用水水源、供水厂出水和用户水龙头水质等饮水安全状况，并将监测信息及时向全社会公开，以消除有意来浙发展的人才对于饮用水安全的顾虑。

第四，加强师资队伍建设，优化教育资源配置，着力提升中小学教育质量。多措并举加强中小学师资队伍建设。重点发展高等师范类院校，创新培养方式，提升办学水平，提高中小学教师职前培养质量。重视职后培训，学习教学理论和方法，更新其教学观念。改善教师工资和福利待遇，建立偏远地区农村教师特殊津贴制度，稳定不发达地区师资队伍。进一步优化教育资源在区域间、城乡间均等化配置，继续实施“基础教育重点帮扶县提升计划”以及教育对口支援工程，在教育投入上向落后地区适当倾斜。探索建立校长和教师定期轮岗制度，促进教师合理有序流动，把师资丰富地区或学校超编教师调整到缺编的地区或学校任教，实现优质教师资源共享，逐渐缩小浙南、浙西地区同浙东、浙北地区的教育资源供给差距。

第五，加大大院大所大企的培育和引进力度，着力提升人才承载能力。依托新一代电子信息、新能源新材料、先进装备制造等优势产业，加大引进力度、共建一批国家级科研院所、国内一流大学、世界 500 强企业研发机构。对研发实力强、产业化潜力大的科研机构给予重点支持，鼓励创业创新，打造“类硅谷”的科技生态环境，吸引高端人才入驻，积极培育总部经济。在科学论证和规划的基础上，以义乌、海宁、绍兴等有条件的中等城市为载体，全面构建包括金融、保险、会展、商贸、物流、旅游、教育培训、法律会计、中介咨询等领域在内的专业化服务支撑体系，吸引国内外大型企业集团总部和营销总部集聚，最大化产业关联效应，促进当地及其周边地区的产业从传统的板块经济形态向现代产业集群形态转型，全面提升人才承载能力。

第六，加快城市国际化和对外开放度，着力提升国际高端人才集聚水平。建议加快国际化生活社区的规划布局，使国际社区的管理、文化氛围、医疗服务、宗教场所等能够满足外籍人才、在浙华侨的需要。推进公共服务国际化，研究制定符合国情和省情的境外人士劳动保障体系，整合公安、外事等外籍人才服务项目，建立统一的外籍人才服务窗口。办好和扩大现有国际学校，积极推进本土学校国际化，解决在浙外籍人才子女的入学问题。加强城市国际化软环境建设，提高对外开放度，建立与国际接轨的市场体系和制度环境。积极放大“后峰会、前亚运”效应，借助承办世界游泳锦标赛和 2022 年亚运会等国际赛事的有利契机，着力打造具有国际性、开放性和民族性的城市品牌，提升城市国际化形象，吸引更多国际高端人才集聚浙江。

9

社会调查是社会科学研究的重要基石*

近年来，我国社会科学界出现了一股闭门造车、随心所欲的学术歪风。组装拼接互联网材料、抄袭剽窃文献资料、虚构杜撰引证案例、按需制造统计数据、伪造篡改调查结果等学术不端行为层出不穷，花样不断翻新，严重损害了社会科学的声誉形象，影响了社会科学的健康发展。每年出版的学术著作和论文浩如烟海，但真正有思想力量、理论突破和价值引领的研究成果相当匮乏，在制造大量学术垃圾的同时还极大浪费了宝贵的社会资源。要全面提振社会科学的声誉形象，着力推动社会科学的健康发展，必须遏制、铲除这股学术歪风，必须大兴社会调查之风，使社会调查成为社会科学研究的重要基石。

社会调查是指针对某一社会问题系统性地搜集分析资料，进而提出对策的社会实践活动。作为社会科学研究重要基石的社会调查，对推动社会科学发展具有重要的作用。首先，社会调查是提出研究问题的重要途径。著名科学家维纳说过，知道应该干什么，比知道如何干更重要。提出一个有价值的研究选题比解决一个现实问题更困难，只有通过深入的社会调查，才能提出有价值的研究问题。其次，社会调查是检验研究假设的重要手段。科学研究是一个提出假设和检验假设的过程，检验研究假设必须建

* 此文刊载于《中国社会科学报》2014 年 3 月 12 日第 B05 版。

立在可靠的事实材料和真实的统计数据基础之上。只有通过深入的社会调查，才能搜集到可靠的事实材料和真实的统计数据，才能检验研究假设。最后，社会调查是制定政策措施的重要基础。没有调查就没有发言权。只有通过深入的社会调查，才能正确地说明“是什么”，科学地解释“为什么”，才能有效地制定政策措施，真正地解决社会问题。

如何做好社会调查？第一，社会科学工作者要真正迈开双脚，深入基层、深入群众、深入一线，切实做到深下去、沉到底、接地气，在社会调查中，提出有价值的研究选题。第二，要正确地运用科学的取样方法。调查取样直接影响研究结果的可靠性和科学性。调查取样包括简单随机取样、分层随机取样、聚类随机取样和系统随机取样等概率取样方法以及简便取样、判断取样、偶遇取样和配额取样等非概率取样方法。根据研究目标和研究精度，社会科学工作者要运用科学的取样方法，增强研究样本的代表性，提高研究质量和研究结果的解释能力。第三，要善于运用科学的定量分析方法。社会科学研究常用的定量分析方法包括描述性统计分析、相关分析、回归分析、方差分析、因子分析、路径分析、结构方程分析等。社会科学工作者要努力学习并善于运用这些定量分析方法，检验研究假设，构建学术理论，推动学术创新。第四，要高度重视研究成果的转化应用。社会科学研究要直面经济社会发展的实际需求，通过深入的社会调查研究，提出具有前瞻性、可操作性的对策建议，做到对策建议用得上、办得了、能见效，能够解决经济社会发展中的重点问题、难点问题和普遍性问题。

大兴社会调查之风，使社会调查真正成为社会科学研究的重要基石，需要加大舆论宣传教育力度，让每个社会科学工作者都深刻认识到社会调查的重要性和必要性；需要推进高校的社会调查课程建设，让社会科学新生力量（其主休是在校本科牛、研究生）系统地学习掌握社会调查的理论与方法，熟练地运用 SPSS、EViews、Amos、Vensim 等社会调查分析工具；需要完善课题立项、成果评审、学术奖励、职称评定等系列制度，挤压闭门造车、随心所欲学术歪风的生存空间；需要进一步加强学术道德规范建设，加大对闭门造车、随心所欲学术歪风的惩戒力度。唯此，才能使社会调查真正成为社会科学研究的重要基石。

10

加快浙江省科技成果转化的机制创新与制度优化，着力提高科技成果转化率*

党的十八大报告明确指出，科技创新是提高社会生产力和综合国力的战略支撑，必须摆在国家发展全局的核心位置。要坚持走中国特色自主创新道路，以全球视野谋划和推动创新。科技成果转化是制约我国科技创新的主要瓶颈。近年来，国内20所高校完成的“大学科技成果转化的探索”数据表明，高校每年完成的科研项目数量为6000—8000项，其中实现成果转化、技术商业化的不足1/10。西方发达国家科研成果转化率大约为80%，而现阶段，我国科研成果转化为商品并取得规模效益的比例为10%—15%。浙江省科技成果转化率与全国水平相当。科技成果转化率低，造成了我国有限科技资源的极大浪费，影响了科技创新能力的全面提升，制约了经济发展方式的转变和经济结构的战略性调整。

我国科技发展的总体目标是：到2020年，我国进入创新型国家的行列，为全面建成小康社会提供强有力的科技支撑。建设创新型国家核心是提高科技投入强度，增强自主创新能力。《国家中长期科学和技术发展规划纲要》确定，到2020年，我国全社会科学研究与试验发展（R&D）投

---

* 此文是九三学社浙江省委员会报送浙江省政协十一届一次会议的团体提案（2013年1月），主要建议荣获时任浙江省副省长毛光烈同志的重要批示（2013年3月1日）。

入强度将达到2.5%以上，这就意味着到2020年我国研发投入总量将突破2万亿元。因此，如何提高科技成果转化率、加快科技成果转化是我国在大幅度地提高科技投入强度，全面建设创新型国家进程中面临的一个最迫切、最需要解决的重大课题。

提高科技成果转化率、加快科技成果转化是一项复杂的系统工程，必须采取综合配套的措施方能奏效。建议浙江省委、省人民政府针对浙江省科技创新和经济社会发展的要求，加快科技成果转化的机制创新与制度优化，着力提高浙江省科技成果转化率，全面提升科技创新水平，加快经济结构战略性调整，使浙江省在科技成果转化的机制创新和制度优化方面走在全国前列。

一、建立和完善以市场需求为导向的研究开发模式

研究开发通常有两种模式：供给模式和需求模式。供给模式由研究开发机构确定研究开发项目，经费源于研究开发机构和政府资金，研究开发成功后再通过一定渠道将成果进行转化。需求模式是企业根据市场需求，向研究开发机构提供经费，并提出研究开发项目，研究开发成功后在企业实现科技成果转化。按供给模式进行科学研究，研究机构通常不重视成果的市场需要，极大地影响了成果转化和产业化。美国的一项调查表明，在567个成功的技术创新项目中，426个源于企业需求，只有120个源于高校和科研院所。需求模式则是以市场需求为导向的，在课题立项时，企业、研究机构和政府就介入了全面合作，极大地提高了科技成果转化的成功率。

目前，浙江省人民政府资助的科研项目研究开发模式中占主导地位的是供给模式。科技成果转化为现实生产力的前提是必须适应市场需求，而供给模式只注重研究的科学价值，忽略研究的市场价值，使大量的科技成果变成样品、展品和废品。因此，为了提高科技成果转化率，加快科技成果转化和产业化，浙江省必须尽快建立和完善以市场需求为导向的研究开发模式，并使之成为研究开发的主导模式。

二、建立和完善科技成果的社会化评价体系

浙江省科技成果转化率低的一个重要原因是科技成果成熟度低、风险

过高、应用面过窄、市场需求量过少。浙江省科技成果成熟度低与现行的科技成果评价体系有十分紧密的关系。现行的科技成果评价体系过度重视发表论文、人才培养和成果奖励，忽视了市场需求，忽视了产业化前景，忽视了成本的经济性和市场的应用价值，进而降低了科技成果的成熟度。

在现行的科技成果评价体系指引下，很多科技人员按“课题—申报—研究—鉴定—归档”的模式从事科研活动，把获得科技成果奖励视为科技活动的最终目标，为了科研而科研，为了获奖而科研，为了晋升而科研；只重视研究不重视推广，完成一个课题抛一个课题，缺乏推广科技成果的动力和压力。科技经费越多，科技成果越多，科技奖励也越多，结果是技术职务不断晋升，工资待遇不断提高，工作条件不断改善。而重视市场需求和市场前景，致力于成果转化和产业化的科技人员却很难或很少获得科技奖励，极大地影响了科技人员推广科技成果的积极性，以致重理论轻应用、重研究轻推广的风气愈演愈烈。

浙江省必须尽快转变以发表论文、培养人才和获得科技成果奖为主的科技成果评价体系，建立和完善以发明专利、成果成熟度、市场需求量和产业化前景为主的科技成果评价体系。对于应用研究的科技成果，要把成果转化作为对其进行鉴定和奖励的必要条件，以实施成果转化产生的经济和社会效益为依据，对未进入应用阶段的成果不受理鉴定，对已进入应用阶段的成果在鉴定时要对其应用效益作出明确的评价。在科技进步奖评选过程中加大成果转化效益的权重，对于未实施成果转化或成果转化效益不明显的项目不受理科技进步奖。据统计，诺贝尔奖获奖者最早取得与获奖有关的成果到获奖平均间隔约为 15 年，即从他们最早做出与获奖有关的成果到得到社会全面认可需要 15 年左右。浙江省应该延长获得科技成果（如出版专著、发表论文或取得专利）到参与科技成果评奖的年限，至少应该延长到 5 年时间。

三、建立和完善政府科技计划多元化的投资机制

在浙江省每年产生的数万项科技成果当中，80% 源于政府科技计划，事实上政府科技计划成果的转化率明显地低于平均水平。主要原因是政府科技计划在投入、研发和产业化过程中，存在着三个不同主体：政府为主

的投资主体，高校和科研院所为主的研发主体，企业为主的产业化主体。三个主体是互相分离的：投资主体只管理投资，不管收益；研发主体只管研发，不管产业化；产业化主体对研发和投资只有期待，没有制约。在“三张皮”体制下，三个主体缺乏制约、缺乏协作，很难保证科技成果的质量和成熟度，进而势必会影响科技成果的转化和产业化。

为了鼓励科研机构、高等学校及其科技人员研究开发高新技术，加快高新技术成果的转化，科技部实施了国家科技计划引导项目，并取得了一些成功的经验。我们要研究和总结国家科技计划引导项目的成功经验，探索科技计划的政府、企业和个人联合投资机制，构筑多元化、多渠道的科技计划投资体制。在科技计划管理中，充分发挥企业的作用，突出企业在技术创新中的主体作用，加大企业参与实施的力度。科技计划的选题，不能仅跟着文献跑，追求所谓的前沿，一定要从实际出发，充分重视市场需求和产业化的前景。除基础研究外，科技计划在科研选题和立项时，必须进行市场调查和成果完成后实施转化的可行性分析。科技管理部门对转化前景不明朗或成果转化价值不大的项目不予立项或只立项而不给予经费支持。对于原始性成果如原理性样机，距离成果转化虽然较远，但只要具有市场前景和推广价值，应该继续立项并予以更大的经费支持，以确保及时进行开发研究。

四、建立和完善科技成果转化的服务体系

科技成果转化服务体系是指为促进和保障科技成果转化为现实生产力，而在科技成果供给方与需求方之间起着服务和媒介作用的各类组织、机构的统称。科技成果转化服务体系的主要功能是降低交易成本和机会成本，为实现科技成果的经济价值、提高技术交易成功率提供良好的外部环境。

由于浙江省科技成果转化服务体系不健全、不完善，致使一些具有市场前景的科技成果找不到需求方而无法实现产业化；企业需要的科技成果找不到合适的供应方，企业产品开发中的难题找不到合适的科技人才来研究开发。据调查，浙江省有2/3以上的科技成果是靠科技人员自身联系洽谈并实施转化的。通过中介服务机构实现科技成果转化的比例仅占10%左

右。因此，科技成果转化服务体系不健全、不完善是导致浙江省科技成果转化率低和转化速度慢的重要原因。

我们应采取积极有效的政策措施，加快建立和完善科技成果转化服务体系。具体措施包括：一是规范技术市场管理，完善技术市场经营机制，保持技术市场良好秩序，堵塞漏洞，制止违法欺骗行为；二是大力培养技术市场专业人才，提高技术市场全体从业人员的素质及能力；三是大力发展民营中介服务，促进中介机构向企业化的方向发展；四是加强中介队伍的建设，提高服务质量，规范服务行为，实现科技服务的组织网络化、功能社会化、服务产业化、运行企业化，为科技成果转化和技术创新提供良好的社会服务。

五、建立和完善科技成果转化的保险体系

企业对科技成果的有效需求不足，是造成浙江省科技成果转化率低的一个重要因素。科技成果转化是一个高风险的过程，通常会面临技术风险、财务风险、生产风险、市场风险和管理风险等。科技成果转化的高风险性极大地降低了企业对科技成果的有效需求，降低了实施科技成果转化的期望收益，进而影响了科技成果的转化和产业化。从 2006 年 6 月起，国家相继出台了《国务院关于保险业改革发展的若干意见》《关于加强和改善对高新技术企业保险服务有关问题的通知》《关于进一步支持出口信用保险为高新技术企业提供服务的通知》等相关政策，为开拓科技成果转化保障的新品种提供了政策依据。开拓和发展科技成果转化的保险业务，建立和完善科技成果转化的保险体系，可以有效地降低科技成果转化的风险，有效地刺激企业对科技成果的有效需求。

对科技成果转化实施保险，对科技成果供给方来说，其在科技转化过程中发生保险责任范围内的经济损失，可从保险公司获得经济保障和补偿，这样可以增强供给方提供科技成果的主动性和积极性；对科技成果需求方来说，通过保险，可以有效地降低科技成果转化的失败风险，提高需求方吸纳和应用科技成果的主动性和积极性；对保险公司来说，由于开发了科技成果转化的新险种，拓展了保险市场的新业务，形成了新的利润增长点；对社会来说，通过科技成果转化的保险，为科技成果的供需双方建

立了有效的风险保障与补偿机制，调动了供需双方的积极性，提高了科技成果转化的速度，加快了科技成果产业化的进程。

六、探索科技成果市场化的直销模式

制约科技成果转化的因素是多方面的，既存在体制障碍，也与科技成果转化的营销模式落后紧密相关。目前，我国科技成果营销模式主要有技术市场模式、市场化的展会营销模式、定购式营销模式、直复式营销模式和“产学研”结合的营销模式等，但这些方式普遍不能适应科技成果作为一种特殊商品的特性和要求。例如，我国的技术市场大多是登记式的，一方面，科研单位将技术成果在技术市场进行登记，等待企业上门求取；另一方面，企业也到技术市场登记，等待科研单位将科技成果送上门。双方都缺乏主动性和积极性，都在等待政府的推动，无论是科研单位还是企业，“等、靠、要”的思想都比较严重。科技成果作为一种特殊的商品必须进行营销，只有采取适当的营销策略和模式，才能变被动为主动，提高科技成果的市场化率。因此，有必要研究如何将市场营销的理论和方法应用到科技成果市场化中来，探索构建起适合浙江省科研单位和技术市场状况的科技成果市场化营销模式。近年来，市场直销模式在浙江省取得了快速的发展，目前浙江省已拥有一支规模庞大、素质优良的直销队伍。如何将这支直销队伍引入浙江省科技成果转化和产业化中，对促进浙江省科技成果转化具有重要的战略意义。省委、省人民政府应该在促进科技成果转化中发挥协调的作用，弥补市场失灵现象。从发挥直销模式力量角度看，迫切需要政府在以下方面更加有作为：一是积极引导直销企业走高科技发展道路；二是加强直销企业与科研部门之间科技成果信息的交流；三是加强科技行政主管部门与直销监管部门之间的合作；四是对转化国家重点科技成果成功的直销企业给予税收减免或其他奖励制度。

11

关于全面推进浙江省中小学创新教育快乐教育的建议*

目前，我国中小学生的学习时间太长、课程难度太大、应试压力太重，严重损害了学生的身心健康，扼杀了学生的学习兴趣，限制了学生的想象力和创造力。长此以往，现在的中小学生不仅难以成为社会主义的建设者和接班人，而且很可能成为累垮的一代、压垮的一代和缺乏创造力的一代。建议省委、省人民政府把着力降低中小学生学习负担，让孩子们在幸福愉快中学习和成长作为贯彻落实党的十八大精神，全面推进浙江省创新教育快乐的重要抓手，抓紧抓好。

第一，大幅度地缩短中小学生在校时间和学习时间。我国小学生平均每天学习时间超过 7 个小时，初中生学习时间超过 8 个小时，高中生则要超过 10 个小时。在国外，高中生在校时间约为 5 个小时，初中生为 4 个小时，小学生为 3 个小时。我国中小学生在校时间和学习时间远远超过国外。学生在校时间越长，学习时间也就越长，受到管制也就越多，学习负担和心理压抑就越重，不利于学生按照自己的想法自主地学习和创造性地学习，学生的想象力和创造力就会受到极大限制。有关部门应把中小学生在校时间和上课时间纳入中小学教育改革的重要内容，通过加快推进教育改

* 此文是报送浙江省政协十一届一次会议的个人提案（2013 年 1 月）。

革，大幅度地减少中小学生在校时间和学习时间。

第二，大幅度地降低中小学生教材和教学难度。目前，我国中小学的教材和教学内容难度明显偏大。“超前教育”“天才教育”“英才教育”“过度教育”“透支教育”等拔苗助长现象在全国各地中小学普遍存在。现行的中小学教材和教学内容没有遵循中小学生的认知规律，超出了中小学生在这个年龄段的平均认知水平。中小学教材和教学内容设计必须符合中小学生的认知发展规律，必须符合中小学生不同年龄阶段的平均认知水平，必须大幅度地降低中小学生教材和教学内容的难度。

第三，大幅度地减少中小学生课外作业。目前，我国中小学生课外作业名目繁多，题量很大，累得学生喘不过气来。小学生完成课外作业平均每天需要花 2 小时以上，通常晚上 9 点后才能完成作业；初中生平均每天需要 3 个小时做作业，10 点后才能完成。中小学生课外作业题量大，内容单调乏味，过度强调机械性、重复性和记忆性，忽视了趣味性、想象力和创造性。应把课外作业量和作业时间纳入中小学教育改革的重要内容，通过加快中小学教育改革，大幅度地减少中小学生的课外作业量，严禁对中小学生进行机械式惩罚。

第四，严格限制中小学生学期学年考试的次数。在应试教育愈演愈烈的今天，“考，考，考，教师的法宝；分，分，分，学生的命根”，考试频率增加，考试内容增多，考试难度增大，考试已经成为中小学生沉重的身心负担，严重影响着学生的健康发展。有关部门应把学期学年考试纳入中小学教育改革的重要内容，通过加快中小学教育改革，严格限制中小学生学期、学年的考试次数，一律取消平时的小测验和小检查。

第五，减少各类考试中标准化试题所占比重。中国古代的科举考试倡导固定模式——八股文，现行中小学教育过度技术化、工具化、刻板化，考试答案过度强调标准答案，学生在标准答案中固步自封、画地为牢，严重地扼杀了中小学生的想象力、创造力和批判思维。通过加快中小学教育改革，着力减少中小学生学期、学年、中考和高考的标准化试题所占比重，增加具有想象力、思考力、创造力和批判思维的试题比重。

第六，着力保障中小学生最短的睡眠时间。青少年每天睡眠时间应保证在 8 小时以上，才会满足他们身心健康和成长发育的需求，每日睡眠时间保证在7小时以上，可以维持青少年生长发育的基本需求，如果连续三周时间低于这个标准的话，毫无疑问会影响到孩子们的健康成长。目前，中小学生学习时间过长、课外作业过多、应试压力过重，占用学生大量的时间，影响了学生的睡眠时间，降低了学生的睡眠质量。我国很大比例的中小学生都有睡眠时间严重不足和睡眠质量差的情况。通过加快推进中小学的教育改革，努力减少学生的学习负担，着力保障学生的睡眠时间，提高学生的睡眠质量。

第七，增加中小学生游戏活动的时间。“游戏是孩子的第二生命，是孩子的第一所学校。”“会玩的孩子才会学习，会学习的孩子更会玩。”“游戏活动是开发学生想象力和创造力的重要途径。”目前，我国中小学生的游戏、欢乐、天真和幸福严重缺失，这十分不利于孩子的健康成长，十分不利于孩子想象力和创造力的培养。有关部门应通过加快中小学教育改革，大幅度地减少课堂学习和课外作业时间，着力增加中小学生游戏活动的时间，着力提高游活动的教学质量和教学效果。

第八，着力提高中小学教室设计的科学化水平。目前，我国中小学的教室形状设置为清一色的长方形或正方形。研究表明，长方形和正方形教室中，学生离教师的平均距离比在半圆形教室中大很多，教室的声音效果和教学效果均不如半圆形教室，不利于激发学生的想象力和创造力。在国家层面，应设立中小学教室科学设计的相关研究课题，提高我国中小学教室设计的科学化水平，建造遵循中小学生的心理特点和认知规律的教室，从而激发学生想象力和创造力。

12

建立基于网络众包的面向全球的开放式创新体系，着力提振浙江省创新能力、推进产业转型升级*

在未来的30年，如何把浙江省市场体制改革的先发优势转化为科技体制改革和科技创新的领先优势，是提振浙江省创新能力、推进产业转型升级的关键。基于网络众包的、面向全球的开放式创新，是当下西方国家尤其是美国、日本、德国等在网络经济时代构建的科技创新新型模式。在新的历史条件下，加快建立基于网络众包的面向全球的开放式创新体系，使浙江率先成为我国开放式创新的洼地，集聚全球的创新资源、创新智慧，提振浙江省的科技创新能力，既是时代赋予浙江的重要机遇，也是全面推进产业转型升级和经济质量提升的重要选择。

一、科技创新是全面推进浙江省产业转型升级的重要动力

改革开放以来，浙江克服了资源禀赋的制约，通过激进的投资策略、先发的市场优势和集群化的发展路径，紧紧把握住了我国探索社会主义市

* 此文与叶伟巍、包松共同完成，刊载于《公共政策内参》第11079期，荣获时任浙江省委书记赵洪祝同志的重要批示（2011年9月6日）、时任浙江省副省长毛光烈同志的重要批示（2011年9月9日）和时任浙江大学党委书记金德水同志的重要批示（2011年9月14日）。

场经济这一特定历史阶段的发展机遇，探索出了以“低成本、强市场”为特征的浙江经济发展模式。随着国内外经济发展环境的急剧变化，以“低成本、强市场”为特征的浙江经济发展模式正经历着严峻考验，浙江省改革开放30年积累的竞争优势正在逐步丧失。

第一，经济增长的动力逐渐弱化。“十一五”期间，浙江省经济虽然继续保持较快增长的态势，年均增长11.8%，但从相关的统计数据来看，随着经济的持续增长，制约因素的反作用力在不断累积，经济增长的动力不断弱化。2006—2010年，浙江省各年度经济增长速度分别为13.9%、14.7%、10.1%、8.9%、11.8%，总体上看，经济增长呈现减缓的明显态势。“十一五”期间，浙江省经济增长率回落了2.1个百分点；在全国31个省份当中，浙江省经济增长率排名从2006年的第11位下跌到2010年的第27位，排名下跌了16位，是“十一五”期间全国经济增长率排名下跌最快的省市之一。

第二，资源环境的约束不断强化。生产资料价格不断上涨后，浙江省资源禀赋不足与资源投入型生产方式之间矛盾越来越突出，生产方式迫切需要向创新驱动型转变。同时，资源产出效率较低，也制约低成本策略的继续实施。“十一五”期间，浙江省万元地区生产总值能耗0.72吨标准煤，是世界平均水平的3.1倍，是经济合作与发展组织（OECD）国家和地区的4.3倍，是日本的9倍。另外，环境生态压力日趋显现。城市空气污染越来越严重，部分地区酸雨强度加大，地表水中度污染，二氧化硫排放总量失控，急需依靠科技创新寻求解决方案。

第三，产业结构低端化问题凸显。传统产业既是推动浙江省经济增长的重要动力，也是重要的瓶颈，“企业规模小、产品档次低、劳动密集型”的传统产业结构已经很难应对“规模化、品牌化、高端化”的产业转型升级浪潮，企业生存风险与日俱增。近年来，浙江省高新技术产业化虽然取得了一定进展，反映高新技术产业化的高技术产业增加值占工业增加值比重、知识密集型服务业增加值占生产总值比重、高技术产品出口额占商品出口额比重、新产品销售收入占产品销售收入比重、高技术产业劳动生产率、高技术产业增加值率等一系列指标有了明显提升，但浙江省高新技术产业化指数（47.09%）在全国排在第12位，不仅明显地落后于北京、上海、天津、广东、江苏等先进地区，而且也明显地落后于全国的平均水平（52.09%）。

面对浙江省经济增长的动力逐渐弱化、资源环境的约束不断强化、产业结构低端化问题凸显等严峻形势，全省上下应该具有强烈的危机感、紧迫感和责任感，加快经济增长从主要依靠增加物质资源消耗向主要依靠科技进步、劳动者素质提高和科技创新转变的步伐，使科技创新成为全面推进浙江省产业转型升级和经济质量提升的重要动力。

二、基于网络众包的面向全球的开放式创新是提振浙江省创新能力的重要选择

与持续较快增长的经济相比，浙江省科技创新能力的不足，始终是制约产业转型升级和经济质量提升的短板。科技创新资源的匮乏和科技投入不足制约了科技创新的产出，科技创新产出能力的不足直接制约了产业的转型升级和经济质量的提升。在科技创新资源与投入方面，浙江省不仅缺乏从事高层次科技创新的大院大所、实力雄厚的研究型大学（211、985 高校仅有浙江大学）、国家级重点实验室、重点工程研究中心、重点创新基地和战略型科学家、战略型企业家、战略型风险投资家等，而且在万人专业技术人员数、万人大专以上学历人数、万人从事研发的科学家和工程师数、企业从事研发的科学家和工程师占全社会从事研发的科学家和工程师比重、研发经费支出与地区生产总值比重、地方财政科技支出占地方财政支出比重、企业研发经费支出占产品销售收入比重等众多反映科技创新投入的指标方面，明显地落后于上海、北京、天津、广东、江苏等先进地区。2010 年，浙江省科技创新投入指数仅为 62.29%，而上海、北京、天津、广东、江苏分别为 78.13%、70.18%、68.48%、66.83%、64.53%。在科技创新产出方面，2010 年，浙江省在万名研发活动人员科技论文数、获国家级科技成果奖项数、万名就业人员专利申请量、万名就业人员发明专利授权量、万名就业人员发明专利拥有量、万人技术成果成交额等反映科技创新产出方面的得分仅为 34.77%，在全国排在第 15 位，明显地落后于全国科技创新产出的平均水平（52.86%）。在综合科技进步方面，2010 年，浙江省排在第 7 位（57.21%），不仅明显地落后于上海、北京、天

津、广东、江苏和辽宁，也略低于全国平均水平（58.22%）；在科技创新促进经济发展方面，2010年，浙江省排在第7位（73.04%），略高于全国平均水平（65.19%），但明显地落后于上海、广东、天津、北京、福建。

面对浙江省科技创新资源与投入、科技创新产出、综合科技进步、科技创新促进经济发展等方面明显不足的严峻形势，全省上下应该具有强烈的危机感、紧迫感和责任感，采取一切有效的对策与措施，加快提振浙江省科技创新能力，着力推进产业的转型升级。由于浙江省科技创新资源相对贫乏，企业、科研院所、高校等创新主体单位仅仅依靠自身的资源能力实现科技创新与突破的这种封闭式或半开放式的传统创新模式，很难适应浙江省科技创新能力提振、产业转型升级的迫切需要，很难适应经济全球化、科技创新全球化的新形势、新趋势。借鉴发达国家的经验，建立基于网络众包的面向全球的开放式科技创新体系，是提振浙江省科技创新能力、推进产业转型升级的重要选择。

国外科技创新研究领域把科技创新划分为三种渐进的发展阶段：封闭式创新模式、半开放式创新模式和开放式创新模式。开放式创新模式的本质是基于众包模式通过互联网络整合组织内部和外部的创意发展新技术，是对半开放式创新的信息化改造以及内涵拓展。众包（crowdsourcing）是指一个公司或机构把过去由员工执行的工作任务，以自由自愿的形式外包给非特定的（而且通常是大型的）大众网络的做法。十年前，在信息化浪潮的推动下，国际领先企业（宝洁、波音、杜邦、宝马、谷歌、思科等）凭借Web 2.0技术的强大交互功能，着力构建基于网络众包的面向全球开放式科技创新体系，并已经取得了超预期的创新成果，成为先进国家科技创新的主流模式和发达国家推进经济发展的新动力。

借鉴国外的先进经验，建立基于网络众包的面向全球的开放式创新体系，对于提振浙江省科技创新能力具有重要的战略意义：

第一，有利于在全球范围内整合、集聚创新资源。不同于半开放式创新模式，开放式创新模式的参与者已经不是特定的合作组织成员，而是全球互联网用户。参与者既可能是其他公司的研发人员，也可能是退休科技工作者；既可能是实际用户，也可能是潜在用户；既可能是华人，也可能是外国人。开放式创新体系的网络参与者由于文化背景、知识结构和专业经历的不同，往往更能产生创新的新思路、新思想和新理念，激发创新灵感。网络没有国界，全面实施基于网络众包的面向全球的开放式创新战略，可以很好地绕过国际技术贸易壁垒，成为浙江省在全球范围内整合、集聚创新资源的重要途径。

第二，有利于规避、控制创新风险。通过网络的创新，参与者通常会针对某个具体的创新问题，在规定的时间内提出具体的创新解决方案。建立基于网络众包的面向全球的开放式创新体系，创新需求者（高校、科研院所、企业等）通过网络，短时间在全球范围内可以征集到众多的创新解决方案，为优中选优、规避和控制创新风险、提高创新效率提供了可能。意大利菲亚特公司实施开放式创新战略，通过众包平台推出征集 Fiat 500 车型的设计方案，在短短的几个月时间，该创新网站点击量达到 1000 万次，征集到 17 万个车型的设计方案、2000 条相关建议（诸如特殊的排气管造型、铬保险杠、后视镜下意大利国旗布置等）、1000 个适合该车型的吉祥物挂件设计方案。该车型集聚了全球的创新智慧，创新的过程同时也是市场推广的过程，这使 Fiat 500 车型在商业上也取得了巨大成功，有效地规避、控制了创新风险。

第三，有利于降低创新成本，提高创新效率。发达国家开放式科技创新的实践表明，创新者（个体、群体、组织）通过网络参与科技创新的动机主要是创新的兴趣、认同感和成就感，而非从创新成功中获得回报。宝洁公司通过实施面向全球的开放式创新战略，把公司的外部开放式创新比例从原来的 15% 提高到 50%，通过 Inno Centive 众包创新平台吸引的网络研发团队达到了 15 万人（内部研发人员为 9000 人），75% 还拥有博士学位。正是依靠外围网络和网上专业人士的积极参与，宝洁公司在最近两年成功推出了 100 种新产品或新技术，但是宝洁公司仅对解决方案中标者象征性地支付一定的奖酬，有效地降低了创新成本，提高了创新效率。

三、建立基于网络众包的面向全球的开放式创新体系的对策

网络信息时代，网络资源的丰富性、应用的便捷性和传播的全球性，为浙江省建立面向全球的开放式创新体系提供了可能。浙江省长期实施“信息化带动工业化”战略，是我国信息化程度最高的省份之一。同时浙

江省具有世界领先的网络基础设施，杭州是中国“电子商务之都”，拥有不少如阿里巴巴等全球行业领先的网络平台，为浙江省建立面向全球的开放式创新体系奠定了坚实的技术基础。科技创新资源的匮乏和强烈的市场意识直接催生了浙江省开发式创新模式的萌芽。浙大网新、浙大中控、衢化集团、浙江永泰、浙江银轮、新和成、巨人集团、聚光科技、卧龙电机、民生药业、青春宝等诸多企业在开放式创新模式方面进行了有效的实践探索，并取得了一定的成效，为浙江省建立面向全球的开放式创新体系提供了实践经验。因此，在借鉴国际先进经验基础上，充分利用浙江省市场创新的先发优势，通过政府强有力的推动，在全国率先建立基于网络众包面向全球的开放式创新体系是完全可行的，具体的对策建议如下。

首先，组织科技创新专家对发达国家开放式创新现状和前沿问题进行系统调研，总结发达国家开放式创新的先进经验，科学制定《浙江省基于网络众包的面向全球的开放式创新体系建设的十年规划》，包括指导思想、建设目标、顶层设计、结构框架、运行机制、领导机构、经费投入、政策措施、主要抓手和保障措施等。

其次，由省科学技术厅、省经济和信息化委员会牵头，对省级科技信息平台和40多个产业集群内信息发布平台进行技术改造和网络升级，增加适应网络众包的交互功能，建立与世界著名的开放式创新众包网站（如innocentive. com）的网络链接和业务合作，为建立面向全球的开放式创新体系奠定物理层面的技术基础。

最后，通过强有力的政府推动，在“十二五”时期全面构建保障面向全球的开放式创新体系通畅运行的五大支撑系统：舆论支撑系统、人才支撑系统、政策支撑系统、信用支撑系统和中介服务系统（见图1）。

第一，构建面向全球的开放式创新公共平台的舆论支撑系统。开放式创新体系的构建，攸关浙江省科技创新能力的提振和产业转型升级，攸关浙江省未来30年经济的可持续增长大业。各级政府需要充分利用广播、电视、报纸、网络等媒体，加强开放式创新体系建设方面的宣传报告，把握正确的舆论导向，让全省上下的政府官员、专家学者、科技工作者、企业家甚至普通的老百姓，了解开放式创新体系建设的重要性、必要性和紧迫性，增强把浙江省在全国率先打造为面向全球的开放式创新体系的责任

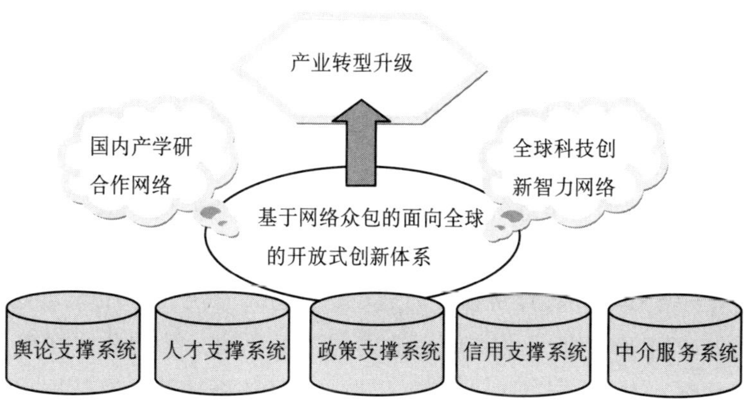

图 1　基于网络众包的面向全球的开放式创新体系

感、使命感，凝聚全省上下的信心、勇气和智慧，激发民众的创新热情，为建立面向全球的开放式创新体系奠定坚实的民众基础。

第二，构建面向全球的开放式创新公共平台的人才支撑系统。人才问题是关系到面向全球的开放式创新体系建设及其通畅运行的关键问题，人才资源是开放式创新公共平台建设的最宝贵财富，是提振浙江省科技创新能力和推进产业转型升级的第一资源。浙江省在科学制定《基于网络众包的面向全球的开放式创新体系建设的人才规划》基础上，建议省财政厅设立专项基金，加大财政投入力度，采用“走出去”和“请进来”的办法，加强对相关企事单位的人才培训，让他们有机会系统地学习、认识、了解和掌握面向全球的开放式创新体系建设的基础知识，增强其专业能力。同时，建议浙江大学充分利用文理工交叉融合的优势，增设“开放式创新”的硕士点和博士点，为浙江省建立面向全球的开放式创新体系培养高层次的专业人才。

第三，构建面向全球的开放式创新公共平台的政策支撑系统。政策是一种态度，反映了政府对待人和事物的看法和所采取的行动，表明了“同意”还是“反对”，“鼓励”还是“禁止”的立场。科学地、创造性地制定相关的政策，对全面推进浙江省面向全球的开放式创新体系建设将发挥决定性作用。建议由省科学技术厅和省委政策研究室牵头组织专家，在系统梳理浙江省现有的科技创新政策的基础上，充分借鉴发达国家的政策经验，研究制定相关的投资政策、税收优惠政策、政府采购政策、知识产权保护政策、标准化政策和人才开发政策等，力争在“十二五”时期构建全面推进浙江省面向全球的开放式创新体系建设的政策支撑系统，力争在地方政策的层面上使浙江省成为面向全球的开放式创新体系建设的试验区和科技创新特区。

第四，构建面向全球的开放式创新公共平台的信用支撑系统。中国市场化改革以来，信用缺失的问题一直困扰着中国经济。中国企业每年因信用缺失导致直接和间接经济损失高达6000亿元，其中因产品质量低劣造成各种损失达到2000亿元。在信用缺失的当下中国，继续全面推进“信用浙江”建设，对浙江省面向全球的开放式创新体系建设具有特别重要的意义。建议省委、省人民政府在“十二五”时期把“信用浙江”建设放在特别重要的地位，着力完善企业信用发布查询系统，健全个人信用征信系统，全面开放信用服务市场，着力加强信用监督和失信惩戒制度建设，着力建立“以道德为支撑、产权为基础、法律为保证”的社会信用制度和社会信用环境，为构建面向全球的开放式创新体系提供强大的信用支撑系统。

第五，构建面向全球的开放式创新公共平台的中介服务支撑系统。基于网络众包的面向全球的开放式创新是一种非常前沿、非常综合的科技创新模式，其通畅运行并取得良好的效果，需要科技咨询、技术估价、风险评估、成果转化、法律服务、国际专利申请、海外投资环境评估、企业孵化、市场拓展等一系列的专业化服务支撑系统。建议省委、省人民政府紧密结合浙江省面向全球的开放式创新体系建设的实际需求，采取有效的政策扶持方式，择优重点扶持一批业务服务与组织协调能力强的骨干创新服务中介机构，大力发展内引外联型的科技中介服务机构，鼓励国外知名的创新中介组织到浙江省安家落户，力争在“十二五”时期建立起与浙江省基于网络众包的面向全球的开放式创新体系建设相匹配的中介服务支撑系统。

13

加快浙江省生产性服务业发展，努力提升自主创新能力*

2003年以来，浙江省牢固树立并认真贯彻落实科学发展观，将自主创新提高到优先发展的战略位置，紧紧围绕“建设创新型省份和科技强省”的目标，大力推进科技进步与自主创新，加快生产性服务业的发展。到2007年，全省实现服务业增加值7646亿元，总量居全国第四位；人均服务业增加值达15万元，居各省区首位。

但我们也要看到“十五”期间，浙江省在圆满完成几乎所有主要经济指标的同时，服务业占地区生产总值的比重却未能达标。2007年，全省服务业占地区生产总值的比重为40.7%，距45%的预定目标尚有相当差距。浙江省服务业发展落后，关键在于生产性服务业发展缓慢：一是产业增加值占地区生产总值比重偏低，不及发达国家一半；二是地区分布不合理，杭州、宁波、温州三个地区的生产性服务业占全省的60%以上；三是产业结构不合理，交通运输、金融等传统生产性服务业仍占主导地位，现代生产性服务业发展明显不足；四是生产性服务企业的技术水平较低、市场竞

---

* 此文与褚立波共同完成，相关提案是九三学社浙江省委员会报送浙江省政协十届二次会议的团体提案（2009年1月），政策建议荣获时任浙江省常务副省长陈敏尔同志的重要批示（2009年3月18日）。

争力较弱，主要提供的是知识与技术服务链低端的服务。

生产性服务业是围绕着企业生产进行的，它贯穿于企业生产的上游、中游和下游诸环节中，主要包括科技研究开发、管理咨询、工程设计、金融保险、法律、会计、运输通信、市场营销、工程和产品维修等多种行业。生产性服务业发展缓慢，严重地制约了浙江省自主创新能力的提升和经济结构的战略性调整。浙江自主创新能力的提升和经济结构的战略性调整，关键在于服务业特别是生产性服务业的持续发展。生产性服务业具有资源消耗较低、环境污染较少、就业容量较大、知识技术较为密集等特点，能够降低交易成本，推动经济结构的调整，实现第一、第二、第三产业的协同发展，并有效地提升浙江省区域自主创新能力和经济运行的总体质量。

紧密结合浙江省“先进制造业基地”“创业富民，创新强省”的建设目标和民营经济发达的特点，借鉴发达国家生产性服务业发展的先进经验，对加快浙江省生产性服务业发展提出如下六条政策建议：

第一，尽快出台《浙江省生产性服务业发展规划》。建议由省发展和改革委员会牵头，组织省内专家对浙江省生产性服务业发展现状与特点以及生产性服务业发展对自主创新能力的实际作用进行深入的调查研究，制定出台《浙江省生产性服务业发展规划》（“十二五”发展规划），明确全省在“十二五”期间生产性服务业发展的战略任务和战略定位，确定生产性服务业发展的重点领域、产业分布和城乡布局，部署生产性服务业发展的阶段目标与实施步骤，构建促进生产性服务业发展的支撑体系与保障措施，以规划来引导和促进浙江省生产性服务业的合理、有序发展，努力形成“高增值、强带动、宽辐射、广就业”的现代生产性服务业发展体系，使之成为浙江省区域自主创新能力提升的新引擎和经济结构战略性调整的新支撑。

第二，研究制定《浙江省生产性服务业发展的政策支撑体系》。组织省内专家对浙江省生产性服务业发展的相关政策进行系统梳理和深入调查，科学地认识和把握现行政策对浙江省生产性服务业发展的积极作用和负面影响，研究制定《促进浙江省生产性服务业发展的政策支撑体系》，建立由市场准入、财政、税收、人才和土地等一系列政策构成的促进浙江省生产性服务业发展的政策支撑体系。一是建立公开透明、平等规范的市场准入制度，降低生产性服务业企业注册资本最低限额，放宽现代生产性服务业企业准入前置条件。二是加大财政在生产性服务业领域的投入，强化支持生产性服务业发展的各类专项资金和引导资金，根据生产性服务业发展需要，逐步增加资金规模，加大对发展规划中的重点行业、重点区域和重点项目的财政投入力度。三是实施税费优惠。对重点发展的行业、区域和项目，研究探索房产税、城镇土地使用税、水利建设专项资金等地方税费实施优惠倾斜的办法。加快推进对生产性服务企业收费的清理工作，对于不符合生产性服务业发展要求的政策和行政性收费，要彻底废除。调整生产性服务业用电、用水、用气价格政策。四是引导和鼓励金融机构与生产性服务企业予以信贷支持，加快开发适应生产性服务业需要的金融产品，积极支持生产性服务企业进入境内外资本市场融资，鼓励创业投资机构和担保机构与生产性服务企业开展业务。五是增加生产性服务业用地比例，对重点发展的生产性服务业建设项目，在供地上给予优先安排。

第三，加快生产性服务业的人才培养。从价值链分析的角度看，生产性服务业的价值增值更多地体现在专业服务人员与客户之间不断交流和沟通上。实际上，生产性服务人员的知识储备、专业化水平起到了决定性的作用。美、日、德、英等国家都建立了多层次的人才培训体系，以保证为生产性服务业发展提供大量的专业人才。建议加大对浙江大学等高等院校在生产性服务业发展相关的学科建设方面的支持力度，在浙江大学增设生产性服务业的研究生专业，加快浙江省生产性服务业高端人才的培养。加大对浙江省高等院校和职业院校生产性服务业通用人才的教育与培训支持力度，加强生产性服务业人才教育实习基地建设，加快生产性服务业技能型人才的培养。完善生产性服务业的职业资格和职称制度，健全生产性服务业职业资格标准体系。积极引进国内外生产性服务业的优秀人才，在住房、配偶就业、子女上学等方面提供强有力的政策支持。

第四，积极引进国外高端的生产性服务品牌机构。高端的生产性服务机构是专业性非常强的工作机构，往往需要具有技术、营销、法律专长和良好产业关系的人组成的团队才能胜任。发达国家高端的生产性服务机构对人员的要求是专而精，比如规模较大的英国技术集团，其人员还不到

200 人，美国研究技术公司也只有 30 多人。这些机构人员不多，但专业人员的素质很高，大都具有理、工、商和法律等两种以上的专长，有博士学位的相当多。浙江省要积极引进国外高端的生产性服务品牌机构，学习借鉴国外先进的服务理念、服务模式和服务标准，努力提升浙江省生产性服务机构的技术水平和管理水平，积极推动浙江省高新技术企业从制造功能向服务功能延伸，向高附加值的研发、设计、销售、现代物流等生产性服务领域发展，提高生产性服务在企业销售额和利润中的比重，进而带动高端生产性服务业的发展。

第五，努力扩展生产性服务业外包空间。研究制定浙江省生产性服务业外包专项发展规划，对软件产业基地、创意动漫基地、信息咨询基地、金融保险基地等服务外包行业的空间布局和建设进行科学设计。明确服务业外包重点发展领域，重点发展软件产业、创意产业、动漫产业、信息咨询产业等领域的外包。建立推进浙江省软件出口的促进体系，组织成员企业承接海外订单、开发海外市场，打响浙江软件品牌，不断提升浙江软件企业的技术开发水平和管理经验。积极鼓励外商投资设立生产性服务外包企业，承接跨国公司的外包项目，鼓励跨国公司在杭州、宁波和温州等设立地区总部、研发中心、区域性营运中心和出口采购中心。

第六，优化生产性服务业的外部环境。浙江省生产性服务业的市场交易化程度较低，全省应尽快完善资本市场、产权交易市场、技术市场、物资市场等生产性服务业的市场支撑体系；进一步完善行业标准、交易规则、监管制度以及信用评价标准等；加快行业协会等社会组织的发展，培育鼓励创新和宽容失败的社会文化环境；重点建设公共研发、信息技术、市场交易、商务交流、生活宜居等公共服务平台，努力提高为生产性服务企业投资创业“一条龙”服务的质量。

14

加强区域创新体系建设，加快提升我国自主创新能力*

随着金融危机的扩散和国际经济发展环境的恶化，2008年我国经济发展遇到了前所未有的困难。为了推动经济持续发展，我国政府于2008年11月9日宣布了4万亿元的十大刺激经济发展的措施，这个规模相当于中国国内生产总值的16%，为全球之最，其中第六项措施是"加快自主创新和结构调整"。提升自主创新能力是推动我国经济科学发展和可持续发展的战略措施。党的十七大报告指出，提高自主创新能力、建设创新型国家是国家发展战略的核心，是提高综合国力的关键。

在创新改变生活的时代，一个区域的发展越来越依赖于自主创新能力的提高。加强区域创新体系建设，不仅是国家创新体系建设的重要组成部分，也是提升区域自主创新能力和国家自主创新能力的重要基础。只有持续不断地推进区域创新体系建设，才能有效地提升区域自主创新能力和国家自主创新能力。加强区域创新体系建设，加快提升我国自主创新能力，政府应着力做好以下五个方面的工作：培育以民营企业为主体的技术创新体系；建立以科技成果产业化为核心的创业投资体系；完善以科技中介机构为主导的创新服务体系；构筑以优化环境为目标的法规政策体系；健全

* 此文是九三学社中央委员会报送全国政协十一届二次会议的团体提案（2009年3月）。

以科技人才和高级技术工人培养为重点的人才开发体系。

一、培育以民营企业为主体的技术创新体系

我国企业按所有制形式大致可以分为三种：外资企业、国有企业和民营企业。依靠外资企业提升我国的技术创新能力是行不通的。国有企业尽管规模较大、技术基础较好，但其技术创新动力明显不足。经过改革开放近30年的发展，民营企业不仅在竞争性领域逐渐占据了主体地位，而且已经大量进入非竞争的垄断和公益部门。民营企业为了应对激烈的市场竞争，保持企业竞争力，虽具有很强的技术创新动力，但绝大多数民营企业技术创新能力很弱。培育以民营企业为主体的技术创新体系，对提高我国企业的技术创新能力、加快推进创新型国家建设具有特别重要的意义。近年来，民营企业融资环境有了一定的改善，但融资难仍然是民营企业发展最关键的瓶颈。各级政府科技投入的总量和强度虽然逐年增加，但只有少部分用于民营企业。我国虽然加大了知识产权保护的法规制度建设和管理力度，但仿冒他人技术、专利、商标、品牌的现状并未从根本上改观。因仿冒问题带来的技术创新市场风险严重阻碍了民营企业技术创新的动力。建议中央政府和各级地方政府要像对待高校、科研院所和国有企业一样，加大对民营企业的科技投入力度，推动民营企业成为技术创新的主体；鼓励民营企业以市场需求为导向，确立创新战略、品牌战略、技术标准战略目标，努力开发拥有自主知识产权的主导产品、关键技术，掌握一批具有自主知识产权的核心技术和自主品牌，掌握市场竞争主动权，提高核心竞争力；围绕提升民营企业技术能力，大力推进企业研发机构建设，努力提高民营企业研发机构运行质量，充分发挥民营企业研发机构在产业发展中的基础性作用；支持民营企业研发机构强强联合，鼓励大中型民营企业建立行业技术联盟；实施知识产权战略，推动民营企业建立知识产权制度，加强对民营企业自主知识产权核心技术的保护。

二、建立以科技成果产业化为核心的创业投资体系

科技成果产业化是一项高投入和高风险的创新活动，其需要投入的资金通常是研发资金的100倍。如果研发资金投入1000万元，则科技成果产

业化需要投入10亿元。很显然，仅靠企业、科技成果提供方和政府三方的力量是不够的，难以承担起科技成果产业化的重任。在资本市场中，创业投资是一个与科技成果产业化紧密相关的金融产品，在科技成果产业化方面发挥了重要的作用。加快我国科技成果产业化，推动产业技术升级和经济结构战略性调整，需要建立一个能有效地动员和集中全社会各路资金通畅地进入科技成果产业化领域的创业投资机制。近年来，我国创业投资取得了较快的发展，但远远难以满足科技成果产业化的需要。创业投资的发展关系到我国科技成果产业化，关系到高技术产业的发展，政府应采取以下措施加快我国创业投资的发展：一是研究制定税收优惠政策，增加创业投资的有效供给；二是积极探索和发展有限合伙制，提高创业投资机构的运行效率；三是加大对自主创新产品的政府采购力度，降低创业投资的市场风险；四是建立和完善股票期权制，强化创业投资的动力机制；五是加快区域性技术产权交易市场的建设，完善创业投资的退出机制。

三、完善以科技中介机构为主导的创新服务体系

自主创新是高度社会化、系统化的活动。科技中介机构是科技创新主体之间互相联系的纽带，是将科技成果转化为现实生产力的中间环节。推动自主创新，必须按照市场经济的要求，加快以科技中介机构为主导的创新服务体系建设，努力降低创新风险，减少创新成本，形成理性的创新预期。只有这样，才能激发全社会创新的动力与活力，推动自主创新有序开展。近年来，我国科技中介机构得到了长足发展，但还远远难以满足自主创新的需要。各级科技管理部门应该积极扶持以生产力促进中心、科技企业孵化器（科技创新服务中心）、科技咨询机构、创业投资服务机构、知识产权代理服务机构等为主的各类科技中介机构的发展；推动科研院所转制为科技中介机构，鼓励和调动社会力量参与科技中介机构建设。各级政府近期应着重做好以下五个方面的工作：加快科技中介机构公共信息平台和网络化建设；加强科技中介从业人员的素质建设；强化科技中介服务业的法律和自律建设；大力推进科技中介机构的社会化和产业化进程；鼓励引进国外的品牌科技中介机构，学习和借鉴国外科技中介机构的先进技术和管理经验，提升我国科技中介机构的管理水平。

四、构筑以优化环境为目标的法规政策体系

法规政策体系建设是区域创新体系建设的重要组成部分。20 世纪 70 年代以来，运用法规政策手段来激励和保障技术创新活动已成为世界性潮流。很多国家和地区的政府通过制定财政金融支持、税收优惠、政府采购、人才开发和知识保护等一系列的法规政策手段，协调政府、企业、高校和研究机构在自主创新上的合作与互动关系，不断激活自主创新系统的活力。近年来，我国制定了一系列激励自主创新的法规政策，现在的关键是要抓紧落实，充分发挥配套政策的导向、激励和调控效应。各地区、各部门要紧密结合实际情况，研究制定实施细则，有突破、重实施，尽力放大政策效应。在法规政策体系建设方面，近期政府应该着重做好以下三个方面的工作。一是抓紧建立财政性科技投入稳定增长的机制，优化财政科技投入结构；创新财政科技投入管理机制，提高科技经费支出使用效益；鼓励企业增加投入，建立多元化的科技投入体系；加快建设科技风险补偿基金及其运作体制。二是抓紧建立财政资金采购自主创新产品的制度，明确界定促进自主创新的政府采购功能的适用范围，建立自主创新产品和高技术产品政府采购协调机制，对自主创新和高技术产品实行优惠采购，放宽政府集中采购机构的受托范围，建立激励自主创新的政府首购和订购制度。三是抓紧建立和完善知识产权强化型评价模式，建立和完善知识产权保护的激励机制，增强企业知识产权的保护意识和保护能力，加强知识产权保护人才的培养等。

五、健全以科技人才和高级技术工人培养为重点的人才开发体系

科技人才资源已成为 21 世纪最重要的资源，经济优势取决于科技优势，科技优势又源于科技人才优势。我国应加快造就一批具有世界水平的高级人才队伍，努力造就培养一批具有企业家头脑的科学家和具有科学家头脑的企业家，彻底破除职务评定中的论资排辈现象，进一步形成培养选拔高级专家的制度体系，对高级专家实行特殊政策，使大批优秀人才脱颖而出。我国应制订和实施吸引优秀留学人才回国工作的具体计划，采取多种方式，建立符合留学人员特点的引才机制，重点吸引高层次人才和紧缺

人才；大力加强留学人员创业基地建设，优化留学人才为国服务的政策措施，加大高层次创新人才公开招聘力度。

据统计，我国目前技术工人中，技师和高级技师占1.5%，高级工占3.5%，中级工占35%，初级工占60%；而在发达国家，高级工占35%，中级工占50%，初级工占15%。由于技能型人才的严重缺乏，近几年来，我国出现了大面积的“技工荒”现象。“东西南北中，普遍缺技工”“学士、硕士满街跑，技工技师无处找”是“技工荒”这种情况的真实写照。招聘大学生容易、找高级工难已成为各地、各行业的普遍现象。我国要把培养高级技术工人纳入“人才强国”战略的整体规划中，将建设高技能人才体系上升到我国经济社会发展的战略高度。抓紧出台一批有利于高级技术工人成长的法规政策，加大对职业技术学校、技工学校、就业训练中心、民办职业培训机构的财政投入力度，加快对技术技能型、知识技能型和复合技能型三类人才的培养，在“十一五”期间使我国高级技术工人占劳动者的比重明显提高，尽快改善劳动者结构，以满足我国自主创新的需要。

15

积极创造条件，让知识分子富起来*

江泽民同志指出：人才是科技进步和经济社会发展的最重要的资源，智力是活的知识力量。无论从各国经济发展的历史经验还是未来发展趋势来看，人才都是推动经济和社会向前发展的先导性和决定性因素。法国著名的思想家圣西门对此早有很深刻的认识，他在《寓言》一文中提出了一个非常有趣的假设：假如法国突然失去了自己的50名优秀的物理学家、50名优秀的化学家、50名优秀的诗人、50名优秀的作家、50名优秀的军事家和民用工程师……法国马上就会变成一具没有灵魂的“僵尸”。因为这些人“对祖国最有用处”，而要重新培养这批人，则“至少需要整整一代人的时间”。

马克思早就指出：比较复杂的劳动只是自乘的或不如说是多倍的简单劳动。因此，少量的复杂劳动就等于多量的简单劳动。复杂劳动产品的价值要比相同时间内简单劳动产品的价值高出许多倍。众所周知，知识分子的劳动是具有创造性、探索性和艰苦性特点的复杂脑力劳动，其劳动成果具有特殊的经济和社会价值。美国经济学家舒尔茨在一份研究报告中指出，不同文化程度的人，在智力劳动方面的能力比例是大学∶中学∶小学 = 25∶7∶1。联合国教科文组织的一份研究报告也同样指出，不同文化程度的

* 此文刊载于《软科学》2001年第1期。

人提高劳动生产率不同：小学为43%，中学为108%，大学为300%。这些研究资料说明劳动者的科学文化素质越高，其劳动生产能力也越大。因此，给具有较高文化水平的知识分子较高的劳动报酬和物质待遇，并创造各种条件，让知识分子富起来，是合理的。

党的十一届三中全会以来，党和政府为改善知识分子的工作和生活条件做了大量的工作。如改善知识分子的医疗条件，解决知识分子夫妻两地分居及住房难的问题，普遍提高知识分子的工资水平等。近几年来，随着党的各项知识分子政策的贯彻实施和社会主义市场经济体制的深入发展，从总体上看我国收入分配的“脑体倒挂”现象已得到基本扭转，知识分子的社会地位和收入也有明显提高。当前知识分子的收入究竟高还是低？是已经合理还是不合理？是否需要继续提高和改善？我们可以从我国教育投资个人收益率的角度作出回答。

常用的教育投资个人收益率有明瑟收益率和投资内部收益率两种。明瑟收益率是考察教育投资边际收益的一种方法，即表示劳动者个人多接受一年的教育可以带来收入增长的百分比；投资的内部收益率表示使劳动者个人因接受教育而支付的所有的教育成本的现值和将来获得的收益现值相等的贴现率。北京大学高等教育研究所陈晓宇和闵维方利用明瑟收益率方法的基本收入函数和扩展收入函数测算了我国各层次教育投资的明瑟收益率：初中为3.59%，高中为4.19%，中专为6.76%，大专为4.67%，本科为6.58%，平均收益率为5.3%。与国际数据（非洲为13%，亚洲为11%，拉丁美洲为14%，中等发达国家为8%，发达国家为9%）相比，我国教育投资的平均明瑟收益率和各层次教育的明瑟收益率不但远低于发展中国家，而且也明显低于发达国家和中等发达国家。陈晓宇和闵维方根据1996年中国城市调查中关于大学专科和本科教育的私人成本的数据，计算得到了高等教育的个人内部收益率为7.5%。经济学家乔治·萨哈罗普勒（1995）对世界上数十个国家教育投资内部收益率进行了跨国研究，得到世界高等教育平均的个人内部收益率为19%。可见我国目前高等教育投资的个人内部收益率也明显低于世界平均水平。

从世界范围来看，我国目前知识分子的收入仍旧是偏低的，他们的收入与投入（或贡献）相比还是很不相称的。在当前形势下，为了在全社会形成“尊重知识、尊重人才”的良好风尚，更好地落实党的知识分子政策，充分调动广大知识分子的主动性、积极性和创造性，积极创造条件，让知识分子富起来，就显得尤为重要和迫切。

一、对知识分子实行工资倾斜政策

世界各国科技人才的工资收入水平平均比普通劳动者高出许多。根据有关资料测算，美、英、法、德、意、日等国，中级管理人员的平均工资比工人高3—5倍，医师比工人高3—6倍。新加坡政府信奉精英主义，工资政策便是具体体现。据统计，早在1966年，新加坡受过大学教育者的平均月收入为没有受过教育者的月收入的5.75倍，为受过小学教育者的4.1倍，为受过中学教育者的1.81倍，为全国平均工资的4.01倍。近年来，随着新加坡经济的快速发展，这种收入差距又逐渐扩大。这种工资倾斜政策促进了新加坡人好学上进风尚的形成。正如李光耀先生指出：“在科技日新月异的时代，这种珍惜学问和相信知识能改进个人前途的强烈信念，是特别难能可贵的。一个成功的社会，必须有受过良好教育、终身不断学习的人民。”

但是我国现行的工资政策却未能体现这种差别，平均主义倾向依然存在，知识分子尤其是青年知识分子对目前的工资待遇仍旧满腹牢骚。我们曾对342名知识分子做过问卷调研，结果是：对自己工资待遇感到满意或很满意的占24.3%，而感到不满意或很不满意的占68.4%。这种现象严重阻碍了知识分子积极性和创造性的发挥。因此，政府应该实行向知识分子倾斜的工资政策，逐步适当地拉开不同文化层次的劳动者的工资档次。只有这样，才能激起全民族刻苦学习、积极进取的精神，才能充分发挥知识分子在现代化建设中的作用。

二、引进和推广股份期权的激励制度

据统计，到1998年底，在美国硅谷约有7000多家高技术公司，市价总值达到4500亿美元，平均每5天就有一家高技术公司挂牌上市，每天造就62个百万富翁。雅虎（Yahoo）在3年内创造出10个亿万富翁，在微软（Microsoft）公司的1.6万名雇员中就有2000多个百万富翁。这主要得益于在硅谷的高技术公司中有一个能充分调动人才积极性、创造性的所谓“股份期权（stock option）”的激励机制。在硅谷，很多的高技术公司都采用股份期权的形式，即科技开发人才（包括创业者）将开发的有形产品或无形技术（专利技术或非专利的专有技术）作价，并与注入的资本（主要是风险投资资本）确定一个股份比例，各方以期权的形式持有股份，并在一定时期内（如 2 年或 3 年）用事先约定的价格购买公司规定比例的新股。这种股份期权成了把科技的人才创造力和公司前途紧紧捆在一起的纽带，它有助于激励科技人才的敬业与创新精神。就这样，在硅谷形成了一大批每周工作 7 天、每天工作 10 个小时以上的“工作狂”。有人戏言，硅谷就像一台爆米花机，扔进一批冒险创业者，再投入风险资本，就能源源不断地爆出一批批百万、千万甚至亿万富翁。

近年来，英国剑桥大学也仿效美国硅谷的做法，引进股份期权激励制度。剑桥大学的教师及研究生可按自己的意愿在被称为“硅沼”的剑桥科技园从事科研成果的商品化活动以及高技术公司的创业活动。科研活动的收益由校方与教师签订的聘用合同明确界定，相当大的一部分为教师所有。目前，“硅沼”有 1000 多家高新技术公司，年收入达 30 多亿美元。

《中华人民共和国公司法》规定，设立股份有限公司，股东以工业产权、非专利技术作价出资的，其金额不得超过公司注册资本的 20%；设立有限责任公司，股东以工业产权、非专利技术作价出资的，其金额不得超过公司注册资本的 20%，特殊情况下超过 20% 的，必须经公司审批部门的同意，但其最高额也不得超过 30%。这样的法律规定，显然不利于最大限度地调动专利或者专有技术所有者的积极性和创造性。我国应尽快地完善公司法的相关内容，参考美国硅谷和英国“硅沼”的做法，在高新技术企业、科研院所和高等院校，大胆地引进和推广风险共担、收益共享的股份期权激励制度。到目前为止，股份期权是调动科技人才积极性、创造性的有效制度之一。

三、对知识分子实行“无门槛”公司登记制度

我国的公司法对公司登记规定了许多条件，设置了重重门槛，主要有以下三道门槛。一是初始资本制，即注册资金必须达到一定的最低限额。

例如，开发服务性科技公司注册资本最少是10万元，贸易性的科技公司注册资本最少是50万元。二是营业场地要求。三是专职人员要求，没有达到规定的专职人数，则不能登记。这些门槛把一大批优秀的知识分子挡在门外，严重地影响了我国高新技术产业的发展。其实，对我国一般的知识分子来讲，10万元注册资本不是小数目；达到规定营业场地要求，也并非容易的事情；在我国社会保障制度十分不完备的条件下，辞去原工作，做专职，更不是一般知识分子所能为。即使是完全达到公司法的规定条件，由于政府机构工作人员素质不高、官僚作风严重，知识分子从开始计划创业到完全办齐各种证照（如工商营业执照、税务执照和治安许可证等），也要耗费许多时间和精力。

而像美国这样发达的工业化国家实行的是真正“无门槛”注册制度：既不问是否有注册资金，也不管有无专职人员和专用营业场所，只要花18美元的登记费，不到两小时就可以注册登记一个公司。这一制度不仅大大促进了美国科技成果的转化，促进了美国高新技术产业的发展，而且也造就了一批又一批的创业家和风险投资专家。

我国应借鉴美国等发达国家的经验，对公司登记实行“无门槛”制，至少是对科技人员创办科技类开发公司首先实行“无门槛”制，如取消批文要求，取消最低资本金限制，取消专业技术人员限制，取消生产经营场所及生产条件限制等。科技人才只要凭身份证、工作证、单位介绍信、学位证书和专业技术职称证明就可以申请登记公司。让优秀的科技人员、青年教师和青年学生畅通无阻地去创办高技术公司，为他们的新思想、新发明和新创造的商品化、产业化创造宽松的环境。这不仅有利于培养一批创新人才（包括科研人才、创业家、风险投资家），而且也为他们科学致富创造了宽松的条件。

四、废除分配制度上的官本位倾向

近年来，工资制度的调整与改革，使“脑体倒挂”的现象得到了根本的改观，知识分子和科技人才的经济收入较之前有了大幅度的提高，带来了整个社会对知识和人才的重视。然而就知识分子的内部分配而言，官本位倾向普遍存在，严重地影响了各类专业技术人才钻研学术、努力拼搏、勇攀科技高峰的积极性。目前，高等院校、科研院所和高新技术企业普遍实行的岗位工资制、职务工资制，使为官者平添了许多堂而皇之的各种干部津贴，其实际收入较同等资历的普通专业技术人才要高出许多。这种分配制度上的官本位倾向，给人们的导向是潜心钻研学问，不如投机钻营官位。

在官本位的冲击影响下，首先是高层学历的中青年科技人才争着挤入机关部门。近年来的副厅、副处级领导职位的公开选拔以及公务员的公开考试中，高层次学历的人才蜂拥而至。如江苏省审计厅的公务员招考，招考者与实招人数之比竟高达87∶1。其次是许多科技人才把高级职称作为升官的敲门砖，一旦拿到高级职称就转向行政职位，兼职或专职搞行政工作，使自己的专业技术工作受到影响。再次是组织部门认为科技人才是党政领导的后备军，让许多拔尖科技人才，特别是处于创造峰期的中青年科学专家兼任行政职务，使他们不能潜心地投入科学研究工作，名为重用，实为误用，步入了科技人才使用上的误区。最后是一些不能为官者或者是不愿为官者另辟蹊径，或者是为“钱”而奔波操劳，从事第二甚至第三职业；或者因不满足现实的地位和处境而投向外资企业，甚至直接去国外谋求发展。

政府要采取切实有效的措施废除这种分配制度的官本位倾向，把“按劳分配”和“按生产要素分配”的政策真正落到实处。

当今世界正在进入知识经济的发展阶段，知识生产将逐渐成为推动社会经济发展的主动力。知识生产主体——知识分子已越来越凸显出他们在实施科技兴国战略和实现中华民族伟大复兴中所不可替代的作用。在这个时候，党和政府应从战略高度倡导“让知识分子富起来”，并积极创造条件，采取有力的政策措施，让知识分子真正富起来，这对于充分发挥广大知识分子在科教兴国中的伟大作用，加速我国科技、经济和社会发展具有重要的意义。

五、环境安全与生态保护

1

全力推进安吉综合改革创新试验区发展*

以“绿水青山就是金山银山”为核心的“两山”理念是习近平生态文明思想的重要内容。近年来，“两山”理念写入了党的十九大报告和党章，其真理力量在实践中展现出强大的生命力。作为“两山”理念诞生地，安吉县十多年来一以贯之深入推进生态文明建设，在构建生态文明建设新体制、探索绿色发展新模式、形成生态治理新机制、挖掘生态文明新内涵等方面取得了显著成效。为继续强化安吉县践行“两山”理念的先行优势和引领作用，2019 年 7 月，浙江省委、省人民政府决定在安吉开展新时代践行“两山”理念综合改革创新试验区建设。该试验区建设，对于打造生态文明高度发达的“重要窗口”、促进全省县域经济社会持续健康发展、加快“两个高水平”建设具有重要的示范作用。

为全面、正确地了解和把握安吉试验区的建设成效和瓶颈，研究总结安吉实现“两山”转换的主要通道和典型经验，着力推进生态文明“重要窗口”建设，7 月 22—23 日，九三学社省委会副主委、省人民代表大会常务委员会委员、浙江大学公共政策研究院副院长范柏乃率队赴安吉县梅园学校、余村、鲁家村等地进行实地调研，重点了解安吉践行“两山”理念的基本做法和典型经验，并就对口支持试验区建设、扩大安吉“两山”理

* 此文与张鸣共同完成，是报送浙江省委、省人民政府的调研报告（2020 年 8 月）。

念实践经验的影响力等事项进行深入研讨。在系统考察的基础上，调研组认为，安吉在践行“两山”理念方面已经进行了15年的实践探索，取得了优异成绩，并走在全国前列。全力推进安吉综合改革试验区建设，应从探索绿色发展的政绩考核指标体系、完善生产要素配置机制、建立健全生态产品市场化定价机制、加强对口支持单位的省级有效统筹、深化安吉践行“两山”理念的理论研究、创办践行“两山”理念的全国论坛、建立践行“两山”理念的全国党政干部教育培训基地、加快研发浙江生态文明发展指数八个方面出发，扎扎实实地做好八篇大文章，努力将安吉建设成为社会主义生态文明“重要窗口”。

一、探索绿色发展的政绩考核指标体系，引导广大干部树立绿色发展理念

习近平总书记指出，绿色发展是构建高质量现代化经济体系的必然要求，是解决污染问题的根本之策。驱动高质量的绿色发展迫切要求将传统数量型政绩考核体系转变为质量型政绩考核体系，以此推动各级政府将绿色发展理念尽快转化为绿色发展的政府行动。建议根据创新、协调、绿色、开放、共享“五大发展理念”，构建以“经济性”“效率性”“效果性”“创新性”“协调性”“开放性”和“低排放性”等质量型考核内容为主体框架的一级政府绩效考核体系。在此基础上，将营商环境优化、经济发展质量、政府成本投入与债务规模、政务服务便利度、社会平安程度、人民健康状况、民生改善、劳动就业、居民收入、资源消耗、环境损害、生态效益等内容作为新时代地方政府绩效评估的核心指标，据此对各级地方政府进行科学考评。

二、完善“亩均论英雄”生产要素配置机制，促进企业走向绿色发展轨道

企业是环境保护的第一责任人，更是践行绿色发展的重要主体。通过完善生产要素配置机制，形成对企业的正向激励，才能不断推动企业走向绿色发展轨道。一是对照高质量绿色发展标准，综合考虑经济效益、社会效益、环境效益、科技创新和企业发展潜力等因素，形成更为科学的综合

评价体系；二是扩大“亩均论英雄”改革覆盖范围，全面开展服务业企业“亩产效益”综合评价，引入第三方专业机构参与标准制定、政策宣传与评估工作；三是完善评价结果运用机制，相关省级部门要健全评价结果运用的配套措施，加强数据交换共享，并重点针对排名居中、“可上可下”的企业，探索通过综合运用财政、土地、金融、项目、人才等政策加大激励力度；四是对“亩均论英雄”大数据平台积累的数据进行深度挖掘和智能分析，进而对不同规模、不同行业以及产业链不同环节的企业精准施策。

三、建立健全生态产品市场化定价机制，加快构建高标准的生态保护制度

一是建立科学的生态产品价值核算标准。生态产品价值核算是“绿水青山转换为金山银山”的“定价”手段。目前，生态产品价值核算存在标准不一致、方法不统一、可比性较差等问题。建议浙江省率先明确生态产品价值核算主管部门，探索建立科学的核算方法。二是在安吉建立国家级生态产品交易市场，实行生态产品提供者赋权、消费者付费制度，允许生态产品与用能权、碳排放权、排污权、用水权等发展权配额进行兑换，推动经济发达地区向生态地区购买发展权配额。三是构建高标准的生态保护制度。习近平总书记指出，只有实行最严格的制度、最严密的法治，才能为生态文明建设提供可靠保障。为此，要加快建立健全生态环境损害惩罚性赔偿制度、生态环境公益诉讼制度、生态环境保护综合行政执法制度、生态环境领域失信“黑名单”制度。要以更高标准推进大花园建设、“千万工程”建设、美丽城镇建设、生态海岸带建设、“无废城市”建设，打造全域秀美的现代版“富春山居图”。

四、加强对口支持单位的省级有效统筹，着力避免人财物资源的重复浪费

为避免人财物资源的重复浪费，并提高对口支持的有效性，应在省级层面加强对试验区建设支持的统筹协调。首先，相关省级单位应建立健全支持试验区发展的工作联席会议机制，针对重大改革清单、政策清单和项目清单成立跨部门工作专班，厘清各单位职责，明确协调联动机制。同时，借助机关内部“最多跑一次”系统，加强各单位之间线上沟通协商，以高效协同的办公体系形成支持试验区发展的合力。其次，省委全面深化改革委员会办公室（浙江省最多跑一次改革办公室）要加强对省级相关单位的督促检查，把各单位支持试验区发展举措的落实情况纳入省直单位全面改革情况考评，并定期进行“晾晒”。

五、深化安吉践行“两山”理念的理论研究，总结提炼可推广和可复制的安吉经验

为全面提升安吉作为“两山”理念诞生地的影响力、知名度和美誉度，应在深化改革的同时，进一步加强对安吉践行“两山”理念的理论研究。一方面，对口支持的省级单位尤其是各民主党派要充分发挥自身智力资源密集的优势，在对口支持的过程中开展蹲点调研，将安吉践行“两山”理念的成功做法总结提炼为学术论文、学术专著，同时将最主要的经验以通俗易懂、朗朗上口的方式进行表述，在报纸、广播、电视、视频网站进行广泛宣传。另一方面，安吉县委、县人民政府要主动加强与浙江大学、省委党校、省社会科学院等高端研究机构的沟通联系，通过建立长期合作关系持续加强对安吉践行“两山”理念的理论研究。

六、积极创办践行“两山”理念的全国论坛，发布《中国绿色发展蓝皮书》

为进一步扩大“两山”理念理论研究的影响力，建议在安吉创办践行“两山”理念全国论坛，广邀专家学者、政府官员、代表性地区“两山”理念实践者等共同参会研讨，将会议主要观点通过媒体大力宣传，同时整理为内参上报党中央、国务院。此外，建议通过论坛每年发布《中国绿色发展蓝皮书》，整理汇总全国各地以“两山”理念推进绿色发展的典型案例以及“两山”理念理论研究最新成果。

七、建立践行“两山”理念的全国党政干部教育培训基地，提升“重要窗口”的影响力和辐射力

应加强安吉县委党校、余村“两山”理念研学中心、鲁家村“两山”

学院和浙江生态文明干部学院、浙江省委党校、浙江大学的资源共享与协调联动，在此基础上整合各方优势资源，向中共中央组织部争取设立“中国生态文明干部学院”，作为全国党政干部“两山”理念教育培训基地。与此同时，以“教研咨”一体化理念加强培训教材编写与课程开发，即依托对“两山”理念的理论研究，编写兼具理论深度和实践案例的培训教材，并形成一系列阐释“两山”理念的理论教学、案例教学、现场教学专题，让受训干部系统地了解“两山”理念及最新实践，进而牢固树立“像保护眼睛一样保护生态环境，像对待生命一样对待生态环境”的思想，进一步提升浙江作为生态文明高度发达“重要窗口”的影响力。

八、加快浙江生态文明发展指数研发，强化生态文明发展的动态监测预警

建议结合新基建，加快建设高精度、全覆盖的全省生态环境监测物联网，并早日建成生态环境省域治理专题数据库。在此基础上，从生态环境质量、经济发展质量、人民生活质量等维度出发，加快研发浙江生态文明发展指数，每月对 11 个设区市、90 个县（市、区）进行动态监测，根据测算情况绘制生态文明发展“五色图”，并依据“五色图”对生态文明发展水平较低或出现倒退的地区启动预警机制，对党政主要领导和相关责任人进行约谈，压实各级党委和政府主要领导生态环境保护“第一责任人”的责任。同时，将生态文明发展“五色图”发布平台打造成为公众了解、参与、监督生态文明建设的平台，构建生态文明建设的公众参与式治理机制。

2

建立健全生活垃圾正确分类处理的公共治理机制*

我国大规模、高速度的城镇化进程取得了举世瞩目的成就，与此同时也带来了交通拥堵、环境恶化等一系列“城市病”。“垃圾围城”现象及其所引发的环境、社会问题便是其中之一。我国住房和城乡建设、国家发展和改革委员会、环境保护部共同发布的《生活垃圾处理技术指南》明确提出对生活垃圾的处理要求是减量化、资源化和无害化。对生活垃圾进行分类，并分别对分类垃圾进行处理，是目前实现“三化”的主要方式。我国许多地区都将垃圾源头分类作为一项重要措施，制定和实施了相应的法律法规，垃圾分类投放和运输的基础设施设备配置逐步完善，垃圾减量也在个别城市取得一定成效。但我国垃圾分类距离现代高效的分类回收体系依然遥远。以杭州市为例，早在 2000 年 6 月，杭州就被建设部确定为全国垃圾分类试点城市之一，2010 年杭州正式启动垃圾分类工作，然而直到现在，杭州垃圾分类还停留在“试点”阶段，多数人仍然分不清垃圾，更难以妥当归类。

---

* 此文与吴晓彤共同完成，刊载于《公共政策内参》第 17488 期，荣获时任浙江省副省长熊建平同志的重要批示（2017 年 1 月），是报送浙江省政协十一届五次会议的个人提案（2017 年 1 月）。

一、影响生活垃圾正确分类处理的现实困境

生活垃圾分类处理是我国借鉴国外先进管理经验，结合本国国情所做的一种政策创新尝试。不同环境下影响因素的组合方式多样且复杂，难免会出现各种各样的问题。因此，我们应该抓准问题，找到影响生活垃圾正确分类处理的现实困境，从而做到有的放矢。

这些现实困境主要包括以下五种：

第一，公众自觉分类意识不强，缺乏积极引导。受传统观念的影响，公众意识不到“垃圾是放错位置的资源”，不会自发开展垃圾分类的行动。此外，“邻避现象”实属常见，有些居民对工厂排放污水和废气深恶痛绝，但对自身缺乏思考，认为自己随意投放垃圾的行为可以忽略不计，缺少环境保护的自觉性。

第二，监督体系政府主导过多，缺乏公众参与。公众普遍认为，环境质量的提高、垃圾的合理处理是政府和社区物业的事情，与自己无关。在居民区内的分类垃圾桶或垃圾站边，多为居委会的监督员站岗，但是在站岗时间之外，仍然存在乱扔垃圾现象。

第三，奖励惩罚机制落实不到位，缺乏激励约束。发达国家在促进垃圾源头分类的过程中，采用了萝卜加大棒的奖惩机制：对于不按照规定进行垃圾分类的公众给予严厉的惩罚，对于积极主动履行垃圾分类投放义务的公众进行相应的激励。我国在这方面的政策规定比较匮乏，而且没有形成统一的标准，因此实施起来的制约力度明显不足。

第四，垃圾分类治理主体虚位，缺乏明确权责。生活垃圾分类是一个系统化的工程，涉及政府、企业、公民等多方主体，没有多元联动的公共治理机制难以实现生活垃圾分类处理的长效发展和推广。目前，多方主体之间的权责不明确，在此基础上形成的监督体系、奖惩体系也难以具有说服力，使垃圾分类管理的成本增加。

第五，法律制度体系不完善，缺乏具体规范。《中华人民共和国环境保护法》《中华人民共和国固体废物污染环境防治法》《城市市容和环境卫生管理条例》《城市生活垃圾管理办法》等都对生活垃圾分类回收处理作了规定，但这些法律大多仅发挥原则性指导作用，对生活垃圾的具体分类

标准划分不够详细，组织领导、监督机制、责任机制、财政投入和保障措施也不够清晰。

二、推进生活垃圾正确分类处理的政策建议

生活垃圾分类处理是社会管理和环境保护的重要内容，是社会文明的重要标志，关系人民群众的切身利益。因此，在分析现实困境的基础上，结合浙江省发展特点，提出以下六点建议。

第一，实施生活垃圾的溯源追踪管理。2015 年 12 月 1 日，《杭州市生活垃圾管理条例》开始实施。就丢入垃圾桶的垃圾如何追根溯源这一问题，该条例规定城管部门可以通过三种方式查出：一是抽查，派执法队员现场蹲守，不定期抽查市民垃圾分类情况；二是通过垃圾分类管理责任人管理；三是在小区实行垃圾实名制。在实施过程中发现，不定期抽查易让居民产生侥幸心理，垃圾实名制则存在较强抵制性，难以有效落实。因此，社区（乡村）可以向每户发放标有编号的分类垃圾袋，编号与住户一一对应，如果有居民对垃圾错误分类或者根本没有分类，根据编号即可找到对应住户。这一做法在一定程度上可以解决居民对垃圾分类实名制的抵触，以较低的成本达成较好的效果，同时也有利于监督和奖惩工作的落实。浙江省衢州市龙游县推广的农村垃圾分类“贺田模式”，很好地体现了这一创新点。在贺田所有的村民家中，都有村里专门印制的黑、黄两色塑料垃圾袋，其中黑色用于投放不可回收垃圾，黄色用于可回收垃圾，每个袋子上有两个编码，一级代码表示卫生负责区，二级代码表示户主代码。每个责任区有对应的农户，给垃圾贴上“身份证”，做到“见袋知人”。垃圾可追溯，便于倒查监督，极大减少了垃圾运输、处理费用，有利于群众自觉参与卫生保洁，具有很大的推广意义。

第二，完善生活垃圾的集中投放措施。目前社区（乡村）的垃圾投放方式多为散点的环保垃圾桶，通常是“一绿一黄”的标配。但通过调查发现，餐厨垃圾和其他垃圾混装的情况仍然很普遍，几乎每个垃圾桶里的“内容”都差不多。设置散点的环保垃圾桶本意是为方便居民进行分类垃圾的投放，但在自觉分类行为尚未成熟之前，这样设置环保垃圾桶不仅扩大了垃圾的污染范围，使社区（乡村）内部环境脏乱，而且加大了清洁人

员的工作难度。可以在社区（乡村）设置生活垃圾的集中投放点。这一措施虽然对居民生活习惯改变大，前期推广进程可能较慢，但具有居民参与率高、分类准确率高、分类效果好、日常维持成本低的优势，同时有利于改善整个社区（乡村）的居住环境，有效防止在由环保垃圾桶向回收处运输过程中将分好类的垃圾二次混合，也为接下来公众监督的开展奠定了较好的基础。

第三，优化生活垃圾正确分类处理的公众监督体系。在垃圾分类处理过程中重视公众的参与，一是要将社区物业管理、居委会、村委会与公众相结合。在溯源制度的基础上，采取在垃圾集中投放处轮流值班的方式，使每一位住户参与其中，身负监督责任，这样能够在一定程度上改变公众在生活垃圾分类处理这一问题上事不关己的态度。完全由居（村）委会或者社区物业负责监督工作，在站岗时间范围内可以有效管理，但站岗时间之外难以保证不会出现乱扔垃圾的现象，因此需要将公众纳入这个体系中，长期参与和监督，这也是建立科学的生活垃圾分类公共治理机制的要求。二是建立一套由公众充分参与的监督机制以对政府进行监督，包括市政垃圾处理的收支账目公开，垃圾收集过程透明化，垃圾处理设施开放从而公众可以随时进入查看等。

第四，探索生活垃圾正确分类处理的奖励惩罚机制。生活垃圾分类处理的奖励大多属于市场诱导性激励的范畴，即通过补贴、优惠、购买等市场方式影响目标群体的行为。例如，在垃圾分类处理中，对居民准确分类的报纸、塑料、玻璃、电池等垃圾实行免费装运，对垃圾分类表现突出的家庭可折抵相应的垃圾费，对自觉监督和举报违规的行为予以经济奖励等。同样，也可以通过市场化方式，对违反规定的行为予以经济惩罚。以杭州为例，2015 年 12 月 1 日正式实施的《杭州市生活垃圾管理条例》中有不少被称为“史上最严”的规定，其中包括个人未按要求做好垃圾分类的，可能被处以 50 元到 200 元罚款等。除以上经济奖惩之外，借鉴政府将环境保护纳入绩效评估的举措，建议在溯源追踪和公众监督的基础上，将生活垃圾分类结果与个人信用评估相结合，并将评估结果在所在社区（乡村）公示，进行通报表扬或批评，同时将这一结果与个人工作联系起来，作为工作考评的一项指标反馈给工作单位。个人利益与生活垃圾分类行为紧密相连，有利于督促公众培养自觉进行垃圾分类的行为。

第五，建立生活垃圾正确分类处理的权力责任清单。生活垃圾正确分类处理是一项社会工程，也是一个长期而艰巨的任务，不是靠某个部门的一己之力可以完成的，需要建立一个发挥多元主体作用的公共治理机制并明确权责。一是公众应主动了解源头减量与分类方法，正确实施垃圾分类，逐步形成自觉进行生活垃圾分类的生活习惯并积极发挥监督作用。二是居（村）委会做好宣传工作，指导、引导、规范、监督物业管理企业和居民的垃圾分类工作。三是各级人民政府应当把生活垃圾源头减量与分类工作纳入本级国民经济发展计划，并制定可操性强的政策和法规，落实财政资金投入；同时要监督建设、环保等行政主管部门各司其职。四是相关行业协会、社会团体和其他组织积极宣传生活垃圾分类减量、环境保护与资源节约等方面的知识，引导、督促单位遵守相关规定。五是企业追求经济效益的同时积极承担社会责任，对产品的整个生命周期负责，实现垃圾的减量、产业和资源的增量。

第六，强化生活垃圾正确分类处理的法律制度保障。2016 年 6 月，国家发展和改革委员会、住房和城乡建设部联合印发《垃圾强制分类制度方案（征求意见稿）》（以下简称《方案》）。根据《方案》，到 2020 年底，重点城市将基本形成生活垃圾减量化、无害化、资源化和产业化体系，实施生活垃圾强制分类的重点城市，生活垃圾分类回收覆盖率达到 90% 以上，生活垃圾回收利用率达到 35% 以上。《方案》提出要加快修订《固体废物污染防治法》《城市市容卫生管理条例》等法律法规，明确垃圾强制分类的法律要求。但经过调查发现，这些法律法规颁布后并没有太大成效，各地区发展情况不同，对生活垃圾分类的具体实施标准和要求各异，社区（乡村）对如何开展分类工作仍然比较模糊。因此，建议首先要不断完善现有的社区（乡村）生活垃圾源头分类法等具有较高法律地位、综合性、原则性的法律规范，使居民在进行生活垃圾分类过程中有指导和规范。其次，制定作为软法的生活垃圾行业标准。行业标准不同于严格意义上的法律法规，不具有法律的形式要件，但它具有法律的实质要件，具有约束力，因此可以弥补法律法规的缺陷，使生活垃圾分类的规范具有更强的可操作性。

3

我国食盐中碘过量的危害性及治理对策*

为解决人体因缺乏碘元素而导致的以甲状腺功能紊乱为主要特征的碘缺乏病发病率过高的问题，我国从 1995 年开始实施全民食盐加碘政策。自政策实施以来，我国在预防和控制碘缺乏病方面取得了十分显著的成绩。近年来，随着我国民众高碘甲状腺疾病发病率的升高，有关学者对我国全民食盐加碘政策的科学性提出了质疑，部分沿海地区居民碘摄入可能“过量”及其潜在的健康风险问题也日益受到专家和公众的关注。国家食品安全风险评估专家委员会等官方机构已对食盐加碘政策的科学性、居民尿碘水平以及碘的膳食摄入量进行了深入调查研究，并得出以下结论：我国居民的碘营养状况总体处于适宜和安全水平，食盐加碘并未造成我国沿海地区居民的碘摄入过量。然而，针对我国地域及人群分布差异明显的现状，继续实施全民食盐加碘政策是否合理，食盐加碘过量现象是否存在，不同地区居民碘营养水平具体如何等问题仍需要进一步探讨，食盐中碘过量的危害性需得到重视，并及早采取预防和治理措施。

---

* 此文与李旭桦共同完成，刊载于《公共政策内参》第 16474 期，是报送浙江省政协十一届五次会议的个人提案（2017 年 1 月）。

一、食盐中碘过量的严重危害

碘是人体的必需微量元素之一，主要来源于膳食。碘的膳食来源主要为食盐、食物和饮用水，其中加碘食盐是膳食碘的主要来源。碘在人体内主要参与甲状腺激素的合成，以甲状腺激素的形式实现其生理功能。甲状腺激素具有增强新陈代谢、促进生长发育尤其是脑发育的作用。碘缺乏和碘过量均可对健康造成损害。当人体碘缺乏时，会因甲状腺功能紊乱而导致碘缺乏病。成人碘缺乏会患甲状腺肿大、甲状腺功能减退、智能和体能低下等病症，儿童和青春期碘缺乏会影响其骨骼、肌肉、神经和生殖系统的生长发育。

碘过量的危害在动物实验中被证实为一次性摄入大量碘化物或碘酸盐会导致动物发生腹泻、多动、虚弱、衰竭、惊厥或死亡等。虽然碘过量对人体健康的影响与动物毒性效应有所不同，但可以肯定的是摄入过量的碘会扰乱人体甲状腺的正常功能，可导致甲状腺功能亢进、甲状腺功能减退和自身免疫性甲状腺炎。孕妇摄入过量的碘可导致新生儿甲状腺肿和甲状腺机能减退。急性碘中毒会导致人类腹部绞痛、腹泻并便血、胃十二指肠溃疡、脸部和颈部水肿、溶血性贫血、代谢性酸中毒、肝脂肪变性和肾衰竭等。虽然目前尚无明确的科学证据表明食盐加碘或碘摄入过量与甲状腺肿瘤及甲状腺癌的发生有直接关系，但有研究表明碘过量可能会引起甲状腺肿瘤的组织学类型发生变化。

二、现行食盐加碘政策及其施行过程中的四大缺陷

目前，国际上公认用人群尿碘中位数来判断某地区人群碘营养水平。2007 年，世界卫生组织、联合国儿童基金会、国际控制碘缺乏病理事会联合推荐尿碘中位数判断标准：100 微克/升以内为不足，100 微克/升至 200 微克/升为充足，200 微克/升至 300 微克/升为过量，大于或等于 300 微克/升为超过量。因此，一般认为碘过量的定义为尿碘中位数大于 300 微克/升。我国非常有必要将各地区人群尿碘中位数控制在 100 微克/升至 200 微克/升。然而，2005 年我国人群的尿碘中位数达到 246.3 微克/升，高水碘地区居民尿碘中位数大于或等于 300 毫克/升的人群高达 74%。我国部分

地区居民存在碘过量风险的问题需得到正视。虽然我国已四次调整食盐碘含量，并在大部分高水碘地区停用加碘食盐，但由于国内不同地区差异较大，不同人群对碘盐的需求不同等。

我国现行食盐加碘政策及其施行过程中还存在以下主要缺陷：

第一，政府报告更新不够及时，缺乏地区碘含量数据。居民碘营养水平状况是政府制定食盐加碘政策及调整食盐中碘含量的重要依据。然而，国家食品药品监督管理总局及各省市政府已公布的居民碘营养水平调查报告受时间、地域限制，存在数据更新不及时、多数地区未覆盖的问题，未能提供准确的地区碘含量数据，无法为完善政策提供支持。

第二，政策宣传普及力度不大，缺乏足够的群众知晓度。政府高度重视全民食盐加碘政策的制定和出台，但在政策及相关理念的宣传、推广和普及上存在不足。全民食盐加碘政策及科学补碘理念在群众中的知晓度和美誉度较低，政策实施者和群众信息不对称，群众对政策和理念存在认识误区。此外，居民文化素质差异、对碘缺乏及碘过量危害的认知程度不同也是造成我国居民碘营养水平差异较大的原因。

第三，居民含碘水平难以监测，缺乏个体化检验机制。各地区碘致疾病及居民含碘水平动态监测措施较少，大部分居民未参与各类碘营养水平调查，居民无法动态掌握自身碘营养水平情况。各级医院常规体检生化项目、临检项目等未包含尿碘水平检验等反映人体碘营养水平的指标检验，居民个体检验通道受阻。

第四，食盐销售种类过于单一，缺乏分级分类选择权。自 2006 年起，大部分高水碘地区停用加碘食盐，该类地区部分居民购买加碘食盐的需求无法得到满足。与此同时，加碘食盐在大部分低水碘地区市场上形成垄断，合格的无碘盐难以进入正常销售渠道，居民缺乏自主购买选择权。多数地区食盐中碘含量标准相对统一，缺乏弹性，食盐加碘缺乏科学的分级分类体系。

三、食盐中碘过量的治理对策

虽然目前我国居民碘营养水平及食盐中碘含量总体处于正常且适宜的水平，但全国不同地区居民的膳食结构有较大差异，碘营养水平有所不同。因此，不同人群对碘盐的需求不同这一问题需要得到正视，食盐中碘过量的可能性及危害性更应得到全面认识。为及早预防及治理食盐中碘过量可能带来的疾病及危害，我国应尽快采取科学有效的措施，构建一套健全有序的制度机制，实现居民科学补碘。

第一，定期公布各级政府调查报告，完善食盐生产批发监管机制。政府定期公布真实有效的地区居民碘营养水平调查报告有助于完善食盐加碘政策和加强食盐监管机制。建议国家食品药品监督管理总局适时发布食盐加碘和居民碘营养状况的白皮书，各级政府定期公布所辖地区居民碘营养水平调查报告，公布区域人群碘营养状况，形成反馈机制。建议各级政府完善食盐监管机制，加强企业规范条件和信用体系建设。加快建设食盐标准体系，充分发挥食盐生产、批发企业的保障供应作用。针对盐业垄断及市场食盐质量安全隐患，有效拓宽碘盐、无碘盐正规供应渠道，确保合格碘盐、无碘盐覆盖率。

第二，积极做好科学补碘宣传教育，提高重点人群补碘或限碘意识。进一步宣传、推广和普及科学补碘理念，重视居民碘缺乏及碘过量健康教育，探索因地制宜的健康教育方法及模式。针对不同人群多渠道、多方式地做好科学补碘宣传教育，改变居民对食盐加碘策略的错误认识，指导甲状腺疾病患者及其易感人群个体化补碘或限碘，提高孕妇、儿童和碘缺乏地区群众的科学补碘意识。

第三，组织开展碘致疾病动态监测，尿碘水平检验纳入常规体检。建议省级、市级卫生计生部门定期组织开展碘缺乏病及碘过量疾病监测，做好动态监控，及时调整碘缺乏地区及碘过量地区范围，完善保障机制。推动尿碘水平检验及相应血碘水平检验或血清甲状腺激素检测纳入各级医院居民常规体检项目，简化检验要求及流程，推广普及定期尿碘水平检验，帮助居民及时评价自身碘营养水平情况，遵循医嘱及时正确调整膳食中的碘摄入量，降低由于碘缺乏或碘过量引起的病症发生率。

第四，建立健全食盐碘含量分级体系，增强居民食盐使用分类指导。改变现有碘盐和无碘盐两级分级体系，建立健全食盐含碘量多级分级体系。依据不同需碘人群尿碘中位数，动态划定无碘、低碘、中碘及高碘盐含碘量水平，完善不同等级食盐生产、销售机制。打破地区垄断，推动碘盐、无碘盐同时进入正常销售渠道，以供居民自由购买。完善现有食盐包装内容，标注不同级别食盐碘含量，标明不同级别食盐适宜服用人群及不宜人群。通过食盐销售渠道、摄入渠道进行居民食盐使用分类指导，制作食盐碘含量分级及居民碘营养水平判断说明，通过食盐包装、购买场所宣传推广，实现居民食盐选购自助分类及科学购买。

4

浙江省污染密集型企业搬迁的二次污染及治理对策*

随着党的十八届三中全会的胜利闭幕，我国面临新一轮的改革，在《中共中央关于全面深化改革若干重大问题的决定》中，生态文明建设备受重视，这反映了生态文明建设作为“五位一体”总布局中重要一环，是未来改革的方向和重点。随着对环境保护和可持续发展的认识逐渐深刻，我国经济发展较快的地区、城市环境规制水平不断提高，在这样的背景下，经济发展水平相对滞后的中西部地区、农村地区成为污染企业的“避难所”。近年来，部分污染密集型企业开始从长江三角洲、珠江三角洲地区向中西部地区转移，或从城市向农村地区转移，有调查显示，中西部欠发达地区乡镇工业中，属重污染行业的占到90%。经济欠发达地区地方政府面对发展压力，一般在经济发展与环境保护之间选择经济发展，部分地方政府甚至降低企业环保方面的门槛以招商引资，致使中西部地区企业环境污染事件频发。广西龙江镉污染事件、广西南丹县铅污染事件、山东临沂市苍山县废塑料炼油厂污染事件等都反映出中西部地区、农村地区在企业转移过程中遭受严重的二次污染。浙江省近年来在治理污染密集型企业方面采取了引导企业搬迁、转产的措施，但在落实过程中仍存在“二次污

* 此文与刘四方共同完成，是报送浙江省政协十一届二次会议的个人提案（2014年1月）。

染”问题，致使二线、三线城市尤其是广大农村地区的环境在企业搬迁过程当中遭受严重污染。

一、浙江省污染密集型企业搬迁二次污染现状及成因分析

浙江省是中国改革开放以来经济发展的前沿，经济的高速发展必然伴随环境污染。1978—2010 年，浙江省工业产值年均增长率高达 24.22%，工业生产产值占第二产业比重近 90%，第二产业作为浙江省国民经济的“领头羊”，其产值占浙江省生产总值比重始终在 50% 以上。高速的工业发展带来大规模的环境污染物排放，2010 年浙江省工业废气排放总量为 23967 亿标立方米，居全国第四位，废水排放总量为 420960 万吨，为全国第二位。面对巨大的环境压力，浙江省实行企业转移、转产的政策。

2005 年，浙江省人民政府出台《浙江省人民政府办公厅关于环境污染整治企业搬迁转产关闭的若干扶持政策意见》，实施部分污染企业的搬迁、转产和关闭。政策的本意在于以污染企业搬迁、关闭为契机，缓解环境污染问题、促进产业转型升级。政策实施后，部分在杭州、宁波等城市中涉重金属矿采选企业、冶炼企业、皮革鞣制企业已关闭或搬迁，但是在丽水、金华、嘉兴、湖州地区，尤其是乡村地区，仍然有大量的污染密集型企业。从企业选址的分布上看，目前浙江省多数污染密集型的企业已转移至农村地区。2012 年的数据显示：全省 1174 家电镀企业中，1013 家在乡村；36 家重金属采矿和冶炼企业中，31 家在乡村；113 家皮革鞣制企业中，109 家在乡村；62 家铅蓄电池生产、组装及回收企业中，53 家在乡村。污染密集型企业转移到农村地区，选址分布较为分散、对污染的监管力度和水平不足等问题致使企业转移过程中的二次污染愈演愈烈。随着企业转移，部分污染较轻的地区增添了污染源，这带来了更为严重的环境污染问题，近期全省大范围的雾霾天气、杭州市自来水出现异味等问题都反映出浙江省的环境污染问题不仅存在于经济较发达的城市，省内经济发展相对落后的地区、广大农村地区都面临严重的环境污染，这与“二次污染”密切相关。

专家们对企业转移过程中的二次污染问题的成因进行讨论，可综合归纳为以下三点：

第一，政绩观念扭曲，为求发展降门槛。近30年来，我国唯地区生产总值的政绩考核体系，扭曲了地方官员的政绩观，进而驱动了欠发达地区官员为求地方经济发展，不顾可能面临的环境危机，降低环保要求承接转移企业。

第二，环保意识淡薄，身处危机不自知。经济较发达的地区由于经济发展较快，环境压力较大，对于环境问题的认识比较深刻，但欠发达地区，尤其是农村地区的环保意识相对淡薄。看重眼前经济利益的短视行为致使承接地忽视了对环境成本的考虑，许多地方身处危机而不自知。

第三，评估监管乏力，企业污染成本低。目前企业的转出地区在对企业进行评估时多以限期整改等方式对企业进行行政处理。以浙江省电镀企业为例，2012年浙江省各市对电镀企业的整治过程中仅有12.6%的企业被淘汰关停，大部分企业都保存下来。这样的条件下，污染难以得到根治。从企业的承接方来看，大部分承接地区不能对企业的污染情况进行严格、科学的评估，加上其他方面政策的优惠，企业通过转移将本来不高的污染成本变得更低，进一步催生了企业转移过程中的二次污染。

二、关于污染密集型企业搬迁中二次污染的治理对策

第一，提高政绩考核中环保工作的比重。有什么样的考核就有什么样的政绩观，有什么样的政绩观就有什么样的政绩。建立科学的政府绩效考核标准是引导地方政府官员树立正确政绩观的关键。污染密集型企业搬迁二次污染问题从根本上看，是企业的转出地和承接地政府对于企业的环境污染重视不够造成的，提高政绩考核中环保工作的比重，可以促使政府官员改变唯地区生产总值的政绩观并重视企业污染防治。

第二，建立转出地的企业污染评估制度。企业的转出地对于企业的污染情况有较为全面的了解，因此在转出地建立企业污染评估制度对于控制污染企业数量、从源头上解决企业转移过程中的二次污染问题有重要意义。建立科学的指标体系、对企业的污染情况进行严格的评估，有助于从源头上抑制企业的排污行为，督促企业加强环保意识、升级技术进行生产；丰富评估主体，由政府部门、相关专家、企业周边居民等参与对企业污染情况的评估，确保评估的科学性和客观性；针对每个被评估的企业形

成污染情况的评估报告，向社会公开。对于不能达到标准的企业须勒令其淘汰关停，评估标准、过程和结果应当接受社会监督。

第三，建立承接地的转入企业污染评估制度。企业搬迁二次污染最终的受害者是企业的承接地，因此承接地对于转入企业的污染评估是治理企业转移二次污染的关键。根据转出地提供的企业污染评估报告，对企业的污染情况进行认真核查；根据本地的产业规划及环境承受能力对企业转入后可能造成的影响进行全面、科学的评估并形成评估报告；评估报告须向社会公开并听取民众代表，尤其是转入企业选址周边居民的意见。在上述过程的基础上，承接地政府对是否、如何承接该企业作出决策。对于污染评估未能达标的企业，承接地政府不得承接；达到评估标准的企业根据其污染的轻重，应在建设用地价格等方面适当调控，提高企业的二次污染成本，避免承接地沦为污染企业的“污染天堂”。评估标准、过程和结果应当接受社会监督。

第四，发挥市场作用开展二次污染评估和治理。社会中最具活力的是企业，让具有活力的企业参与到企业搬迁二次污染的治理中来，对提高工作的效率、提升工作的效果可以发挥重要作用。鼓励污染监测和环境污染整治方面的企业成长，将部分监督和整治的工作交给市场完成将使政府事半功倍。企业的污染监测、污染后的环境整治需要大量的人力、物力和专业技能，政府作为行政机关难以专注于专业工作，开展以第三方为主的企业搬迁二次污染监测和环境污染整治，既可以避免在检查过程当中的政府腐败行为，又可以提高工作的专业性、效果性。

第五，建立污染信息公开的公众监督制度。对企业污染的监督和管理有多种途径，除了政府环保部门本身严格执法之外，发挥群众的作用在监督工作中也尤为重要。近年来，随着酸雨、沙尘天气、雾霾天气等现象频现，民众对环保问题的关注度空前提高，将企业污染的评估情况通过电视新闻、报纸、广播、网络等多种渠道对社会公众公开，形成全社会对企业污染的监督氛围，迫使不达标的企业关停，监督企业在转移过程中的二次污染行为。

5

关于构建浙江省立体化大气污染治理模式的对策建议*

一、浙江省大气污染现状分析

随着国民经济持续快速发展，能源消耗不断攀升，发达国家近百年出现的环境问题在我国近二三十年集中出现，呈现区域性和复合性特征，大气严重污染事件频发，大气环境形势十分严峻。

目前，浙江省能源消费增长过快，且对煤炭能源依赖较大。2000 年浙江省煤炭消费量为 5385 万吨，2011 年为 14776 吨，十年间煤炭消费量增长近两倍，年均增长率达 22.37%。煤炭消费的快速增长带来的是大气质量的急剧下降。以杭州市为例，2013 年前 10 个月数据显示，杭州已出现 209 个雾霾天，仅 10 月份就多达 26 天。杭州市 2000 年前鲜有雾霾天气，最高纪录也在 40 天以下，许多年份的雾霾天甚至为 0。2000—2013 年，雾霾天气呈现“井喷”式增长。细颗粒物（PM2.5）严重超标，对公众健康造成了极大威胁。医学研究表明，在雾霾等污染天气下，呼吸道疾病发病率将增长 15% 以上。医院反馈显示，2013 年同期呼吸道疾病就诊病人为往年的两倍到三倍。污染天气高发造成公众“人心惶惶”，急切寻找防护措

---

* 此文与卞晓龙共同完成，是报送浙江省政协十一届二次会议的个人提案（2014 年 1 月）。

施。网络购物数据显示，11月份雾霾期间，口罩销量上涨近百倍。相关电器商场空气净化器销售增速也保持在100%—200%。口罩和空气净化器的热卖从侧面反映出公众对优质空气的需求，可以说治理大气污染正是民心所向。为保障人民群众身体健康，大力推进生态文明建设，治理大气污染刻不容缓。

二、建立浙江省大气污染立体化治理模式的对策建议

目前，在大气污染治理中，政府缺乏统筹，资金投入不足，企业缺乏减排动力，公众没有参与意愿，治理成效不明显。为了有效减少大气污染，必须构建一个全方位、立体化的治理模式，在这一治理模式下，充分发挥政府、公众、企业三者的作用，形成“三位一体”的治理格局。在该格局中，政府处于主导地位，科学规划，领导整合；公众是保障有效治理的基础，应积极引导公众参与治理；企业是根除大气污染的根本，需要双管齐下、奖惩并举，引导企业转型升级。

第一，成立大气污染治理领导小组，加强协调整合。当前，经济发展仍然是地方政府的首要目标。出于经济增长的需要，对排污企业的监管往往流于形式。在现实执法中，环境保护局常需要电力局、水务局等其他行政部门配合，但环保局并没有权力指挥其他部门，导致处罚得不到有效实施。建议成立大气治理领导小组，由浙江省分管环境保护工作的副省长担任组长。大气污染治理离不开科学技术的支持，建议邀请大气、生态、地理等学科的知名专家担任大气治理的科技顾问，成立浙江省大气污染防治的专家队伍。在领导小组的整合下，充分发挥建设、城市规划、土地、农业、水利等部门重要作用，形成大气污染防治的主体和重要力量，并明确这些部门的具体职责和任务。

第二，制订《浙江省大气污染防治计划》，科学规划治理进程。2013年9月12日，国务院办公厅下发《大气污染防治行动计划》。计划要求，经过五年努力，长江三角洲地区空气质量明显好转，到2017年，长江三角洲地区可吸入颗粒物浓度要比2012年下降20%。建议浙江省以国务院《大气污染防治计划》为基准，制订《浙江省大气污染防治计划》。计划应包括治理对象、治理机构、治理目标、治理方法、治理考评等重要内容。

建立浙江省大气污染治理专项资金，为顺利开展治理工作提供经费保障。将治理目标的达成程度纳入政府工作考评指标，提高政府治理动力。

第三，加强区域整合，建立协同治理机制。大气污染范围广泛，而且扩散性极强，因此大气治理不能局限于行政区划，应当根据地域特征，建立协同治理机制。建议在浙江省内划分若干片区，每个片区配备相应的治理机构，负责该区治理事务，并与其他片区保持协作关系。考虑到长江三角洲地区的经济地理位置，建议浙江省与上海、江苏合作，建立起长江三角洲地区的协同治理机制，全面治理大气污染。

第四，合理划分监测区，科学准确监测大气污染指数。目前，浙江省大气污染监测站点过少，而且大多分布在空气质量较好的区域，难以反映真实污染状况。缺乏对真实情况的了解，无论是政府治理还是公众参与都难以取得实质效果。建议大量增加污染监测站点，合理分布监测区域，科学监测真实污染情况。构建大气污染指数发布平台，定时公布各地区污染指数，保障公众知情权。

第五，加强汽车市场监管，有效控制汽车销量增长速度。交通尾气是大气污染的一个重要来源。当前，浙江省汽车销量增长速度过快，对城市承载力造成了巨大挑战，大量私家车上路加重了大气污染，传统的摇号放牌、车辆限行等措施成效并不明显。建议吸收国外和我国香港地区的治理经验，可以试行汽车配额制度，即每月举行一次车辆配额公开招标，由欲购私家车或出租车者竞买“车辆拥有权”，获得汽车拥有权证之后才能购车。减少城市停车位，在城市中心区征收高额停车费，在核心区征收道路拥挤费。提高汽车燃油税，增加汽车出行成本，降低公众开车热情和买车热情。为了降低交通污染，建议运用税收优惠或财政补贴等经济手段鼓励私人和公交企业购买混合动力汽车、使用压缩天然气的汽车、电动车等绿色交通工具。

第六，大力发展公共交通，引导公众绿色出行。发达完善的公共交通体系可以大大提高公众选择公共交通出行的积极性。建议浙江省大力发展地铁、有轨电车、公共汽车等公共交通设施。建成结构合理、分工明确、换乘方便和高效安全运行的城市公共交通网络体系。其中，地铁是大城市城区公共交通的骨干；有轨电车既是地铁的补充，又是中小城市客运交通的骨干；公共汽车担负公交网络中支线的客运任务。为了提高公众热情，建议给选择公交出行的公众发放交通补助，以物质激励引导公众选择公共交通。

第七，开发新型技术，提升燃油品质。目前我国燃油品质与西方发达国家相比仍有较大差距。低质量的燃油会对空气造成更加严重的污染。建议开发新型技术，提升燃油品质。由于高品质燃油费用更高，公众可能更加偏好于低品质燃油。建议对选用高品质燃油的车主实施补贴政策，提高公众选择高品质燃油的积极性。

第八，全民动员，建立公众举报奖励机制。企业违法排污常常具有隐蔽性，仅靠政府执法部门难以有效监督。建议新闻媒体打造畅通的违法排污举报平台，公众可以通过电话、网络等多种形式举报企业排污行为。一旦查明举报属实，政府应对举报人进行物质奖励，激励公众在工作生活中寻找并举报违法排污企业，形成政府、公众、媒体三者协作的举报监督机制。

第九，加强政策引导，提高企业转型动力。企业排污是大气污染的最重要来源，企业生产模式的转变是根除大气污染的根本。然而，企业原有生产模式往往具有高收益性，转型升级的成本和风险都很高，这导致了企业缺乏转型动力。建议浙江省人民政府广泛开展调研，明确企业发展需求，建立浙江省面向企业转型升级的政策体系。加强公共政策评估，调整或废止阻碍企业转型升级的地方政策。加大对企业转型升级的资金支持力度，在政府采购、税收优惠等方面扶持中小企业；对企业节能减排、质量安全、安全生产目标作出明确规定，提高企业的自主创新能力、环境保护水平和社会服务意识。

第十，完善立法，加大违法排污惩处力度。当前环境保护法对环境污染缺乏科学合理的界定标准，对违法排污企业的处理力度较轻，难以真正起到惩罚威慑作用。建议尽快出台浙江省的大气污染治理地方性法规，制定大气污染测定的具体标准，加大违法排污处罚力度，提升相关机构的执法权力，依法严惩违法排污行为。

6

建立科学的生态环境公共治理机制，全面推进美丽浙江建设*

近年来，一系列生态环境问题的暴露，凸显了生态环境保护中政府监管的局限、市场调节的失灵、社会责任的缺失。迫切需要建立科学的生态环境公共治理机制，实现政府主导、社会参与的治理格局。走在全国前列的浙江，在生态文明建设特别是生态环境公共治理方面更应该出典型、做示范、产效应，引领全国。建议结合浙江省实际，以《关于建设美丽浙江、创造美好生活的决定》为契机，继续深化实施“八八战略”，借鉴国内外先进经验，建立科学的生态环境公共治理机制，全面推进美丽浙江建设。

一、建立科学的生态环境监测体系和生态环境地区排序机制

科学的生态环境监测体系是有效保护生态环境的重要工具。它不光要建立一套涵盖大气环境、水、土壤、森林等的生态环境监测指数以及包括“五水共治”、雾霾治理、土壤污染防治、城乡垃圾处理等若干生态环境治理专项行动的监测指数，还要不断提高监测技术和水平、增加监测站点，利用报纸、电视、网络等媒体定期及时地向社会公布监测结果。将生态环

---

* 此文与段忠贤共同完成，刊载于《公共政策内参》第 14272 期。

境动态监测结果像天气预报一样设置固定的时间、栏目及时公布，唤起全社会的危机感和责任感，增强公众对生态环境保护的危机意识和责任意识。同时，建立科学的生态环境地区排序机制，定期对全省11个地级市的生态环境动态监测结果进行排序公布，定期给政府官员和社会公众进行责任义务压力，进而督促全社会履行环境保护责任，增强环境保护意识。

目前，由耶鲁大学和哥伦比亚大学联合实施的环境绩效指数（EPI）广受世界各国的关注。EPI指标体系重点关注环境可持续性和每个国家的当前环境表现，迄今已推出2006EPI、2008EPI和2010EPI。2010EPI使用25个环境指标并遵循十个政策分类，对163个国家和地区的环境绩效情况进行了排名。其中，十个政策类别包括环境疾病负担、水对人类的影响、空气污染对人类的影响、空气污染对生态系统的影响、水对生态系统的影响、生物多样性和栖息地、森林、渔业、农业和气候变化；25个指标包括疾病的环境负担、饮用水取水、医疗卫生的获取、城市空气中的颗粒物、室内空气污染、二氧化硫排放、挥发性有机化合物排放、臭氧量过多、水资源量指数、水压、缺水指数、生物群系保护、关键生物栖息地保护、海洋保护区、立木储积、森林覆盖率、海洋富裕指数、拖拉捕鱼强度、农药控制、农业用水强度、农业补贴、温室气体排放、电力碳浓度、工业碳浓度等。2010年的EPI评估中，我国仅得49.0分，在亚太地区排名第19位，在世界范围内排名第121位，而冰岛则排名第1位，得分高达93.5分。该指数确定了环境管理的政策性目标，并计算了各个国家的实际表现与该目标的差距，作为污染控制和自然资源管理的定量工具，为政策改进提供了有力工具，为环境决策提供了更坚实的分析基础。

二、建立社会公众广泛参与的生态环境长效治理机制

政府的力量是有限的，面对无限的污染制造主体，必须要高度重视社会力量，积极动员全社会的力量。首先，建议通过营造新闻媒体监督环境污染的氛围，构建环境污染监督网络，保护监督权力，及时披露治污单位或个人的惩处，着力构建环境污染的新闻媒体监督机制。其次，建议在污染企业、污染地区等派驻环境保护的“线人”，探索建立环境保护的“线人”培育及发现机制。再次，借鉴发达国家环境污染公众举报与奖励的先

进经验，围绕举报权利实现机制、举报查处与反馈机制、举报保障机制（举报者人身与财产安全保护）以及举报奖励机制等，着力构建环境污染的公众举报与奖励机制。

琵琶湖是日本的第一淡水湖，过去每逢夏季均会发生淡水赤潮、湖水霉臭。所辖地滋贺县经过多次广泛征求地方社会组织和民众的意见、建议，制订、修改、完善并实施琵琶湖治理年度计划。通过编写发放《环境白皮书》、不定期进行环境保护专题宣传报道、召开环境保护论坛等形式，向公众及时提供琵琶湖的环境状况。同时，为了便于全民参与，滋贺县还将琵琶湖划分为7个小流域，每个小流域成立1个研究会，其任务除了鼓励和动员所辖流域民众参与环境保护外，还负责不同流域间的民众交流，组织民众到其他区域参加除草、种树、捡垃圾、调查水质、品尝对方区域种出的新鲜食物等，让民众在生活中自觉践行环境保护责任。经过30多年的治理，清澈的琵琶湖已向1400多万人口提供饮用水，实现了有效的治理。

三、探索创新科学的生态补偿机制

生态补偿机制是激励和规范生态环境保护行为的普遍性做法。科学有效的生态补偿机制，不仅能够实现生态环境保护行为的自觉、自愿和自利，还能提升生态产品的生产和供给能力。浙江省应根据十八届三中全会的有关要求，结合各市县的生态功能区定位，借鉴兄弟省份的经验和做法，利用财政转移支付和税收杠杆，尽快探索实施地区间横向生态补偿。同时，全面实施节能量、碳排放权、排污权、水权交易制度，建立吸引社会资本投入生态环境保护的市场化机制，探索推行政府购买服务机制和环境污染第三方治理机制，实现资源有偿使用与生态环境补偿的良性互动，进一步提高生态环境保护和治理能力。

山东是最早探索实施生态补偿机制的省份之一。早在2007年，山东就开展了流域生态补偿试点，建立了政府间横向生态补偿机制。为积极应对雾霾天气，2013年出台推动经济结构调整、抓好重点治理工程等20条财税政策，并采取对上争取力度、盘活存量资金等方式，有效地保证了大气污染防治资金需求。值得一提的是，2014年3月，山东省启动生态环境质量考核奖惩和生态补偿机制，出台《环境空气质量生态补偿暂行办法》，以 1 微克 20 万元的补偿标准，建立了地区间空气质量生态补偿。2014 年第一季度，共计 7029 万元的环境空气质量生态补偿资金已兑现到 17 个市，极大提高了地方政府治理生态环境的积极性。

四、构建有利于产业转型升级的公共政策体系

生态环境的破坏在很大程度上是由于不合理的产业结构及低下的技术水平所致。加快产业转型升级，是推进生态环境治理的根本途径。目前的公共政策体系（包括土地政策、水资源政策、环境保护政策、财政政策、政府采购政策等）还存在着一些不利于产业转型升级的政策，因此企业普遍缺乏推动产业转型升级的自觉性、主动性和积极性。建议浙江省组织公共政策方面的专家和社会力量，通过公共政策优化、公共政策评估，调整和完善相关政策，建立有利于产业转型升级的公共政策体系，切实降低企业转型升级的风险，不断提高企业转型升级的预期收益。

从国外治理环境污染的实践来看，实现生态环境的根本性好转，最终要靠产业转型升级。在德国，面对传统产业撤退后产生的土地污染严重、清理耗资巨大、企业无利可图的问题，一些地方政府设置土地基金，购地后进行修复，使之变为新的工业用地、绿化场地或住宅用地。德国一些地方政府还出台了促进新兴产业发展的激励政策措施，如北威州政府规定，凡是在当地落户的生物技术等新兴产业企业，将给予大型企业 28%、小型企业 18% 的经济补贴。美国实施产业转型升级战略规划的做法广受世界各国的关注。克林顿政府时期实施的国家信息基础设施计划，有效地推动了美国新兴产业的发展；小布什政府时期推动的能源战略与能源法案，对美国的能源技术创新与能源产业发展也起到了积极的作用；奥巴马政府实施的新能源战略，使节能环保产业成为美国的一大亮点，其环境服务业也遥遥领先。

7

破解垃圾焚烧发电厂建设“邻避困境”的若干建议*

一、杭州市垃圾焚烧发电厂建设的“邻避困境”

随着城市发展速度逐渐加快，“垃圾围城”成为亟待破解的重要难题。建设垃圾焚烧发电厂是实现垃圾减量、缓解杭州“垃圾围城”现象的最有效方式。目前杭州市垃圾焚烧发电厂的处理能力已经严重跟不上垃圾的产生速度，杭州市每天有超过5000吨的垃圾无法处理，只能直接填埋。此举不仅造成了更为严重的环境破坏，而且加速了填埋场的消耗，现有填埋场的承载能力已经不足6年。市民对市垃圾处理的这一困境普遍表示理解，但“欢迎建垃圾焚烧厂，但不要建在我家门口”的“邻避思维”导致垃圾焚烧项目建设陷入困局。2014年5月10日，因杭州市余杭区中泰乡九峰村垃圾焚烧发电厂的建设问题，大量群众涌上02省道和杭徽高速余杭段，少数不法分子趁机打砸，造成交通长时间中断和部分人员受伤，数辆警车和社会车辆被掀翻，严重威胁了社会稳定和人民群众的生命财产安全。该事件正是“邻避思维”导致的极端后果。

建设垃圾焚烧发电厂是处理城市垃圾的必然选择，相信杭州市将会陆

* 此文与卞晓龙共同完成，是报送浙江省人民政府的政策建议报告（2013年）。

续建成多个垃圾焚烧发电厂。为保障垃圾焚烧发电厂建设的顺利推进，必须要着力化解公众与政府间的矛盾，破除“邻避困境”。

二、破解杭州市垃圾焚烧发电厂建设“邻避困境”的若干建议

杭州市垃圾焚烧发电厂建设出现“邻避困境”，甚至造成打砸事件的根源有两个：第一，民众对垃圾焚烧发电厂的运作不了解，出于对污染项目的天然恐惧认定垃圾焚烧项目必然会对身体健康造成严重危害；第二，公众对政府的不信任。“5·10”事件中，公众表示曾到中泰乡人民政府、余杭区人民政府、杭州市规划局等部门反映情况，但没有得到回复，也没有看到项目的环评报告。官民沟通不畅直接导致了公众对政府的不信任。在“5·10”事件中，甚至有群众喊出“只相信省政府和中央政府”的宣言。

针对这两个根源，提出以下六条建议：

第一，发挥媒体优势，开辟专栏普及垃圾焚烧发电知识。民众普遍缺乏对垃圾焚烧发电的认知，理所当然地认为垃圾焚烧发电会造成严重的环境污染，危害身体健康。建议在杭州、余杭的政府官网、地方门户网站上开辟专栏，介绍垃圾焚烧发电的运作机理。在杭州和余杭的电视台、广播台增设科普垃圾焚烧发电知识的节目，在每天收视高峰期播出。在《杭州日报》《余杭日报》等报纸上开设专门版面，介绍国内外垃圾焚烧发电厂的建设和运作情况。普及垃圾焚烧发电的有益性和低危害性，消解因为担心环境污染而产生的抵触情绪。

第二，组建专家宣讲团队，开展科普巡回讲座。专家具有较高的话语公信力。建议从浙江大学等高校聘请研究垃圾处理、电力、环境科学、热能等方面的知名教授，组建专家宣讲团队，到各个社区、乡村开展巡回讲座，向公众详细解析垃圾焚烧发电的运行机理、可能造成的污染以及现有的防护措施等，运用数据论证、国内外比较等方式，使公众真正了解垃圾焚烧发电，打消顾虑。

第三，组织民意代表实地参观，建立公众信心。到垃圾焚烧发电厂实地参观是打消公众疑虑、建立公众信心的极佳方式。北京、上海、广东等地垃圾焚烧发电项目建设已经卓有成效，杭州市已经建成的垃圾焚烧发电

厂也运作良好。建议由公众推选民意代表，政府组织代表们到北京、上海、广东等地区或杭州市的垃圾焚烧发电厂参观，并派专人讲解以及进行视频记录。参观结束后，可以开展座谈会或者邀请民意代表上电视讲述所见所闻，在电视、网络等媒体上播放参观视频，使公众明白垃圾焚烧发电技术已经相当成熟，不会对健康造成伤害。

第四，多渠道保障民众参与，建立民主公开的决策机制。充分保障公众的知情权，建立民主公开的决策机制可以有效化解矛盾。在决策中，可以考虑邀请专家、市政官员、民众等多方代表，开展听证会，听取多方意见。可以在电视台设立电视辩论节目，邀请民意代表就垃圾焚烧发电厂建设中的关键问题与施工方、政府部门代表展开辩论。多渠道保障民众参与决策，以公开透明的决策形式获得民众支持。

第五，充分保障民众知情权，鼓励公众监督。缺乏真实有效的信息会造成公众对政府的不信任。考虑以手机短信的方式，每天向居住在焚烧发电厂附近的居民发送垃圾计量、化学品消耗、焚烧温度、烟气排放、灰渣、渗滤液、烟气、污水排放等数据。在环保局网站定期发布垃圾焚烧发电厂的各项排放数据以及政府对垃圾焚烧发电厂的抽查结果，充分保障民众知情权。开通公众监督网站和电话热线，设置奖励机制，鼓励公众监督垃圾焚烧发电厂的运作，防止违规排放。

第六，在垃圾焚烧发电厂附近设立政府办事机构。“5.10”事件中，有公众质疑说“如果垃圾焚烧不会影响健康，为什么不建在政府大楼附近”。这体现出了民众对政府的不信任。德国纽伦堡的垃圾焚烧厂就建在市区里，离居民楼不到300米，距市中心的市政厅不到3千米。政府以实际行动证明垃圾焚烧项目的低危害性是最具有说服力的。可以考虑在垃圾焚烧发电厂附近设立环境保护局、规划局、卫生局等有关单位的办事机构，一方面方便接受群众监督，另一方面政府部门以实际行动现身说法，可以打消公众疑虑，增强公众信心。

8

保护地下水安全，保障百姓生命健康*

我国水资源总量为27940亿立方米，其中地下水资源为8840亿立方米，占全国水资源总量的1/3。我国约有70%的人口以地下水为主要饮用水源，全国95%以上的农村人口饮用地下水，在我国北方干旱、半干旱地区的许多城市和乡村，地下水成为唯一饮用水源。全国灌溉面积46万平方千米，其中使用地下水浇灌的占总灌溉面积的40%。地下水作为重要的供水水源和生态系统的重要支撑，是维系水系统良性循环的重要保障，是关系国计民生、人民健康的宝贵资源。保护地下水安全符合我国统筹发展和可持续发展的要求，符合"十二五"规划的"人本、绿色、创新、协调"主线，是我国推进社会和谐化、生态文明化的重要保障。

然而，随着我国工业化和城镇化速度的加快，我国的地下水安全问题也越来越严重。地下水污染面积不断扩大，污染程度不断加重，呈现出由点向面演化、由东部地区向西部地区扩展、由城市向农村蔓延、由局部向区域扩散的趋势；污染物成分则由无机向有机发展，危害程度日趋严重。全国2/3的城市地下水水质普遍下降，局部地段水质恶化，300多个城市由于地下水污染造成供水紧张。全国90%的地下水遭受不同程度的污染，其中60%污染严重。现在日趋严重的企业地下排污，甚至导致村庄打40

* 此文与朱阳红共同完成，是报送全国政协十一届四次会议的提案（2011年3月）。

米深井仍出黑水。地下水污染是地方病的重要原因之一，严重损害了我国人民的身体健康，不利于我国经济社会的可持续发展，不利于人与环境的统筹发展，不利于我国社会主义和谐社会的建设，不利于“十二五”规划目标的实现。

一、我国地下水安全问题产生原因

地下水安全问题并不是新近出现的，这些年来随着我国经济的发展，地下水安全问题越发严重。防治地下水污染，解决地下水安全问题，保障百姓生命安全，首先要明确地下水安全问题产生的原因。

我国地下水安全问题是多方面因素综合的结果，主要包括以下四点：

第一，地下水资源法律法规不健全。地下水资源保护法是我国地下水安全的基本保障，但我国有关地下水资源的法律法规很不完善，至今为止还未有一部系统的地下水资源保护法规。现已颁布实施的诸如《中华人民共和国水污染防治法》等相关法律法规中，仅有很少一部分是涉及地下水资源保护条款的。同时，我国现有的法律中关于地下水污染惩罚的规定不够到位。首先，规定的地下水污染罚款额明显偏低，相对于污染治理的高成本，很多企业宁愿选择直接罚款而光明正大地排污。其次，惩罚未透明化，缺乏明确的惩罚流程，导致社会监督的弱化和罚款的随意化，有些政府部门出于对税收等自身利益的考虑，对于企业的地下水污染行为采取默认态度。

第二，地下水监测预警系统不完整。地下水污染监测预警系统可以对地下水及其环境发生的影响变化进行监测、分析、评价、预测，并确定其变化趋势及速度的动态过程，适时给出相应级别的警戒信息，为有效实施地下水污染防治和地下水资源保护提供依据。我国的地下水监测网点主要始建于20世纪50年代，但由于管理、维护等方面的投入严重不足，在23847个监测点中，能够正常运转的只占1/3，国家级监测点仅有1422个，监测范围仅为国土面积的10.2%，与我国地下水资源开发利用的现状严重脱节。长期以来，国土资源部门对我国地下水的水质进行了系统的监测，水利部门也有自己的监测和分析，我国已具有大量的系列监测资料。但两个部门相互独立、联系较少、合作困难，对这些资料的开发利用不够充分，使监测点和资料不能有效发挥其应有作用，阻碍我国地下水污染的监测预警系统作用的发挥。

第三，地下水污染监管体制不完善。《中华人民共和国水污染防治法》（2008 年修订）规定，“县级以上人民政府环境保护主管部门对水污染防治实施统一监督管理。交通主管部门的海事管理机构对船舶污染水域的防治实施监督管理。县级以上人民政府水行政、国土资源、卫生、建设、农业、渔业等部门以及重要江河、湖泊的流域水资源保护机构，在各自的职责范围内，对有关水污染防治实施监督管理”。可见，我国虽有地下水污染管理的规定，但并未明确各部门间的管理职责，部门间仍存在着分工不明的现象。工作的交叉重叠，容易产生部门纠纷或成为各部门责任推诿的借口，在浪费时间、人力的同时，造成信息资料的不统一、不完整，不能及时发现污染行为，尤其是现在越来越多的隐蔽性更强的企业地下排污行为。此外，有些政府部门对企业的监督检查存在着走过场、搞形式的现象，完全忽视了自己作为政府部门的职责。

第四，地下水污染危机处理机制不健全。健全的地下水污染危机处理机制能够有效地控制污染的范围，把损害降至最低。然而，我国的地下水污染危机处理机制却存在很大不足。首先，应对突发性地下水污染事件，我国缺乏一个健全完善的、具有决策能力的国家级综合领导机构，地方政府也未有专门的地下水污染危机处理机构，都是地下水污染事件发生之后临时组建危机处理小组进行应对。其次，信息在上报中存在不及时、不准确、隐瞒、谎报、漏报等现象，并拖延发布时间，对公众进行欺瞒。最后，平时缺乏相应的危机处理预演，危机处理的相关人员的专业素质不高，处理能力较差，技术装备落后。

二、保护地下水安全对策建议

地下水安全关系到我国百姓的生命健康安全，关系到和谐社会的建设，关系到“十二五”规划的顺利实施，政府要加强对地下水安全的保护，促进经济社会的全面发展，需做到以下四点：

第一，加快制定地下水资源保护的法律法规。加快制定《中华人民共和国地下水污染防治法》，把地下水污染防治规定系统化、完善化。针对不同地区地下水环境的不同，允许地方政府在污染防治法基本原则的指导下，按照当地的特殊情况设立地方地下水污染防治的法规和条例。同时，建议政府提高地下水污染的罚款金额对于不立即停止排污的企业，按天计算罚款，提高地下水污染的成本。惩罚程序要透明化，从调查过程至罚款金额，都应该在政府部门网站上进行公示，让公众对政府进行监督，迫使政府做到“有法必依、违法必究”。

第二，健全地下水污染监测预警系统。建议政府完善地下水监测网络，以完整的水文地质单元为基本单位，规划建立区域地下水环境监测网，提高地下水监测点的覆盖率。对已有地下水的监测点，要设立专职人员定时进行检测，保证其有效发挥监测作用。国土资源部和水利部要加大合作力度，共同协商预警系统的建设，制订有效的合作方案，根据预警理论，构建诸如基于地理信息系统（GIS）的预警模型，达到全国数据共享、资料充分利用，进而对地下水污染形成有效的监测预警。同时，监测点和数值模型的建立都需要强有力的财政支持，财政部应根据监测预警系统建设的可行性和效益性，提供有效的资金支持。

第三，加强地下水污染的监管建设。首先，明确政府各部门的责任，把地下水污染治理的工作标准化、程序化，发挥环保部门的牵头作用，对各部门的资料进行定期整合，建立信息平台，做到资料共享，填补信息不完整给企业地下排污等污染行为带来的空白空间。其次，确立行政问责制，从问责对象、主体、范围、责任种类和形式、问责形式程序这五个方面把责任落实到位，杜绝各种走过场的形式。确立定期与不定期相结合的检查制度，定期检查每月两次，不定期检查每年八次，避免企业的投机行为。

第四，完善地下水污染危机处理机制。首先，建立一个健全完善的国家级地下水污染危机处理综合领导机构和各级地方的领导机构，配备专业人员，并依照法律法规赋予其较大的行政紧急处理权。其次，建立信息披露机制。明确信息上报人、发布人的职责，做到责任到人；设立公开透明的信息披露流程，保证公众的知情权。最后，制订应急预案，明确危机发生时人员各自的职责，做到有章可循。定期开展培训和应急预演，在综合领导机构的带领下，协调好环境保护、水利、卫生、交通、宣传等相关部门的关系，确保危机产生时各部门能及时、默契地配合。

9

高校实验室环境污染凸显，政府采取有效应对措施迫在眉睫*

自2003年浙江省被选为全国生态省建设试点省份后，全省上下认真贯彻落实科学发展观，加大环境污染整治力度，取得了明显的成效。然而，近年来浙江省的环境污染整治重点聚集于企业层面，高校实验室污染已成为一个被遗忘的角落。

高校实验室的污染整治久未提上议事日程，重要原因之一是它们的污染具有隐性、间断性、潜伏性，不易被察觉。总体而言，高校实验室的污染具有以下五个特点：一是高校实验室污染物种类繁杂，包括废气、废水以及废物，涉及物理、化学、生物以及放射性等；二是单次实验污染物量相对较小，但污染总量巨大，对生态环境和人体健康危害严重；三是实验室污染的监管难度较大，实验室大多数项目是零星开展，各项目之间的工作频次不均匀，废弃物排放不规律，污染分散，给环境保护部门的监控带来困难，尤其是非经常性监测项目；四是污染的隐性及间断性；五是管理制度不健全。由于未受到足够的重视，绝大多数实验室没有完善的管理措施，对污染物的治理也没有纳入实验内容。

高校是知识创新的主体，对推动浙江省的科技创新和科技进步发挥了

* 此文与褚立波共同完成，是报送浙江省委、省人民政府的政策建议报告（2009年）。

重要作用。随着高校实验室的种类及数量越来越多，其产生的污染物不断增加，高校实验室已成为一类典型的污染源。目前，浙江省高校实验室已形成了一个庞大的系统，仅杭州科研、卫生及大专院校实验室就超过了1000个。有些高校实验室产生的废气没有经过达标处理就直接排放；废液不经处理就进入城市生活污水管网；固体废弃物则直接混入生活垃圾进入填埋场污染地下水以及土壤。

近年来，浙江省高校实验室的环境污染凸显，已成为浙江面临的一个严峻的现实问题，必须引起省委、省人民政府的高度重视，尽早规划，采取有效的整治措施。结合浙江省生态省的建设目标以及高校实验室自身的特点，借鉴发达国家的先进经验，我们提出如下五条政策建议供省委、省人民政府决策参考。

第一，积极推进高校实验室污染的危害性评估。迄今为止，有关中国各类高校实验室污染的总体状况，没有官方正式详尽的统计数据。建议省环境保护局组织第三方，对浙江省高校实验室的污染现状（包括污染物数量、污染种类、污染性质、污染浓度范围以及污染途径等）以及危害性进行科学评估，科学测算高校实验室污染对城市地下水、土壤、空气等生态环境以及人的健康等产生的影响程度，在此基础上，形成持续性的《浙江省高校实验室污染危害性评估报告》。

第二，制定《浙江省内高校实验室管理与环境治理条例》。目前，管理部门对高校实验室产生的大量废弃物和试剂的管理，既没有提出要求，也没有提供支持，实验室污染仍处于法律监控之外，同时，高校实验室管理办法和排污管理法规条例空白，相关制度执行力较弱，建议省环境保护局联合省教育局等，依据《关于加强高等学校实验室排污管理的通知》，参考ISO 14000环境管理体系，制定适合浙江省高校实验室管理和环境治理的地方性法规。一是在认真研究浙江省高校实验室的污染特点和防治途径的基础上，提出操作性强、科学合理的法律法规；二是科学合理地制定高校实验室建设以及环境管理的相关标准体系，包括操作技术、安全标准等，进行标准化改造，使其具备必须的排污条件，达到环保等方面的要求；三是制定高校实验室“三废”的分类标准以及处理条例，明确规定实验室自行处理污染物的标准，由学校集中处理，或委托具有资质的单位统一进行清运和处置，明确规定“三废”的处理方式；四是把高校实验室的监督检查纳入环境检测范围，将污染控制列入验收与考评项目。

第三，加大对高校实验室污染治理的财政投入。高校实验室污染物成分复杂，处理成本较高，例如，处理一吨有机溶剂约为2000元，含剧毒成分的溶剂为每千克300元，废水则需要每公斤10元、20元、50元不等。美国大学的实验室是一种涉及多课题的开放式、自助式、专业职能化的“非营利机构”，科研经费主要来自政府、基金和产业，项目预算经费划分明确，并严格执行。我国多数高校的经费预算主要用于购买实验室仪器、设备、试剂和装修等，缺乏相应的污染控制经费的投入。建议省委、省人民政府组织专家，合理确定高校实验室经费用于污染控制的比例，并以法规的形式明文规定，省人民政府在每年的财政预算中，列支专项经费用于高校实验室污染治理。

第四，定期开展对实验室操作人员及管理人员的培训。实验室工作人员必须对实验排放的“三废”具备一定的控制和处理的能力，加强人员培训是防止污染的有效途径。积极推动环境保护各项知识“进课堂，进教材，落实学分”；加强实验室人员的管理制度、岗位责任、操作流程、实验安全、环保知识、事故应急处理办法等各项培训，以此加强治理，减少污染，以创造良好、洁净、安全的工作环境，保障工作人员的人身安全和工作健康。

第五，加强高校实验室污染防治的宣传教育。高校实验室污染严重的一个重要原因是人员的环保意识淡薄，自身防护、保护意识薄弱，对实验室的有毒、有害物对环境的影响及对自身的伤害缺乏足够重视，在实验操作过程中乱倒废液、乱丢废物。因此，应进一步加强实验室操作人员环保意识的宣传教育，把环境问题提高到国家安全的高度来认识，增强相关人员的环境安全意识和忧患意识。充分发挥新闻媒体等舆论宣传与社会监督作用，实行高校实验室环境污染有奖举报制度，鼓励社会各界监督。

10

治理环境污染梯度转移，政府应该有所作为*

在诗人陶渊明的眼里，农村曾经是“采菊东篱下，悠然见南山”“山气日夕佳，飞鸟相与还”的田园风光。可如今，环境污染正在悄悄地腐蚀乡村的溪水、农田、森林和白云。

为调整产业结构、推动产业技术升级和实现经济发展模式的转变，近年来，我国一些城市和发达地区加大了对环境治理的力度，对制革、漂染、造纸、农药、化工、玻璃、水泥、电镀和炼铁等高污染企业实行了强制性的“关、停、并、转”。由于城市和农村、东部地区和西部地区、发达地区和欠发达地区之间在经济发展上存在梯度落差，被强制性“关、停、并、转”的污染企业实现了从城市到农村、从东部地区到西部地区、从发达地区到欠发达地区的梯度转移。与此同时，我国环境污染从城市到农村、从东部地区到西部地区、从发达地区到欠发达地区的梯度转移趋势也越来越明显，而且愈演愈烈，使原本脆弱的农村生态环境雪上加霜。

不可否认，实现“下乡上山”梯度转移的企业给当地带来了地区生产总值的增长和财政的增收，并拓宽了就业渠道，但同时也使当地农民付出

---

* 相关提案是九三学社浙江省委员会报送浙江省政协九届五次会议的大会发言提案和团体提案（2007 年 1 月），荣获九三学社浙江省委员会参政议政调研成果二等奖（2008 年）。

了沉重的代价。环境污染极大地危害了农民的身心健康，使部分农民陷入了因病致贫的窘境。而为了救治受害百姓、恢复农村的生态环境，当地政府也不得不投入更大的人力、物力和财力，发展经济的初衷也因此大打折扣。

一些被梯度转移的企业废水、废气、废渣等污染物排放量严重超标，远远超过了农村的环境承载能力。不少企业受经济利益的驱使，不惜以身试法。有的企业虽有治污设施，但长期闲置，没有正常运行，废水不经处理，直接排放到河流；有的企业甚至私设排口，偷排现象较为普遍；不少锅炉、窑炉和大灶烟尘远远超标。受资金、技术和利益等因素的影响，一些城市垃圾、工业废弃物、建筑废渣等，未经处理就随意倾倒在乡村的田野、池塘和河边。这些固体废弃物占用和毁损了大量的土地，污染了当地的空气和水源，成为农村环境的重污染源。

“有河皆枯、有水皆污”已成为我国农村生态环境污染的真实写照。目前，我国农村水环境污染相当严重，有的河水不仅不能饮用，甚至难以满足养殖、灌溉的需要。在很多地方，过去清澈见底的河流、溪水和湖水已经变得混浊不堪，有的地方甚至脏得连洗手也会让人心里发怵。由于水污染严重，在农村养殖产品死亡事件频繁发生。近年来，仅重庆市农村每年因各种污染造成的死鱼数量就有 2500 吨，相当于 16.7 平方千米的鱼塘减产 50% 。

农村的环境污染已严重地危及农民的身心健康。农村饮用水大部分没有得到有关部门的监测，我国很多的农村喝不到干净达标的饮用水，农村癌症高发是环境污染所致在我国已成为一个不争的事实。资料显示：河南省沈丘县，1990—2005 年，2470 人的黄孟营村有 116 人死于癌症；2366 人的孟寨村有 103 人死于癌症；1697 人的孙营村有 137 人死于癌症；1300 人的陈口村有 116 人死于癌症；2015 人的大褚庄有 145 人死于癌症；1687 人的杜营村有 187 人死于癌症。而据沈丘县医院记载，1972 年当地 120 万人中，只发现癌症患者 12 人，发病率仅为十万分之一。癌症的形成有多种因素，包括饮食习惯、食用农药过量的果蔬、环境质量下降等。但是，癌症村几乎都有一个共同的特点，就是所在地区水土环境遭到了严重的污染。卫生部门和水利部门初步调查显示，目前全国农村无法得到或负担不起安全用水的人口有3亿多人，其中饮用水氟砷含量超标的约有6500万人。长期饮用砷超标的水，造成砷中毒，导致皮肤癌和多种内脏器官癌变；微生物及其他有害物质含量严重超标的地区，易出现疾病流行，癌症发病率居高不下。

环境污染已成为影响我国农村社会稳定与和谐的一个不可忽视的重要因素。近年来，我国因环境污染而引起群体上访、群体上告，甚至群体冲突的事件越来越多。近3年全国环保系统收到的环境问题投诉信件以每年30%的速度上升，2003年群众来信就达到50多万封，群众上访超8.5万批次。

农村的生态环境不仅关乎农民的切身利益，农村各种污染最终还会通过水、大气和食品污染等渠道影响到城市。城乡之间唇齿相依，同在一片蓝天下，一旦农村的生态屏障遭到重创，终有一日会带来环境灾难。因此，政府对环境污染“下乡上山”梯度转移的趋势应该引起足够的重视，采取有效的措施予以综合治理。对于此问题，现提出以下五点建议：

第一，建议各级环境保护部门组织专家对各地环境污染“下乡上山”梯度转移现状和危害性进行科学的调查研究。全面系统地调查和监测我国环境污染梯度转移的原因、规模、与城市化和工业化的关系、影响的深度和广度、梯度转移的内在机理等问题，在此基础上研究和制订《中国环境污染梯度转移的治理计划》。

第二，始终把环境保护放在我国社会主义新农村建设的重要位置。相关部门源头把关不严是环境污染实现“下乡上山”梯度转移的重要原因。目前，虽然各级环保部门强化了对新建企业（项目）的环境监管，但在我国社会主义新农村建设中违法违规新建的企业仍相当突出，主要表现为越权审批、降级审批和监管缺失。建设社会主义新农村是我国现代化进程中的重大历史任务，治理和保护农村的生态环境是新农村建设中的一项重要内容。因此，在我国社会主义新农村建设中务必要把环境保护放在重要位置，严把新建企业环境保护审批关，同时要改变过去重审批轻管理的现象，建立农村生态环境监管的长效机制，加大对违法企业的经济处罚力度，逐步使处罚标准高于污染治理成本，有效解决“违法成本低、守法成本高”的问题，促使企业积极主动地开展污染治理。

第三，尽快把环境保护指标纳入我国政府官员政绩考核的范围。环境污染能“下乡上山”最直接的原因就是农村和欠发达地区有着不可遏制的发展冲动。在此起彼伏的“崛起”和“发展”之声中，在“宁可呛死，不能饿死”“只要温饱，不要环保”的招商引资口号的激荡下，环境保护一再被边缘化。因此，对地方政府官员的政绩考核，不能再单纯地看地区生产总值增长、财政增收和招商引资规模了，而要综合衡量各项指标，应尽快把环境保护指标纳入我国政府官员政绩考核的范围。

第四，加大对农村环境治理的财政投入力度。近年来，我国在环境治理方面存在着重城市、轻农村的普遍现象。我国环境治理投资80%以上投向城市，而对农村环境治理的投入却不足20%。我国各级政府领导要对环境污染梯度转移的危害性引起足够的重视，加大对农村环境治理的财政投入力度，在环境治理上要消除城乡差距，并最终实现城乡一体化。近期重点是要加大对农村小型环保基础设施建设的投入力度，探索建设简易可行、适度集中的农村污水和垃圾排放处理系统。

第五，设立环境保护奖励基金，加大对环保卫士表彰和奖励的力度。在环境污染日益严重的今天，我国可考虑建立环境保护奖励基金，建立群众性的环保巡视组织，深入各地农村对环境污染“下乡上山”梯度转移企业的巡视，同时加大对保护农村生态环境有功的组织和个人的表彰和奖励的力度，增强广大农民的环保意识，让“拒绝环境污染、保护好绿水青山”的观念深入人心，努力提高广大农民对环境污染梯度转移的抵制能力。

六、乡村振兴与共同富裕

1

共富路上加快“夹心”县发展的实证调查及政策建议*

党的二十大报告指出，中国式现代化是全体人民共同富裕的现代化，并对扎实推进共同富裕作出了战略部署。习近平总书记强调，全面建成小康社会，一个也不能少；共同富裕路上，一个也不能掉队。浙江高质量发展建设共同富裕示范区，核心是解决城乡、地区、收入的“三大差距”，重点在山区县，难点在山区县，突破点也在山区县。如何推动山区县跨越式高质量发展，加快补齐山区县经济社会发展短板，是浙江共同富裕示范区建设面临的重要理论与实践命题。

一、浙江加快 26 个县发展的长期扶持政策成效明显

改革开放以来，浙江省委、省人民政府高度重视欠发达地区发展。21 世纪以来，省委、省人民政府更是从战略高度，把加快 26 个县发展摆在更加突出的位置，并形成了浙江加快 26 个县发展的阶段性政策体系，推动了 26 个县发展迈上了新台阶，并与全省同步实现高水平全面小康，让浙江成

---

* 此文是兰溪市委、市人民政府共同富裕课题组研究成果，与范冬岩、严赛虹共同完成，荣获中央政治局委员、时任浙江省委书记袁家军同志，浙江省副省长卢山同志，时任副省长刘忻同志的重要批示（2022 年 11 月）。

功地跨越了“中等收入陷阱”。2021 年，山区 26 个县数字经济核心产业制造业增加值增速比全省高 1.7 个百分点；固定资产投资增速比全省高 1.0 个百分点；社会消费品零售总额增长高于全省 0.4 个百分点；全体居民、城镇居民和农村居民人均可支配收入分别为 42139 元、53710 元和 27619 元，增速比全省高 1.1、0.6 和 0.7 个百分点；全体居民人均可支配收入相当于全省平均水平的 73%。实践证明，浙江省对 26 个县发展的长期扶持政策取得了明显成效，从“相对欠发达县”到“加快发展县”再到“山区 26 个县”，26 个县特色产业竞争力、创业创新驱动力、生态环境支撑力和公共服务保障力稳步增强，经济发展更具活力，人民生活更加美好。

二、共富路上也要制定加快“夹心”县发展的政策措施

2005 年，浙江省委、省人民政府在《关于推进欠发达地区加快发展的若干意见》中正式提出了山区 26 个欠发达县的区域概念。当时，从地区生产总值、人均地区生产总值、财政收入、人均财政收入以及城乡居民可支配收入等指标综合来看，兰溪、浦江、金东、婺城、洞头等“夹心”县（夹在发达地区和欠发达地区之间的县），一方面，相对于欠发达地区，由于其主要经济社会发展指标“落后”得不明显、不突出，没有列入 26 个县范畴，无缘享受给予 26 个县的特殊扶持政策；另一方面，与发达地区相比较，因其改革创新亮点和发展实绩贡献不明显、不突出，也无法获取“鼓励先进”“亩均论英雄”导向下含金量高的改革创新试点的特殊激励政策。由于扶持和激励两头政策都无法享受，这些“夹心”县经过十多年的沧桑变化逐渐从当时的“夹心”状态进入了目前的“落后”状态。

第一，从人均地区生产总值来看，2021 年，浦江、金东、婺城、兰溪与 26 个县比较，分别排在第 21 位、第 20 位、第 8 位、第 6 位。

第二，从城镇居民人均可支配收入来看，2021 年，兰溪、浦江、金东、洞头与 26 个县比较，分别排在第 15 位、第 9 位、第 7 位、第 5 位。

第三，从农村居民人均可支配收入来看，2021 年，兰溪、浦江、婺城、金东与 26 个县比较，分别排在第 16 位、第 11 位、第 8 位、第 2 位。

第四，从 2016—2021 年地区生产总值增长速度来看，兰溪、浦江、婺城、金东、洞头与 26 个县比较，分别排在第 20 位、第 19 位、第 9 位、第

8 位、第 7 位。

第五，综合人均地区生产总值、人均一般公共预算收入、人均社会消费品零售额、城镇居民人均可支配收入和农村居民人均可支配收入等五项关键指标，主成分分析的结果表明，浦江、兰溪、金东、洞头与 26 个县比较，分别排在第 25 位、第 20 位、第 5 位、第 3 位。

可见，目前，浦江、婺城、兰溪、金东和洞头等“夹心”县经济社会发展水平不仅明显落后于全省平均水平，而且也落后于 26 个县中大部分县的发展水平，但在共富路上这些“夹心”县却无法享受给予 26 个县超常规的扶持政策。

三、共富路上加快“夹心”县发展的政策建议

在浙江，由于 26 个县经济社会发展长期落后于全省平均水平，针对 26 个县制定特殊的扶持政策是必要的。但在高强度扶持 26 个县发展的同时，也不能把当时不属于 26 个县范畴但目前已步入相对落后状态的“夹心”县遗忘到角落。如果这些“夹心”县长期无法享受扶持和激励两头政策，很可能成为引发浙江省发展不平衡、不充分新的区域因素，成为共同富裕征途上新的失落县和掉队县。

课题组围绕政策需求问题，对浦江、婺城、兰溪、金东和洞头等“夹心”县的政府领导、企业家和专家学者进行了现场访谈和问卷调查，在因素分析基础上，根据政策供需匹配原理，提出了共富路上加快“夹心”县发展的六个方面政策建议。

第一，山地协作政策。把“夹心”县纳入全省 50 个经济强县结对帮扶范畴，支持以先进制造业为主的“产业飞地”、新技术新产品研发和项目孵化“科创飞地”、经济可持续发展“消薄飞地”三大“飞地”建设，推进产业深度合作。省级统筹安排“夹心”县“产业飞地”用地规划指标，“飞地”建设用地指标由“飞出地”通过全域土地综合整治与生态修复工程产生的城乡建设用地增减挂钩节余指标予以保障，支持“夹心”县将加快发展实绩考核奖励用地指标调剂用于各类“飞地”园区建设项目。允许“飞地”内符合条件的重大产业项目提前预支新增建设用地计划指标。允许山地协作结对地区城乡建设用地增减挂钩节余指标和耕地占补平

衡指标异地调剂使用。

第二，交通设施建设政策。支持“夹心”县“四好农村路”建设、农村公路管护和农村公交线网建设。将“夹心”县国道建设项目省补标准由二档提为一档（一级公路补助标准为3600万元/千米，二级公路补助标准为1800万元/千米）。推进“夹心”县市域公路网、普通国省道待贯通路段建设和低等级路提升，推动有条件建制村开通双车道公路。谋划布局一批通用机场，支持有条件的核心景区、“康养600”小镇建设若干直升机起降点，形成空中交通网络。

第三，发展用地政策。允许“夹心”县重大项目加急开工建设，预安排用地指标量不足的，可申请增加预安排用地指标。示范类制造业项目可申请预支用地指标。每个县可申报1个标志性公共设施建设项目，按照省地双方各50%落实用地计划指标。支持重大项目建设，降低省重大产业项目准入门槛，对固定资产投资、投资强度、亩均增加值、亩均税收等4个指标按0.7修正下调。允许符合条件的重大产业项目提前预支奖励，新增建设用地设计指标。对由政府投资且经省发展和改革委员会立项的基础设施、民生项目、优质文旅项目，给予40%的新增建设用地计划指标支持。允许“夹心”县同等享受“给予加快发展指标奖励和倾斜”政策，同时明确“夹心”县享受省统筹比例可以提高到40%的政策。

第四，农业、农村和林业发展政策。支持“夹心”县土地流转和高标准农田改造，全面提升土地的综合利用效率。支持“夹心”县提升粮食、生猪等重要农产品综合生产能力，推进特色农业一二三产融合发展，支持农业生产方式加快转型升级，培育做强现代农业经营主体。加快实施“夹心”县既有水库提升改造和病险水库除险加固，全面推进小型水库系统治理，促进山区水库增能保安。推进“夹心”县水土流失综合治理、水生态保护与修复、主要江河滨水绿道建设，加快水美乡镇建设，探索河湖库疏浚砂石资源保护与利用。支持国家森林城市创建、林业特色产业、保护森林植被和防治病虫害等。逐年提高对“夹心”县民族乡镇的转移支付资金，完善资金拨付保障制度，省财政专列转移支付资金建议直接拨至民族乡镇专户，由乡镇统筹安排，提高资金使用效率，确保民族项目按期有序推进。

第五，生态保护政策。支持“夹心”县水环境治理、生态环境监测体系建设、生态保护天地空一体化监管。建立全省主要流域上下游水质生态补偿机制，按照省30%、上下游县（市、区）70%的分担比例，以水质水量为基准，按照一类断面5000万元、二类断面3000万元、三类断面1000万元的标准，实行双向奖补，平衡上下游付出和收益，推动在全社会牢固树立“治理污染有责，保护环境有功，生态资源有价，享用资源有偿”的绿色发展理念。鼓励省属高校、科研院所、企业集团通过设立子公司及第二空间的形式赴“夹心”县开展远程办公、科研攻关、创意设计、文艺创作等，拓宽“绿水青山就是金山银山”转化通道。

第六，金融支持政策。到2025年，力争“夹心”县各项贷款余额和增速高于全省平均水平，涉农贷款余额达到26个县平均水平，制造业贷款余额持续增长，普惠型小微企业贷款、普惠型涉农贷款增速高于各项贷款增速，绿色信贷余额占比每年提高1个百分点，农户小额信用贷款占农户小额贷款比重达到60%以上，保险风险保障金额稳步增加；重点加大对农业“双强”、特色产业、文旅融合、“飞地”经济、新型农业经营主体和结对帮扶等领域的金融支持力度。争取国家开发银行、中国农业发展银行等国家政策性银行支持，推动设立省属企业主导、地方参与、民企入股的投融资运营管理平台，盘活土地、山林、房屋等资源要素，实行股份化、市场化、实体化运作，有效扩大“夹心”县群众的资产性收入。

2

农村数字化改革“金田共享”的实践价值与政策建议*

习近平总书记在党的二十大报告中强调，中国式现代化是全体人民共同富裕的现代化，并重申牢牢守住18亿亩耕地红线，确保中国人的饭碗牢牢端在自己手中。九三学社浙江省委员会副主委、省人民代表大会常务委员会委员、浙江大学公共政策研究院副院长范柏乃反映：近年来，浙江耕地尤其是零散小块耕地闲置抛荒问题比较严重。据我们对浙江省2个县市区30多个行政村的走访调研和初步估计，零散小块耕地抛荒面积达到总面积的30%以上。坚决遏制耕地“非农化”和防止基本农田“非粮化”的“两非”整治工作，是严格落实耕地保护制度、坚守耕地红线和底线的重大战略举措。由于小块耕地难以实现机械化耕种，社会资本没有动力参与经营，因投入大、收益低，留守农民不愿意耕种。因此，“两非”整治工作并没有从根本上破解小块耕地闲置抛荒这个带有全局性的问题。

金华市金东区以农村数字化改革为契机，打造了“金田共享”特色项目，有效破解了零散小块耕地抛荒问题，盘活了零散小块耕地，增加了农民收入，引起了政府、学界、社会和媒体的共同关注。九三学社浙江省委

---

* 此文与朱芷懿共同完成，荣获中央政治局委员、时任浙江省委书记袁家军同志，浙江省委常委、常务副省长徐文光同志批示（2022年11月）。

员会副主委、浙江大学公共政策研究院副院长范柏乃教授团队在对“金田共享”的实地考察基础上，采用网络问卷方式，对金东600余名政府官员、普通公务员、留守农民进行了大样本问卷调查。

一、农村数字化改革“金田共享”的应用场景

金东在系统梳理农田闲置的四张问题清单基础上，确立了“金田共享”所要破解的关键问题，协同农业农村、自然资源和规划、教育体育等13个部门，整合地理区位、劳动力、消费、农耕文化等各类数据1625万条，开发了“金田画像”“共享农田”“金田直供”“共享农耕”四大应用场景。

第一，金田画像。建立人与地的关联信息，利用大数据分析建模，通过功能划分，精准显示可共享的闲置农田以及农田的属性、肥力、位置等多维数据，对每块地建档立案，并给出各个地块不能种什么、适宜种什么等建议。需求方在线点击关注地块，就可获得导航路线、土地属性、种植记录、地块种植建议等具体情况。

第二，共享农田。构建了共享农田三大模式。一是委托共享模式，需求方选定地块、种子等要素，共享地块的村集体在线接单后，根据需求雇用农工进行种植。需求方可通过视频联通线上实时观测农产品生长情况。二是自种共享模式，需求方选定地块，金田共享服务中心接单后，线下对需求方进行专业农技指导，需求方实现自种自产、自用自享。三是订单共享模式，需求方在线预订指定地块、肥料、耕作技术和产出的农产品，由村集体雇用农工进行种植。农产品成熟后，需求方按照当时市场销售价格进行收购。

第三，金田直供。打造了金田直供三大模块：一是“农产品溯源”模块，通过采集农产品产地、土壤、农资、农药残留等数据，建立农产品专属共享码，实现农产品质量信息可追溯、可调查；二是“农产品展示”模块，根据农产品的产地、保鲜方式、口感、价格、销售额、品牌、配送能力等信息，将优质的农产品上架到“优选为侬”平台销售；三是“农产品销售”模块，消费者下单购买后，可选择自提点或第三方配送公司，将农产品从田间精准送达到餐桌。

第四，共享农耕。打造了共享农耕三大功能模块。一是“农事传承”模块，上线历史、科教、种植、农技、杰出农民等视频资料，重塑农耕文化表现形式。二是“农工服务”模块，支持在线查看、雇佣农工进行农田种植维护，带动农民长期固定就业或短期灵活就业。三是“农旅服务”模块，围绕旅游景区、餐饮美食、民宿酒店、休闲娱乐、游玩攻略等项目，上线农旅相关信息，推动农旅深度融合发展。

二、农村数字化改革“金田共享”的实践价值

调研发现，金东打造的“金田共享”特色项目，创新了多元主体共建的农业经营模式，构建了“长期就业＋灵活就业”的农民增收共富机制，构筑了满足消费者多元需求的农产品直供模式，促进了优秀农耕文化传承和美丽乡村建设。这不仅有效破解了零散小块耕地抛荒问题，还增加了农民收入，促进了村集体经济发展。

第一，创新了多元主体共建的农业经营模式。金东创建了委托模式、自种模式、订单模式三种“农田共享”模式，创新消费者预付农业生产费用的农业经营方式，建立生产者与消费者风险共担、收益共享的新型农业经营形态，推动农业经营模式由单一主体经营向多元主体共建转变。至2022年10月初，金东已实现农田共享18.3平方千米，覆盖11个乡镇、127个村，带动村集体增加收入3177万元。其中，委托共享农田4万平方米，成交金额90万元；自种共享农田17.2平方千米，成交额2298万元；订单共享农田1平方千米，成交额789.12万元。同时，48个行政村已实现“消薄”摘帽。

第二，构建了“长期就业＋灵活就业”农民增收共富机制。创新农民增收方式，采用订单合同、服务协作、灵活聘用等多种方式，建立“公司＋集体＋农民”“家庭农场＋农民”利益共同体，实现了农村闲置低收入劳动力和有农业生产专业特长的专职农民家门口再就业，推动农民从单一收入来源向多元增收渠道转变，解决了农民“不想干”“干不了”“干不好”等农业发展中的普遍性问题。金东通过实施“金田共享”，农民每年不仅通过农田出租获得资产性收入，还可通过长期就业或灵活就业增加工资性收入，长期就业雇工人均年收入可达2.5万元，灵活就业雇工人均年收入

增加5000元以上。截至2022年10月初，已有356名农民长期固定就业、1000多名农民灵活就业，实现农民收入农田租金2000余万元。

第三，构筑了满足消费者多元需求的农产品直供模式。金东通过实施“金田共享”，建立了包含有机认证、产品检测、尺寸规格、配送服务等重要指标的高质量标准体系，构筑了满足消费者多元需求的农产品供给渠道和直供模式。消费者在“金田直供”平台上“点对点”下单后，既可以通过快递直达，也可以亲自前往供给农地、农场进行直采直享，推动农产品从单一供应模式向多元直供模式转变，为破解农产品销售的供需信息不对称、流通环节过多、损耗浪费大以及农民增产不增收等难题开辟了有效路径。至2022年10月初，金东通过“浙里办”的“金田直供”平台，助力农产品销售696.06万元，涉及农产品48种，不仅有力促进了农产品销售，而且让消费者以更高性价比、更好新鲜度获取优质农产品，满足了消费者对优质农产品的鲜美需求。

第四，促进了优秀农耕文化传承和美丽乡村建设。金东通过实施“金田共享”，在共享农田周边配套农耕土灶等体验设施，提供锄头、镰刀等农耕工具，实现了还原乡味、留住乡愁。目前，金东已实现了158个村企结对，打造了16个劳动教育实践基地，吸引5625人次深度体验，引导5500人次学生走出课堂、走进田间，促进了优秀农耕文化传承。同时，推动农业与旅游、休闲、文化等产业深度融合，满足现代都市人群认识农业农村、参与农业生产、体验乡村文化等多元化、个性化需求，吸引社会资本下乡，激发社会力量参与美丽乡村建设。目前，金东区已吸引17家企业下乡，实现社会资本和乡村资源的有机结合。

三、农村数字化改革“金田共享”推广应用的政策建议

被调研的金东85%的农户、80%的政府官员和75%的普通公务员认为，农村数字化改革“金田共享”管用好用，具有很强的推广应用价值。根据“一地创新、全省共享”的数字化改革原则，为了在全省层面推广应用“金田共享”，特提出如下四点政策建议。

第一，研究制订《浙江省农村数字化改革“金田共享”实施方案》。为在全省层面破解零散小块耕地闲置抛荒问题，拓宽农民增收渠道，促进

美丽乡村建设，根据共同富裕示范区建设要求，研究制订《浙江省农村数字化改革“金田共享”的实施方案》，对全省“金田共享”发展进行顶层设计和科学规划，明确“金田共享”的建设原则、发展目标、推进计划、主要内容、重点工作、支持政策和保障措施。

第二，强化农村数字改革“金田共享”的组织保障。在省级层面成立“金田共享”工作专班，办公室设在省农业农村厅。专班要强化组织领导，量化细化目标举措，定期会商研判，协调推进落实。各责任单位要立足职能、协同配合，有序有效推进各项工作。组织部、统战部、教育厅、中国科学技术协会、中华全国工商业联合会、中华全国总工会、中国共产主义青年团、中华全国妇女联合会等相关部门要充分发挥联系广泛优势，引导社会组织和力量积极参与“金田共享”的发展建设工作。

第三，强化农村数字改革“金田共享”的财政保障。将“金田共享”发展建设项目纳入浙江省经济社会发展规划进行财政统筹，争取国家农村产业融合专项建设资金、其他相关专项中央投资及政策支持。按照主管部门不变、资金用途不变、使用渠道不变的原则，加强对农业农村、文化和旅游、教育、住房和城乡建设、交通运输、水利、科学技术等有关部门资金安排的统筹协调和资金整合，强化对零散小块耕地开发的建设资金投入。通过农业综合开发、农村综合改革转移支付，国家、省专项建设基金等渠道支持“金田共享”发展。

第四，强化农村数字改革“金田共享”的制度保障。全面正确把握“金田共享”的制度需求特征，根据制度需求特征和制度供需匹配原理，制定出台《浙江省“金田共享”的土地流转管理办法》《浙江省“金田共享”服务中心运营管理办法》《浙江省“金田共享”的农工管理办法》《浙江省“金田共享”农产品质量安全可追溯办法》《浙江省“金田共享”发展的考核办法》等一系列的配套措施，明确规范“金田共享”参与各方的责任、权益和义务，强化农村数字改革“金田共享”的制度保障。

3

扎实推进民族乡村共同富裕的实证调查及政策建议*

民族乡村是指我国在少数民族聚居地设立的乡级行政区，少数民族人口占全乡总人口百分之三十以上的乡，可以按照规定申请设立民族乡，情况特殊的可以略低于这个比例。截至 2020 年 2 月，我国共有民族乡 966 个，除了上海、山东、山西、陕西、海南和宁夏等没有设立民族乡以外，其余 25 个省级行政区均设有民族乡。其中，贵州最多，有 193 个民族乡，有 10 个民族乡以上的省份分别是云南（140 个）、四川（83 个）、湖南（83 个）、广西（59 个）、辽宁（54 个）、黑龙江（52 个）、河北（47 个）、新疆（42 个）、甘肃（32 个）、吉林（28 个）、福建（19 个）、浙江（18 个）、内蒙古（17 个）、河南（12 个）、湖北（10 个）。

党的二十大报告指出，中国式现代化是全体人民共同富裕的现代化。实现共同富裕不仅是经济问题，而且是关系党的执政基础的重大政治问题。实现全体人民共同富裕，任何一个民族、任何一个家庭都不能少。党的十八大以来，在习近平新时代中国特色社会主义思想指导下，我国各级

* 此文是兰溪市委、市人民政府共同富裕课题组研究成果，与范冬岩、严赛虹共同完成，荣获全国政协副主席邵鸿同志、时任浙江省委书记袁家军同志重要批示（2022 年 10 月），文章刊载于《中国统一战线》2023 年第 2 期。

政府高度重视民族乡村的经济社会发展，加强基层党组织建设，加大建设资金投入，充分发挥民族乡村资源优势，积极培育乡村产业，着力推进民族乡村振兴，民族乡村发展成效显著，少数民族群众生活质量有了明显提升。

促进全体人民共同富裕，最艰巨、最繁重的任务在农村，最艰难和最需要破解的问题在民族乡村。我国民族乡村发展依然面临着基础设施滞后、经济发展薄弱、产业发展水平低、区域发展差距大等现实问题，振兴民族乡村仍然是我国促进共同富裕面临的最重要挑战。

浙江属少数民族散杂居省份，虽然少数民族人口规模不大，但民族成份较多，拥有 53 个少数民族，仅缺得昂族和保安族，其中有 7 个少数民族人口在 1 万人以上。畲族是浙江主要世居少数民族，集中分布在浙南、浙西南的山区，具有大分散和小聚居的特点，温州、丽水、杭州、金华、宁波 5 个市的畲族人口占 75% 以上。浙江共有 1 个民族自治县、18 个民族乡（镇）和 443 个民族村，全省户籍少数民族人口 50 多万人，其中畲族 23 万余人。

一、扎实推进民族乡村共同富裕的实证调查

课题组在对浙江兰溪水亭畲族乡、武义柳城畲族镇、龙游沐尘畲族乡和桐庐莪山畲族乡等 4 个民族乡镇的实地考察和现场访谈基础上，采用利克特五点量表法，设计了一份“浙江民族乡村共同富裕的发展成效、瓶颈及实现路径”调查问卷，选择了兰溪、武义、龙游和桐庐 4 个县市 20 个民族村的 300 余位村民、村干部进行问卷调查，收回有效问卷 190 份，实地考察和问卷调查结果表明：

第一，关于民族乡村共同富裕的发展成效。在被调研的民族乡村村民和村干部中，67% 的人对民族乡村共同富裕的扶持政策比较满意；63% 的人对村集体经济收入增长比较满意；78% 的人对家庭收入增长比较满意；76% 的人对住房改善比较满意；87% 的人对民族乡村的社会治安改善比较满意；82% 的人对民族乡村的交通基础设施改善比较满意；89% 的人对村庄生活环境改善比较满意。调查结果表明，浙江民族乡村共同富裕的发展成效已得到了村民和村干部的普遍认可。

第二，民族乡村共同富裕的瓶颈。根据实地考察和现场访谈的结果，课题组在调查问卷中给出民族乡村共同富裕的10项瓶颈，让被调研的村民和村干部根据自己的实际感受和判断，从中选择6项最大瓶颈，结果依次为：地理位置偏僻，交通不便（74%）；经济基础薄弱，产业发展水平低（69%）；基层党组织建设滞后，缺乏致富带头人（65%）；政策扶持力度不够，针对性不强（57%）；村民思想观念落后，缺乏开拓进取精神（51%）；少数民族优秀文化缺乏有效的传承、保护和发展机制（45%）。

第三，民族乡村共同富裕的实现路径。课题组在调查问卷中给出民族乡村共同富裕的10条实现路径，让被调研的村民和村干部根据自己的实际感受和判断，从中选择6条最重要的实现路径，结果依次为：强化民族乡村共同富裕的顶层设计和科学规划（85%）；强化党政领导推进民族乡村共同富裕的自觉行动（78%）；强化民族乡村共同富裕的党建引领（71%）；强化民族乡村共同富裕的统战力量（67%）；强化民族乡村共同富裕的产业支撑（58%）；强化民族乡村共同富裕的政策落实（51%）。

二、扎实推进民族乡村共同富裕的政策建议

习近平总书记强调，引导各族群众看到民族的走向和未来，深刻认识到中华民族是命运共同体，要铸牢中华民族共同体意识。没有民族乡村的共同富裕，就没有全体人民的共同富裕。为了深入贯彻习近平总书记关于加强和改进民族工作的重要思想，全面落实中央民族政策，铸牢中华民族共同体意识，课题组根据民族乡村共同富裕的发展成效、瓶颈及实现路径的调查结果，提出以下六项政策建议。

第一，制订出台《中国民族乡村振兴五年行动计划》，强化民族乡村振兴的顶层设计和科学规划。为了推进民族乡村发展，浙江出台了全国首个《浙江省民族乡村振兴实施方案2018—2022年》，计划用5年时间，实施民族乡村产业振兴行动、生态宜居行动、文化繁荣行动、团结和谐行动和均衡发展五大行动。通过实施该方案，浙江进一步激活了民族乡村生产要素，拓宽了资金渠道，激发了创业创新活力，实现民族乡村农民收入较快增长，推动了民族乡村振兴和共同富裕，浙江民族乡村振兴走在全国前列。借鉴浙江经验，建议在国家层面上制订出台《中国民族乡村振兴五年

行动计划（2023—2028年）》，重点从发展目标、产业发展、乡村规划、生态宜居、环境保护、公共服务、民族文化、结对帮扶以及政策支持和保障措施等方面，对全国民族乡村振兴进行系统化的顶层设计和全方位的科学规划，通过顶层设计和科学规划引导、推进我国民族乡村振兴和共同富裕。

第二，建立面向共同富裕的民族乡村政绩考核体系，强化党政领导推进民族乡村共同富裕的自觉行动。政绩考核体系是“指挥棒”，有什么样的政绩考核体系，就会有什么样的政府行为，就会有什么样的发展成果。建议尽快将“乡村产业发展”“家庭收入增长”“居民生活质量”“公共服务均等化”“民族文化传承”“生态环境保护”等指标纳入县乡两级党政领导干部政绩考核范畴，建立健全面向共同富裕的党政领导干部政绩考核体系，做到可量化、可评价、可督查和可操作，并能够全面有效落地。考核结果与领导班子和领导干部考核结果互认互用，并作为党政领导干部选拔任用、离任审计的重要依据，考核结果与县乡两级年度考核奖直接挂钩，强化党政领导干部推进民族乡村共同富裕的自觉行动。

第三，加强民族乡村区域化的党建联盟建设，强化民族乡村共同富裕的党建引领。党建联盟是不断夯实民族乡村党的执政根基的重要举措，是推动变革型组织建设和纵深推进基层党建的创新实践，是推进民族乡村共同富裕的重要抓手。一是面对民族乡村发展不平衡和不充分问题，要在民族乡村探索建立区域化的党建联盟，全力打造区域统筹、产业融合、多方联动的党建共同体。二是要以“组织联建促融合、工作联动促发展、队伍联抓促提高、活动联办促同心、信息联通促共享”的“五联五促”模式统筹推进民族乡村的党建联盟建设。三是要通过整合现有资源、强化工作措施、创新工作方法，有效建立起基层党组织互帮互助、发展共赢的长效机制，努力把党的政治优势、组织优势转化为推进民族乡村共同富裕的竞争优势和发展优势。四是要实现党建资源共享、优势互补，不断增强基层党组织的创造力、凝聚力和战斗力，强化民族乡村共同富裕的党建引领。

第四，充分发挥统一战线人才荟萃、智力密集的优势，强化民族乡村共同富裕的统战力量。习近平总书记指出，统一战线是党的事业取得胜利的重要法宝，必须长期坚持。同样，统一战线是推进民族乡村共同富裕的重要法宝。统一战线成员中集合了各领域的专业技术人才，具有多学科、多领域、多层次的特点，成员专业能力强、技术水平高、社会影响大，是推进民族乡村共同富裕的重要力量。在统一战线成员中，民营企业贡献了50%以上的税收、60%以上的国内生产总值、70%以上的技术创新、80%以上的城镇就业以及90%以上的企业数量，民营企业是推进民族乡村共同富裕“做大蛋糕”和“分好蛋糕”的主力军。新的社会阶层人士是改革开放以来产生的新社会群体，集中分布在新经济组织和社会组织，属于中产阶层，是先富起来的一部分人，是推进民族乡村共同富裕的新生力量。党外知识分子是我国人才队伍的重要组成部分，是文化的创造者、知识的传播者、美好精神产品的创造者。推进民族乡村共同富裕，需要党外知识分子科学地解读共同富裕，积极地支持共同富裕，自觉地投身共同富裕。作为我国新型政党制度的参政党，民主党派在推进民族乡村共同富裕方面始终有责任、有义务，也有优势、有资源。民主党派要在推进民族乡村共同富裕中发挥作用，需要切实增强助力民族乡村共同富裕的责任感、使命感和紧迫感，需要民主党派为民族乡村共同富裕积极建言献策和凝神聚气。通过做实统一战线“大文章”，团结一切可以团结的力量，调动一切可以调动的积极因素，充分发挥统一战线人才荟萃、智力密集的优势，强化民族乡村共同富裕的统战力量。

第五，将少数民族文化植入产业发展，丰富产业发展样貌，强化民族乡村共同富裕的产业支撑。产业发展是民族乡村走向共同富裕的重要基础，少数民族文化是做大做强民族乡村产业的重要载体。民族乡村自然生态环境复杂多样，人文生活独具风格，在长期发展过程中形成了独特的少数民族文化。有关单位要充分挖掘少数民族文化，将少数民族文化深深植入产业发展整个过程，丰富产业发展样貌，做大做强产业，强化民族乡村共同富裕的产业支撑。一是坚持因地制宜、因地施策，创新文化产业内容形式，推进少数民族文化产业样貌丰富和内容提质。二是利用生产方式升级、人文观念变迁、民族现代化进程等项目主题进行科学规划，以少数民族生态文化等串起文旅产业上下游的品牌主线，凸显民族的独特性、趣味性与故事性，彰显少数民族传统文化在推进共同富裕进程中的勃勃生机。三是围绕“铸牢中华民族共同体意识，助推民族乡村共同富裕”主题，积极挖掘、传承、发展少数民族传统文化，推进少数民族传统手工业与民俗旅游、传统节日、民族服饰等深度融合，因地制宜打造各具特色的支柱产业和主导产业。四是推进少数民族文化数字化建设，探索少数民族文化如何通过数字化创造经济价值，推进民族艺术教育、民俗展示、技艺传播、文化交流、非遗传承等数字资源建设，挖掘推介特色乡村、特色技艺等优秀代表，创作民族特色文化作品，开拓线上营收渠道，增强民族乡村创收致富能力。

第六，加强政策宣传、提高政策知晓度、用足用好用活政策，强化民族乡村共同富裕的政策落实。政策宣传力度影响政策知晓度，政策知晓度决定政策能否落地见效。近年来，在国家和地方层面制定出台了一系列促进民族乡村发展和共同富裕的政策，已经形成了完整的政策体系，但民族乡村干部和群众对政策的知晓度比较低，一定程度上影响了政策的落地见效。要加强对民族乡村发展和共同富裕政策的梳理、汇编，建立健全包括报刊、电视和电台等在内的传统媒体，互联网、公众号和直播等新媒体以及政策培训等多层面、全方位的政策宣传推广体系，加大民族乡村政策的宣传推广力度，讲好民族乡村政策故事，提高民族乡村政策的知晓度和影响力，增强民族乡村干部和群众用足用好用活民族乡村政策的积极性和自觉性，确保政策落地见效。

4

农村数字化改革“农宅通”的实践价值与政策建议*

农村宅基地和农房是农民最基本的生活资料，是事关乡村振兴和共同富裕最重要的要素资源。建房是农民一生当中最重要的大事之一，也是农民改善居住条件的关键及对美好生活的最迫切向往。但现实生活中，农民建房经历了宅基地托浮难、审批耗时长、流程多、村镇干部主观性强等困扰，从而引发邻里纠纷、干群矛盾等不稳定的社会现象。传统的农村宅基地管理和建房审批制度已经不适应社会需求。破解当前农民建房难问题，改善农民居住条件，促进社会和谐稳定，是各级党委和政府面临的重大问题。

2022 年 7 月，九三学社浙江省委员会副主委、浙江大学公共政策研究院副院长范柏乃教授两次带队，赴金华市金东区实地调研，深入了解“农宅通”实施背景、实践价值和基本做法。浙江大学公共政策研究院和金东区共同举办“农宅通”学术沙龙，金东区工作委员会全面深化改革委员会办公室、发展和改革局、农业农村局等部门负责人以及经济、管理、法律、公共政策等学科的十多位专家参加了研讨。专家们普遍认为，“农宅

---

* 此文与朱芷懿共同完成，荣获时任浙江省委书记袁家军同志，浙江省委常委、省常务副省长徐文光同志重要批示（2022 年 9 月）。

通”是具有鲜明“三农”特色的浙江数字化改革先进样本，不仅具有好用管用的实践价值，而且还具有较强的可推广性和可复制性。

实地调研和学术研讨表明，金东区“农宅通”有效破解了农村空间规划、宅基地分配、建房审批、建房监管、一户多宅整治以及宅基地和农房盘活等方面的难点问题，较好地满足了农民对建房和改善住房条件的美好向往，极大地提升了农民的获得感和幸福感，为共同富裕先行和现代化先行赋能发力。

一、农村数字化改革“农宅通”的实践价值

金华市金东区重点从农户、村级、乡镇和部门四个层面，系统梳理了农民建房存在的十大难点、堵点和痛点问题；运用数字化手段，精心打造了“农宅通”系统；以问题为导向，开发了空间规划、建房审批、综合监管、服务评价和农房盘活五大应用场景；搭建了组织架构、业务流程和配套制度三大体系来保障“农宅通”的运行。自2022年运行以来，“农宅通”取得了良好社会效应，得到了农民的高度好评，引起了学界、政府和媒体的广泛关注。

第一，通过空间规划一张图，优化美化了农村空间布局。“农宅通”通过对自然资源和规划局的村庄规划、土地利用规划、永久性农田保护，农业农村局的林地，应急管理局的自然灾害点等数据信息的有效集成，设置了现状情况、规划选址、建设用地复垦分析、闲置用地盘活分析四大模块，打造了农村空间规划一张图。以“多图叠加”的方式，使镇村干部和农民群众对农村空间规划一目了然，通过一张图清晰地展示每个村可用于农民建房的宅基地地块，给有条件的村还开发了农民建房三维建模模块，农户可在相应地块上开展模拟建房，可事先了解建房效果。通过空间规划一张图，“农宅通”有效破解了村庄规划和土地利用规划不统一以及农村建房空间规划难题，实现了农民建房由“找宅基地”向“选宅基地”转变，加快了宅基地的有序流转，优化美化农村空间布局，推进了美丽乡村建设。金东区已完成19个村空间规划一张图编制，2022年底将完成203个村编制。

第二，通过建房审批“一键办”，提高了农民建房审批的公平性和效

率。“农宅通”横向打通了金东区农业农村、自然资源和规划、综合行政执法、住房和城乡建设、民政、公安、法院和金融8个部门200多万条数据信息，构建了大综合一体化的数据支撑体系。基于农民建房的负面清单制度，建立了农民是否可以建房的判别分析模型以及可建多少面积住房的数学测算模型，研发了农民建房审批“一键办”。农户只要打开“浙里办”，进入“农宅通”，点击“建房报名”，通过实名认证后，就可以知道自己是否具备建房资格。通过负面清单筛选后，农户就可以继续进入摇号选地、户型选择和工匠预约等“一网通办”申请流程。通过建房审批“一键办”，“农宅通”实现了农民建房资格和建房面积由人工主观分析向数学模型客观计算转变，规避了农民建房审批的人情关系和寻租问题，真正实现农民建房审批的公平性、公正性、便利性和高效性。截至7月底，金东区2022年共审批宅基地296宗，同比增长39.6%，审批面积3.98万平方米，同比增长41.2%，审批流程精减50%以上，审批效率提升100%，得到了农民广泛赞誉。

第三，通过综合监管“农宅码”，有效保障农民建房的质量安全。“农宅通”综合集成社员、住宅、规划选址、用地面积、户型图等数据信息，研发了农民建房综合监管“农宅码”，为干部、群众和工匠等多元主体搭建了建房质量安全监管平台，构建了“干部巡查、群众举报、工匠监督、卫片执法”四位一体的综合监管机制，实行“红码停工整改，黄码上门核实，绿码正常施工”，实现了一码多元综合监管。通过综合监管“农宅码”，“农宅通”实现了农民建房质量安全从缺位监管向综合监管、数字化监管方向转变，破解了农民住房质量安全监管难，有效保障了农民建房的质量安全。

第四，通过农村闲置资源“盘活模块”，拓宽了农民增收渠道。“农宅通”对接省农房盘活应用，精心打造了金东特色的闲置资源盘活应用场景，设置了资源超市、人文地理、法务监管、金融服务和网格管家5个“盘活模块”，实现了村级闲置资源一网掌控、村庄风情一网浏览、金融服务实时赋能和网格管家随叫随到等激活功能。2022年初以来，金东区运用“农宅通”的闲置资源“盘活模块”，通过园区赋能、文化反哺、文旅康养、产业带动和老村焕新等五种方式，盘活闲置农房4492宗，盘活资产

2.5亿元，拓宽了农民增收渠道，提高了农民收入，为共同富裕先行作出了贡献。

二、着力推进“农宅通”在全省推广应用的政策建议

浙江每年有40万户农户申请宅基地建房，金东区数字化改革“农宅通”为破解农民建房难点、堵点和痛点问题做了积极探索，并取得可借鉴经验。根据“一地创新、全省共享”的数字化改革原则，为解决全省各地数字化改革的低水平重复问题，优化配置数字化资源，全面提高全省数字化改革绩效，着力推动“农宅通”在全省推广应用和落地见效，我们提出如下四点政策建议。

第一，加大“农宅通”的宣传推广力度，提高“农宅通”的知晓度和影响力。省农业农村厅和金东区农业农村局共同构建“农宅通”宣传推广平台，建立包括报刊、电视和电台在内的传统媒体，互联网、公众号和直播等新媒体以及实地考察、现场观摩和业务培育等多层面、全方位的宣传推广体系，努力讲好“农宅通”的故事，加大“农宅通”宣传推广力度，提高“农宅通”的知晓度和影响力，增强全省各地“农宅通”推广应用的积极性和自觉性。

第二，健全农民建房管理的组织体系，强化“农宅通”应用的组织保障。借鉴金东区的基本做法，在县（市、区）本级设立农民建房管理领导小组，县主要领导担任领导小组组长，农业农村、自然资源和规划、综合行政执法、住房和城乡建设、民政、公安、法院和金融等部门负责人作为领导小组成员。领导小组负责农民建房管理的重大改革、重要决策、制度设计和指标安排等。领导小组下设农民建房管理办公室，农业农村局负责人担任办公室主任，负责每年年初制订建房计划，并实行年中、年末考核，倒逼乡镇街道主动解决“指标落地难”问题，推动“人等指标”向“指标等人”转变。

第三，再造农民建房管理的业务流程，强化“农宅通”应用的流程保障。浙江省各县（区、市）可学习借鉴金东经验：一是农民建房新增建设用地指标在全县（区、市）范围内统筹调剂，实行竞争性分配，回收无法落实的指标，通过建房指标预安排，破解建房指标不足难题；二是通过建

立农民建房资格的负面清单制度和建房面积的数学测算模型，让农户只需要通过实名认证就可了解自己是否具备建房资格以及可建房面积，破解建房审批难问题；三是实行需求为先、兼顾公平公正原则，农户通过公开摇号方式选择宅基地，提升选址透明度和公平性，破解建房选址难问题；四是取消农民建房的四邻签字，破解建房落地难问题；五是实施数字化监管，规范施工队伍管理，及时制止违规违法施工行为，破解监管难问题。

第四，创新农民建房的管理制度，强化“农宅通”应用的制度保障。金华市金东区为了破解农民建房难问题，出台了《金东区农村村民建房指标管理办法》《金东区农民建房“负面清单”》《金东区农村建筑工匠积分和评价管理办法》《金东区农村宅基地托浮管理办法》《金东区闲置宅基地和闲置农房盘活利用的实施意见》等制度，构建全方位的改革农民建房管理的制度体系，为“农宅通”有效运行提供了制度基础。各县（市、区）在学习借鉴金东经验基础上，加强农民建房管理改革的需求调查，正确把握数字化背景下农民建房管理改革的制度需求内容、需求时序和需求特征，构建农民建房指标分配、建房审批、安全质量监管和服务能力评价等全过程的制度支撑体系，强化“农宅通”运行的制度保障。

5

建立健全面向需求的共同富裕政策支撑体系*

共同富裕政策，在推动浙江省共同富裕示范区建设中发挥着重要的引导、激励、规范作用。浙江省现有的政策与实际需求存在一定程度的不协调与不匹配，亟须建立健全面向需求的政策支撑体系。

一、推进共同富裕示范区建设的政策需求调查分析

为全面正确了解推进浙江省共同富裕示范区建设的政策需求，2021 年 8 月 1 日—5 日，九三学社浙江省委员会、浙江大学公共政策研究院、中国非公经济人士研究基地联合组织了大样本问卷调查。问卷设计综合采用文献对比、文本分析、专家访谈等方法，从缩小地区差异、缩小城乡差异、缩小收入差异三个层面梳理了 18 条共同富裕领域的关键政策，具有较高的信度和效度。调查取样采取分层抽样方法，被调查对象包括专家学者、企业家、政府官员、公务员和普通群众 5 类代表性群体。本次调查共收回有效问卷 1053 份。

调查结果统计分析显示：需求强度最高的 9 项政策分别是“完善省域统筹机制，加快形成省域一体化发展格局”“保护合法收入，调节过高收

---

* 此文与曾守桢、汪杰峰、刘金翠、过风祥等共同完成，荣获时任浙江省委书记袁家军同志，时任浙江省委副书记、省委统战部部长黄建发同志的重要批示（2021 年 11 月）。

入，取缔非法收入”“推进新型基础设施建设，强化对县域经济的价值赋能”“高质量推进乡村产业振兴”“完善社会救助体系，强化民生兜底政策”“着力盘活农村闲置宅基地和闲置农房”“强化职业技能提升长效机制，提高劳动者就业质量”“提高最低工资标准，健全工资合理增长机制”“强化就业优先政策，健全公共就业服务体系”。其中，缩小地区差异政策占比为22.2%，缩小城乡差异政策占比为22.2%，缩小收入差异政策占比为55.6%。

预期效果最好的9项政策分别是“强化职业技能提升长效机制，提高劳动者就业质量”“高质量推进乡村产业振兴”“保护合法收入，调节过高收入，取缔非法收入”“完善省域统筹机制，加快形成省域一体化发展格局”“强化创业能力提升长效机制，提升劳动者创业能力”“完善社会救助体系，强化民生兜底政策”“着力盘活农村闲置宅基地和闲置农房”“强化就业优先政策，健全公共就业服务体系”“推进新型基础设施建设，强化对县域经济的价值赋能”。对比分析需求强度最高的9项政策与预期效果最好的9项政策，有8项政策是重叠的。

二、建立健全面向需求的共同富裕政策支撑体系的建议

优化完善浙江省共同富裕政策、提升政策实施绩效，关键是面向需求建立健全政策体系，提高针对性与实用性，放大政策效应，为浙江省共同富裕示范区建设提供有力支撑。建议浙江省组织有关领域的专家对共同富裕示范区建设的政策需求进行常态化的跟踪调查，根据需求强度和预期效果，动态调整共同富裕政策的目标、工具、范围及力度，使共同富裕示范区建设的政策与实际需求互相匹配、彼此协调。具体而言，可从以下八个方面着力。

（一）关于缩小地区差异

第一，完善省域统筹机制，加快形成省域一体化发展格局。一是加强省市文化和旅游部门合作，推出一系列综合文旅项目和旅游线路。如以绍兴鲁迅故居、嘉兴茅盾故居为代表的文人旅游，以杭州南宋皇城遗址、余姚河姆渡遗址为代表的古迹旅游等项目。二是加快省内“飞地”经济发

展，沿海地区要到山区办“飞地”，山区也要想办法到沿海发达地区办，把管理权让给沿海发达地区，加速实现一体化。三是杭甬要致力于开发研发中心、高端产业，将产业链下游向其他地区延伸，在全省构建产业链和生态圈。其他各市应基于城市特色功能，在产业链中找准位置，发挥比较优势。

第二，推进新型基础设施建设，强化对县域经济的价值赋能。一是增加新基建在县域投资占比，在浙江省新型基础设施建设三年万亿计划基础上，科学引导投资方向，制定《县域新基建投资指导意见》。二是围绕县域经济社会发展关键技术需求，整合高端化工、新能源等产业科技资源，建立联合开发、成果共享、风险共担的产学研紧密合作机制。三是大力推动“企业上云”，鼓励企业使用云服务，鼓励指导县域内重点企业通过打造工业互联网平台，构建智能制造新生态。

（二）关于缩小城乡差异

第一，着力盘活农村闲置宅基地和闲置农房。一是支持农村集体经济组织及成员采取自营、出租、入股、合作等多种方式盘活农村闲置宅基地和住宅，鼓励企业入驻相关产业。二是有序引导社会资金投向发展特色民宿、农村电商等一二三产业融合项目。三是对于村庄内连片闲置农房和空闲土地，打造农村文体广场等公共生活空间。对于闲置撂荒地、没有利用价值的坍塌农房进行平整，对于适于耕种的土地进行复垦耕种。

第二，高质量推进乡村产业振兴。一是推进乡村现代农业基础设施建设，加快推动5G平台、物联网等技术在农业中的应用。二是要把握现代农业的发展趋势，围绕主导产业大力培育“三种经营模式”。运用“大数据”和“互联网+”等先进思路，培育“互联网+”“康养+”等新业态。三是打造多元化、特色化乡村产业格局，打造“一乡一业”“一村一品”升级版，推进乡村特色产业集群。支持发展农村电商，发展电商产业园区。

（三）关于缩小收入差距

第一，保护合法收入，调节过高收入，取缔非法收入。一是免征低收入者个税，进一步降低劳动所得税负，平衡劳动所得和资本所得税负。二是全面将各种非货币收入货币化，积极建设规范完整的簿记体系，将各种经济活动及居民收入纳入有效的政策管理体系。三是更加有效地整治非法收入，尤其是部分掌握权力和公共资源的公务人员或小群体利用职权获取的非法所得，并对各种假冒伪劣等非法经济活动集中力量全面整治。

第二，强化职业技能提升长效机制，提高劳动者就业质量。一是在全国职业技能竞赛的基础上，推进省级主题职业技能竞赛，加强技能人才激励表彰工作。二是在浙江省“金蓝领”职业技能提升行动指引下，聚焦浙江省数字经济等关键领域，聚焦乡村振兴实用人才等重点群体，聚焦浙江省“互联网 +”、生命健康、新材料三大科创高地建设发展中涌现出的新职业、新岗位，大规模开展针对性职业技能培训。三是在国有、民营以及中小微等各类企业全面推行中国特色企业新型学徒制，对开展学徒培训的企业按规定给予职业培训补贴。

第三，强化就业优先政策，健全公共就业服务体系。就业是最大的民生，实施就业优先政策是保障更加充分更高质量就业的前提。而就业公共服务是促进市场供需匹配、实施就业失业管理、落实就业政策的重要载体。我们建议：一是要推进就业信息服务智慧化，建立全省统一的信息系统，推进信息互联互通和数据共享，实现就业岗位供求双方即时、智能匹配；二是推进重点群体服务精准化，根据不同劳动者的条件和需求，构建精准识别、精细分类、专业指导的服务模式，提供个性化服务；三是要推进服务主体多元化，鼓励社会力量参与就业服务，探索建立创业、就业指导专家等志愿者团队，多渠道为劳动者提供专业化服务。

第四，完善社会救助体系，强化民生兜底政策。一是根据浙江省各地市的经济发展状况，完善低保对象认定标准、临时救助对象认定标准、居民家庭经济状况核对规范标准，侧重对落后山海地的补助。二是深化浙江省社会救助“放管服”改革，缩短或减免救助审核审批前公示时间，通过长期公示制度扩大人民群众监督参与。三是全面推行临时救助“小金额先行救助”模式，明确救助标准，建立快速响应机制和首问责任制，困难群众发生急难情形实现 8 小时救助。

6

加快丽水森林质量精准提升，着力助推浙江省大花园建设*

丽水是习近平生态文明思想的重要萌发地与“两山”理论的重要发源地。习近平同志在浙江工作期间，曾八次深入丽水调研，指出“绿水青山就是金山银山，对丽水来说尤为如此”；并于 2005 年 8 月登临江浙第一高峰——龙泉凤阳山黄茅尖峰顶，称赞“凤阳山是代表浙江的山，真是一幅山水大画卷，中国山水画讲究高远、深远、平远，在这里我都看到了”，强调“浙江有这么好的山，这么好的水，我们要把树种好，把生态保护好”。2018 年 4 月，习近平总书记在深入推进长江经济带发展座谈会上，高度肯定丽水市坚持走生态优先、绿色发展道路，同时也寄托了对丽水未来绿色发展的殷切希望。丽水作为践行习近平总书记“两山”理论的先行区、全省大花园建设的核心区、浙江绿色发展综合改革的创新区，在全省乃至全国处于特殊重要的地位，承担重大的责任与使命。

加快森林质量精准提升，持续深入推进森林扩面提质，打造浙西南生态旅游带是省委实施《浙江省大花园建设行动计划》的一项重要内容。为深入了解丽水市森林资源质量与大花园核心区建设情况，九三学社浙江省

* 此文与过凤祥、林哲杨等共同完成，荣获时任浙江省委书记车俊、时任常务副省长冯飞、时任副省长彭佳学的重要批示（2018 年 11 月）。

委员会专门成立调研组，由省人大常委会委员、九三学社浙江省委员会副主委、中国非公经济人士研究基地执行主任、浙江大学公共政策研究院副院长范柏乃率队，于2018年8月24—27日赴丽水云和、庆元、龙泉两县一市深入开展调研。调研组一行实地考察了高速沿线残次林林相，云和县白龙山街道大坪彩色林、凤凰山公园枫树湾林区林相改造和国家湿地公园，庆元县杉木国乡合作造林、旱龙岗松林改造珍贵树种造林、长坑珍贵树种良种基地、百山祖保护区美丽林相，龙泉市林科院保障性苗圃、西街街道九村松毛虫危害松林、九菇山林相改造等情况，听取当地林业部门情况介绍，详细了解松材线虫害防治、良种基地建设、市场价值、林业成本效益等情况，对资金来源问题、林权问题、发展前景进行深入交流。调研组一行在丽水市行政中心召开座谈会，分别听取丽水市林业局、市委农村工作领导小组办公室、市住房和城乡建设局、市发展和改革委员会、财政局等部门关于大花园核心区（丽水）建设、浙江（丽水）绿色发展综合改革创新区工作、丽水市美丽林相改造等情况介绍，了解所取得的成效、面临的困难及其下一步工作打算。

一、浙江（丽水）大花园核心区建设的成效与发展瓶颈

省委、省人民政府向来关心支持丽水经济社会发展。近年来，在省委、省人民政府的殷切关心指导下，在省发展和改革委员会等部门的大力支持下，丽水市委、市人民政府深入贯彻省第十四次党代会精神，着力打好五张牌、培育新动能、建设大花园，力争率先把丽水打造成为浙江生态经济的新引擎、“诗画浙江”的鲜活样板、世界一流生态旅游目的地，全力创建丽水国家公园，积极推进浙江（丽水）绿色发展综合改革创新区工作，在实现“两个高水平”新征程中展现绿色担当。当前丽水市经济稳中向好，社会和谐稳定，经济指数和生态指数齐头并进。森林生态更加良好，根据最新一轮森林资源调查成果，近十年丽水市森林资源主要指标在历史高位上再创新高，实现历史性突破。其中，全市森林覆盖率达到81.7%（比上期增加0.9个百分点），活立木蓄积量为8597万立方米（比上期增加2697万立方米），林地面积为14661.3平方千米（比上期增加36.7平方千米），实现“三增长”，2017年森林和湿地生态系统生产总值

（GEP）为 4178.73 亿元（比上期增长了 87.46%）。

与此同时，丽水市在新形势下也存在一些发展瓶颈，希望省委、省人民政府能给予更多的支持，主要存在以下问题：

（一）人民群众日益增长的优质森林需求和不平衡不充分的森林发展之间的矛盾日益凸显

随着人们生活水平的提高，人民群众对优质森林的需求不断增长，特别是在健康养生、森林旅游等方面方兴未艾。丽水市正在大力推进“诗画森林、康养森林、文化森林、活力森林、平安森林”建设。虽然丽水有着较高的森林覆盖率，但森林质量短板却十分突出：林种结构单一，生态系统脆弱，可持续性不足。森林中大部分为次生阔叶林和人工松杉基地林，中幼林和纯林均约占 2/3，针叶林中以马尾松和杉木为主。乔木林单位面积蓄积量约为全国平均水平的 78%，更是远低于世界平均水平。这就导致了目前丽水森林景观较为单一、缺乏季相变化、可观赏性不强。丽水的自然特点形成了多样化的生态系统，但森林抚育滞后、历史欠账较多，造成森林生态系统极不稳定，抵御雨雪冰冻等各类灾害能力弱，近年来松材线虫病疫情形势严峻。生态系统一旦破坏，极难修复。人民群众日益增长的优质森林需求和不平衡不充分的森林发展之间的矛盾越来越突出。

（二）政策困扰较多、破题力度不够

主要表现为森林经营改造时，林农所有权和政府经营意愿之间的矛盾。林权改革后，林农千家万户各自为政，林业经营效益低下，林农收入不高，林业发展步伐缓慢。目前山区林农外出打工谋生现象普遍，在家的多为老弱病残，无力经营山林，资金投入严重不足，部分山林长期闲置。丽水市林地的 95% 以上是集体林，且绝大部分已经分山到户，林农自主改造积极性不高，工商资本投入困难。此外，还面临相关政策的制约，如国有林场采伐限额的审批、非国有林中的商品林不得规划实施森林抚育等诸多技术规程上的限制，建设工程的招投标工作、政府采购等项目管理程序上的繁冗复杂，财政资金年度结算要求年底前结清与林业生产冬春季造林时节的跨年度矛盾等问题，影响森林质量提升与建设进程。

（三）建设资金缺乏、筹资难度较大

目前国家和省已经实施多项森林经营补贴政策，但仅为补贴政策，不是开展森林经营的实际资金需求，收益范围窄、标准偏低，不能满足森林经营全面开展。以林相改造为例，美丽林相建设每亩（666.67 平方米）的投资额需 2000 元以上，一些重要区块（样板工程）则要上万元。而目前，森林抚育、彩色健康森林建设等补助为每亩 300—600 元。建成的几个样板工程均为林业部门投入或以义务植树形式开展。森林质量提升、林相改造、平原绿化、村庄绿化等因资金问题后续管护无法到位，绿化效果得不到巩固。加上森林提升与美丽林相建设周期长、见效慢，工商资本缺乏投入积极性，筹资难度较大。

二、加快丽水森林质量精准提升，着力助推浙江省大花园建设的建议

（一）将丽水建设成为全国践行“两山”理论的示范区

建议省委、省人民政府与国家有关部门对接，支持浙江丽水建设成为全国践行“两山”理论的示范区。将丽水森林质量提升、美丽林相建设、国家公园创建等大花园核心区基础项目上升到全省大花园建设总体格局。支持丽水向国家生态环境部申报“两山”实践创新培训基地、第二批全国“两山”实践创新基地。推动丽水与国内外科研院所及机构交流合作，支持成立浙江（丽水）“两山”建设研究院、浙江（丽水）大花园建设研究院。支持丽水成为生态产品价值实现机制国家示范市（试点），由省人民政府在全国率先实施政府购买生态产品制度代替生态保护补偿制度，统一向大花园核心区购买生态产品，并根据每年生态系统生产总值进行动态调整。开展大花园建设示范县创建活动，采取正向激励机制，加大对大花园建设转移支付补助，科学设定评价指标，对大花园创建工作开展较好的县（市、区）在项目经费、新增建设用地年度计划指标、省大花园项目安排方面予以奖励，在全省上下营造大花园建设良好浓郁氛围。着力将丽水打造成全国“多功能森林经营样板基地”“生态康养样板基地”“山水林田湖系统治理样板基地”。

（二）科学制定“规划地图”，推进重点区位森林质量精准提升与林相改造

森林质量精准提升与林相改造是大花园核心区建设重中之重的基础性工作。一定要按照习近平总书记的“要把树种好”的指示和要求，加快实施对干线公路、铁路等通道沿线山体森林提升、林相改造工程，特别是加快对松材丝虫病等森林虫害严重的森林改造，并将林相改造美化与高价值培育相结合、增强树种和景观多样性、森林质量区分干预。建议省里出台专门政策，在三个方面予以支持。一是规划设计方面。按照省委书记和省长提出的打造世界一流旅游目的地的要求，拉高标杆，如打造东方瑞士、东方香格里拉等，由省里帮助规划或提供技术支撑，解决原有的丽水市及各县市区规划方案层次不高、示范作用不强的问题。二是项目倾斜和资金支持方面。由省立项和安排资金，支持丽水优先在高铁沿线、高速沿线、通景公路沿线、城镇周边开展珍贵林种改造项目，建议每年项目化改造 10 万亩（66.67 平方千米），每年投资 10 亿元，省、县各占 50%。同时，利用原有面上补助政策，增加改造面积，建议每年再改造 10 万亩（66.67 平方千米），并提高补助标准（将原有标准翻一番）。三是基础科研方面。丽水地形地貌复杂多样，垂直海拔高差达 1900 米，要保证投入最少、改造效果最好，必须实施精准林相改造。简单地讲，就是要搞清楚什么地方适合种什么树，改造成本低、景观美、见效快。同时，充分借鉴国际先进经验，就地取材，对原有灌木采取碎化成肥，就地入土增加肥力，减少阻力。这是一项创新工作，建议以丽水为试点，实施森林改造规划地图制作，为长期改造工程提供科学依据。

（三）科学制定推进大花园核心区建设的政策支持体系

第一，建议由省委政策研究室牵头，组织相关部门领导和专家学者深入各县（市、区）调查研究，在充分借鉴国内外经验的基础上，针对国有林场的采伐限额、商品林的规划限制、财政资金年度结算要求与林业生产时节的跨年度矛盾等问题，进行政策法规的分析和清理，推动具有前瞻性、针对性和可操作性的新规出台，统一政策解读，优化政策环境，提供综合性政策支持。

第二，重点针对人才培育提供政策支持。当前，在省林业局拟定的美丽林相建设中，彩色健康森林建设典型模式有8种，参考技术措施达30多种，不仅要求工作人员具备丰富的专业技能，而且要求工作人员有较强的创新能力。但相较于省内先发地区，丽水市本地生态特色产业难以有效地留住和培养高技术、高素质的高精尖人才。总体而言，人才总量较小、层次较低，特别是能带动产业创新转型的高层次领军型人才相对缺乏。建议完善人才引进政策和技能型人才开发机制，对林业、园林等领域的技能型人才培训基地和服务全国的技能型人才交易市场给予政策倾斜，支持丽水定向培养和定向招录林业、园林专业的人员，从生活补贴、税收优惠等方面鼓励人才落户，引导校企共建绿色产业紧缺学科专业，多维度增强人才黏度。

第三，推动实施相关税收抵免政策，启动生态补偿保护方案。经济发展和生态保护并行是大花园建设的内在逻辑。一方面，建议参考加拿大马尼托巴省、渥太华等地的经典案例，以税收抵免政策鼓励丽水当地林农、居民、企业在其权属范围内保护当地生态系统。另一方面，建议通过地方立法，确立生态补偿机制，对造成环境影响的个人行为或组织行为依法执行生态补偿，倒逼产业升级，释放新动能。

第四，完善绿色发展绩效监测评估体系，保障政策实施效果。大花园核心区建设是一项需长期攻坚的工作，绿色发展绩效监测评估是实现丽水政府绩效持续性改进的必要手段。建议参考经济合作与发展组织（OECD）的绿色发展评估指标体系，以丽水为试点，以推广全省为目标，组织专家学者研究制定大花园建设评估指标体系，由政府、社区、行业协会、公众等利益相关者参与评估，为大花园战略发展提供具有较高时效性、精确性的参考数据。

（四）强化顶层设计，点线面结合协调滚动推进大花园核心区建设

第一，从浙江大湾区大花园大通道建设的大格局出发，联结全局进行规划和顶层设计。目前，丽水各地“小盆景”之间仍缺乏有效联结，宏观布局和局部设计未能充分呼应，综合交通是其中的主要制约因素。丽水市内交通以公路交通为主，公路等级整体偏低，四级及以下公路占比高达

85%以上。丽水全市每百平方千米公路网密度为85.82千米，明显低于全省每百平方千米116千米的平均水平；全市2/3县（市、区）未通铁路，瓯江航道尚需提升，域内机场仍然缺位，各县（市、区）的旅游交通缺乏统一规划。浙江省大湾区大花园大通道建设是一个有机整体，是统筹生产、生活、生态空间的顶层设计，建议以综合交通建设为先导，以大通道建设为支撑，以丽水大花园核心区各地“小盆景”为基点，以“串点成线”为现阶段主要任务，以“连线成面”为中长期规划，分阶段协调渐进，逐步汇成全域“大花园”。

第二，以绿色城市发展为核心理念，兼顾功能设计和形态设计。建议在大花园战略背景下，制定并完善城市规划和建筑物等方面的地方性绿色环保标准，继续优化、创新“功能分区”模式，合理规划地标布局、形态，巩固域内不同分区互惠支撑、共同发展的良好机制。

第三，科学统筹主城区与各县（市、区）、乡镇协调发展。建议借鉴美国新区规划原则，承接浙江大通道战略的“三个1小时”规划思路，对各县、乡镇至主城区中心基础设施的交通路线进行统一规划，合理配置区域内生态布局和各功能单位，形成全域共建联动发展模式。

第四，将历史文化资源和自然生态资源紧密结合。把握丽水本地文化的辨识度，充分发掘本地故事，将人文景观融入丽水生态环境的整体美学，从“面子”到“里子”树立大花园核心区的文化标杆。

（五）加快林权改革，破解政策难题，促进林地流转

第一，充分利用丽水“全国集体林业综合改革试验示范区”的契机，对接上级有关部门，争取先行先试。争取国家林权的改革试点，推动建立全市集体林地三权分置运行机制。建议总结推广龙泉市林地流转证制度，建立具有针对性的确权颁证、鉴证机制，确认集体林地经营权、所有权和承包权。同时，借鉴福建的林权改革经验，在三权分置运行的框架下，落实、确保林地处置权和收益权。建议省有关部门支持丽水市先行先试，探索森林提升建设用地政策的创新。一是对生态关键节点试行国家赎买方式，将集体林转为国有林，由国有林场管理经营。二是对重要区域探索租赁、流转等方式，由林业部门统一组织实施。三是对其他区域采取以省、市项目的形式给予补助或赠送苗木的办法，支持林地经营者组织实施。四是对政策处理难度大的区域采取以奖代补方式，根据规划由当地能人申请并组织实施，经林业、财政、审计等部门验收，符合森林建设要求的，由财政以奖代补。

第二，持续强化、改进林权登记管理。林权登记管理的规范程序是林权改革的重要前提，当前丽水林权登记管理较为粗放，涉及林权的实体问题和程序问题制约着森林资产的盘活。建议推进林权登记精细化管理，提高林权勘界准确度，明确自留山、责任山的权利边界，明确林业部门与国土资源部门的职责界限。同时，运用信息化管理技术，整合“三中心一机构”，建立林权管理一体化服务平台。

第三，加强林地经营的外部监督。林地经营的外部监督机制是林权改革的重要保障，丽水林地承包到户后，林农造林积极性低、经营收益小、流转主动性弱。建议在构建集体林地三权分置机制的过程中，确认集体经济组织对林地经营的监督权，允许集体经济组织监管、回收经营不善的到户林权。

第四，加快林地流转的地方立法，建立林地流转法制体系。建议尽早出台《丽水市林权流转交易管理细则》，通过法治化手段规范林地经营权流转程序，引导林农依法、自愿流转承包林地，依法建立完善林权交易平台，提供林权评估、抵押、处置的机构保障，提升林权交易服务水平。总结庆元法律援助中心县林业局工作站的实践经验，进一步健全林权纠纷解决机制，将依法仲裁和民间调解有机结合。

第五，通过配套政策支持，实现适度规模经营。继续通过财政支持、科技信息服务等措施，培育规模经营主体，鼓励林农与家庭林场、股份合作林场、林业专业合作社进行林地流转。

（六）推进融资模式创新，引导工商资本进入大花园核心区建设

第一，承接、融合浙江大花园和大湾区的规划思路，大力发展生态旅游产业和健康产业集群，建设绿色产业发展平台，筛选优质项目，吸引工商资本大规模投入。在森林旅游、体验式户外旅游、美丽乡村创A、民宿生态圈等特色产业的现有基础上，进一步推动文旅融合、农旅融合，总结推广丽水植物园政府与社会资本合作（PPP）项目经验；对标龙泉市兰巨乡仙仁村、庆元县举水乡月山村，继续推动建设浙江省养生旅游示范基地，发挥森林康养板块的天然优势，和老年旅游市场紧密对接。丽水森林孕育了1014种野生大型真菌种质，生产的植物药占全省的98%，占华东地区的77%。建议依托丰富的植物药和绿色食品资源，充分借鉴新西兰、澳大利亚等国的先进经验，以保健品、营养食品为主要突破口，大力发展供应全国、出口全球的健康产业基地。

第二，支持成立地方性绿色银行，推动绿色金融产品创新。建议在省委、省人民政府的支持下，丽水率先成立地方性绿色银行，并对其给予财税、金融方面的政策倾斜。地方性绿色银行专注于服务当地绿色产业，提供专业化、个性化、综合化的绿色金融产品和服务，吸引民间工商资本，着力缓解绿色产业融资难题。以森林经营为例，建议绿色银行、林业部门与金融部门合力拓展融资通道，与集体林权改革相配套，助力公益林补偿收益权质押融资；在调查研究的基础上，对绿色产业及相关新兴产业进行价值重估，提高《林地经营权流转证》抵押贷款额度；推动金融机构在遵循林业生产周期规律的前提下，延长林权担保贷款期限。同时鼓励绿色银行设计碳资产抵（质）押贷款机制，发行绿色债券，探索森林资源资产证券化路径。

（七）完善激励保障机制，动员广大群众参与大花园核心区建设

第一，推动基层民主治理创新，强化大花园建设的民意导向。浙江大花园战略是以“绿色生态”为底色，以浙江人民的美好生活为追求的大美格局。在建设过程中，必须完善政民沟通渠道，建议以社区为基本单元，以信息技术为支持，建立健全基层民主决策机制，开展以“大花园建设”为专题的“村民说事”“社区调查”“听证会”等互动形式，充分收集民意，倾听群众心声，了解群众诉求。

第二，加强宣传教育，形成大花园核心区建设的全民认同感。当前，有关部门和群众之间缺乏有效的沟通协作，尤其在涉及林权问题的基础项目建设过程中，群众的配合度和参与度较低。针对这一问题，除深化林权改革之外，建议通过电视、纸媒、新媒体等多元媒介，做好政策解读和案例宣传，使群众充分理解政府工作，深入了解大花园建设的内涵和价值。

第三，聚焦利害关系主体，保证信息透明、决策科学、资源共享。建议借鉴澳大利亚新南威尔士州的战略环境影响评估经验，建立、完善参与式监测评估体系，就公众关注的问题建立相关数据库，涵盖土地利用、生物多样性、基础设施、行政范围等，为公众提供透明、共享的空间信息系统。在大花园核心区建设过程中，对各利害关系主体进行定期的问卷调查，为有关部门决策提供参考。

第四，运用奖补措施，拓宽参与渠道。建立线上、线下对话平台，设立相应的奖励标准，以“群众点评团”“民间调解员”“美丽家庭创评”等形式激发群众参与建设工作的积极性，构建“共治共建共管共享”的共赢局面，激发大花园建设的内生动力。

第五，市县机构改革中要结合山区实际，科学合理设置林业机构，不搞“一刀切”。尤其像丽水等九山半水半分田的市县，森林是最重要的自然生态资源，林业是广大农民增收的主要途径。无论是加强大花园核心区建设，还是更好地促进山区乡村振兴，都非常需要结合山区实际，设置有力的林业部门（建议保留为政府组成部门），并调动广大林业干部职工积极性，发挥更好更大的作用。

7

我国养殖业抗生素滥用及治理对策*

抗生素是一类对细菌、病毒、寄生虫等具有抑制和杀灭作用的药物。因其良好的抗菌效果，抗生素被广泛应用于畜禽养殖业，在动物疾病防治、提高饲料利用率、促进畜禽生长等方面发挥了重要作用。然而，由于养殖密度大、畜禽疫病复杂多样以及监管不力等多种原因，当前我国养殖业普遍存在抗生素过量使用甚至滥用等问题，导致细菌耐药性和药物残留，给畜禽疾病防治带来新的难题，更对禽畜产品安全和人类身体健康造成严重威胁，亟须有关部门引起高度重视并予以治理。

一、养殖业抗生素滥用触目惊心

中国是世界上最大的抗生素生产和使用国。数据显示，2013 年中国抗生素总使用量为 16.2 万吨，约占世界用量的一半，农业养殖业使用抗生素占比高达 52%。其中，只有 10% 被用于治疗畜牧水产疾病，其余 90% 均作为饲料添加剂使用，以提高饲料转化率。一年有超过 5 万吨抗生素排放进入水土环境中，为公共卫生安全埋下隐患。

养鸡和养猪滥用抗生素是环境中最常见的抗生素来源。以养鸡为例，

* 此文与汤爱学共同完成，刊载于《公共政策内参》第 16459 期，荣获时任浙江省省长袁家军同志的重要批示（2016 年 11 月），是报送浙江省政协十一届五次会议的个人提案（2017 年 1 月）。

据业内人士介绍，“一个饲养5000只肉鸡的养鸡场，从雏鸡入栏到育成出栏，用于防治大肠杆菌等疾病的抗生素开支就高达两万元左右。”这表明，一只鸡在短短的一个饲养周期内，可消耗抗生素达40克左右。养猪业的抗生素使用情况则更为触目惊心，近千头猪的规模养殖场，一年用抗生素等各种兽药的花费就高达50万元，由此可见当前畜禽养殖业抗生素滥用的严重程度。

2014年12月，央视曝光了南京市溧水区部分养鸭户滥用抗生素、兽药店兽用处方药经营不规范等问题，现场调查发现养鸭过程中共使用四十种以上的抗生素。养殖的鸭子平均45天就能出栏，其生长速度可谓惊人。通过药物控制，在发病之前，这些肉鸭就能顺利地被送去屠宰，进而流入市场供人食用。

水产养殖业同样未能幸免。辽宁大连普兰店市皮口镇，是大连周边海域养殖海参最大的一片区域，为追求水产品养殖速度，养殖户在饲料中大量添加抗生素等药物，导致近海物种几乎灭绝，渤海湾生态系统处于亚健康状态。中山三角镇的鱼塘水体中检出磺胺嘧啶、磺胺二甲嘧啶等8种抗生素，浓度最大值达到382纳克/升，平均浓度值为123纳克/升。抗生素的滥用不仅有碍水产养殖业的可持续发展，同时将直接对人类赖以生存的生态系统造成不可逆转的危害。

总体而言，抗生素的不合理使用、不科学滥用正使中国养殖业形成恶性循环。一些养殖户由于用药知识匮乏或是片面地追求经济利益，长期大剂量使用抗生素，滥用率高达60%—90%，致使细菌对抗生素的耐药性增加，由此必须继续增大剂量或是使用更大强度的抗生素。长此以往，抗生素在动物性食品内残留，直接威胁到消费者的健康，给养殖业的可持续发展留下隐患。

二、养殖业抗生素滥用的严重危害

养殖业抗生素滥用产生了诸多不良后果，对人体和生态系统带来不可逆转的负向影响。第一，养殖户过度依赖抗生素药物，会引起动物免疫机能下降，导致畜禽疾病继发频发，并使细菌产生极强的耐药性，加大动物性疾病的防治难度。第二，养殖业滥用抗生素，致使畜禽产品中抗生素残留超标，长期食用这些“有抗食品”，会对人体健康产生直接或间接的危害。第三，畜禽体内抗生素残留难以降解，导致大气、土壤和水体被严重污染，并通过食物链对整个生态系统产生毒害作用，严重破坏生态平衡。第四，动物疫病和抗生素残留超标等问题，严重影响我国的畜禽产品出口，带来极大的经济损失，制约我国养殖业的可持续发展。

在这诸多不良后果中，又以对人体健康的危害最为严峻，亟须引起高度重视。由于抗生素在动物体内无法得到有效降解，势必会造成抗生素在动物性食品内残留。长期摄入氨基糖苷类抗生素严重超标的畜产品可导致肾毒性和耳毒性，四环素的降解产物具有更强的溶血或肝毒作用。有些抗生素还可致畸、致突变和致癌等，如氯霉素对人体肝脏和骨髓造血机能有损伤，会导致再生障碍性贫血、血小板减少、粒状白细胞减少症和肝损伤。青霉素、四环素类抗生素具有抗原性，能引起过敏反应，轻度的可引起荨麻疹、皮炎、发热等，严重的可导致休克，甚至危及生命。

长期食用“有抗食品”，人体的耐药性也在不断增加，这相当于在体内埋下一颗“隐形炸弹”，病人将不易得到治疗甚至出现无药可医的严重后果。据报道，广州市妇婴医院曾抢救过一名体重仅650克、25个孕周的早产儿，使用了头孢一代到头孢四代，甚至是“顶级抗生素”如泰能、马斯平等，始终未见效果。后来的细菌药敏检测显示，该新生儿居然对7种抗生素均有耐药性。新生儿的耐药性很大程度上来源于孕妇食用的抗生素残留超标的肉蛋禽类产品，由此可见，动物产品中残留的抗生素已成为耐药菌产生的重要原因之一。近几年“超级细菌”的发现已经屡见不鲜，在中国，耐药性细菌每年夺走70万人的生命，如果不限制对抗生素的使用，到2050年，这一数字将达到每年100万人，甚至超过癌症患者的死亡人数。

三、养殖业抗生素滥用的治理对策

鉴于养殖业中滥用抗生素的危害性，我国应尽快采取强力措施，抑制抗生素在养殖业中滥用的现象，通过构建一套健全、有序的制度安排，斩断滥用抗生素对人类健康的威胁链。

第一，加强对养殖生产者的宣传教育及技术培训。养殖业抗生素合理使用的根本在于养殖生产者。当务之急是加强对生产者的引导和教育，使国家严禁抗生素滥用的管理制度真正落实到生产实际中。可以通过网络、电视、广播、标语、宣传手册等方式，把相应的法规、监管标准、处罚措施等宣传到各个养殖场所，使广大农村养殖户了解国家的有关政策，并提高其对滥用抗生素危害性的认识，引导养殖场开展健康生态养殖。依托大专院校兽医科研人员推广技术的优势，举办各类培训班，积极向养殖户（养殖场）普及养殖专业知识，大力推广绿色畜产品生产技术。重点加强兽药管理基础知识培训和普及动物疫病综合防治技术，提高养殖户对动物性食品安全生产的意识，使其自发地减少滥用抗生素的情况。

第二，深化动物源性产品质量安全全程溯源体系建设。实现动物源性产品标识与可追溯管理，是有效解决养殖业抗生素滥用问题的重要措施。当前农业部推行的“动物标识及疫病可追溯体系”和商务部推行的“肉类蔬菜流通追溯体系”均只覆盖完整追溯过程的一部分，未实现有效对接和相互补充，难以有效对动物源性产品中抗生素残留进行有效监控。为此，在管理层面，应将“动物源性产品质量安全全程溯源体系”纳入食品药品质量安全部门，具体执法管理；在技术层面，大力开展全程溯源体系的数据采集、传输、存储和处理技术的深入研究，实现对动物源性产品的电子标识，对畜禽从出生、养殖、屠宰、运输到消费各个环节进行一体化全程监控，使有抗生素残留的肉蛋禽产品得到快速、准确溯源成为可能，从而对滥用抗生素的养殖户实施“精准处罚”，真正提高养殖生产中滥用抗生素的违法成本。

第三，转变生产经营模式，推广规模化、标准化养殖。当前我国养殖业中养殖方式落后、散养户占比偏高的现实，使对抗生素滥用问题的监管难度和监管成本居高不下。为此，必须加快转变养殖业生产经营模式，鼓励养殖户从分散型养殖向规模化养殖过渡。通过政策扶持、技术引导、示范带动的方式，以生猪、肉鸡、奶牛、肉羊、水产为重点，在主产区试点的基础上逐步扩大至全国，全面推进畜禽规模化养殖进程。进一步提高规模化养殖场的标准化水平，通过加强技术培训指导以及优化管理模式，争取实现“六化”，即畜禽良种化、养殖设施化、生产规范化、防疫制度化、粪污处理无害化和监管常态化。通过推行规模化、标准化的科学养殖模式，逐步改变目前过度依赖抗生素作为饲料添加剂的局面，是治理抗生素滥用、促进现代养殖业发展的必由之路。

第四，全面实施执业兽医资格制度与兽药管理处方制度。从我国当前养殖业抗生素滥用的程度来看，主要集中在乡村或城乡接合部的家禽养殖和散养户，这些地区的兽医水平较低，严重制约了畜禽疫病的防治工作。为此，需建立健全执业兽医从业管理制度，提高从事经营性活动的兽医人员业务水平，并加强执业兽医队伍的医德建设，以保证在动物疾病诊断、治疗、免疫接种等方面用药的安全性、有效性。同时，在养殖和兽医临床中，可采取兽药分类管理的做法，将兽药划分为处方药和非处方药。对人和动物容易产生药物残留和耐药性的抗生素，必须凭兽医处方购买和使用，从而杜绝滥用抗生素的现象。

8

建立健全政策支撑体系，加快浙江省现代家庭农场发展*

一、浙江省家庭农场发展及制约因素

浙江省是全国陆地面积最小的省份，“七山二水一分田”的资源劣势让浙江难以成为一个农业大省，农业产业化是浙江省农业发展的唯一出路。然而，一方面，随着工业化、城市化、市场化的加速推进，大量高素质的农村劳动力转移到第二、第三产业，农村土地弃耕抛荒现象严重。加之城乡分割的二元体制和制度尚未消除，现代农业建设面临农业经营副业化和农户兼业化、老龄化的挑战。另一方面，生态环境的恶化、土地的碎片化和粗放的生产方式导致浙江省农业用地资源紧缺，农民人均土地面积逐年减少。农村家庭承包中的分散经营方式制约了农业机械、农业技术等现代化生产方式的充分利用，导致劳动生产率低，农民农业收入增长缓慢。家庭农场作为发展现代农业的重要模式，不仅保留了家庭经营成本低、自主性和责任意识强、积极性高的优点，而且实现了土地的适度规模经营和农产品的商业化经营，适应了现代农业生产市场化、集约化、规模

* 此文与张茜蓉共同完成，相关提案是报送浙江省政协十一届三次会议的个人提案（2015 年 1 月）。

化、产业化的需要，能够有效解决浙江省农业发展面临的难题。发展家庭农场，是实现浙江省农业现代化的必由之路。

当前，浙江省宁波市、衢州市等不少地区已开始家庭农场的尝试，并取得了显著效益。但是，由于家庭农场发展仍处于起步阶段，存在农场经营者素质偏低、基础条件薄弱等问题，农场发展更面临土地流转不规范、农业融资困难、社会化服务体系发育滞后等诸多障碍。在这种情况下，建立健全政策支撑体系，对于加快浙江省现代家庭农场发展至关重要。

二、加快浙江省现代家庭农场发展的政策建议

尽管家庭农场早已被写入了中央一号文件，但始终缺乏硬性的政策支持，现有文件大多属于行政许可方面的软性政策，政策的鼓励和引导明显缺位。鉴于此，浙江省应当从家庭农场认定、土地流转、金融保险服务、财政补贴、社会服务、人才培养等方面建立健全政策支撑体系，努力为家庭农场的发展出主意、找市场、搭平台。

第一，加快细化家庭农场注册登记制度和认定标准。为进一步规范家庭农场的注册登记行为，建议加快研究制定具体明确的家庭农场注册登记细则和认定标准，对经营者资质、劳动力结构、农业技能、经营规模、配套设施、质量标准、品牌销售、经济效益、公众信誉等提出相应的要求，明确家庭农场的经营主体、经营范围和农场类型，规范家庭农场的申报程序、登记名称、注册资本和考核办法，建立家庭农场档案和示范性家庭农场名录，引导和促进家庭农场提高经营管理水平。

第二，引导农村土地向家庭农场流转，打造现代农业综合区。规范土地流转是发展家庭农场的关键。建议加快农村土地流转交易服务中心建设，建立农村产权流转信息平台，为流转双方提供信息发布、政策咨询、价格评估、法律咨询、合同签订指导、纠纷调处指导等配套服务；引导和鼓励家庭农场经营者通过实物计租货币结算、租金动态调整、土地经营权入股保底分红等利益分配方式，稳定土地流转关系，形成适度的土地经营规模；在做好土地确权登记的基础上，统一整理、统一规划，推进土地整村整组连片集中向家庭农场流转，形成以村为单元的农业集聚区。在此基础上强化农场休闲创意建设，打造集农业观光、农家体验、农产品销售于

一体的现代农业综合区。

第三，优化财政补贴方式，发挥财政促进金融支农作用。资金短缺是制约家庭农场发展的最重要因素之一。因此，要加大对家庭农场的财政支持力度。一方面，优化财政补贴方式，将农业补贴资金向家庭农场倾斜，或将农业补贴资金打捆使用，直接投入农业基础设施建设，节约家庭农场生产经营成本。另一方面，充分发挥财政资金对社会金融资本的引导和撬动作用。调整部分涉农财政专项资金，按照项目要求和程序，优先安排给家庭农场实施，通过农业项目的示范、带动作用，引导社会金融资本投向家庭农场。同时，建立再保险和巨灾分担等机制，通过信贷担保和贴息、业务奖励、风险补偿、费用补贴、投资基金等财政政策，降低农业金融风险和运作成本，促进金融资本支持和服务家庭农场。

第四，探索和发展金融支农的新型金融产品和服务。拓宽融资渠道，完善金融服务，应跳出抵押贷款模式，探索和发展金融支农的新型金融产品和服务。建议制定家庭农场信用评定办法和贷款管理办法；构建“资产抵押＋信用担保”的新型抵押担保模式；放宽农村金融市场准入规则，鼓励和引导民间资本进入银行业等金融服务领域，发展融资租赁公司、农村资金互助社等农村小型金融机构，加快农村信用社向社区性现代金融企业转型，增加金融服务的竞争性供给；推进农业保险与农业防灾救灾相结合，增设有针对性的险种，拓展农业保险的广度和深度；推动落实惠农政策公开、承保情况公开、理赔结果公开、服务标准公开、监管要求公开和承保到户、定损到户、理赔到户的“五公开、三到户”农业保险服务模式，推动金融保险服务健康持续发展。

第五，完善线上线下一体化综合服务网络，提升社会化服务水平。为解决发展家庭农场的社会化服务滞后问题，建议浙江省在发展“智慧农业建设工程”的基础上，打造家庭农场信息交互平台，实现农场主与市场、政府、消费者之间的信息共享，将天气预报、农资与农产品供求形势和价格变动趋势等信息以短信、微信、广播、电视等方式主动推送给农场主；扶持、壮大合作型服务组织，推广机械化生产、灌溉、收割等技术，提供农技结对帮扶等社会化服务。通过服务热线、现场指导、网上互动、在线监控等多种手段构建线上线下一体化综合服务网络，满足不同层次农民的需要。

第六，着力构建新型家庭农场经营主体培育机制。家庭农场经营主体的技能水平和管理水平是发展家庭农场的关键要素。建议将家庭农场经营者纳入新型职业农民、农村实用人才、“阳光工程”等培育计划，利用各类培训资源加大对农场经营者职业技能和管理能力的培训力度；通过发放调查问卷、发送短信等方式，对培训需求情况进行调查摸底，以便按需施教；通过政策引导，鼓励中高等学校特别是农业职业院校毕业生和务工经商返乡人员等兴办家庭农场。

第七，创新以农民合作为主的家庭农场经营模式。建议政府引导从事同类农产品生产的家庭农场通过组建农场协会、合作社等方式，加强相互交流与联合，创新以农民合作为主的家庭农场经营模式。在家庭农场协会、专业合作社等农民合作组织的指导下进行土地流转、农资采购、品种选择、种苗培育、技术服务、品牌推广、产品销售、技能培训，强化家庭农场之间的互助和服务，将处于分散状态的农民凝聚起来，提高家庭农场的经营水平和维权能力，实现农民的自我管理、自我服务、自我发展。

9

健全“统分结合”的农村养老模式，着力解决农村养老难问题*

一、破解农村养老难题，亟待建立新型农村养老模式

当前，浙江省面临严峻的人口老龄化问题。2013 年末，浙江省老年人口达到 897.83 万人，老龄化水平达到 18.63%，高出同期全国平均水平约 3.7 个百分点。相比于城镇，农村人口老龄化问题更为严峻。浙江省农村老年人口为 608.48 万人，占全省老年人口总数的 67.77%。

农村人口老龄化对农村养老形成巨大压力，同时，农村养老还存在以下六大难题。一是“未富先老”问题严重。农村人口老龄化超前于农村经济社会的发展，应对人口老龄化的经济基础比城镇更为薄弱。浙江省农村居民人均纯收入约为城镇居民人均可支配收入的 42.6%。二是老人经济来源不足。农村老人比城镇老人更加贫困和脆弱。浙江省农村老人的人均收入约为城镇老人的 38%。农村老人中约有 40.63% 的人担心生病时没钱治病，有 31.38% 的人担心没有生活费来源，有 25.09% 的人担心养老金不够养老。三是养老观念相对传统。秉承子女尽孝、家庭养老的传统，脱离子女、完全社会化的养老模式难被农村老人自身以及农村社会所接受。浙江

* 此文与余钧共同完成，是报送浙江省政协十一届三次会议的个人提案（2015 年）。

省农村老人中愿意入住养老机构的比例约为9%，低于城镇老人约7个百分点。四是空巢化现象加剧。大量农村青壮年外出打工，导致农村空巢化，留守老人无人照料，缺乏精神慰藉，孤单寂寞。浙江省农村老人家庭空巢率已达60%。五是社会化保障不力。政府对农村养老的财政投入不足，农村养老保险、医疗保障、最低生活保障、社会救助等制度不完善。六是养老服务设施匮乏。农村敬老院、养老院、老年公寓等养老服务设施数量较少、条件较差、功能单一、管理不善。

传统的农村养老模式主要是家庭养老和机构养老。随着家庭的小型化、核心家庭的增多以及越来越多的子女离开父母和家乡，家庭的养老功能在弱化；机构养老不符合农村养老的传统观念且成本高昂。故而，传统的农村养老模式无论是应对农村人口快速老龄化趋势，还是其他六大难题，均显得捉襟见肘、力有不逮。要实现农村养老难题的深层破解，亟待建立和完善新型农村养老模式。

二、金华市金东区“统分结合”的农村养老模式的做法

2013年以来，金华市金东区以“保基本、广覆盖、可持续”为主要思路，采用“统分结合”模式推行农村居家养老服务中心建设。“统分结合”模式指的是在服务功能上，采取“日间统一照料、夜间分散居住”相结合模式；在布局运营上，实行“中心较大村统一布点、边缘较小村分餐配送”相结合模式。

第一，在布局运营上科学规划。在老人人数较多、经济实力较强、硬件基础较好、组织建设较优的中心村，建立居家养老服务中心。每个居家养老服务中心实用面积在200平方米以上，可服务20个左右的老人，兼顾成本和效益。在人口不多、条件尚未成熟的边缘村，发挥中心村的辐射功能，采取中心村统一配餐、统一配送、统一托管的服务形式。

第二，在设施建设上统一标准。采取民政部门统一规划、统一设计，乡镇（街道）集中指导、批量建设，各村自主操作、具体负责的建管模式，实行“标示统一印制、立面统一规整、设备统一采购、环境统一布置、制度统一上墙、人员统一培训、工作统一推进”的“七统一”标准。

第三，在服务对象上梯度管理。根据集中高效、重点保障原则，对提

供服务的老人采取梯度管理。第一类为采取户院挂钩、由亲属代为照料的“五保”老人，为其提供无偿服务；第二类为80周岁以上老人和城乡最低生活保障家庭中60周岁以上的老人，为其提供低偿服务；第三类为70周岁以上老人，为其提供有偿服务，收费标准由村“两委”决定。

第四，在服务功能上满足老人需求。从老人最基本、最关心、最迫切的需求出发，为老人提供三项基础服务，即便民食堂、医疗保健、文化生活，具体措施包括制定一套营养保健餐谱，确保老人膳食科学丰富；提供“七个一”医疗保健服务，加强对老人的健康管理；配置文化娱乐健身活动设施，丰富老人的精神文化生活。

第五，在服务供给上整合社会力量。广泛调动社会力量，为老人提供各种服务，如开展党员公益日活动，村党员每月15日集中到服务中心为老人服务，平时安排到服务中心轮值；团区委开展“幸福同乐园”志愿服务驿站活动，开展祖孙同乐、心理疏导、爱心书屋等活动；巾帼志愿者以服务中心为主阵地，每天为老年人洗衣、送饭，与老年人谈心；区文体志愿服务队提供符合老年人特点的文化服务。

第六，在资金投入上实现“低成本、可持续”。在前期建设上，充分利用村庄闲置资源，改建和修缮闲置校舍、村庄旧办公楼等，周边环境结合美丽乡村建设进行整治。在经费来源上，采取“政府财政出一点、上级部门补一点、社区集体筹一点、社会爱心助一点”的“四个一点”方法。区财政设立居家养老专项经费，商会企业积极捐赠，加上省市财政的支持以及村集体经济补贴、受益群众出资，保障硬件建设以及日常运作。

三、金华市金东区“统分结合”的农村养老模式的成效

目前，金华市金东区已建成居家养老服务中心288家，服务辐射老人4万余人，覆盖全区2/3的老年人口。从金东区的实践和运行情况来看，“统分结合”的农村养老模式取得了良好的成效。

第一，得到了群众的广泛认可。解决了老人日间就餐、保健、娱乐等基本养老问题，不用离开家庭子女，不用改变生活习惯，不用经费大量支出，观念易接受，经济能承受，得到了普通群众的广泛接受和认可，群众对其评价好、满意度高。

第二，改善了老人的生活条件。解决了因子女工作繁忙、精力不足、外出务工等造成的老人日常照料缺失问题，切实改善了老人的生活条件。老人每天能吃上热腾腾、营养丰富的饭菜，和同龄人聊聊天，享受个性化的健康服务，参与各种文化娱乐健身活动。

第三，减轻了养老的经济负担。收费低，符合农村老人的经济承受能力，减轻了农村家庭的养老负担。75 周岁以上老人原则上每人每餐收取 2 元，有些村庄 80 周岁以上仅收取 1 元，有些村庄达到规定年龄可免费享受。

第四，建设成本和运营成本较低。建设一家农村居家养老服务中心，仅需投入 10 万—20 万元，年运营经费约为 3 万元。而建设一家同等规模的养老机构，一次性建设投入约需 500 万元，之后的年人均运行成本至少上万元。

第五，促进了农村经济社会发展，提升了政府形象。通过解决农村基本养老问题，促进了农村家庭和睦、社会和谐，进而促进了农村经济社会发展，改善和提升了政府形象，有利于更好地开展其他各项工作。

四、推广“统分结合”的农村养老模式的政策建议

在家庭养老能力下降、机构养老难以广泛覆盖的现实状况下，“统分结合”的农村养老模式符合国情实际，是应对农村人口老龄化、解决农村养老难问题的有效途径，具有可操作性、可复制性。浙江省可总结借鉴金华市金东区的实践经验，在省级层面进行统筹规划，加强农村居家养老服务中心建设，推广“统分结合”的农村养老模式。这是一项惠及普通百姓尤其是农村老人的民生工程，同时能促进社会和谐稳定，进而促进经济社会全面协调可持续发展，是建设“两富浙江”的题中之义。

第一，制定出台《关于推行“统分结合”的农村养老模式的意见》。为更好、更快地推广“统分结合”的农村养老模式，有必要制定出台具有科学性、针对性、可操作性的政策。建议由省民政厅负责，在对浙江省居家养老服务供给和需求现状进行科学调查，对金华市金东区“统分结合”的农村养老模式进行进一步提炼总结的基础上，制定出台《浙江省关于推行“统分结合”的农村养老模式的意见》，明确推行“统分结合”的农村

养老模式的总体要求、基本原则、主要任务、具体措施、保障机制等。

第二，因地制宜建设农村居家养老服务中心。农村居家养老服务中心是实行“统分结合”的农村养老模式的基础设施。建议在省民政厅的统一部署下，因地制宜建设农村居家养老服务中心。一是充分利用闲置校舍、村庄旧办公楼等闲置资源，降低前期建设成本；二是在经费来源上采取“各级财政、村集体、社会爱心、部分老人低偿和有偿服务”相结合方式，保障硬件建设和可持续运作；三是选择老年人数多、经济实力较强、硬件基础较好、组织建设较优的乡村率先推进农村居家养老服务中心建设，条件尚未成熟的乡村依托已建成居家养老服务中心的乡村为老人提供服务。

第三，提高财政对农村居家养老的补助。资金是推广“统分结合”的农村养老模式、加强农村居家养老服务中心建设的必要保障，有必要强化政府责任，加大财政对农村居家养老的支持力度。建议由省民政厅、财政厅牵头，研究制定《浙江省农村居家养老服务省级专项补助项目实施方案》，安排专项资金补助符合条件的农村居家养老服务中心的建设及日常运作，并加强对该专项资金项目立项、资金拨付、资金使用、项目考核等全过程的管理，做到公开透明，广泛接受社会监督，提升支出效益。同时，督促市县级、镇（街道）政府加大对农村居家养老的资金补助力度。

第四，推进农村居家养老服务标准化建设。为推进农村居家养老服务均等化和规范化、保证服务质量，有必要推进农村居家养老服务标准化建设。建议由省质量技术监督局牵头，在总结金华市金东区农村居家养老标准化试点经验的基础上，借鉴国内外居家养老服务的标准及制度，研究制定《农村居家养老服务标准体系》，明确服务设施标准、服务模式标准、服务内容及质量标准、服务管理标准、服务人员资质标准等。

第五，建立农村居家养老服务公益基金。做好养老服务不仅是政府的责任，还需要发挥社会力量的作用。建议由省民政厅牵头，建立农村居家养老服务公益基金，为热心企业、社会团体和个人提供捐助渠道，引导和鼓励社会资金参与农村居家养老服务。在基金管理上，要建立健全信息公开制度，提高善款募集来源和去向等的信息公开程度，促进规范运作和公开透明，提升基金的公信力和影响力。

第六，依托居家养老服务中心，打造农村宣传教育阵地。居家养老服务中心是农村老人的聚集地，可成为党和政府与群众沟通交流的重要平台。建议可依托农村居家养老服务中心，打造农村宣传教育阵地，采取板报、条幅、宣传栏、宣传册、主题活动等各种形式，宣传党的重要路线、方针、政策，开展社会主义核心价值观教育、法治教育，宣扬传统美德，抵制封建迷信以及社会上的不良风气，提高农村乡风文明程度。

10

在窗口部门和乡镇街道推广夜间工作制度，着力提升党和政府为人民群众服务能力*

一、楚门镇夜间工作制度的主要做法及其成效

玉环县楚门镇人民政府在日常工作中发现，虽已建立较完善的便民服务体系，政府效能也在改革中不断提升，但是行政服务中心排长龙、百姓办事难等现象仍然存在。其原因之一，是公务员与群众的工作时间相重叠，使在职人员只能利用工作间隙到政府办理私人事务，导致白天某些时段办事人扎堆，工作紧张的职工抽不出时间办事，使人觉得办事难。如何在不增加人员编制的条件下满足群众的办事需求，是摆在楚门镇人民政府面前的难题。

2013年开始，楚门镇党委主要领导负责，协调组织办公室、民政办公室、纪律检查委员会等科室，推行“夜办工作制度”，开展便民服务、驻村走访、困难帮扶、了解民情等工作，方便群众办事，受到群众欢迎。

（一）主要做法

第一，创建“便民夜办”服务，搭建延时服务“快捷平台”。一是延

* 此文与陈玉龙共同完成，刊载于《公共政策内参》第13182期，荣获时任浙江省委常委、组织部部长蔡奇同志的重要批示（2013年6月）。

伸工作时间。“便民夜办”服务把工作时间延伸到8小时外，尽最大可能为群众提供快捷、便利、贴心的服务。二是开展预约上门服务。办事群众如需预约“便民夜办”服务，可通过镇行政审批中心网上平台、便民电话及QQ群等渠道，实行网上、电话预约，还可通过村级代办员与审批中心专窗联系，以村为单位预约办理的事项，由镇行政审批中心直接派员，到村级便民中心进行集中办理。工作人员根据项目性质，能即办的当场办理，不能即办的将相关资料收齐带回统一代办，在规定承诺期限内办结、反馈。“便民夜办”还提供市民卡领取、水电费收缴等社会化服务。

第二，开展夜间走访，掌握民情动态。为了及时掌握民情动态，楚门镇党委政府实施夜间走访行动计划。一是夜间工作人员实行“轮岗制”。楚门镇将全镇机关干部分为七大组，每天一组轮流住夜，每日18:30—21:00，实施“驻村夜访”行动。二是实行“组团包户”夜访。楚门镇党委、镇人民政府对涉及信访、征地拆迁、“小城大爱”惠民工程、党员干部“结穷亲”等工作的4000多个重点对象户统筹分类，分配到7个组173名夜访人员，实行包户。第三，随访随记。夜访人员在夜访过程中要统一填写《效能册》《夜访重要事项记录每日汇总表》《群众意见交办表》《重要民情专报表》等，通过翔实的记录，全面了解社情民意，切实帮扶温暖群众。

第三，严格“督评奖惩”机制，强化制度保障。针对工作中可能出现的消极应对现象，楚门镇党委、镇人民政府严格“督评奖惩”机制，以严肃的纪律推动夜间工作制度的实施。一是加强组织保障。楚门镇坚持主要领导亲自抓、分管领导具体抓。领导干部身体力行，带头实施夜间工作制度。二是建立长效机制。制定“首问负责—现场办理—移交办理—专报办理—夜访例会—反馈回访—督查评议”一整套夜间工作机制，统一制定工作手册、便民联系卡、驻夜工作流程图，夜访工作实行挂牌督办。三是严肃工作纪律。坚持以“从严、从紧、从实”为原则制订夜间工作活动实施方案，将每周定期督查和不定期抽查相结合，注重处理人与处理事相结合，强化结果运用，对违反相关制度的机关干部扣发绩效奖，重者降职、待岗甚至辞退。

（二）取得的成效

第一，人民群众满意度明显提升。楚门镇通过分线交办、上墙督办，把夜访中群众提出的问题意见整改到位、落到实处。自实施以来，解决了征地拆迁、困难帮扶、信访安抚、企业生产经营困难等一系列问题，受到了居民和企业的一致好评，人民群众对政府的满意度有了明显提升。

第二，行政服务能力明显改善。自夜间工作制度实施以来，楚门镇党政机关工作人员共计走访 584 户，其中，有低保户、残疾人等困难群体 274 户，有党员、村民代表等 178 户，有信访户、企业家和外来民工等 132 户；收集群众反映问题 652 项，其中，现场办理 233 项、移交办理 383 项、专报办理 36 项、召开民情分析会 62 次，已落实解决 567 项，其余 85 项移交相关分线办理。行政服务能力得到了明显改善。

第三，解决群众问题能力明显提高。通过每周驻村住夜走访，党委、镇人民政府将掌握民情的信息触角延伸到全镇各个角落。镇干部能及时了解所驻联村集体的重大决策、村民的意见意向、外来人口的分布等情况，把可能出现的问题及时化解在萌芽状态。

二、窗口部门和乡镇街道推广夜间工作制度的意义

楚门镇的夜间工作制度面向群众、服务群众，不仅适用于乡镇政府和街道办事处等基层党政部门，对于县、市人民政府的窗口单位也是适合的，它的作用主要包括以下三点。

第一，密切与人民群众的联系。建设服务型政府首先要充分了解人民群众方方面面、日益增长、不断变化的需求，这样才能服务到位。而利用夜间走家串户是及时了解民生需求的有效办法。

第二，有针对性地提高窗口单位的服务能力。窗口单位按传统机关工作时间上下班，不便于群众办事是个老大难问题。根据实际需要实行夜间办公，不仅方便群众，而且能大大减少工作时间请假办私事的现象，有利于提高全社会的工作效率。

第三，使公务员的工作时间具有一定弹性。安排一部分公务员夜间上班，使他们可以腾出一些白天时间参加学习培训或用于处理家庭事务，解决他们的实际需要和实际困难。

三、推广夜间工作制度的政策建议

第一，系统总结提炼楚门镇的经验。建议省相关部门组织人员和浙江

大学专家合作，对楚门夜间工作经验进行深入调查研究和系统总结提炼，分析其实施价值和适用范围以及存在的主要问题。

第二，研究制订在窗口部门和乡镇街道推广夜间工作制度的具体实施方案。充分听取群众对办事难的意见，了解当前群众到窗口部门和乡镇街道办事的实际需求，分析哪些可以纳入各级政府网上办事大厅的受理范围，哪些必须当面办理。对于后者中需要在职人员亲自赴相关部门当面办理的事项，根据实际工作量的大小，安排适当的夜间工作时间。建议由行政首长牵头，各级政府的办公厅（室）提出原则性的要求，组织人事部门和纪检监察部门提出考核和监督办法，各窗口单位和基层政府部门提出具体的实施范围和实施方案，通过媒体公示广泛听取社会意见后，形成具有可操作性的实施方案，经本级政府批准后实施。在资源投入上要讲求实效，提高工作效率，避免“作秀”。同时，要把深入群众了解民情民意民需作为夜间工作的一项重要任务。

第三，提高公务员为人民服务的自觉性。调整公务员的工作时间，可能会给一部分人带来不便和困难。要推广夜间工作制度，就必须提高公务员为人民服务的自觉性，想群众之所想，急群众之所急，把方便送给群众，把困难留给自己，努力做让人民满意的公务员。建议把这项工作纳入相关部门和单位的党的群众路线教育实践活动。

11

我国村干部队伍建设及其对策研究*

中国村社发展促进会2005年5月公布的数字显示，全国总计有9亿农民、68万个行政村、500万名包括村党支部书记、村民委员会主任、村党支部委员和村民委员会委员在内的村干部，即所谓的“村官”。村干部是村民自治组织的“当家人”和“领头雁”，建设社会主义新农村，最终要靠村干部团结和带领广大农民群众去落实。胡锦涛同志在2004年10月2日视察北京市顺义区赵全营镇北郎中村时对在场的干部群众说：“你们基层干部常年工作在第一线，最辛苦，矛盾也最多，能不能把工作做好，关键也是靠你们。中央的政策再好、再对，说到底还是靠我们的基层同志去落实”（新华社报道，2004）。

村干部处在农村工作的第一线，是党在农村路线方针政策的宣传者和执行者，承担着领导和推动农村经济社会发展和建设社会主义新农村的重要职责。加强村干部队伍建设，既是新形势下提高农村基层组织执政能力的迫切需要，也是全面推进小康社会建设和加快社会主义新农村建设的根本保障。

---

* 此文与戴悦共同完成，主要建议荣获中央组织部领导的重要批示（2006年10月25日），相关提案是报送浙江省政协十一届一次会议的个人提案（2013年）。

一、我国村干部队伍建设中存在的主要问题

建设一支善于治村理政的村干部队伍，是搞好新农村建设的关键。近年来，在农村开展的保持共产党员先进性教育活动，已取得了重要的成果，农村党支部的战斗堡垒作用得到进一步加强，为加强村干部队伍建设、提高农村基层组织的执政能力注入了新的动力。农村改革开放的实践证明，村干部队伍总体上是好的，是可靠的，但同时也要看到，目前我国村干部队伍的整体素质与建设社会主义新农村的要求还存在着较大的差距。

第一，年龄偏大。总体上看，我国目前村干部队伍年龄偏大，且呈现老化的趋势，这是村干部队伍建设中面临的一个亟待解决的问题。据调研，河北省沧州市全市 5744 名农村支部书记中，50 岁以上的有 2316 人，占 40.2%；35 岁以下的 325 人，仅占 5.8%。16.4 万名农村党员中，60 岁以上的有 53047 人，占 32.3%；35 岁以下的仅有 11531 人，占 7%。对吉林省柳河县的“百村调查”表明，村干部平均年龄为 46.5 岁，其中村支书平均年龄为 45.4 岁，村主任平均年龄为 46.3 岁（黄志强，2005）。对江西省 20 个村的调查表明，村支书的平均年龄为 44.5 岁，村主任的平均年龄为 42.7 岁。村支书 35 岁以下的占 12.2%，40 岁以下的占 26.8%，51 岁以上的占 12.2%，56 岁以上的占 9.8%；村主任 30 岁以下的占 2.4%，35 岁以下的占 14.6%，51 岁以上的占 12.2%。

第二，文化水平偏低。村干部的文化水平明显偏低，这是村干部队伍建设中不可回避的现实问题。对河南省新乡市 10 个乡镇 20 个村的调查表明，在村干部中，初中以下文化程度的占 81%，高中文化程度的占 8%，中专和中专以上的仅占 4%。调查表明，在山东省莱西市的村干部中，文盲半文盲占到 25% 以上，一些村干部连自己的名字都不会写。在村干部选举中，因文化水平过低而出现的错票、废票在一些村庄多达 20%。对江西省 20 个村的调查结果显示：村支书小学以下文化程度的高达 53.6%，其中 7.3% 属于文盲或半文盲，而高中以上文化程度的仅占 7.4%；村主任小学以下文化程度的高达 46.3%，而高中以上文化程度的占 12.2%。从村干部队伍的总体情况来看，高中以上文化程度的占 24.1%。

第三，政治思想素质不高。村干部的政治思想素质决定了党的农村基层组织的战斗力和执政能力。目前我国村干部的政治思想素质偏低，难以适应建设社会主义新农村的要求，具体体现在以下几个方面：一是缺乏学习党的路线、方针和政策的主动性、自觉性和积极性；二是政策水平偏低，对党在农村的政策学习不够、领会不深，宣传贯彻不到位，执行中随意性强；三是不能很好地从政治上观察农村形势、考虑农民问题，在复杂多变的情况下缺乏明辨是非的洞察力；四是群众观念淡薄，宗旨意识不强，过于重视局部利益、眼前利益和个人利益，不能正确运用人民给予的权力；五是法治观念淡薄，民主意识不强，有的作风不正、生活不俭、思想不纯，“卡、拿、要”的现象普遍存在。

第四，实际工作能力不强。很多村干部不善于做深入细致的思想政治工作，不能依法办事、以理服人、以情感人，不能有效地组织和引导群众，缺乏凝聚力和向心力；相当多的村干部思想观念落后，开拓进取意识不强、经济发展思路不清，工作缺乏创造性，“上面让干啥就干啥，上面让咋干就咋干”的依赖行为比较严重；一些村干部驾驭市场经济的能力不强，存在着“好事抢着干、难事推着干、缠手事躲着干、得罪人的事顶着不干”的现象；有的村干部小农经济意识很浓，满足于“小富即安、小成则满”，工作方法仍沿用老一套，谋划发展缺少科学性，思想狭隘，短期行为严重，存在着“老办法不管用、新办法不会用、软办法不顶用、硬办法不敢用”的困惑。

第五，村干部选举中贿选现象越来越普遍。村民自治，是中国农民的自发创造和国家强制性制度变迁相结合的产物。随着村民委员会选举竞争的日趋激烈，贿选现象也越来越普遍，民主选举也因此大打折扣。以浙江省某市村民委员会换届选举为例，仅浙江省某市民政局就接到村民的投诉电话 836 个，收到村民来信 186 封，接待村民上访 96 批，共计 700 余人次，分别比上一届民主选举增长了 18%、16% 和 21%。而其中绝大多数是反映贿选问题。乡村贿选形式五花八门，有的“以钱换票”，不惜花费巨资甚至倾家荡产；有的“以物换票”，给选民送米、送面、送油等物品；有的“以情拉票”，请客吃饭，大摆宴席；有的“托人拉票”，发动亲戚朋友挨家挨户做动员工作；有的还以宅基地审批、计划生育和农田灌溉等手段对选民进行恐吓。乡村贿选案件涉及的金额越来越大，涉案人员越来越多，而且还与宗族势力、黑恶势力等相互牵连，给村民自治蒙上了巨大的阴影。

第六，村干部腐败问题越来越突出。近年来，随着我国村级集体经济的发展壮大，城市化进程的加快，尤其是在一些城乡接合部的农村地区，村干部腐败问题越来越突出，在有些地方已成为“常态”。2003 年，浙江省某县纪委受理的状告村干部的信访案件达 305 件，占全县信访总量的 95%；2003—2005 年，湖南省共立案查处村干部腐败案件 2996 件；2004—2005 年，辽宁省共立案查处村干部腐败案件 2975 件；2000 年 1 月—2006 年 1 月，安徽省某市检察机关共查处市三县四区村干部腐败案件 36 件；2004 年 1 月—2005 年 4 月，四川省某市检察机关共立案查处 34 件村干部的腐败案件，其中 26 件涉嫌挪用、贪污土地征用补偿费的犯罪，约占 76. 5%，涉案金额 579 万元；2005 年，江西省各级检察机关共立案查处村干部职务犯罪案件 55 件 75 人，其中，贪污案 34 件 51 人，受贿案 12 件 14 人，挪用公款案 9 件 10 人；2005 年 1 月—2006 年 2 月，重庆市检察机关共立案查办村干部腐败案件 30 件 58 人。

二、影响我国村干部队伍建设的因素分析

当前，我国农村正处于经济结构调整、体制转轨和社会转型的关键时期，农业和农村经济发展进入了一个新阶段。经济成分呈现多样化，基层民主政治建设稳步推进，农业增效和农民增收困难，农村社会矛盾复杂多变，形势的发展变化对村干部队伍建设提出了新的要求。这就需要我们科学地分析影响我国村干部队伍建设的因素，并针对这些因素采取有效的应对策略。在体制转轨和社会转型的关键时期，影响我国村干部队伍建设的因素有很多，问题也相当复杂，归纳起来主要有五个方面。

第一，经济待遇明显偏低。“上面千条线，下面一根针”，村干部长年累月工作在农村第一线，需要承担大量复杂的工作，条件艰苦、生活清苦，而他们的经济待遇明显偏低，有的甚至还不能及时兑现，与外出打工者和政府机关的公务员相比形成了强烈反差。据调查，湖南省安化县村支书年平均收入为 1180 元、村主任为 1120 元、村文书为 1038 元、村计生专

干为 854 元。全县 60% 的村干部年收入在 1000 元以下。很多村干部无法养家糊口，村干部普遍认为不划算，既亏了自己，又亏了家庭。全县约 40% 的村因无法完成乡镇的工作任务，村干部领不到足额的工资。陕西省镇巴县委组织部 2004 年的调研结果表明，全县财政每年支付村干部工资总额为 159.48 万元，领取工资的村干部为 827 人，村干部月均工资为 160 元。其中，村主要干部工资在 1000 元以下的村有 15 个，占村总数的 6%，1000—2000 元的村有 159 个，占村总数的 63%，2000—3000 元的村有 45 个，占村总数的 18%，3000 元以上的村有 33 个，占村总数的 13%。村主要干部工资最低的为 820 元，最高的为 3400 元，均低于当地村民平均收入中下水平。在村干部工资偏低的情况下，全县还有 29 个村不同程度地存在拖欠村干部工资现象，个别乡镇的个别村拖欠的时间达 2 年以上，严重影响村干部的工作积极性。现实的强烈反差使村干部的心理产生了失落感和不平衡感，他们普遍感到"生活上没盼头，政治上无奔头"。尤其是在我国农村经济落后的地区，相当多的村干部不安心本职工作，得过且过、敷衍了事，人心思动现象较为普遍。

第二，村级债务风险增大。随着农村税费改革试点工作的推行、村级集体组织收入的大幅度减少和盈利能力的下降，村级债务问题便突显出来。农业部农村经济司的调查结果表明，被调查的 676 个村 2002 年村级债务总额为 2.15 亿元，比 1998 年增加 0.26 亿元；村均负债 32 万元，比 1998 年增加 4 万元；负债面为 88%，比 1998 年增加 4%。村级债权总额为 1.69 亿元，比 1998 年增加 0.31 亿元；村均债权为 25 万元，比 1998 年增加 5 万元。考虑到债权中无法收回的坏账等因素，村级承担的实际净债务为 1.56 亿元，比 1998 年增加 0.13 亿元；村均净债务为 23 万元，比 1998 年增加 2 万元。截至 2005 年底，山西省运城市 13 个县（市、区）村级组织债务额均大于债权额，负债面达 100%，负债总额达 151638 万元，平均每县（市、区）为 11664.5 万元，每个独立核算村组为 46.3 万元，农民人均负债 343.5 元。截至 2004 年底，广东省化州市村级集体债务总额为 24473 万元，平均每个村委会负债 71.4 万元。全市 344 个村（居）委会，负债 100 万元以上的有 77 个，资不抵债的有 184 个，村委会负债最高额达 702 万元。由于村级集体短期无法清偿债务，加上村级组织三年一换届，出现旧官难理旧账，新官不理旧账的普遍现象。村级集体组织债务的不断增加，不仅严重困扰着农村经济发展，影响了农村的稳定，而且也损害了党和政府的形象，制约了党的农村基层组织的执政能力。

第三，选拔渠道过窄。依据《中华人民共和国村民委员会组织法》（以下简称《村民委员会组织法》）规定，村干部是由本村有选举权的村民直接提名选举产生，村干部不脱离农业生产。根据这个规定，我国目前绝大部分村干部来源于本村，从农民中选拔，这本身就带有很大的局限性，再加上村干部职位在经济和政治上缺乏吸引力，具有较高素质的大中专毕业生、复员军人或因条件艰苦不想回农村工作，或因政策机制、保障机制、激励机制不到位不愿回，有能力、有才干的优秀农村青年都纷纷出外“闯”事业，特别是那些偏僻落后的地区，最终选拔村干部只能“从矮子里挑将军”，致使能者赋闲在外，弱者主持村政，从而导致村干部整体素质偏低，一定程度上造成了选任干部的“资源危机”。当前，我国农村入党积极分子队伍萎缩，农村干部队伍青黄不接、后继乏人现象非常突出。据山西省大同市调查，全市三年未发展党员的村有 132 个，五年未发展党员的村有 71 个，没有 35 岁以下党员的村有 313 个。

第四，法律制度建设的滞后和缺失。贿选现象之所以发生且屡禁不止，是因为行贿人（候选人）和受贿人（选民）双方都能有利可图，都能够得到满意的回报。而双方都能有利可图的背后是相关法律制度建设的滞后和缺失。如果法律制度建设到位和完善，惩罚严厉，使行贿人和受贿人某一方或双方无利可图，就可以最大限度地遏制贿选行为的发生。法律制度建设滞后和缺失，惩罚不力，就等于“逆向鼓励”贿选行为的滋长甚至泛滥，给贿选提供生存的制度空间。目前，我国相关法律制度建设滞后和缺失主要体现在以下三个方面：没有将乡村贿选行为纳入刑法的调整范围；乡村贿选行为没有纳入选举法的调整范围；《村民委员会组织法》对贿选的概念及惩罚没有作出具体的法律规定。《村民委员会组织法》第十五条规定：以威胁、贿赂、伪造选票等不正当手段，妨害村民行使选举权、被选举权，破坏村民委员会选举的，村民有权向乡、民族乡、镇的人民代表大会和人民政府或者县级人民代表大会常务委员会和人民政府及其有关主管部门举报，有关机关应当负责调查并依法处理。以威胁、贿赂、伪造选票等不正当手段当选的，其当选无效。这样的法律规定存在三个方面的缺陷：一是对贿选没有明确的法律界定；二是村民可以向五个机关举报贿选行为，即乡人民代表大会、乡人民政府、县人民代表大会常务委员会、县人民政府、县民政局，结果造成五个机关职责不明，处理效力不清，要么互相推诿，要么不同机关给出不同的处理结果，无法决定哪一个机关的处理决定效力优先；三是对贿选行为处理过轻，除了宣布当选资格无效外，没有追究贿选者的其他法律责任，易造成贿选者有恃无恐的心理。同时，对接受贿选的选民没有相应的处理机制，出于“法不责众”的从众心理，不能从源头上杜绝贿选行为的发生和泛滥。

第五，宗族势力的影响增强。农村宗族势力，是指在乡村社会以姓氏血缘为纽带形成的宗族宗派利益群体。近年来，宗族势力对村干部队伍建设构成了潜在影响，这是一个不可回避的现实问题。在一些宗族势力较强的地方，每当村民委员会换届选举或村党支部换届改选时，宗族势力总要直接插手选举或者操纵选举，各宗族为本姓候选人拉选票的事时有发生。有的地方的宗族族长就是通过在本族内拉选票的方式，以“合法”的手段，谋取村干部的职位。在农村的同一村之中有大姓、小姓和杂姓的区别，大姓人多势众，社会地位较高，他们想方设法使自己宗族的人进入村干部队伍。在宗族势力强大的地方，农村的民主选举活动常常会演变为各宗族之间为本宗族寻找代理人的势力较量。有的采取软硬兼施的方法强迫村民选举自己宗族的人当选；有的以暴力相威胁，迫使村干部让位于他们。有的宗族如果没有直接控制村干部，则会设法在村干部班子中寻找和培养其代言人，表面上是村干部在行使村级权力，实际上他们的一些决策和工作都要受到族长的操纵。当村干部不能满足宗族势力的要求，或某些工作出现一些失误时，一些地方的宗族组织就借机闹事，煽动宗族人员谩骂、殴打村干部，或越级上访，给上级政府施加压力。由于村干部队伍受到农村宗族势力的把持，一些基层组织和村干部在执行党的各项农村方针政策时，阻力很大，有的不得不屈从于宗族势力的无理要求。

第六，村干部的管理机制不完善。村干部管理体系尚未形成，管理机制不完善和不科学。一是农村“两委”“协调”工作机制尚未建立起来，或者支部包揽村务，或者村委会与支部“顶牛”。二是上级党组织特别是

“一把手”仍然存在“一手硬、一手软”的问题，把主要精力放在抓经济发展上，而对农村基层组织建设重视不够，缺乏长远的治本措施和规划，重选用、轻培养，重调整、轻帮教，抓一阵、松一阵的现象比较普遍。三是考核制度不完善。缺乏一套科学合理、客观公正评价干部政绩的办法。四是激励机制不完善。村干部的权小责重，虽说是村干部，但“有饭不找你，不犯法不怕你，有麻烦就找你，解决不好就骂你”。具有双重身份的“农民干部”，所面临的压力很大，但是对他们却缺乏应有的激励手段，难以调动他们的积极性。四是民主监督机制不完善。目前，乡村民主选举在全国广大农村地区已全面展开，而民主决策、民主管理和民主监督的发展还显得相对滞后，在一些地方，民主选举同民主决策、民主管理和民主监督严重脱节，缺乏对村干部进行有效监督的手段和措施，如村级事务的民主决策问题、村民的权利救济问题、村民的权益保障问题、对民选村官的监督制约和罢免问题、乡镇政府同村民委员会的关系问题。现实中，往往民主监督机制形同虚设，村民委员会成员代替村民作了关乎全体村民重大利益的决定，剥夺了村民的知情权、决策参与权和民主监督权。

三、加强我国村干部队伍建设的对策思考

建设“生产发展、生活宽裕、乡风文明、村容整洁、管理民主”的社会主义新农村，需要村干部不断提高执政水平和执政能力；其执政水平和执政能力直接关系着党在农村执政地位的巩固，关系着“三农”问题的顺利解决和社会主义新农村建设的进程。因此，加强村干部队伍建设，是一项带有基础性、全局性、长期性的战略任务，是新形势下加强村干部队伍建设和提高党的执政能力的迫切需要，是建设社会主义新农村必须破解的重大课题。

第一，建立和完善选拔机制。传统的从本乡本土农民中培养选拔村干部的单一方式，已经不能适应新形势的要求，必须进一步扩大选人视野，拓宽选任渠道，为此首先需要尽快修改和完善《村民委员会组织法》，为建立和完善村干部的选拔机制提供法律保障。一是进一步完善“两推一选”制度，从保障党员权利出发，科学设计选举程序，形成互相衔接、相互配套、充分体现党员意志的制度保证，理顺权力授受关系，真正把能带

领群众致富的“能人”选拔到村支书岗位。二是进一步完善“海选”制度，建立海选村官的动态管理机制，健全完善以兑现承诺、目标为主要内容的目标管理制度、评议考核制度、罢免淘汰制度。三是打破身份、职业和地域限制，选派县（市、区）、乡镇的优秀干部到农村任职，把那些能够认真贯彻党的方针政策、清正廉洁、公道正派、群众拥护、素质高、能组织和带领群众致富的优秀人才，吸纳到村级领导班子。四是制定有效政策与措施，继续鼓励高校毕业生到农村基层就业，担任大学生村干部。五是建立和完善村干部公选制度，公开选拔村干部，探索末位淘汰制和竞争上岗制，将竞争机制引入村干部选拔任用的全过程。

第二，建立和完善培训机制。各级政府要尽快制定村干部教育培训长远规划，设立村干部培训的专项基金，建立和完善“村官培训，政府买单”的机制。一是搞好常规培训。坚持课堂教学与实地示范相结合，分级负责、分层次培训村干部，突出抓好村支书和村主任培训。二是实行资格认证培训。对新上任的村支书和村主任由县区组织任职资格培训和岗位素质培训，搞好对村级后备干部的培训。凡列为村级后备干部的，必须经县以上基地培训，方具备村干部的任职资格。三是推行“菜单式”培训。按照“干什么学什么”“需什么教什么”和“缺什么补什么”的原则，对村干部设计不同层次的培训内容，实现按需培训，提高培训的针对性和实效性。根据社会主义新农村建设的实际需要，大力培养实用型、技能型的优秀人才。四是开展多种形式的学历教育。把未达到高中学历的村干部和45岁以下党员全部纳入职高学历教育的范畴，让他们有机会系统地学习邓小平理论、“三个代表”重要思想、科学发展观、新农村建设规划、农村经济管理、农村政策法规等方面的理论与知识。

第三，建立和完善激励机制。从上到下看，对村干部要求高、支持少、指责多、理解少。工作中村干部经常遇到“任务难完成，群众难满意，待遇难保证，家庭难理解”和“两头受挤，两头受逼，两头受气”的困惑。党和政府要采取切实有效的政策措施，建立和完善激励机制，切实提高村干部的经济待遇和政治地位。一是加大对村级组织的财政转移支付力度，切实提高村干部的经济待遇。二是建立和完善村干部的结构工资制，多奖少罚，有条件的地方，可实行固定工资月薪制。三是建立和完善村干部养老保险或退休金制度，对任职达到一定年限的村干部实行养老保险或按月发放退休金，不低于农村最低生活保障水平或相当于本地农民人均收入水平。四是尽快研究制定解决村干部政治上的“出路”政策措施，对符合一定条件的村干部聘任为合同制干部，或者纳入乡镇后备干部人选进行培养，对特别优秀的村干部可通过公开选拔方式进入乡镇领导班子。在党代表、人民代表大会代表、政协委员的选举中，适当增加村干部代表名额，多给他们参政议政的机会。五是加大对优秀村干部的宣传报道和奖励力度。要树立一批先进村干部的典型，大力表彰奖励村干部中的优秀分子，宣传他们的先进事迹，从物质、精神上加大对优秀村干部表彰和奖励力度，使他们有业绩感和荣誉感。

第四，建立和完善管理机制。一是完善村民自治相关法规，重点解决农村基层民主选举中宗族势力干扰、拉票贿选和其他侵犯农民群众民主权利的问题。二是根据建设社会主义新农村的总体要求，进一步规范村干部的职责、权利、义务，从制度层面让村干部知道干什么事、怎样干事。三是建立和完善村干部任期目标考核和年度考核机制，考核过程要增加透明度，扩大群众的知情权、参与权和监督权，考核结果与村干部的政治经济待遇挂钩，对业绩突出的给予重奖，对完不成任务的进行处罚，形成以工作论成败、凭实绩得实惠的考核机制。四是建立和完善审计监督制度，加强对村级“一把手”的任职审计。对村级“一把手”不定期进行经济责任审计，对离任的村干部进行离任审计，并将结果向群众公布。五是建立和完善村级财务管理制度。推行村账镇管、组账村记的财务管理新制度，制定和完善集体资产监管办法，防止集体资产流失，确保村集体资产保值、增值。

第五，建立和完善债务风险化解机制。风险不断加大的村级债务，严重影响了村级组织的正常运转，干扰了农村的社会秩序，影响了农村的稳定和安全。党和政府要对村级债务风险引起高度重视，采取有效政策措施，建立和完善村级债务风险化解机制。一是要对村级债务债权情况全面清理核查，把已形成的账外债务债权纳入统计范畴，搞清村级债务债权规模和结构，掌握村级债务债权的实际情况。二是按照“谁举债、谁偿还”的原则，确定偿债责任单位，制订切实可行的偿债计划，确保落实偿债资金来源。要设立专用的村级偿债准备金，偿债准备金由上级政府部门专户管理，不得截留和挪用。三是坚持量入为出的原则，严禁举债兴办公益事业；严禁举债垫付各种税费；严禁举债用于村级支出；严禁超出规定订阅报刊；严禁超村级定额补贴标准发放报酬、补贴；严禁村委会或村集体经济组织以任何名义从金融机构贷款或为企业提供担保。四是建立信息充分披露制度，提高债务风险的透明度。建立相应的考核责任制，将控制化解债务风险的责任量化到个人。五是要建立村级债务的内部预警体系，运用负债率、债务率、偿债率等监控指标对债务的规模、结构和安全性进行动态监测和评估。

12

遏制农药残留超标，确保我国农产品食品安全*

食品安全事件接二连三地爆发，让消费者一度以为苏丹红、三聚氰胺等在食品中的非法添加是我国食品安全面临的主要问题，然而，一份针对我国近几年出口食品不合格原因的调查报告显示：微生物超标是食品不合格的首要原因，占不合格食品的35%，农药残留超标则位居第二，占不合格产品的23%。可见，农药残留超标是我国食品安全面临的最主要问题。

“民以食为天，食以安为先”，首先，农药残留极大地危害着人的身体健康，会引起人的急性或慢性中毒，甚至影响到下一代的安全健康。据医学研究表明，在致癌因素中，环境因素约占80%；在环境因素中，有毒化学物质的污染约占80%；而在有毒化学物质中，有毒有机物（主要为农药）占95%以上。从而可以看出，农药残留已严重危及人类的生存与健康。其次，农药残留还影响着农业生产，导致药害事故频繁，经常引起大面积减产甚至绝产，我国已经成为世界第一农药生产和使用大国，单位面积化学农药的平均用量比世界平均用量高2.5—5倍，每年遭受残留农药污染的作物面积达12亿亩。最后，农药残留还严重影响着我国农产品进出口贸易，我国每年因农药残留超标造成的外贸损失达70亿元。

---

* 此文与谢运共同完成，是报送全国政协十一届四次会议的大会提案（2011年3月）。

针对农药残留问题，我国已采取了多项措施来解决，但是在控制农药残留超标上却始终不见显著成效，甚至有愈演愈烈之势。

一、我国农药残留超标的原因

探究我国农药残留超标原因，主要是农药市场混乱，高科技、低残留农药难以深入推广，农民缺乏基本农药知识以及检测方式存在缺陷。

第一，农药市场的管理混乱和失序。从我国农药生产量上来看，登记的农药产品有27000多个，年产量达190万吨，居世界第一，但品种结构不合理，化学农药的比重过高，与此同时，农药利用率也只有30%，低于发达国家10%—20%。从农药生产经营规模来看，我国现有农药生产企业2600多家、农药经营单位60余万个，且大部分农药经营网点集中在乡村市场，经营主体多、规模小、秩序混乱问题突出，个体和私营企业成为主要的经营主体，企业规模和人员素质也参差不齐，不能对农民进行良好的规范指导。农药生产结构的不合理和经营市场的混乱为农民购买使用高毒农药开了方便之门。

第二，高科技、低残留农药供给与农民需求错位。农民是农业的经营主体，也是农药的需求主体和使用主体，采纳何种类型的农药是农民的理性选择。我国高科技、低残留农药是从供给的角度来提供农药，把农民看成了典型的被动消费者，不能很好地满足农民的需求。主要表现为：一是高科技、低残留农药开发生产成本较高，不具备价格竞争优势，而且见效相对缓慢，往往得不到农民的青睐，而目前农民一贯使用的高毒农药却价格低见效快。二是高科技、低残留农药需要一些不同于传统的施药技术，对技术要求更为严格。如生物农药，成本相对较高，使用后多数要3—4天才能看到效果，并且施用技术不同于传统的化学农药，要求严格的施用条件。

第三，农民缺乏基本的农药知识及相关操作规范。农民对农药知识的缺乏以及不能够良好地操作和使用农药，是导致农药残留超标的原因之一。农民对农药操作的不规范具体表现为：滥用高毒农药和激素类物质；为了增加农药效果，增加农药的使用量和使用次数；违反农药施用安全期的规定，在农药未完全分解时就进行采收；施药方式落后，导致了农药流失在土壤和作物中，造成农药残留超标。

第四，农药安全残留检测方式不健全。这表现为检测方式上主要为事后的突击检查，且检测的重点为最终产品，缺乏对农产品种植过程的控制，这也导致了事件发生时，农户损失惨重；在检测技术能力上，检测速度慢、时间消耗长，这尤其不适用于新鲜蔬菜；在抽样方式上，没有明确规范应按照农产品的数量和重量确定抽样比例，降低了样本对总体的预测能力。

二、解决我国农药残留超标的对策

针对以上分析，解决我国农药残留超标问题，就要规范农药市场，建立以农民需求为基础的农药研发机制，加强农民用药知识与技术的教育，加大对田间生产地的农药检测。

第一，优化农药生产结构，规范农药市场经营秩序。优化农药生产结构包括加快淘汰高毒、高风险农药品种，加快创制、开发和推广高效、安全、环境友好和低残留的农药产品，提高农药产品的利用率。规范农药市场经营秩序首先要设置农药经营许可制度。根据发达国家的经验来看，各发达国家都对农药的销售实行许可证管理制度，涉及农药包装、运输、库存和咨询性销售，管理的范围涵盖国内批发商、零售商、分销商，内容包括销售和销售人员资质两项许可。建议强化对经营单位的准入许可，对其经营条件进行核准，并对农药经营人员实行考核。通过提高经营单位和经营人员的准入条件，使其能更好地为农民提供有效的服务指导，解决当前农药经营市场多、杂、乱的局面，确保对农药市场的有效监管。

第二，建立网上公开的农药残留目录，加大违法行为处罚力度。在美国，环保署专门设立了一个“农药残留网”，网友注册后就可根据上市蔬果的批号在网上查到“农残最高限量”和某一批次产品的农药检测结果。欧盟在治理农药残留问题方面，出台了一系列法规，禁止销售和使用剧毒农药，并且严格规定了农药的使用范围和方法，并对管理和使用不当而造成污染的国家予以巨额的经济处罚。法国就曾被欧盟处以2800万欧元的罚款，原因是法国西部布列塔尼地区一些河流农药污染超标。

相比美国和欧盟，我国还没有公开的农药残留网以供群众监督，同时我国对违法行为的处罚力度不够强，存在一定的随意性。在借鉴和学习前者的经验上，建议我国编制农药残留目录和严格禁止销售和使用的剧毒、高毒农药目录，并即时进行网上公示和宣传，同时每隔三年对内容进行更新，一旦发现某种农药对人体有害，政府便限制或禁止销售和使用。对于违法而销售剧毒、高毒农药的经销商，采取严格的处罚措施。目前我国对此行为的处罚力度为“没收违法所得，并处违法所得 1 倍以上 10 倍以下罚款；没有违法所得的，处以 10 万元以下的罚款”。建议加大此处对违法者的处罚力度，并且减小中间的执法空间。

第三，建立农药研究与农药推广相联系的制度。美国非常强调科研机构与农业推广相结合，强化基于农民需求的农业知识研发，如果产品在农民推广中遇到问题，能够迅速反馈，进而针对性地开展研发。另外，在美国的农学院做推广是教授的一项重要职责。

我国农民对高科技、低残留农药的低使用率和推广的困难，说明农药研究与农民对农药的需求还存在脱节现象。建议政府要建立一种以农民需求为导向（包括农民对新技术的需求、优质技术的需求和对节约劳动技术的需求），在农民有效需求的基础上，把农药基础研究、应用研究与推广工作紧密联系起来。将农药推广工作中遇到的问题迅速反馈到相应研究机构，从而使研究人员在研发时更有针对性，更有助于解决生产中的实际问题。从而解决农民对高科技、低残留农药的漠视问题，增强农民对高科技、低残留农药的使用率。

第四，加强农民在生产中合理科学使用农药的指导工作。世界上不少发达国家都非常注重对农民农业知识的普及，美国农业部下设有三个农业研究和教育推广机构，在控制农药残留方面，加强对农药使用者和农产品生产者的宣传教育，美国环保局和美国农业部分别编写了许多安全合理使用农药的小册子，免费送给农药使用者，并要求农药生产者在每个农药的标签上注明所适用作物的安全间隔期。因此，美国农民安全合理用药和采收的自觉性很强。

借鉴美国的成功经验，我国可以针对不同地方农产品生产状况，定期免费向农民发放通俗易懂的农药知识手册，对农药的施用方法、用药量、农药品种的选取都进行详细说明和解释。同时，加大对农技推广服务的投资，完善农技推广服务体系，提高农民掌握农业生产新知识、新技术的能力，加强农户对生物农药等高科技、低残留农药和高毒农药的认识，减少高毒农药等危害食品安全的要素的使用，改善对高科技、低残留农药的认识态度。

第五，加大对田间生产地的农药残留检测比例。对农产品农药残留的检测一般可以分为田间检测、农产品批发市场检测和上市后经销阶段的检测。一些发达地区的成功经验大都非常重视田间产地的农药检测，如台湾地区每一种作物在田间生长接近采收阶段，都会有农业单位抽检，并告知农民目前农药残留情形，是否应该采收或应该延迟采收。美国针对农产品的农药残留检测，70%—80%是在进入市场之前（在产地）抽样检查，20%—30%在市场抽检，根据FDA连续五年的监测结果，美国农产品的农药残留超标率都小于2%。

基于以上成功经验，建议我国加大对田间生产场地的检测比例。一是对农户的生产情况进行监督，加强对农药使用情况的巡查，发现违规使用农药的，及时纠正并对使用者进行一定的惩罚；二是在农户采收季节，地方农业部门组织专门的农药残留检测队伍，加强对产地新鲜蔬菜和水果的检测，若发现农药残留超标，及时阻止进一步流通到市场，直接从源头上遏制农药残留超标。

13

完善大学生村干部激励体系，确保大学生村干部工程的政策实效性*

2008年，中央组织部等有关部门决定，用五年时间选聘10万名高校毕业生到村任职。这一决定将连续了十几年的大学生村干部工作推向了新的建设阶段。截至2009年底，全国现任大学生村干部总数达18万人，除港澳台外，全国1/4的村庄实现了一村一名大学生的计划。大学生村干部工程已进入成千上万人规模发展的全面、系统建设时期。随着发展形势逐步明朗，大学生村干部工程这一新生事物已经成为与国家新农村建设、农业现代化建设、农村社会政权建设、后备人才队伍建设密切关联的“具有长远战略意义”的重大举措。

基于大学生村干部政策的不确定性逐渐减少和高校毕业生严峻的就业形势，社会上出现了一股“大学生村干部热”。据统计，在江苏、北京、重庆、四川、山西等省（市），报名竞争大学生村干部的人数比例，最低为5∶1，最高则达46∶1，与报考公务员相差无几。源源不断涌向农村的高校毕业生，不仅缓解了大学生的就业压力，也在一定程度上搭建了向农村输送管理型、技术型人才的平台，加快了现代信息技术在农村的运用，推动了农村经济迈向现代化的步伐。同时，大学生村干部对于优化基层干部

* 此文是报送中共浙江省委、省人民政府的政策建议报告（2011年）。

队伍，促进基层民主的发展也有着十分重要的作用。然而，现有的大学生村干部激励体系存在诸多问题，导致无法拴心留人，合同期内有大批大学生村干部通过考研、考公务员、辞职等手段，转行跳槽，流失严重。如何使大学生村干部“下得去、待得住、干得好、流得动”，激励他们在农村更好地发挥自己的效用是大学生村干部工程是否能真正取得实效性的关键。

一、大学生村干部工程的激励体系中存在的问题

第一，大学生村干部缺少能够施展才华的平台。虽然刚毕业的大学生踌躇满志，希望在服务农村的过程中大展拳脚，但农村却缺少他们发挥作用的平台。有的大学生村干部被截留在乡镇这一层级，有些则在日常的工作中没有明确的工作性质和职责范围，只能做些整理文件、写工作总结、当电脑打字员等简单的工作，他们的想法很难在实际工作中体现，也很难被农民所认同。之所以出现这样的现象，一方面源于大学生本身缺乏相关的农业实用技术和农村法规政策等知识，拥有的专业理论与农村的需求不对称，缺少与农民交流的经验，平时又缺乏相应的培训、管理、交流、激励，难以想民之所想，急民之所急。另一方面则是因为部分乡镇在用人上实用主义思想严重，对大学生村干部重视不够，没有给他们真正锻炼成长的机会。大学生村干部成就事业的需求没有被满足，长期被闲置、边缘化现状必将促成他们三年期满后离开农村。

第二，现存的绩效考核体制不完善。近些年来，各个地方一直在寻求能够促进大学生村干部绩效最大化的考核机制，虽然在原有的基础上有不断被完善的迹象，但是并未实施动态考核机制，也没有形成一个优胜劣汰的工作氛围。而且，现有的考核激励中，对于大学生村干部在实际工作中干得好不好、群众满不满意没有一个统一的评价标准。就算评价了，也有相当一部分考核结果没有真正与大学生村干部的奖惩、交流、培训以及晋升挂钩，奖金分配没有真正拉开档次，“一刀切”的现象普遍存在。对那些在自己的岗位上认真工作、投身于新农村建设的大学生村干部来说是不公平的，也在一定程度上纵容了那些消极怠工、把大学生村干部当成躲避就业压力或是考取公务员的“镀金”手段的高校毕业生。

第三，大学生村干部工资、福利待遇低，各地待遇差异较大。例如，在北京担任村官的本科生薪酬第一年为每月 2000 元，并根据服务年限实行动态递增。同时，按照国家和北京市有关政策，为其缴纳各类社会保险，对于非北京生源的北京高校毕业生，还可以为其解决北京户口。而浙江专科生的薪酬每月为 1000 元，本科生每月为 1200 元，五大保险每月为 99.27 元，省内各市情况有小幅变化。河南省到国家和省定贫困县的贫困乡服务的大学生村干部，本科生每月所能领到的生活补贴仅为 600 元。大学生村干部的待遇长期保持低水准，导致其较高的流失率。四川省的大学生村干部流失率就曾高达 70% 左右。甚至北京 2009 年首批大学生村干部期满后，1946 人中仅有 266 人留任农村。并且由于各地差异过大，导致有些经济发达且待遇较好的地区如北京、上海、江苏等地的大学生村干部报考十分火爆，而中西部的贫困乡镇却无人问津，不利于高校人力资源的配置。同时，也容易引起大学生村干部内部的不公平感。

二、完善大学生村干部激励体系的措施

根据大学生村干部激励体系在成长、管理、监督考核、晋升方面遇到的问题，以提高大学生村干部服务农村的积极性、主动性为原则，最大可能地发挥他们的实践功效，提出以下措施：

第一，搭建大学生村干部的成长平台。首先，要通过多元化、个性化的培训和学习，一方面使大学生村干部切身感受到自身能力的提升，明确职业生涯发展方向，另一方面也使他们更加清楚地认识农村社会现状及农民的需求，为以后工作的顺利开展打下基础。其次，基层干部要端正态度，充分认识到大学生村干部工程的真正目的。针对大学生村干部社会阅历和实践经验不足，创业又缺少资金的情况，可建立村干部帮带、乡镇领导帮教、县直局委帮扶和联系的“三帮一联”制度，帮助他们解决工作中遇到的困难和问题；有关部门与大学生村干部结成帮扶对子，支持大学生创办致富项目；建立乡镇党委和村党支部书记帮带责任制，重点提高大学生村干部的政策法治观念和组织领导能力等。通过让大学生村干部更广泛地接触基层第一线的工作，让他们担任“实职”，真正地融入农民群众之中，在新农村建设中打拼出一番事业，营造出一种“事业留人才”的激励

文化。

第二，建立大学生村干部管理制度，完善监督、奖惩机制。首先，针对大学生村干部管理虚化的问题，应设置专门的大学生村干部联络机构，制定大学生村干部管理的规章制度，使大学生村干部日常管理活动规范化。其次，要建立大学生村干部监督评价系统，设置合理的指标体系对他们的工作绩效进行评估，规范他们在学习、培训、工作等方面的行为。每年度由上级党委、村级“两委”、当地群众共同对其进行考评，并公开考评结果、建立业绩档案。最后，要合理运用考核结果，与其奖金补贴等待遇挂钩，并作为任职期满后大学生村干部续聘、晋升的依据。根据评估结果，让绩效考核不合格的大学生村干部及早退出，这样既避免了不必要的人力浪费，又可有效缓解大学生村干部“流得动”出口的堵塞。

第三，健全与绩效相关的物质激励机制。首先，对大学生村干部应有一个明确的定位，这样才能有效解决其待遇问题。大学生村干部是政府面向社会公开选拔的人才，吃的是财政饭，与土生土长的村干部有着质的区别，但他们又显然不能纳入公务员体系，法律地位极不明确。要使大学生村干部扎根农村建功立业，必须用统一规范的法规和制度明确大学生村干部的角色定位，模仿公务员工资的制定模式，建立起大学生村干部工资与本地区经济发展相协调、与社会进步相适应、与本地区企业人员工资水平大体持平的工资水平机制。

第四，完善行之有效的晋升机制。首先，大学生村干部合同期满后，可以根据其个人意愿和平时的考核结果，选取优秀的大学生村干部继续与其签订合同，并尝试让他们在更重要的岗位发挥作用。其次，现有数据显示，50%的大学生村干部打算期满报考公务员，但是在当前乡镇机关、事业编制严格控制和公务员招考竞争激烈的情况下，大学生村干部能成为公务员的是少之又少。能否在职业发展上给大学生村干部一个确定的安全感，关系到他们是否能在农村“待得住”的问题。所以，针对这一状况，每个乡镇应当增加专项事业编制，使任期已满的优秀大学生村干部可进入乡镇事业单位工作。同时要保留一定数量的基层公务员岗位，向合同期满的大学生村干部定向招录，并逐步扩大从优秀大学生村干部中招录公务员的比例。

第五，建立大学生村干部的长期服务机制。一定程度上说大学生村干部带有服务性质，三年期满即可离任。但是农村并不是培养人才的试验田，大学生村干部频繁地“新陈代谢”，只会让这一工程的政策实效性大大降低。所以为了使大学生村干部能真正地扎根农村、建设农村，对大学生任职期满后要有通盘考虑，要有长期的服务计划。可以通过保留城市户籍、考研加分、减免学费和助学贷款等措施来解决合同期满的大学生村干部的后顾之忧。也可以与银行合作，为大学生村干部提供小额创业贷款，支持服务期满的村官在农村创业，或设立大学生村干部创业基金，支持大学生村干部以技术承包或技术入股的形式，与农民结成村级产业发展的“利益共同体”，创业初期产业发展风险由政府承担。

14

加快农村土地使用制度的创新突破，破解我国农村发展瓶颈*

改革开放30年来，我国经济保持年均9.8%的持续高速增长，人民生活水平显著提高。城镇居民人均可支配收入由1978年的343元增加到2008年的15781元，翻了46倍；农村居民人均纯收入由1978年的134元增加到2008年的4761元，翻了36倍。从纵向上看，我国城乡居民生活水平均显著提高，但从横向上比较，城乡居民收入差距较大，仍有扩大的趋势，农村发展速度明显不及城镇，农村发展的瓶颈依然存在。而这些瓶颈体现在多个方面，其中农村土地使用制度处于核心地位。土地不仅是广大农民和农村集体的核心利益，还一直是我国农村改革发展的核心问题。农村土地使用制度不能创新突破，农民对土地依赖程度无法降低，农民收入来源仍然单一，城乡发展差距就会越来越大，农村发展仍然滞后。因此，加快农村土地制度创新突破，促进我国农村发展瓶颈破解，既是我国现阶段解决“三农”问题、破解城乡二元结构、促进农民持续增收的有效途径，也是实践科学发展观、建设和谐社会的重大举措。

近年来，我国在农村土地制度改革中涌现出一批成功典范，如浙江嘉

---

* 此文与段忠贤共同完成，是九三学社中央委员会报送全国政协十一届三次会议的团体提案（2010年3月）。

兴的“两分两换”制度，重庆成立农村土地交易所，四川成都从“确权”走向全面的“还权赋能”等。农村土地制度改革仅在少数地方取得了一定成果，还需要进一步推广和不断完善，改革尚未深入，仍然存在不少问题，主要表现在以下四个方面：一是农村土地承包经营权流转市场化程度低，中介服务体系落后，农户对土地依赖程度仍然较高，流转规模较小、速度缓慢，流转机制亟待健全；二是宅基地确权、登记和颁证工作进展缓慢，置换机制不健全制约了农民向城镇转移，流转受到制约，管理机制不完善；三是农村集体建设用地产权不明，尚未实现真正意义上与国有土地“同地、同权、同价”，流转收益分配关系混乱、农民利益没有保障，管理监督薄弱；四是征地中“公共利益”不明晰，补偿标准难以体现土地的预期增值，征地后安置不到位，大量失地农民生存和发展得不到保障，缺乏有效的征地补偿监管机制。

党的十七届三中全会通过的《中共中央关于推进农村改革发展若干重大问题的决定》明确指出，“按照产权明晰、用途管制、节约集约、严格管理的原则，进一步完善农村土地管理制度”。这为新一轮我国农村土地使用制度改革指明了方向。为此，政府应进一步解放思想、改革创新、大胆探索，建议从以下几个方面，根据国情，选择重点创新突破，不断促进我国农村发展瓶颈破解。

一、建立健全农村土地承包经营权流转机制

第一，培育农村土地承包经营权流转市场。政府应在保障农户合法权益的前提下，积极探索通过市场调节农村土地承包经营权流转的长效机制。运用土地评价等级成果，收集和发布土地流转市场价格，按照市场供求关系合理确定土地价格标准，引导成片土地流转。引入竞价承包、招标租赁等交易方式，培育土地流转机制。第二，大力发展农村土地承包经营权流转中介服务体系。建立一个组织健全、运作高效、服务周全的土地流转中介体系与服务网络，实现土地流转从“散户→散户”的分散性自发流转，向“散户→中介服务组织→大户”的有序化、市场化、组织化流转的转变。另外，应积极扶持和发展土地流转的新组织形式，如土地股份合作组织、农民专业合作社、农村土地银行等。第三，加大农村土地承包经营

权换社保力度。一是要不断丰富换保障内容，积极探索建立村级养老基金办法；二是要采取“因地制宜、量力而行、形式多样、农民自愿”的原则，多渠道、多层次、多方式地兴办养老、医疗、生育、伤残等保险。第四，建立健全农村土地承包管理长效机制。主要包括健全农村土地承包管理工作机制及执法监督机制，建立农村土地承包部门协同管理机制等。

二、改革创新农村宅基地管理制度

第一，加强农村宅基地管理整体布局工作。加快确权、登记和颁证工作，抓好村庄规划工作，做好编制农村宅基地置换专项规划工作，创新农村宅基地管理工作思路。第二，对农村宅基地流转实行“放开”政策。可选择条件成熟的部分省（市）试行“放开”政策，允许农村宅基地向本集体经济组织内部出租或出卖，或者向本乡（镇）范围内符合申请宅基地条件的人员出租或出卖，甚至也可向本乡（镇）以外长期从事农业生产的、准备在该地定居的人员出租或出卖。第三，建立农村宅基地置换流转交易平台。交易平台可由国土资源管理部门出面监管，这样有利于政府掌握农村宅基地方面的信息，为政府制定相关政策提供帮助。第四，创新农村宅基地管理机制。主要包括积极推进农村宅基地复垦政策，建立置换流转激励机制、评估制度、退出补偿机制及利益协调机制等。

三、深化农村集体建设用地制度改革

第一，明确农村集体建设用地产权主体。在集体建设用地流转过程中，国家应试图通过出台规范性文件的形式，将完整的集体建设用地产权（即与国有土地同等地位的权利，包括转让、出租、出让和抵押、作价入股等）明确赋予农民集体和农民，让农民集体和农民真正成为土地产权的主体，成为流转的主体。第二，积极构建城乡统一建设用地市场。主要包括赋予城乡建设用地相同的土地使用权权能，设立统一的流转方式，建立科学的监管体制和统一的地价体系，不断完善土地税收制度等。第三，建立农村集体建设用地流转收益分配机制。一是要统一细化分配比例。建议各地根据实际情况试行“433 分配比例”模式，即收益的 40% 用于农民的社会保障支出，30% 分配给农民自由支配，30% 用于发展集体经济、改善本村公益设施和基础设施。二是要努力保障农民利益。三是要加强收益分配监管。四是要确定收益分配关系。第四，加强农村集体建设用地管理监督，主要包括四个“加强”：加强土地用途管制制度的建设，强化村务公开；加强村民自治；加强流转合同管理；加强土地执法监督检查。

四、不断推进征地补偿制度创新突破

第一，严格界定和控制“公共利益”的范围。国家有必要在立法上以列举的形式严格界定“公共利益”的范围，同时应明确规定非公益性项目的征地方式与要求。第二，推行“区片价 + 浮动价”的征地补偿方式，不断完善征地补偿机制。在征地区片综合地价的基础上，配套一个浮动幅度，如控制为 ±20%，在该幅度内双方可以通过协商或者评估方式确定具体的浮动幅度，不突破控制幅度均认为合法。第三，积极探索多途径征地安置办法。对城镇规划区外的征地，可采取农业生产安置方式；城镇规划区内的具备开发经营条件的地方，在统一规划的前提下，允许农民选择留地安置办法；对有稳定性收益的建设项目用地，允许农村集体土地入股或租赁；加强对劳动年龄段内被征地人员的劳动技能培训，帮助引导其实现再就业；对选择自谋职业的失地农民，提供小额贷款、减免税收、免交管理费用等优惠政策，支持他们自主创业；通过村集体资产的量化或土地补偿费的分配，采取个人出资为主，辅之以政府适当补贴的办法引导鼓励被征地农民参加社会保险。第四，建立健全征地补偿监管机制，包括严格合法性的审查机制、信息披露制度、征地听证制度、专门的征地仲裁机构等。

15

积极推进农村金融体制创新突破，加快浙江省农村金融市场的培育*

近年来，浙江省农村金融产品和服务方式创新取得了积极成效，但是，目前农村地区金融产品和服务方式不适应农村经济社会多元化需求的问题仍然十分突出，金融仍然是农村发展的重要瓶颈。与此同时，农村的高利贷越来越活跃，借贷范围越来越广，数额越来越大，利率越来越高，危害性越来越大，迫切需要通过积极推进农村金融体制机制的创新突破，加快农村金融市场的发展，来彻底解决农村高利贷问题，进而全面推进浙江省社会主义新农村建设的发展。

一、农村高利贷问题越来越严重

近年来，民间高利贷现象在浙江农村愈演愈烈，许多农民因为生活所迫而借高利贷，甚至一些村集体办事也要借高利贷。调查显示，中国农业银行全部贷款只有10%投向了农村，而在20世纪80年代中期以前，这个比例是98%；当前农户和中小企业取得借款的主要渠道是民间私人借贷。估计有50%—65%的农户和中小企业获得了非正规贷款，农户借款中民间

* 此文与段忠贤共同完成，是九三学社浙江省委员会报送浙江省政协十届三次会议的大会发言和团体提案，荣获九三学社浙江省委员会参政议政调研成果三等奖（2010年1月）。

借款所占的比例超过70%。

浙中某县人口只有30万人，民间各类高利贷借贷机构却有60多家。当地许多家房产中介所纷纷转行做起民间借贷生意。而地下职业从事民间融资借贷的至少是公开的一倍以上。温州担保业几乎就是民间高利贷的代名词。担保公司放高利贷路人皆知，“换脸”后的资产管理、投资咨询公司如雨后春笋，跻身放高利贷的庞大队伍中。一些商贸电视信息频道上，某某寄售行“有大量闲钱、帮你解决燃眉之急”等字眼频频出现在屏幕上；从事民间借贷的寄售行遍布大街小巷，一个县级市就高达200多家；月利息从两三分一路走高攀升至一角甚至一角五。利息之高，令人心惊肉跳。从表面上看，民间借贷资金来源于普通居民和企业，但稍作深究，可以发现不少民间借贷资金最终来源于银行。在高利诱惑下，很多工薪阶层以自有房产作抵押向银行贷款，而后以月息2.0%—4.0%出借于担保公司或民间职业借贷人。而一转手，就可谋取数十倍的超高利息。在民间借贷中介人和银行工作人员互相合作下，形成潜规则：不管银行实际贷款利率是多少，贷款人都要支付1.5%的月息。更有甚者，里应外合，把银行资金巧立名目分流至担保投资公司，当作高利贷本金，谋取月息5%以上的高利贷暴利。一些地方的政府官员不同程度地参与高利放贷，一些民间借贷中介人根据领导级别，分别给予不同高利息回报：普通公务员月息为3%，科级领导月息为5%，处级以上领导月息为10%。不少政府官员在自觉或不自觉中，成了高利贷者的保护伞。凡是参与高利放贷的寄售行、典当行、担保公司、投资公司，通常都有政府官员的隐性股金或分红。

农村高利贷的危害性凸显，加重了借债人的负担，导致农村贫富差距的进一步扩大，干扰和破坏了农村正常的经济、金融秩序，增加了农村社会不稳定因素。

二、积极推进农村金融体制机制创新突破的若干建议

目前浙江省新农村建设已进入新的阶段，新农村建设在商品流通、工业企业发展、农村道路修建以及住房改造、农村水利、大型设备购置等诸多领域都需要系统的金融支持。可以说，新农村建设对金融创新的需求是全方位的、多层次的。积极推进农村金融体制机制创新突破，加快农村金

融市场的发展，不仅有利于彻底解决农村的高利贷问题，也有利于全面推进社会主义新农村建设。

党的十七届三中全会通过的《中共中央关于推进农村改革发展若干重大问题的决定》指出："创新农村金融体制，放宽农村金融准入政策，加快建立商业性金融、合作性金融、政策性金融相结合，资本充足、功能健全、服务完善、运行安全的农村金融体系。"2008 年 10 月 15 日，中国人民银行、中国银行业监督管理委员会也联合发布了《关于加快推进农村金融产品和服务方式创新的意见》，决定在全国选择部分县、市深入开展农村金融产品和服务方式的创新试点。农村金融创新是指根据农村经济发展对农村金融服务产生的需求，对农村金融业务进行功能性的分化和组合，以丰富农村金融服务内容、提高农村金融服务效率，充分发挥金融支农作用的过程，包括农村金融组织体系、农村金融产品和农村金融管理机制三个方面的创新。针对浙江省的实际情况，可以从扩大农村信贷抵押物范围、健全农村信贷担保体系、强化农业保险体系建设、加快新型农村金融机构培育四个方面入手，积极推进农村金融体制机制的创新突破。

第一，不断拓宽农村信贷抵押物范围。农村由于缺乏信贷担保机构，在农村"抵押难、担保难、贷款难"问题十分突出。围绕促进农业增产、农民增收和农村经济繁荣发展的目标，坚持以客户为中心，以需求为导向，根据"三农"不同层次的资金需求，按照客户细分和市场匹配的原则，努力推动金融机构不断地拓宽农村信贷抵押物范围，包括农村住房抵押、土地承包经营权抵押、宅基地使用权抵押、大棚设施抵押、农机设备抵押、林权抵押、股权抵押、仓单抵押和应收账款抵押等一系列的农村信贷抵押新品种。

第二，建立健全农村信贷担保体系。可以通过加强信用担保机构建设、加强信用风险管理体系建设、积极探索农村信贷担保方式和信贷担保新品种等措施，建立健全农村信贷担保体系。由政府部门主导，吸收社会资本和民间资本参与，建立多种投资方式的农村信贷担保机构，为生产大户、农产品加工企业提供贷款担保，满足企业贷款需求。加强对信用担保机构的业务监督指导，明确行业准入条件、从业人员资格、内控规范要求，加强对担保机构日常业务运行的监督指导，提高担保机构资质水平，引导信用担保机构规范运作。鼓励金融机构在传统的农户小额信贷基础上，不断创新农村信贷担保方式，有针对性地推出农户联保贷款、养殖信用协会联保贷款、“公司＋农户”、“公司＋基地＋农户”贷款等农村担保信贷的新方式、新品种。

第三，强化农业保险体系建设。第一，不断完善农业保险的试点工作和拓宽承保范围。根据“政府推动＋市场运作＋农民自愿”原则，采用“共保经营”和“互助合作”方式，不断完善农业保险试点工作和拓宽承保范围。第二，不断完善农业保险与财政补助相结合的农业风险防范机制。借鉴国外经验，由财政提供支持，直接按保费的比例补贴投保人或直接弥补保险公司亏损。积极争取上级财政支持、政府财政补助，充分发挥财政资金的引导和杠杆作用，增加财政对农业的投入，提高农业抗风险能力。第三，加快商业性农业保险发展。第四，支持商业性保险公司开展特色农业和涉农保险业务，探索开展无公害蔬菜、农土特产、经济林等从种植、运输到销售服务的一条龙保险。

第四，加快新型农村金融机构的培育。积极鼓励和支持金融机构在农村地区设立村镇银行、贷款公司、农村资金互助社和农村保险互助合作社等新型农村金融机构，引导资金流向农村地区，有效配置金融资源。首先，积极鼓励和支持银行业机构发起人在慈溪组建村镇银行，探索境内外各类出资者共同发起组建专司控股村镇银行的金融控股公司；其次，积极鼓励和支持境内外的投资者，包括银行金融机构、非银行金融机构和非金融企业来慈溪组建贷款公司；再次，积极鼓励和支持农村社区外的自然人和机关行政事业单位参与组建农村资金互助社；最后，积极鼓励和支持农村保险互助合作社的发展。

16

农村殡葬方式改革亟须创新举措*

党的十七届三中全会针对农村土地资源管理作了战略性规划和部署，其中一个重要宗旨就是要坚决保护好18亿亩耕地。随着我国工业化进程以惊人的速度向前推进，土地作为一种稀缺资源，在国民经济发展中的作用日益凸显。如何更加合理、科学地开发和利用土地资源，成为科学发展观中全面、持续和可协调发展战略的重要议题。而农村殡葬制度的改革很大程度上体现了国家对保护农村土地的重视，为了保护耕地、更有效地利用现有土地，同时也为了给子孙后代留下多一点发展空间，国家开始致力于改革农村地区延续了上千年的土葬方式。

从整个国家层面看，火葬在不同地区的农村开始实施的时间差别很大，早的在20世纪70年代就已经开始进行了，晚的近两年才开始落实，改革的成效地区差异大。改革成果最突出的地方是经济发达城市的城乡接合部，这些地区的土地最早升值，很多地方已经发展到寸土寸金的地步，地价甚至比许多城市地区还要高得多。受到土地高额利润的刺激，当地的农民观念更新得很快，普遍能接受火葬。因此，农村殡葬方式的改革在这些地区的成效比较明显，受到的阻力最小。然而在众多经济欠发达的农村地区情况却不容乐观，政府虽然依靠自己独有的国家强制力使这个政策得

---

* 此文与喻晓共同完成，是报送浙江省委、省人民政府的调研报告（2008年）。

到了执行，但是并没能很好地实现殡葬改革保护土地、节约资源的初衷，相反却带来了更多的问题。

第一，改革空有其表，土地资源没有得到有效节约。殡葬改革并不等于简单地将遗体火化即可，火化完后的配套措施才是问题的关键，但当前大多数地区仅仅停留在前一个层面。由于农民素来没有在家里安置骨灰盒的习惯和传统，而国家又没有相应的政策加以规范和指导，因此，很多地方的农民将故去的亲人火化后，仍按照土葬的方式修建坟墓，将骨灰盒放入棺材中安葬。改革的结果仅仅是在殡葬过程中增添了一个工序而已，土地资源浪费现象毫无改观。

第二，改革未兼顾经济和社会效益，加剧了农民的经济负担和心理负担。土葬的直接和间接成本主要由三部分组成：土地成本、棺木购置和坟地建造费用、伴随土葬的各种礼节仪式开支。用火葬代替土葬虽然看上去能规避这三大成本，但是实施结果却毫无进步。土坟照样修，棺木照样买，仪式照样办，仅仅是用骨灰取代了遗体。另外，火葬带来了许多新费用，如运尸费、火化费、骨灰盒费等，比起以前的费用有过之而无不及，给农民带来了沉重的经济负担。此外，不少地区有为身后事早作打算的风俗习惯，早早地就为自己把棺木准备好了，殡葬改革的制度下达后，这些棺木无处安放，农民们便只能将它们焚烧掉。这些棺木大多材质较好，制作考究，最终就这样化为灰烬，实在可惜。诸此种种，不仅没有达到节约资源的目的，更是增加了农民的经济负担，导致了更大的浪费。

殡葬改革的推行极少考虑到农民的心理承受能力。思想动员工作没有受到足够重视，缺乏必要的沟通和引导，使改革不被农民理解和接受。农村中许多老人受传统观念的影响很深，对火葬的抵触情绪很大，临终前往往交代子女一定要将其土葬。要违背父母的遗言实行火葬，作为子女将承受很大的心理负担。

第三，火葬培育了一个新兴的垄断行业，蚕食着改革的果实。土葬被禁止后，火葬场的效益自然剧增，火葬交易处于卖方市场。死亡是每个人必经的阶段，不管谁家里有人去世了，唯一合法的选择就是把他往火葬场送，火葬场凭借自己的垄断地位谋取高额利润的现象在各地普遍存在。单以骨灰盒为例，往往最普通的木质骨灰盒也要两三百块钱，而一般的棺材也只比它贵两三倍，而一口棺材能做多少个骨灰盒却绝不是这个比例，精致一点的骨灰盒比棺材的价格更是贵得多，火葬场的暴利可见一斑。殡葬方式的改革并没有帮助农民节约开支，倒是给火葬场带来了福音。

第四，改革难以推行，引致干群关系不和谐。由于很多农民对改革不理解、不支持，改革的推行举步维艰。而政府往往采取的是简单的暴力执法方式，将土葬的遗体挖出来，浇上汽油，当场烧掉的事例不胜枚举。农民们采取各种各样的方式逃避政府的处罚，出现了一些亲人去世了，不敢告知亲友，而是偷偷将其土葬的事例。这导致了干群关系的恶化，影响社会和谐发展。

建设社会主义新农村必须充分重视农村土地资源的保护，殡葬制度改革是一项极具针对性的举措，当前，我们不需要讨论“该不该改”的问题，而是要深入反思“如何改”的问题。必须采取创新性举措，坚持实事求是、因地制宜的根本原则，不搞“一刀切”，及时发现和解决改革中出现的各类问题，才能切实保证改革取得实质性成果。

第一，加强宣传教育，引导群众积极转变思想观念。发展为了人民，发展要依靠人民。只有通过广泛的宣传和教育，才能让广大农民了解和支持这个政策，积极参与到政策执行中。在宣传和教育工作中，既要充分发挥农村企事业单位工作人员和广大基础党员的带头作用，也要充分做好农村老年人的思想工作。保持政府的亲民形象，坚定不移地贯彻全心全意为人民服务的宗旨，以良好的工作态度投入宣传教育中。以情动人，以理服人，依法办事，加强对政府执法人员的管理，避免暴力执法的行为。

第二，有效发挥宏观调控，强化市场监管。加强对火葬中以火葬场为重点的市场主体的规范，对火葬场的经营实行相应的价格管制，防止其通过垄断地位牟取暴利，损害农民的根本利益。深入调查火葬各个环节的费用，多渠道降低火葬的成本，使广大农民都能承受。尽快采取措施，禁止诸如将骨灰盒放入棺木或者放入修好的坟墓等变相土葬行为，制止棺木焚烧，统计中西部农村地区当前村民已经购置棺木的情况，制订棺木回购计划，尽量减少民众损失。要有效利用回购的棺木，譬如拆成木板供家具制造之用等。加大对贫困地区和家庭的火葬补助力度，以免其迫于经济的压力无法贯彻国家殡葬改革政策。

第三，因地制宜，解决骨灰安置问题。骨灰的安置问题必须尽快解决，要以资源节约为核心，结合不同地区的地理环境和风俗习惯落实殡葬改革政策。对于以平原为主的地区，应该鼓励深埋，将骨灰埋至地底，不留坟头，不影响土地的利用。对于以丘陵和山地为主的地区，应该将殡葬改革与树葬的推广相结合。受传统的土葬风俗影响，一些农村地区有在坟边种植松柏等树木的习惯，喻义逝者的德行万古长青，永记于后人之心。这种行为间接地有助于自然环境的保护。丘陵和山地为主的地区，本来就有很多不宜耕作的土地，由于过度开发，不少地区植被破坏严重。因此，可以借助殡葬改革，推行树葬，由政府统一规划，在不宜耕作的地方建立公墓，安置骨灰，在骨灰之上种植树木，刻以相应的记号，给后人带来缅怀的对象。民众对于象征自己先人的树木，定会更加悉心呵护，从另一面看，促进了生态保护。而古来有之的种树习俗对于减少改革阻力也有很大帮助。

17

农村地下水无序开采愈演愈烈，亟待采取有效措施予以整治*

当前，随着浙江省经济社会的迅猛发展，人民生活水平的显著改善，浙江省广大农村私自打井，无序开采地下水的现象普遍存在，并且愈演愈烈。地下水的大规模破坏性无序开采，不仅极大地加速了农村地下水的枯竭，而且对农村地基和地质稳定以及农民的饮水安全构成了不可低估的威胁。

一、农村地下水无序开采的现状

据笔者2007年的调查和了解，近年来私自打井、滥采地下水的现象在浙江省农村地区不同程度地存在，并有愈演愈烈之势。浙江省兰溪市前旺村曾经共用一口大井。村民日常生活用水由村集体统一供应，停电或供水设施出故障时便去水井挑水，一口井完全能够满足村民的全部生活用水和小部分灌溉用水。然而就在时隔不到10年的今天，由于村集体统一供水制度的废止，加上广大村民陆续脱贫致富，村民们纷纷在住房附近私自打井。目前，这个不到100户人家的小山村开采的水井竟多达30口。又如宁海县西店镇，几年前就几乎家家户户打井。因该镇严重缺水，水井一打就

---

* 此文与张骞共同完成，是报送中共浙江省委、省人民政府的政策建议报告（2008年）。

是 60 多米。此外，在全国不少经济条件更好的乡村，更是取得了“一家一井”的“巨大成就”。另外，据专家初步测算，浙江省 29000 多个村庄近年来共开采的水井数量不少于 35 万个。

近年来，浙江省农村开采地下水有三个特点：一是水井的数量越来越多。一开始只有少数人打井，现在则成了多数人的选择，体现为水井分布由点到面的蔓延。只要经济条件足够宽裕，就有打井的冲动。二是水井的深度越来越深。水井从一开始的七八米增至现在普遍的十几米甚至几十米，人们认为水井越深水质越好。三是井水用途的多样化。一开始村民开采地下水的目的是解决生活用水，如今大量井水已被用于农田灌溉、房屋建设等领域。

造成农民私自打井、滥采地下水现象的原因极其复杂。概而言之，其原因有四个：一是农村公共供水制度的废止和公共供水设施的瘫痪，迫使农民不遗余力地寻找属于自己的水源，“自力更生”地解决饮水问题；二是多数农民尚能承受私自打井的成本，加上目前农村私自打井几乎不存在政策性约束，为私自打井消除了政策障碍，使“用水开源”变成了不少农民随心所欲之事；三是农民对滥采地下水的危害性认识普遍不足；四是政府对农村地下水资源监管的缺位，特别是未对农民私自打井行为作出应有的规范。

二、农村地下水无序开采的危害

农村地下水的破坏性无序开采，无疑在较大程度上方便了村民用水，让农民喝上了期待已久的深层地下水。然而，对政府来说，这些未经安全检测的地下水是否安全？这种私自打井、无序开采地下水的行为有何后果？这一系列相伴而生的危害将如何应对？

农村地下水无序开采的危害主要表现为以下五个方面。一是农民水井的水质未经安全检测，存在重金属超标等问题的劣质水井不在少数，盲目私自开采饮用地下水对广大农民的健康和生命存在不可忽视的安全风险。二是大量无序开采地下水占用了数量可观的土地。与此同时，水井的大量增加必然加剧了水资源的大量浪费。三是农村地下水的滥采、超采不可避免地加重了农村地下水的污染，破坏地基稳定，引发地质灾害。四是农村地下水的无序过度开采严重影响了农村地下水资源的可持续利用，进而对农业生产和农村的社会稳定构成压力。五是从用水成本的角度分析，私自打井增加了农民负担。浙江义乌市水利局2002年的统计数据表明，全市有30多台钻井机在打井。以每口井耗资3000元计算，全市在打井上花费的资金一个月近百万元，老百姓饮水的成本远远高于由集体统一供给应付的费用。因此，私自打井给农民增加了生活成本，多数农民的打井冲动完全是无奈之举。

三、农村地下水无序开采的治理对策

水资源严重紧缺是浙江省今后发展的瓶颈之一。广大农村水资源是确保浙江省用水安全的重要保障。节约用水并合理开采农村地下水更是具有不可低估的战略意义。因此，要实现农村更好更快地发展，切实保护十分有限的淡水资源，浙江省必须采取有效措施综合整治当前农村私自打井、滥采地下水的现象。

现结合浙江省实际，提出以下五点建议：

第一，尽快组织工作组对农村私自打井、滥采地下水的现象进行全面的调查。调查应就当前我国农村无序开采地下水的规模、原因、危害及地下水的饮用安全性等方面进行系统的分析。在此基础上，制定《农村地下水开采与管理条例》，指导和规范农村今后的地下水开采，使浙江省的农村地下水开采与管理的法治建设走在全国各省前列。

第二，切实抓好《取水许可和水资源费征收管理条例》在农村的实施。水资源属国家所有，开采地下水须经国家规定的水管理机构审批。私自打井、滥采地下水的现象得以迅速蔓延的关键原因是不仅取水、用水是无偿的，而且无须得到政府的许可。打井采水纯属农民的个人自由。要有效遏制农民私自打井、滥采地下水的行为，政府就必须通过法律手段对取水许可、水资源费征收及违法的惩罚等方面作出明确规定。让广大农民认识到私自打井、滥采地下水是违法行为，而不仅仅是不容干涉的个人自由。乡村干部要把实施《取水许可和水资源费征收管理条例》作为重要职责。

第三，强化对在用水井水质的安全检查和管理。乡镇水管理部门或卫

生部门要定期对农村在用水井进行水质安全达标检查。基于取样化验结果，对有关村民的健康用水提出建议。一旦发现“问题水井”，则建议封闭。

第四，加快建设并完善农村公共供水系统和城乡供水一体化制度，把“村村通水”作为新农村建设的一项基础工程来狠抓落实。农民的物质生活日渐宽裕，越来越多的农民怀有私自打井的冲动，其重要原因就是农村集体供水设施年久失修，直至瘫痪或半瘫痪，加上农村集体水井疏于管理，水质恶化。这些事实显然无法满足农民对优质水的需求。因此，浙江省应加快建设并完善农村公共供水系统，在确保农村自来水正常供应的基础上，努力提高生活用水的质量。只有建立这样一个质优价廉、运行高效的农村公共供水系统，广大农民才不至于花更高的成本去私自打井。同时，在有条件的农村，加快用水“一户一表、计量出户”的改造，积极推动实现城乡供水和供水服务的一体化。

第五，设立农村节水奖励基金，对节水农村和农民予以表彰和奖励。在水资源日益短缺的今天，浙江省可考虑建立农村节水奖励基金，引导建立群众性的农民用水协会对无序开采及严重浪费地下水的行为进行监督，同时加大对节约并保护农村地下水资源有功的村庄和个人的表彰和奖励的力度，不断增强广大农民的节水意识。